T0271284

موسوعـــة
علـــم السيـــاســـة

الطبعة الأولى- الإصدار الثاني

1430 هـ - 2009 م

رقم الإجازة المتسلسل لدى دائرة المطبوعات والنشر (2004/3/534)
رقم الإيداع لدى دائرة المكتبة الوطنية (2004/2/322)

320

الجاسور، ناظم

موسوعة علم السياسة / ناظم الجاسور. ـ عمان: دار مجدلاوي ، 2009

ر. إ. : 534 / 3 / 2004

الواصفات : / العلوم السياسية // الثقافة السياسية /

* - تم اعداد بيانات الفهرسة الأولية من قبل دائرة المكتبة الوطنية

ISBN 9957 - 02 - 143 - 5 (ردمك)

دار مجدلاوي للنشر والتوزيع
عمان - الرمز البريدي: 11118 - الأردن
ص.ب: 184257
تلفاكس: 4622884-4611606

Dar Majdalawi Pub. & Dis
Amman 11118 - Jordan
P.O.Box: 184257
Tel & Fax: 4611606-4622884

موسوعـــة
علـــم السياســـة

أ.د. ناظم عبد الواحد الجاسور

دار مجدلاوي للنشر والتوزيع
عمان - الأردن

الاهــــــــداء

إلى روح جدي
جاسور

بسم الله الرحمن الرحيم

المقدمـة

يعد العمل الموسوعي من الاعمال التي احتلت مكانة كبيرة في اطـار العلـوم التطبيقيـة
والاساسية ، وخصوصاً لدى العلوم الاجتماعية التي اكتسبت درجـة كبيـرة مـن الاصالـة العلميـة
واستقلال حقول معرفتها . اذ اضحى ، وفي السنوات الأخيرة ، بأنه ليس هناك علم من العلـوم الا
وله موسوعته التي توضح وتحدد بشكل دقيق وموضوعي المفاهيم والمصطلحات التـي يسـتند
اليها في منهجيته التحليلية ، ومقرراته الدراسية ، الأمر الذي اسـتوجب وضع هـذه الموسـوعة في
متناول يد القارئ العربي: طالباً ، واكاديمياً ، ورجل ثقافة ، وهي موسوعة عن علم استطاع وبعد
عقود من الجدل الواسع ان يجد مكانته اللائقة ضمن حقول المعرفة ، او ان صح التعبير يحـدد
الميدان الذي يؤكد فيه وحدة موضوعة ومنطلقاته الفكرية والسياسية في وسط بيئة انكرت عليه
التخصص والعلمية وشككت في استقلاليته ازاء العلوم الاجتماعية الأخرى. وقد جـاءت ((موسوعة
علم السياسة)) لتمثل جهد ثلاث سنوات من البحث والتقصي عن المفردات والمفاهيم الاساسـية
التي شكلت حقلاً واسعاً لعلم السياسة ، وذلك من خلال تتبع اصولها المتناثرة في بطون الكتـب
والدوريات التي اضحت من المناهج المعترف بها عالمياً لتـدريس علـم السياسـة ، ووفقـاً للقائمـة
التي حددت فروع علم السياسة من قبل اجتماع اليونسكو في باريس ايلول / 1948 ، ومـا اقرتـه
جمعيات علم السياسة الوطنية او الاقليمية ، وخصوصاً الجمعيـة العربيـة للعلـوم السياسـية في
اجتماعها الذي عقدته في القاهرة نهاية عام 1989 ، حول تدريس مناهج علم السياسة في الوطن
العربي ، حيث اتسعت القائمة لتؤكد استقلالية علم السياسة عن بقية العلـوم الاجتماعية الأخرى
. الا ان ذلك لا يعني انفصاله عنها بشكل كبير ، وانما هناك نوع من التشابك والتجاور والتـداخل
المنهجي بين الحقول المعرفية ، وهو مـا اخـذت بـه الموسوعة بنظر الاعتبـار عنـدما ذهبت الى
توضيح وشرح

بعض المصطلحات والمفاهيم التي تحمل المضامين الاجتماعية والانثروبولوجية اكثر مما تحمل معاني سياسية مباشرة ، وذلك لأعطاء القارئ مساحة واسعة من الاطلاع .

كما ان الموسوعة لم تبخل على القارئ في انها تناولت بشيء من الايضاح المفردات والمصطلحات السياسية الجديدة التي اخذت طريقها في التداول الواسع في الدراسات والادبيات السياسية ، سواء كان في اطار العلاقات الدولية ، السياسية الخارجية أو الفكر السياسي . وقد تميزت الموسوعة عن بقية المعاجم والموسوعات التي انحصرت في ((المصطلحات السياسية العامة)) في انها ركزت على تلك المفردات والمفاهيم التي تخص طالب العلوم السياسية وبالتحديد حيث انها قدمت شرحاً وافياً لهذه المصطلحات الواردة في المناهج المقررة للمراحل الدراسية واستناداً الى قائمة طويلة جداً من المصادر التوثيقية التي ورد ذكرها في سياق كل مصطلح او مفهوم ، بحيث انها بلغت خمسمائة كتاب او مؤلف ، اضافة الى المعاجم والقواميس والموسوعات مثل الموسوعة السياسية للكيالي ، والموسوعة اليهودية الصهيونية للاستاذ عبد الوهاب المسيري ، ومعجم علم الاجتماع الذي ترجمه الاستاذ احسان الحسن وموسوعة الهلال الاشتراكية ، وما ورد من مفردات في كتاب مقدمة في علم السياسة للأستاذين عبد الرضا الطعان وصادق الاسود ، وكذلك مفردات علم الاجتماع السياسي للاستاذ صادق الاسود وغيرها من الكتب الأخرى وذلك بهدف تقديم تعريف واضح وتعبير دقيق ، وبشكل موضوعي لكل ما ورد من مصطلحات ومفاهيم ، حتى ان هناك من المصطلحات التي تم توثيقها بأكثر من خمسة مصادر ، وذلك من اجل عدم حصر القارئ في وجهة نظر احادية ، وانما الاتساع في توضيح الفكرة ومضمونها من عدة جوانب .

ومن خلال تجربتنا التدريسية في كلية العلوم السياسية ، وكلية القانون ، ذهبنا الى اختيار عدد من المفاهيم والمصطلحات بشكل دقيق جداً وذلك لأنها تمثل ألف باء علم السياسة ، اضافة الى انها منذ ظهورها وحتى الآن محل جدل واسع بين العديد من المدارس الفكرية والسياسية ، ناهيك عن ان الموسوعة تطرقت الى مصطلحات أخرى قد تبدو لأول وهلة (ثانوية) ، الا انها في حقيقتها ضرورية في

سـياق وتحليـل وشرح المصـطلحات الاساسـية ، في الوقـت الـذي تـم فيـه الاشـارة الى المفكرين السياسيين الذين اغنوا علم السياسة ببحوثهم وافكارهم.

وفي اطار ما يتعلق ذلك بالمصطلح . وبقـدر مـا ان حقـول علـم السياسـة اتسـعت في السنوات الأخيرة ، الأمر الذي ترتب عليه بروز مفاهيم ومصطلحات جديدة قذفت بها التطورات السياسية وخصوصاً في سنوات نهاية القرن العشرين فقد حرصـت الموسـوعة علـى مواكبـة هـذه التغيرات واحداثها المتلاحقة من خلال تناول المفاهيم والمصطلحات الجديدة .

وقد اعتمدنا في تصنيف المصطلحات والمفاهيم الواردة علـى اسـاس التصنيف الهجـائي بحيث يتيسر للقارئ سهولة اختيار المصطلح على اساس المفردة الاصلية ، بدون (الـ) التعريف .

وفي الختام ، أشكر كل من مد لنا يد العون في تحرير هذه الموسوعة

المحرر

الأستاذ الدكتور ناظم عبد الواحد الجاسور

رئيس قسم الدراسات الأوربية

مركز الدراسات الدولية / جامعة بغداد

- أ -

الأبيقورية (المدرسة) : **Epicurusim**

لم يؤد انهيار دولة المدينة اليونانية إلى انهيار الوحدة السياسية الرئيسية فقط وإنما عصف بمجمل الأفكار السياسية اليونانية ما بعد أرسطو، ولاسيما وأن مشاكل العالم الإغريقي سواء كانت اقتصادية أو سياسية، وحسب رأي جورج سباين، لم تستطيع دولة المدينة إيجاد الحلول اللازمة لها وذلك لتشابكها، ناهيك عن الفشل في العثور على الاستقرار الدائم هو بعينه طابع المدن الإغريقية . فهذه الأوضاع لم تكن لتشجع على ازدهار الفكر السياسي، حيث الفتوحات التي انطلقت من مقدونيا على يد الاسكندر الأكبر، ومن بعدها روما قضت على دولة المدينة اليونانية، مما أفسح المجال لنمو فكر فلسفي يتجه نحو ((العالمية))، إضافة إلى سيادة النظرة المتشائمة والساخرة التي انتشرت بعد أرسطو التي تمثلت في أفكار الأبيقورية التي ترجع نسبة إلى الفيلسوف اليوناني أبيقور مؤسس تلك المدرسة الذي عاش ما بين 342-27 ق.م)، وكذلك المدرسة الرواقية (ينظر الرواقية) .

وإذا كانت المدرسة الأبيقورية (او مدرسة فلاسفة الحديقة) تختلف عن الرواقية في الأفكار المقدمة في ظل هذه الأوضاع السياسية، واتخذت الأبيقورية موقفا سلبيا وطورت أفكارا سلبية منطلقة من أن أي حكومة يمكنها السيطرة على الأفراد تعتبر حكومة فاضلة يجب طاعتها، فأنها (أي الأبيقورية) أكدت على ضرورة أن يبحث الفرد بنفسه عن هدفه في الحياة وهو تحقيق السعادة. وهذه السعادة حسب ما طرحه الأبيقوريون تتمثل في إشباع رغبات الروحية والأخلاقية والمادية لكل فرد . وعليه، فإن الدولة لم يكن لها وجود إلا بكونها أداة لإشباع رغباته الأفراد. وأن القانون ما هو إلا وسيلة نفعية لضمان السلام والطمأنينة بالنسبة للأفراد . وعند الأبيقوريون ليس هناك من فرق بين نظام ملكي مستنير ونظام استبدادي ما دامت جميعها تحقق للفرد رغباته، الأمر الذي ادى الى ان تعاني الفلسفة من الاهتمام بنظريات الوجود الطبيعية والمعرفة وزاد الاهتمام بالاخلاق الشخصية .

أبستيمولوجيا : Epistémologie

تشتق كلمة الأبستمولوجيا من كلمتين إغريقيتن : أبستما ومعناها علم، و لوجوس ومعنى البحث النقدي في مبادئ العلوم وأصولها وأهدافها . وتسمى فلسفة العلوم، أو في المعنى الإنكليزي بنظرية المعرفة . وقد برز الاهتمام بالابستمولوجيا من قبل العلماء والدارسين في أوائل القرن العشرين، وذلك بهدف الكشف عن حقيقة العلم وحقيقة نجاعته وحدوده، وعلاقة النظريات العلمية بالواقع المحسوس . فالأبستمولوجيا هي إذن عمل نقدي وتقييمي للعلوم ومنطلق ضروري لكل مشروع علمي أو فلسفي مستقل .

فالابستمولوجيا هي ((نظرية الإنتاج النوعي للتصورات العلمية))، أنها النظرية التي تهتم بتشكيل نظريات كل علم على حدة . ويقول باشلار : أنه ما من أبيستمولوجيا إلا تاريخية)) لأن تاريخ العلوم هو تاريخ انهزام اللا معقول . وأن تعريف العلم هو تاريخه، وليس المقصود ((التاريخ المقدم في تمهيدات الكتب واستعراض نتائج العلم وكشوفه، وإنما تاريخه الفعلي، أي الشروط الفعلية لإنتاج تصوراته)) .

الاتجاه شرقا (سياسة) : Ostpolitik

في الواقع، فإنه منذ اللحظة التي فرض على ألمانيا التقسيم إلى دولتين، وكنتيجة لما آلت إليه نهاية الحرب العالمية الثانية، فإنه لم يغب عن عقول الألمان أمل التوحيد . كما كان لقادة بون القناعة الكافية بأن أي تقارب ما بين قسمي أوربا سوف يفتح الطريق نحو حل المسألة الألمانية . وهذا ما كان ليتحقق إلا من خلال انتهاج سياسة جديدة أطلق عليها في ذلك الوقت بسياسة الاتجاه شرقا أو ((Ostpolitik)) . وقد وصفت هذه السياسة بأنها واقعية أخذت بنظر اعتبارها توازن القوى الدولي القائم على الثنائية القطبية، وبأنه من غير الممكن التفكير بأنه توجد فرصة حقيقية من أجل التوحيد من خلال موقع القوة . وأن هذه السياسة التي وضع خطواتها الأولى المستشار إيديناور Adenour، وقد أصبحت منهجا ثابتا لكل الحكومات الألمانية اللاحقة، وخصوصا بالنسبة للمستشار فيلي براندت الذي ذهب بها إلى أبعد مديات

التقارب مع الشرق السوفيتي، الأمر الذي أفضى- إلى التوقيع على عدد من الاتفاقيات والمعاهدات مع ألمانيا الشرقية، وخصوصا في عام 1972 حيث وضعت لأول مرة أسس العلاقة ما بين الشطرين، وكذلك في عام 1973 حيث المعاهدة الثنائية بين ألمانيا الغربية وألمانيا الشرقية التي اعترفت بسيادة كل دولة على أراضيها، وسهلت لهما دخول الأمم المتحدة . وقد اعترفت كل الأوساط السياسة الدبلوماسية الأوربية بأن اتفاقية عام 1973 قد أنجزت المهمة الواقعية لسياسة الاتجاه شرقا، وأدت إلى نوعا من الانفراج الدولي بين الكتلتين حيث مفاوضات نزع الأسلحة، والخطوات التي تسارعت بصدد عقد المؤتمر الأول لمنظمة الأمن والتعاون الأوربي في هلسنكي عام 1975 الذي أصدر وثيقة هلسنكي الشهيرة فيما يتعلق بالأمن الأوربي، والوفاق ما بين الشرق والغرب .

الاتحاد الأوروبي (المجموعة الاقتصادية الأوربية): L'union- Eurpéenne

انبثقت في أوربا الغربية بعد الحرب العالمية الثانية العديد من المنظمات الدولية والإقليمية، قناعة منها بأنه من غير الممكن مواجهة المشاكل الاقتصادية والسياسية والأمنية بشكل منفرد، مما دفع دولها إلى الاتحاد كي تستطيع أن تجد لها مكانا بين الدولتين العملاقتين . وإذا كانت الدول الاسكندنافية قد سعت إلى التعاون فيما بينها وأنشأت المجالس الاستشارية، فإن بلجيكا وهولندا، ولكمسمبورغ ارتبطت في اتحاد البنيلوكس الاقتصادي، في عام 1948، وقد برزت أيضا في 16 نيسان 1948 الهيئة الأوربية للتعاون الاقتصادي (O. E. C. E) وضمت ثمانية عشر- عضوا :ألمانيا الغربية، النمسا، بلجيكا، الدنمارك، فرنسا، بريطانيا، اليونان، ايرلندا، ايسلندا، إيطاليا، لوكسمبورغ، النرويج، هولندا، البرتغال، السويد، سويسرا، تركيا، ثم إسبانيا عام 1956، إضافة إلى كندا والولايات المتحدة، وركزت جهودها نحو تحرير التبادل بين الدول الأوربية . وقد أنشأ الاتحاد الأوربي للدفوعات عام 1950، وقد تهيأت الظروف بغية تفعيل مشروع شومان لإنشاء جماعة أوربية للفحم والصلب، نواتها فرنسا وألمانيا، وتكون مفتوحة لكل دولة، الأمر الذي واجه معارضة بريطانيا والدول الاسكندنافية مما أدى إلى بلورة اتفاقية تم التوقيع عليها في 18 نيسان 1951

تهدف إلى إنشاء سوق عامة للفحم والصلب من الدول الست : ألمانيا الغربية، فرنسا، إيطاليا ودول البنيلوكس . وخلال أقل من عقد تطورت هذه الجماعة إلى المجموعة الاقتصادية الأوربية من خلال المعاهدات التي وقعت عام 1957 (معاهدة روما) ودخلت حيز التنفيذ في الأول من كانون الأول 1958، والتي هدفت إلى إنشاء سوق أوربية مشتركة، وتقريب وجهات النظر السياسية والاقتصادية للدول الأعضاء الست، التي أقرت مبدأ الاستفتاء اشعبي لإنتماء أي دولة أوربية (غربية) إلى المجموعة (E E C) التي ضم هيكلها التنظيمي : هيئة عليا، المجلس الأوروبي، والجمعية المشتركة التي كانت أقرب للمجلس الاستشاري، ومحكمة عدل . وبقيت المجموعة تضم ست دول، حتى عام 1973 عندما تم قبول بريطانيا رسميا عندما وقعت اتفاقية الانضمام في 22/كانون الثاني 1972، ثم قدمت الدانمارك وإيرلندا والنرويج طلبات الانتماء، إلا أن الشعب النرويجي رفض الانضمام في استفتاءه الشعبي . وحصل توسع ثان للمجموعة في عام 1986 عندما تم قبول اليونان وإسبانيا والبرتغال ليرتفع عدد المجموعة إلى اثنى عشر عضوا حتى عام 1995 عندما حدث التوسع الثالث وتم قبول عضوية ثلاث دول جديدة هي السويد، فلندا، والنمسا ليرتفع عدد الدول الأعضاء إلى خمس عشر دولة، وقد رفض الشعب النرويجي للمرة الثانية في استفتاء عام 1994 الانضمام إلى الاتحاد الأوروبي الذي اتخذ بعدا سياسيا جديدا بعد اتفاقية ماستريخيت في شباط 1992، التي أوجدت السوق الموحدة طبقا لمشروع جاك ديلور رئيس المفوضية الأوربية الذي أعلنه في عام 1985، وقد تم بموجب هذه الاتفاقية إزالة النقاط الحدودية وإطلاق ((الوثيقة الإدارية الموحدة)) التي يتم بموجبها تنقل مواطني الدول الأعضاء، وإقرار إصدار عملة أوربية (اليورو EURO) حيث حدد الأول من كانون الثاني عام 2000 الموعد الرسمي لتداول العملة الأوربية . وقد حاولت معاهدة الاتحاد الأوروبي (ماستريخيت 1992) تطوير آلية التعاون السياسي بين الدول الأعضاء، وتوفير الاستجابة الأوروبية لعدد من الأزمات والمشاكل الدولية والإقليمية، وذلك من خلال التطوير التدريجي لسياسة مشتركة في مجال السياسة الخارجية والأمن، وإنشاء جيش أوروبي مستقل وتطوير اتحاد غرب أوربا (W E U) لكي يصبح الأداة الدفاعية

للاتحاد .

ويضم الاتحاد الأوروبي مؤسسات عديدة تساهم في صنع القرار وهي : المجلس الأوروبي، المجلس (الوزاري)، والمفوضية الأوروبية، البرلمان الأوروبي، محكمة العدل الأوروبية، اللجنة الاقتصادية والاجتماعية بالإضافة إلى عـدد مـن المؤسسات الأخـرى المساعدة . وقد وقعت دول الاتحاد الأوروبي في عـام 1997 اتفاقيـة أمسـتردام التـي دخلت حيز التنفيذ في الأول من كـانون الثاني /1999، وسعت مـن سـلطات البرلمـان الأوروبي خصوصا في تعيـين رئيس المفوضية الأوروبيـة، والمصادقة عـلى اتفاقيـات الشراكة مع الدول الأخرى، وقبول الدول الجديدة .

اتحاد الجمهوريات السوفيتية الاشتراكية :   C.C.C.P

حتى نهاية عام 1991 وهو التاريخ الرسـمي لحـل هـذا الاتحاد، يعتبر اتحاد الجمهوريات السوفيتية الاشتراكية من أكبر بلدان العالم مساحة إذ تبلغ 22.402.200 مليون كم2، وبتعداد سكاني تجاوز 350 مليون نسمة، يتكلمون مـا يقـارب مـن مئة وعشرين لغة محلية، عدا اللغة الرسمية المشتركة للبلاد هي اللغـة الروسية . ويدين أغلبيـة الـروس بالمـذهب المسيحي الأرثوذوكسي ـ بالإضافة إلى المـذاهب المسـيحية الأخرى، ويعتبر الإسلام الدين الثاني في الاتحاد وخصوصا في جمهوريات آسيا الوسطى والقوقاز . كانت روسيا قبل ثورة 1917 امبراطورية واسعة، وبعد تخلي نيقولا الثاني عن العرش في آذار من نفس السنة تم تأسيس الاتحاد السوفيتي الذي استمد تسميته مـن مجالس السـوفيت، وأعلـن عـن تأسيس أول دولة اشتراكية في العـالم سميت جمهوريـات روسيا الاتحاديـة الاشتراكية السوفيتية في 10/تموز/1918 . وفي خضـم الحروب الأهلية اتي خاضها النظام الجديد ضد القوى المضـادة، انضمت جمهوريـات سوفيتية أخرى بموجب معاهدات إلى الاتحاد السوفيتي الذي أصدر أول دستور له في 6/تموز ـ يوليو/1923 الذي أوجد هيئات السلطة في الاتحاد السـوفيتي، وعـلى رأسـها مجلس السوفيت الأعلى الذي يتكون من مجلسين : مجلس الاتحاد الذي يضم ممثلي الجمهوريات المتحدة، ومجلس المفوضيات الذي يضـم ممثلي الجمهوريات المتحـدة وذات الحكم الذاتي وممثلي المقاطعات

والأقاليم ذات الحكم الذاتي . ويمثل مجلس القوميات كل الشعوب والقوميات في الاتحاد السوفيتي، بمعدل 32 نائبا عن كل جمهورية متحدة 11 نائبا عن كل جمهورية ذات حكم ذاتي، وخمسة نواب عن كل مقاطعة ذات حكم ذاتي، ونائب واحد عن كل دائرة قومية . وقد كان الاتحاد السوفيتي اتحاد فيدرالي يضم خمسة عشر جمهورية متحدة، وكل جمهورية متحدة هي دولة سوفيتية اشتراكية ذات سيادة، بحيث أن عملية انفصالها في عام 1990 وخروجها عن الاتحاد السوفيتي حصل بشكل سلمي، وحافظت على مؤسساتها الدستورية السياسية . وقد كانت جمهورية روسيا الاتحادية أكبر جمهوريات الاتحاد السوفيتي السابق مساحة وسكانا، إضافة إلى أنه يدخل في تكوينها الاتحادي جمهوريات اشتراكية سوفيتية ذات الحكم الذاتي مثل : بشكيريا، داغستان، كلميكيا وأنغوشيا والشيشان، أي بالتحديد حوالي سبعة عشر جمهورية ما زالت حتى الآن ضمن اتحاد روسيا الاتحادية التي ورثت التركة السوفيتية بعد حله في 31/كانون الأول/1991 . وقد حاولت بعض هذه الجمهوريات مثل الشيشان إعلان استقلالها، إلا أنها فشلت في ذلك . ومن الجدير بالذكر أن جمهوريات البلطيق الثلاث : مولدافيا، استونيا، ليتوانيا، قد انضمت إلى اتحاد الجمهوريات السوفيتية الاشتراكية في آب/1940 وفي خضم الحرب العالمية الثانية، وكانت أولى الجمهوريات التي خرجت عن الاتحاد عن طيق الاستفتاء الشعبي في عام 1990 .

ولقد قامت على تركة الاتحاد السوفيتي السابق جمهورية روسيا الاتحادية التي تضم أكثر من 120 قومية، ومن أجل تنظيم العلاقة ما بين روسيا والجمهوريات المستقلة في آسيا الوسطى والقوقاز، حيث الروابط الاقتصادية والاجتماعية التي لا يمكن فصمها، فقد اجتمعت هذه الدول في إطار رابطة الدولة المستقلة التي تعقد اجتماعاتها دوريا لمناقشة القضايا المشتركة وحل المشاكل العالقة بعد حل الاتحاد السوفيتي . ويتكون الاتحاد السابق من جمهورية روسيا الاتحادية، أرمينيا، أذربيجان، بيلوروسيا، أستونيا، جورجيا، كازاخستان، قرغيزيا، لاتفيا، ليتوانيا، مولدافيا، طاجكستان، تركمانستان، أوكرانيا، أوزبكستان .

اتحاد الدول : L'union d'Etats

شهد تاريخ العلاقات الدولية ارتباط الدول بأنواع متعددة من الاتحادات التي أنشأت بموجب الاتفاقات بين دولتين أو أكثر وحسب ما اتفق عليه ومدى الاندماج الذي يسمح به . وتتدرج أنواع الاتحادات من الاتحاد الشخصي الذي ينشأ بين دولتين أو أكثر، بحيث تخضع الدول الداخلة في الاتحاد لحكم شخصي واحد سواء كان ملكا أو امبراطورا أو رئيسا للجمهورية، على أن تحتفظ كل دولة باستقلالها الخارجي، وبشخصيتها الدولية الكاملة، ونظام حكمها . ومن الأمثلة على ذلك ما حصل بين إنكلترا وهانوفر سنة 1714، وما بين هولندا ولكسمبورغ في 1815 . ثم هناك الاتحاد الفعلي الذي يتكون من اتحاد دولتين اتحادا دائما تحت حكم رئيس واحد وخضوعهما لهيئة واحدة يما يتعلق بشؤونهما الخارجية مع احتفاظ كل دولة بإدارة شؤونها الداخلية . ومن الأمثلة على ذلك اتحاد السويد والنرويج عام 1815، النمسا والمجر في عام 1867، الدانمارك وآيسلندا في عام 1918 . أما بصدد الاتحاد الاستقلالي أو التعاهدي فينشأ نتيجة اتفاق بين دولتين أو أكثر في معاهدة دولية على الدخول في الاتحاد، مع احتفاظ كل دولة باستقلالها الخارجي وبقاء نظمها الداخلية دون تغيير . ويهدف هذا الاتحاد إلى تحقيق مصالح وأغراض مشتركة وحيوية للدول الداخلة في الاتحاد كضمان أمنها وحماية سلامتها . من الأمثلة إنشاء الاتحاد السويسري ما بين 1815-1848، والاتحاد الأمريكي 1776-1787 . أما فيما يتعلق بالاتحاد المركزي الذي ينشأ من خلال إندماج عدد من الدول تبرز إلى الوجود الدولة المركزية الموحدة الممثلة لجميع الدول، وتضطلع بالاختصاص الخارجي باسم جميع الأعضاء وتتولى أيضا جانب من الاختصاصات الداخلية . ولا يعتبر اتحادا بين دول مستقلة، وإنما هو دولة واحدة تضم عدة دويلات أو ولايات ذابت شخصيتها في الشخصية الدولية للدولة الاتحادية، وهناك عدة طرق لنشأة الاتحاد المركزي، ويكون له دستور اتحادي واحد وعاصمة اتحادية واحدة، وعملة واحدة، ونظام سياسي واحد. مثل اتحاد الجمهورية الاشتراكية السوفيتية السابق، الاتحاد السويسري، الولايات المتحدة الأمريكية، الاتحاد اليوغسلافي الذي تفكك الى

ست دول مستقلة في غضون عقد التسعينات .

اتحاد الدول الأمريكية : L'union d'etats D'Americque

بغية تأكيد اهتمامها بأمريكا اللاتينية طبقا لمبدأ مونرو الصادر في عام 1823 فقد دعت الولايات المتحدة الأمريكية دول أمريكا اللاتينية إلى مؤتمر عقد في واشنطن في عام 1889 لتنسيق علاقاتها التجارية واتخذ العديد من التوصيات بهدف تعزيز التعاون وفي كافة المجالات من خلال مكتب تنسيق تجاري . وعقد المؤتمر الثاني للاتحاد في المكسيك في عام 1901 . حيث انبثق عن هذا المؤتمر مجلس إدارة يتكون من الممثلين الدائميين للدول الأمريكية لدى حكومة واشنطن برئاسة وزير الخارجية الأمريكي، وفي المؤتمر الثالث الذي عقد في العاصمة البرازيلية ريو دي جانيرو عام 1906، تم تحويل المكتب التجاري إلى هيئة دائمة للتعاون بين جميع الدول الأمريكية . وفي المؤتمر الرابع الذي انعقد في بوينس آيرس سنة 1910 أطلق عليه اسم اتحاد الدول الأمريكية، وامتد التعاون إلى القضايا السياسية والتشريعية والاجتماعية والثقافية، واستمر المؤتمر إطارا منظما لهذه الدول، حيث أن المؤتمر الخامس الذي عقد عام 1923 أوصى بإنشاء لجنة تحقيق كل نزاع يقوم بين دولتين أو أكثر تسوية النزاعات بالطرق الدبلوماسية أو عرضه على لجنة التحكيم . وقد مثل تصريح ليما في عام 1938 خطة للاتحاد في طريق التضامن السياسي الذي أفضى- في عام 1945 إلى إرساء ميثاق ((شابلتيك)) في المكسيك الذي لخصت فيه المبادئ السابقة التي أقرتها في الاتفاقيات المبرمة وتعاهدت أن تدفع بكل الوسائل كل اعتداء يقع على أحدها من أية دولة . ولم تكتف الدول الأمريكية بذلك، بل توصلت إلى إبرامي ميثاق بوجوتا في كولومبيا عام 1948 أرست فيها اتحادها على أساس متين من القواعد القانونية وضمنته كافة الأحكام الرئيسية التي يجب أن تخضع لها علاقاتها وتصرفاتها دوما وفي المستقبل ويقع هذا الميثاق في 12 مادة، وقد تحول هذا الاتحاد إلى منظمة الدول الأمريكية التي تعقد اجتماعاتها سنويا في إحدى الدول ,

اتخاذ القرار في السياسة الخارجية : Prise de décission

إذا كان ديفيد ايستون قد وصف القرار بأنه مخرجات النظام السياسي التي توزع

السلطة على أساسها القيم في المجتمع، فإن اتخاذ القرار هو الاختيار بين عدد من البدائل المتاحة التي تتسم بعدم اليقينة في نتائجها . ولكن ذلك لا يعني أن صانع القرار يضع أمامه سلسلة من البدائل ويبدأ في دراسة آثار كل منها طبقا لمقياس محدد، إذ أنه في السياسة الخارجية - ربما أكثر من السياسة الداخلية - يكون عدد البدائل محدودا، ربما لا يكون هناك بدائل، ثم أن البدائل والخلاف عليها مرتبطة بالواقع الذي أفرزها وبمدى الآثار المرتبة عليها، ثم هناك مشكلة تحديد المعيار أو القيمة التي على أساسها نعتبر أن خيارا معينا يمثل القرار الأفضل . إلا أن جوهر نظرية اتخاذ القرار هو ((الاختيار بين عدد من الممكنات لا على أساس تجريدي ولكن على أساس عملي مرتبطة بالظروف القائمة)) .

وإذا كان المؤرخ اليوناني توكوليدس قد بحث في العوامل النفسية في اتخاذ القرار وأهمل الأسباب الاستراتيجية في حرب البلويونيز، فإن ميكيافلي قدم ((توصيات)) للأمير الذي يريد أن يكون ناجحا في استخدام السلطة أو زيادة نفوذه، فيقول ((الأفضل أن تكون مهذبا من أن تكون محبوبا، ولا يكون الخوف منك مرتبطا بالحقد عليك، عليك أن تكون ثعلبا وأسدا في نفس الوقت، لا تلتزم بوعودك اللفظية عندما تكون في غير مصلحتك، لا تولي ثقتك للمرتزقة، من الخطأ أن تقف على الحياد بينما جيرانك يخوضون حربا ... الخ)) . وأن والتر ليبمان حذر من عدم توازن التزامات الدولة مع قوتها، ودعا هانز مورغانثاو إلى اتباع القواعد المرنة والمساومة الدبلوماسية، حيث يقول : ((لا تسمح حليفك الضعيف باتخاذ قرار عنك، ولا تضع نفسك في موقف يجعل حركتك للأمام تقود إلى الحرب)) .

وإن المناهج المعاصرة في اتخاذ القرار تفضي- إلى إيجاد نظرية اتخاذ القرار، والتي تعني الدراسة المتفحصة والشاملة لمختلف العناصر التي يجب أن تؤخذ بنظر الاعتبار عند تحليل سياسة معينة سواء بشكل عام أو في لحظة معينة . أي أن النظرية تعمل على تحديد عدد كبير من المتغيرات المتعلقة بالموقف، ثم تسعى لتحديد العلاقة بين هذه المتغيرات . وربما يكون من الأنسب اعتبار نظرية اتخاذ القرار من بين النظريات الجزئية Micro من اعتبارها نظرية كلية Macro، فهي تركز على جانب جزئي من النظام

السياسي ككل وبالتحديد على وحدات معينة باتخاذ القرار . إذ يؤكد ريتشارد سنايدر ((إننا نحدد الدولة بأشخاص صانعي قراراتها من الرسميين الذي تمثل قراراتهم الناجمة عن موقعهم السلطوي قرارات الدولة ... ولذا فسلوك الدولة هو سلوك الذين يعملون باسمها . وأن النظرية تدعو لدراسة وحدة اتخاذ القرار في إطار البيئة النظامية التي توجد فيها هذه الوحدة، وصانع القرار يتخذ قراره من خلال إدراكه للبيئة التي هي البيئة المحلية من جهة والبيئة الدولية من جهة ثانية، وبالتالي فهذه النظرية مرتبطة بنظرية النظم، وبالتالي يندمج الكلي - النظم - بالجزئي - اتخاذ القرار من خلال إدراك صانع القرار للنظام الذي يعمل فيه .

وإذا كان إدراك الواقع، الواقع كما هو والواقع كما يدركه الإنسان هي أساس هذه النظرية، وأن تحديد الموقف كما يراه صنائع القرار الذي على أساسه يتخذ القرار، فإن الباحث البريطاني جوزيف فرانكلين يرى ضرورة أخذ البيئة الموضوعية في الاعتبار، حيث أن القرار بعد اتخاذه يصبح محكوما بهذه البيئة التي قسمها سبروت إلى بيئة سيكولوجية، وبيئة عملية، إضافة إلى الأخذ بنظر الاعتبار بحجم المعرفة التاريخية .

ويشير جوزيف فرانكلين من أن بعض قرارات السياسة الخارجية قد تكون غير عقلانية إلى درجة بعيدة في حين يكون البعض الآخر متسما بالعقلانية التي تبرز في لحظات الأزمات المعقدة . ويقول : ((أن كل تصرف سيؤدي إلى نتائج يتطلب شرح هذه النتائج للرأي العام في إطار عقلاني، وهذه القضية بحد ذاتها، عقلنة السلوك العام أمام الرأي العام . يجب أن يدخلها صانع القرار في حسابه قبل الإقدام على اتخاذ القرار النهائي)) .

ولكن على صانع القرار أن يضع عددا من العوامل بنظر الاعتبار :

1. القوى التي تؤثر في المشكلة سواء تلك التي تستطيع الدولة أن تتحكم فيها أو التي لا يستطيع .
2. سياسات الدول الأخرى المعنية بالمشكلة .
3. قدرة الدولة في مواجهتها للمشكلة على انتهاج سياسات مختلفة .

وفي نطاق السياسة الخارجية تبرز المشكلة أيضا في تحديد القوى التي تؤثر في مسار المشكلة . وفي اتخاذ القرار يجب أخذ المصلحة القومية للدولة بنظر الاعتبار، إضافة إلى دراسة بيئة القرار أي الوضعية الداخلية والخارجية التي يتخذ القرار في نطاقها، وكذلك دراسة هيئة اتخاذ القرار، ثم دوافع وخصائص صانع القرار .

اتفاقيات باريس لعام 1954 : Les Conventions de Paris

بعد أن أضحت ألمانيا (الغربية) جزءا من التحالف الغربي المناهض للكتلة الشرقية، والسماح لها بدخول الاتفاقية الأوروبية للفحم والصلب التي أعلن عنها في عام 1950، قررت الولايات المتحدة الأمريكية إعادة الاعتبار لألمانية الغربية، وتعزيز مكانتها الدولية مقابل إنشاء ألمانيا الشرقية (الديمقراطية) . فقد تم إعادة النظر في احتلال ألمانيا الغربية التي تمركزت فوق أراضيها قوات عسكرية لأمريكا وفرنسا وبريطانيا، وإعادة بعض حقوق السيادة عليها . ونتيجة لهذه المساعي التي قامت بها الولايات المتحدة فقد توصلت الدول الحليفة الغربية الثلاث التي عقدت اتفاقيات باريس في أكتوبر 1954 الذي نصت على إلغاء نظام الاحتلال في حدود عام 1955، ودخول ألمانيا الاتحادية إلى حلف الأطلسي، وإنشاء اتحاد أوروبا الغربية . إذ أكدت هذه الاتفاقيات على ((ممارسة الجمهورية الفيدرالية الألمانية كامل سلطة الدولة ذات السيادة في شؤونها الداخلية والخارجية))، مقابل أن تمتنع ألمانيا عن امتلاك أي سلاح من أسلحة التدمير الشامل، رغم الاعتراف بإعادة تسليحها بما يتطلب قيامها بمهمة خط التماس الأول في مواجهة الكتلة الاشتراكية . وعلى أثر ذلك وكرد فعل لهذه الخطوة، فقد سارع الاتحاد السوفيتي السابق إلى إنشاء حلف وارشو واعتبار جمهورية ألمانيا الديمقراطية عضوا فاعلا فيه، في 14/أيار ـ مايو 1955 .

الاثنوغرافي (الاثنولوجي) : Ethnologie

تعد الدراسة الاثنوغرافية من الدراسات الوصفية لطريقة وأسلوب حياة شعب من الشعوب أو مجتمع من المجتمعات . وقد اتخذ هذا المفهوم في بريطانيا معنا متميزا، وخصوصا من قبل علماء الانثروبولوجيا الذي ركزوا اهتمامهم حول الشعوب والأقوام البدائية التي درسوها دراسة ميدانية . وقد حصل ارتباط وثيق ما بين الدراسة

الوصفية للمجتمعات البدائية والانثروبولجي الاجتماعي الـذي يهتم بالتحليل البنائي أو التركيبي للمجتمعات البدائية . أما في الولايات المتحدة فقد أخـذت هـذه المفاهيم تعبيرات مختلفة وإن كانت متضاربة في ميدان عملها .

فإذا كان الاثنوغرافي يركز في وصف الحضارات الإنسانية، فإن الاثنولوجي يمثل دراسة مقارنة للحضارات وبحث المشاكل النظرية المتعلقة بتحليل العـادات البشرية للمجتمعات الإنسانية المتباينة . أما في بريطانيا، فإن الأنثروبولوجي إيفانز بريجارد – Pritchar-Evans ، يوضـح معنـى الاثنولـوجي في كتابـه علـم الانثروبولوجي الاجتماعـي، وكذلك يخصص رادكلف بـراون مكانـا للاثنولوجي في كتابه : تركيـب ووظيفة المجتمع البدائي . أما قاموس العلوم الاجتماعية الصادر في بريطانيا عام 1964 فإنه يعرف الاثنوغرافي بأنه دراسة وصفية للمجتمعات الإنسانية، بينما الاثنولوجي هو نوع من الدراسات التاريخية، في الوقت الذي يهتم علم الانثروبولوجيا الاجتماعـي بدراسة الجانب البنائي أو التركيبي للمجتمع . وإزاء هـذا التعدد والتداخل في حقل الاختصاص، فإنه من الصعب الوقوف على تعريفات محددة لهذه المفاهيم .

الأثنيــة : Ethnie

مفهوم يقصد به ((شعب)) هو ما تتميـز بـه الوحـد الاثنيـة . هـي نـوع تولـد تاريخيا من مجتمع ثابت من الناس متمثل في قبيلة أو طائفة أو أمة . اصطلاح وحدة أثنية قريب من حيث المعنى من مفهومة ((شعب)) . أحيانـا يطلـق عـلى مجموعـة الشعوب (مثلا، يشـكل الـروس، والأوكرانيـون، والبولنـديون سـوية الوحدة الأثنيـة السلافية) أو على مجموعـات أثنيـة داخل شعب واحد . إذ أن مـن الـدول الكبيرة المتعددة القوميات في آسيا الهند والباكستان اللتان تتميزان بوجود مجموعـات أثنيـة متعددة .

وفي الواقع، فإن شيوع استخدام هذا المفهوم في الدراسات السياسية، سيما فيما يتعلق بحقوق الأقليات والجماعات الفرعية حيث تزايد مطالبها السياسية قـد أثـار الخلاف والنقاش، في دول العالم الثالث خصوصا، التي تفتقر إلى الأنظمة السياسية المسـتقرة، حـول تحديـد معـين للأثينيـة، حتى أن هنـاك مـن يراهـا مقابلة لكلمة ((أقلية))،

وفي كتابه ((المشكلات السياسية في العالم الثالث))، فإن الـدكتور ريـاض عزيـز هادي قد حدد الأثنية بأنها ((مصطلح يطلق لوصف الواقع الثقافي لمجموعـة بشـرية، وهو يستخدم لوصف مفاهيم تنطبق على العرق، الحضارة، الشعب، القبيلة)) . وقد حدد القاموس الفرنسي Larousse الأثنية((بأنها تجمع من العوائل في فضاء جيوغرافي متغير، حيث الوحدة ترتكز على التركيبة العائلية، اقتصادية واجتماعية مشتركة)) . أما قاموس ويبستر فقد عرف الأثنية بأنها ((السمة الطبيعية التي تتسـم بهـا جماعـة مـا إزاء غيرها، داخل المجتمع الواحد، وهذه السمة قد تكون اللغة، الثقافة، الـدين)) . والموسوعة الأمريكية تعطي تعريفـا مختلفـا عـن الأثنيـة لا تحصره بسـمة أو عنصرـ محددة، وإنما قد يكون العرق، أو القومية أو الدين أو اللغة، وهو ما يعكس بطبيعـة الحال تكوينية المجتمع الأمريكي، في حين أن قاموس علم الاجتماع الصادر عـن الهيئـة المصرية عام 1979 قد عرف الأثنية بأنها ((جماعـة ذات تقاليد مشـتركة تتيح لها شخصية متميزة كجماعة فرعية في المجتمع الأكبر)) مـن خـلال خصائصهـم الثقافيـة، واللغة الخاصة والدين الخاص والأعراف المميزة، إضافة إلى الشعور بالتوحد كجماعة .

أجانب : Etrangeres

من النادر جدا أن توجد دولة قاصرة في وجودهـا عـلى رعاياهـا مـن المـواطنين الذين يشكلون شعبها، بل يضم إقليم الدولة عادة الى جانب هؤلاء أشخاصا آخرين لا ينتسبون إليها ولا تربطهم بها سوى رابطة الإقامة على هـذا الإقليم، ويطلق عليـهم صفة الأجانب . وللتمييز بين الوطنيين والأجانب من سكان الدولة أهميـة مـن ناحيـة مدى الحقوق التي يتمتع بها كل فريق والأعباء التي تفرض عليه . فممارسة الحقوق السياسية محظور على الأجانب، وكذلك تولي الوظائف العامة، واحتراف بعض المهـن، وتملك العقارات في بعض الدول مقيد على الأجانب في حدود معينة . وحمايـة الدولـة والدفاع عنها يقع على عاتق الرعايا وحدهم الـذين يجنـدون في القوات المسـلحة . وتقرير من يعتبر من سكان الدولة من رعاياها ومن يعتبر أجنبيا هو مـن صميم الاختصاص الداخلي لكل دولة ولا شأن للقانون الدولي العام به . وتضع كل من الدول عادة تشريعا خاصا في هذا الشأن يعرف قانون الجنسية تبين فيه الشروط

والصفات لاعتبار الشخص متمتعا بجنسيتها والأحكام الخاصة باكتساب هذه الجنسية.

الاجتماع السياسي : Le Sociologie Politique

لقد اختلف الكثير من المختصين حول تعريف دقيق للاجتماع السياسي، أو حتى الاتفاق على مجال اختصاصه . وإذا كان علم الاجتماع يعني ذلك العلم الوضعي الذي يعنى بدراسة الوقائع الاجتماعية (ينظر علم الاجتماع)، فإن علم الاجتماع السياسي هو أحد فروع علم الاجتماع، والذي يهدف إلى إقامة أنظومة معارف عامة أو مجردة من الوقائع السياسية، سواء كانت هذه الوقائع تأخذ شكل مؤسسة أو غير مؤسسة، وبعبارة أخرى هو نظرية المجتمعات السياسية أو المجتمع السياسي . فالمهمة الأساسية بالنسبة لعلم الاجتماع السياسي هو اكتشاف القوانين الطبيعية المتعلقة بالوقائع الاجتماعية، أو على وجه الدقة الوقائع المعروفة بالوقائع السياسية، أي القوانين الطبيعية التي تربط الوقائع السياسية بعضها بالبعض الآخر، والقوانين التي توصل فيما بين الوقائع السياسية والوقائع غير السياسية سواء كانت هذه الأخيرة وقائع اجتماعية (اقتصادية، دينية، أخلاقية، ثقافية) أو كانت وقائع غير اجتماعية منها الإنسانية كوقائع علم النفس الفردي، وعلم الأجناس أم وقائع غير إنسانية كالوقائع الجغرافية .

وعليه، فإن علم الاجتماع السياسي يتمركز في مجال الترابطات القائمة بين المجتمع وبين النظام السياسي، بين البنى الاجتماعية والمؤسسات السياسية . أي أن ما يمكن اعتباره ميدانا لعلم الاجتماع السياسي هي الروابط القائمة بين السياسة وبين المجتمع، وبين البنى الاجتماعية وبين البنى السياسية، وبين السلوك الاجتماعي وبين السلوك السياسي، ومن ثم فإن علم الاجتماع السياسي هو جسر نظري ومنهجي بين علم الاجتماع وبين علم السياسة، ولاسيما وأنهما يدرسان نفس الظواهر الاجتماعية، وإن اختلف إطار كل منهما . فإذا كان علم السياسة يبدأ بالدولة ويدرس كيف تؤثر في المجتمع، فإن علم الاجتماع السياسي يبدأ بالمجتمع ويدرس كيف يؤثر في الدولة . كما أن هناك آراء أخرى تحدد العلاقة بين علم الاجتماع السياسي وعلم السياسة، ومن منظار مختلف عن الرأي المطروح في أعلاه،

وخصوصا أن هناك من يؤكد بأنهما يدرسان نفس المواضيع ونفس الوقائع، غير أنهما يختلفان في تحليلاتهما واستنتاجاتهما إلا أن الأستاذ موريس ديفرجيه يؤكد على أنه لا يوجد فرق بين الاثنين في الاختصاصات إلا اختلافات طفيفة . وعلى ضوء هذه الاختلافات ظهرت اتجاهات ثلاثة في تحديد موضوع علم الاجتماع السياسي : 1- دراسة الدولة، 2- دراسة السلطة، 3- دراسة الترابطات الاجتماعية – السياسية . ومن هنا فإن الاجتماع السياسي هو الفرع الذي يهتم بإبراز وتأكيد السياق الاجتماعي للظواهر السياسية .

احتجاج رسمي : Protestation officielle

وهو الاحتجاج الذي يقدمه الممثل الدبلوماسي باسم دولته إلى دولة المعتمد لديها حول بعض النقاط أو التصرفات، أو التصريحات التي صدرت من بعض المسؤولين ويعبر من خلاله عن موقف بلاده، ويعد أكثر خطورة من التصريح، وأخف وطأة من الإنذار . وقد يكون الاحتجاج مقدما من المندوب الرسمي الذي انتدبته حكومته ليمثلها في الاجتماعات والمؤتمرات الدولية، ويعلن فيه عن موقف بلاده الصريح حول مشروع قرار، أو عدم القبول بحالة معينة، أو إبداء التحفظ السياسي أو القانوني .

احتكار : Monopole

هو الرأسمالي الذي يركز بين يديه أكبر قدر من وسائل الإنتاج ويمركز تحت سيطرته أكبر قدر من المال وفقا لقانون الرأسمالية الأول، وهو تحقيق أكبر قدر ممكن من الربح . إن هذا القانون الاستغلالي يستلزم دائما أن يتجه كل رأسمالي إلى توسيع دائرة نشاطه، والسيطرة على أكبر قدر ممكن من السلع الإنتاجية أو السلع الاستهلاكية . سواء تم ذلك على حساب القضاء على رأسماليين آخرين أصغر وأضعف، أو تم ذلك على حساب زيادة استغلال العمال، أو تم عن طريق نهب موارد الأمة وأفساد الحكم والسيطرة على الحاكمين .

والعنصر الأساسي في تكوين الاحتكار هو وجود الممول القادر على تقديم المال اللازم لتحقيق التركيز في السلع في أيدي عدد أقل فأقل من الرأسماليين .

الاحتواء (سياسة الاحتواء المزدوج) : Le Contenent

تعود سياسة الاحتواء في حد ذاتها إلى فترة ما بعد الحرب العالمية الأولى حيث أن هزيمة ألمانيا في الحرب وتوقيعها معاهدة فرساي في عام 1919، التي مثلت ترجمة عملية للواقع السياسي الدولي في احتواء السياسة القومية الألمانية من قبل القوى الأوروبية المتحالفة. إلا أن هذه السياسة سرعان ما أصابها الفشل بصعود هتلر إلى كرسي المستشارية الألمانية وتزعمه للحزب الاشتراكي الألماني (النازي)، حيث النزعة القومية الألمانية وطموحاتها التوسعية سبب اندلاع حرب عالمية ثانية. ولم يمض على انتهاء هذه الحرب المدمرة إلا فترة قصيرة، حتى بدأت حرب جديدة ومن نوع آخر أطلق عليها الحرب الباردة أساسها الردع النووي، الأمر الذي أدى إلى بروز سياسة الاحتواء من جديد وهذه المرة ضد الاتحاد السوفيتي والفكر الشيوعي الذي بدأ يغزو أوروبا الوسطى والشرقية. فقد استندت هذه السياسة إلى مبدأ هاري ترومان القاضي بوقف المد الشيوعي واحتواءه من خلال سياسة الأحلاف العسكرية والمعونات الاقتصادية لدول أوروبا التي دمرتها الحرب. وعلى هذا الأساس أنشأ حلف الأطلسيـ في نيسان/1949 طبقا لمعاهدة واشنطن. وعلى أثر قيام الولايات المتحدة بإقامة تكوين ألمانيا الاتحادية وتسليحها، وبعد رفض الطلب السوفيتي بالانتماء إلى حلف الأطلسي في عام 1954، تم تأسيس معاهدة حلف وارشو في 14/مايو ـ أيار/1955 كرد فعل على سياسة الاحتواء. واستمرت سياسة الاحتواء في الاتساع وتطويق الاتحاد السوفيتي بالأحلاف العسكرية، حيث تم تأسيس حلف السنتو، والسياتو في آسيا، ومنظومات عسكرية متعددة، وتواجد عسكري كثيف في البحار والمحيطات، حتى مرحلة الانفراج الدولي الذي شهده عقد السبعينات بعد التوصل إلى معاهدات نزع الأسلحة الصاروخية وأسلحة التدمير الشامل، والتي سبقتها خطوات في تأكيد سياسة التعايش السلمي بين القوتين.

وبعد الحرب الباردة عادت من جديد سياسة الاحتواء إلى التداول ليس فقط في أدبيات العلاقات الدولية ومنتدياتها، وإنما أضحت من السمات المميزة لسياسات القوى الكبرى، وخصوصا الولايات المتحدة، والتي هدفت إلى احتواء وتحجيم

القوى الإقليمية المناهضة للاستراتيجية والمصالح الحيوية الأمريكية . وإن أوضح تطبيق لسياسة الاحتواء ما مورس ضد العراق ابتداء من عام 1990، وما بعد حرب 1991، حيث برزت ما أطلق عليه سياسة الاحتواء المزدوج للعراق وإيران، أي العمل على التحجيم العسكري والاقتصادي والسياسي للقوتين الإقليميتين وعزلهما عن محيطهما الإقليمي بكل الوسائل المتاحة، سواء كان من خلال استصدار قرارات الحظر الاقتصادي والقوانين التي تمنع التعامل التجاري، أو من خلال استخدام القوة العسكرية .

لقد شارك في بلورة أسس ((سياسة الاحتواء المزدوج)) أنطوني ليك مستشار الأمن القومي السابق للرئيس الأمريكي بيل كلنتون ومارتن أنديك عضو مجلس الأمن القومي . إذ أوضح ليك سياسة الاحتواء إذ يقول : نسعى لاحتواء هذه الدول، بمعنى منع انتشار قوتها، أو آيديولوجيتها المعادية أحيانا، من خلال العمل على تحقيق عزلتها، ومن خلال ممارسة الضغوط في أحيان أخرى، وتشجيع بقية المجتمع الدولي على الانضمام إلى الولايات المتحدة في مسعى متفق عليه . كما أن الولايات المتحدة منهمكة في نشطات – في محاولة تقوم بها من طرف واحد ومن عدة أطراف – للحد من قدرات هذه الدول العسكرية والتكنولوجية .. وتوظف نشاطات الاستخبارات والنشاطات المناهضة والسياسات الجماعية التي تحضر الصادرات، وبخاصة المتعلقة بأسلحة الدمار الشامل ومنظومات إطلاق الصواريخ .

وقد طبقت الولايات المتحدة سياسة الاحتواء ضد النظام السياسي الكوبي منذ عام 1962 بموجب قانون أصدره الكونغرس هليمز – بورتنز الذي يحظر أي تعامل تجاري مع كوبا . حيث أن القرار يحظر على الشركات الأمريكية العمل أو الاستثمار في كوبا، وكذلك يتضمن مادة تسمح بملاحقة الشركات التي تستخدم أملاكا تمت مصادرتها وتأميمها بعد الثورة الكوبية . وقد أصدرت الولايات المتحدة قانونا مماثلا ضد إيران وليبيا في عام 1996 ينص على معاقبة الشركات الأجنبية التي تستثمر في إيران وليبيا أكثر من عشرين مليون دولار في قطاع النفط .

إدارة الأزمات : Administration Des crises

يعد مصطلح إدارة الأزمات من المصطلحات التي شاع استخدامها بعد الحرب العالمية الثانية، وخصوصا في إطار الحرب الباردة، حيث الأزمات التي اندلعت في مناطق وأقاليم ذات أهمية استراتيجية وحساسة بالنسبة لأمن القوتين العظميين، حيث الأزمة الكورية 1950، وأزمة برلين 1961، وأزمة الصواريخ الكوبية 1962. ومصطلح إدارة الأزمات يعني مجموع الأساليب والأطر والمؤسسات، والإجراءات، الموجهة نحو اتخاذ القرارات السريعة والعقلانية لمواجهة التحديات والتطورات الدولية الطارئة، والحيلولة دون اتساع نطاق هذه الأزمة أو النزاع بما يؤدي إلى قلب موازين القوى القائم وتهديد السلم والأمن الدوليين، وتجنب احتمالات المواجهة بين القوى الكبرى . وترتبط هذه الدبلوماسية ارتباطا وثيقا بالوضع الدولي الذي نشأ على أثر انتشار أسلحة التدمير الشامل، وخصوصا الأسلحة الذرية، حيث الردع أضحى الحالة المهيمنة على العلاقات الدولية القائمة على توازن الرعب، بعد أن ألغى الحرب الشاملة بين الدول الكبرى كوسيلة من وسائل السياسة، الأمر الذي سمح باندلاع الحرب الإقليمية المحدودة، والتي يمكن أن يطلق عليها ((حرب بالإنابة))، تقوم بها قوى إقليمية مرتبطة بهذا الطرف أو ذاك من المعسكرين .

ومن الوسائل التي تدار بها الأزمات دبلوماسية القمة، والخط الهاتفي الأحمر بين الكرملين والبيت الأبيض، إضافة إلى التخطيط المسبق في أعلى مستويات السلطة لمنع نشوب حالات التأزم،والقدرة على معالجة المواقف الحساسة . وقد تطور أسلوب إدارة الأزمات في الظروف الحالية التي هي ابتكار الدبلوماسية الوقائية التي من شأنها الحيلولة دون تفاقم النزاع أو المشكلة إلى مديات أبعد تؤثر على الوضع الدولي .

الإدارة العامة : Administration Publique

يؤكد أستاذنا عبد اللطيف القصير في كتابه الادارة العامة بأنه ليس من السهل تعريف الإدارة العامة لأنها معرفة واسعة، إلا أنه هناك العديد من التعريفات التي خرجت في هذا الإطار . حيث أن قسم منها يعرف الإدارة العامة بأنها توجيه وتنسيق

عمل الأفراد ورقابتهم لتحقيق غرض من الأغراض وللوصول إلى هدف مرغوب . كما يعتبرها البعض بأنها إنجاز العمل الحكومي عن طريق تنسيق جهود الأفراد كي يتمكنوا من العمل سوية لإنجاز الواجبات المطلوبة منهم . ويذهب البعض إلى اعتبارها فن وعلم تدبير شؤون الدولة . في الوقت الذي عرفها الرئيس الأمريكي ووردرو ولسن بأنها ((عبارة عن تنفيذ القانون العام بصورة مفصلة ونظامية . وهناك من الباحثين الذي فضل تحليل مقومات هذا المصطلح، وهو الأستاذ عبد اللطيف القصير الذي عرف الإدارة بأنها نوع من أنواع الجهود البشرية التي تتسم بدرجة عالية من الرشد لإنجاز الأهداف التي جاء من أجلها العمل التعاوني . أما مفهوم العامة فإنه يختلف من دولة إلى أخرى، وحسب الفلسفة الاجتماعية والسياسية القائمة، الأمر الذي يجعل من الضروري وضعها ضمن علاقاتها بجميع العوامل التي تحيط بها والتي تهيمن على تصرفها، كالمقومات السياسية والتربوية والتركيب الاجتماعي والتكنولوجي والاقتصادي . ومن خلال هذه الفروق يمكن فهم ((العامة)) . وإذا كان من الممكن التفريق بين الإدارة العامة وإدارة القطاع الخاص، فإن الإدارة العامة هي كل عمل أو نشاط تقوم به الحكومة الدولة . وما تتميز به الإدارة في مفهومها ((العامة)) هي سعة المشاركة، والهدف الأساسي، والمراحل في إنجاز المعاملة الحكومية، والقواعد المحددة، والوسط المكشوف من العمل الإداري .

إذابة الجليد : Solation de Neige

كثيرا ما يتم استخدام تعبيرات ومصطلحات في اللغة السياسية والدبلوماسية لتشير إلى حالة من الحالات التي تسود بين دولتين أو أكثر في إطار العلاقات الدولية . ومن هذه المصطلحات، المصطلح السياسي إذابة الجليد الذي يعني بأنه هناك وضع جديد قد نشأ في العلاقات يعبر عن جو من الانفراج الذي ساد بين الدولتين . وكثيرا ما كان يستخدم هذا المصطلح في إطار العلاقات ما بين الاتحاد السوفيتي السابق والولايات المتحدة ولذلك لكثرة حالات التوتر السائدة بينهما .

الارستقراطية : Aristocracy

يعد هذا المصطلح من المصطلحات ذات الأصول اليونانية المشتقة من مقطعين

معناهما ((حكم الأفضل))، وفي معناه السياسي العام، بأنها الطبقة الاجتماعية النبيلة التي تتولى الحكم، وتتمتع بامتيازات خاصة كالمال والجاه والمراكز الاجتماعية التي يكتسبونها بالوراثة .

وتختلف هذه الامتيازات باختلاف الأزمنة، وحسب الظروف الاجتماعية والاقتصادية والسياسية في كل بلد . وعند أفلاطون في جمهوريته فإنها الطبقة القائمة على الحكمة والمعرفة، وعلى ملكية الأراضي التي غدت من سمات الطبقة الأرستقراطية في العصور الوسطى، وأحيانا تقوم على العرق . وللأرستقراطية معنى سياسي، بأنها الفئة الاجتماعية التي تتميز عن غيرها بالمال، وتعيش على فائض القيمة للفئات الاجتماعية الأخرى .

الإرهاب : Terroriste

ليس هناك من مصطلح أو مفهوم سياسي وعسكري واستراتيجي مثل الإرهاب استحوذ على الحيز الأكبر من اهتمامات الباحثين والدارسين، وكذلك اهتمامات المجتمع الدولي واختلفت التعريفات بصدده وتباينت الآراء حول أسبابه وتداعياته، وخصوصا بعد ((عاصفة النار)) التي ضربت المركز التجاري العالمي في نيويورك ومبنى وزارة الدفاع الأمريكي (البنتاغون) في الحادي عشر من أيلول/2001 . إذ أنه ومنذ هذا الزلزال الذي هز هيبة القوة العظمى الوحيدة في العالم، والإرهاب شكل التحدي الأول للعالم الرأسمالي الغربي باقتصاده، والامبريالي بسياسته، حيث أن التطورات المتلاحقة للأحداث التي جرت على مستوى العالم، ومن خلال الحرب التي شنت ضد أفغانستان على أساس تدمير تنظيمات ((القاعدة)) التي يتزعمها أسامة بن لادن ولتورطها في التفجيرات الانتحارية في 11/أيلول، أفضت إلى اختلالات واضحة في تحديد مفهوم الإرهاب والمتورطين في أعماله، حتى أن فقهاء القانون الدولي الذين يستندون في مرجعياتهم إلى المنطلقات الفكرية والسياسية المتباينة لم يتوصلوا إلى تحديد معين حول مفهوم الإرهاب، حتى أن قسم منهم، ونتيجة للوعي الامبريالي المختزن في عقولهم لم يحاولوا التخلص من عدم الخلط ما بين الإرهاب وحق الشعوب في مقاومة الاحتلال والاغتصاب، وهي مقاومة

مشروعة قد نصت عليها المواثيق والقرارات الصادرة عن منظمة الأمم المتحدة، ولاسيما القرار الصادر من الجمعية العامة للأمم المتحدة في عام 1975 والذي أكدت ((على شرعية كفاح الشعوب في سبيل الاستقلال والسلام والإقليمية والوحدة الوطنية والتحرر من السيطرة الاستعمارية والأجنبية، ومن التحكم الأجنبي بكل ما تملك هذه الشعوب من وسائل بما في ذلك الكفاح المسلح)).

وإذا كان الإرهاب هو كل عمل أو وسيلة يستخدم القوة المادية والنفسية لإشاعة الذعر والهلع وإزهاق أرواح الناس الأبرياء ويجردهم من أرضهم وممتلكاتهم، ويعرضهم للإبادة الجماعية بدون وجه حق، أو أي مسوغ قانوني، أو شريعة سماوية، يقوم به فرد، أو جماعة، أو دولة، بهدف تحقيق أغراض سياسية أو غير سياسية، فإن (إسرائيل) تمثل الكيان الإرهابي الأول في العالم بما اقترفته من سياسة الإبادة والقتل الجماعي ضد الشعب العربي الفلسطيني، وضد الدول العربية .

وفي الواقع، في ظل الهيمنة الغربية على لجنة القانون الدولي، والمنظمات الدولية، وخصوصا منظمة الأمم المتحدة، ومجلس أمنها الذي أصدر القرار المرقم 2001/1373 حول مكافحة الإرهاب بدون أن يعطي تعريفا محددا له، فإنه كان من الصعب التمييز بين الإرهاب و((المقاومة))، كما أن الدول الغربية رفضت تضمين القرارات الدولية الحق بمقاومة الاحتلال، وبالتالي فإنها ترفض اعتبار المقاومة العربية الفلسطينية للاحتلال الصهيوني عملا ((غير إرهابي)) طالما يتخذ العنف وسيلة لتحقيق أهدافه السياسية . وهكذا فإن القرار المذكور (1373) يتناقض صراحة مع أغلبية مواد الإعلان العالمي لحقوق الإنسان الصادر عن الأمم المتحدة 1948، والذي شرعته الدول الغربية طبقا لمفاهيمها الديمقراطية والليبرالية .

وبدون شك، فإذا كان الإرهاب هو الضرب الأقصى ـ من العنف، فإنه يمثل ظاهرة ليس بحديثة على المجتمع الدولي، وإن كانت قد أخذت في مطلع القرن الحادي والعشرين مظهرا دوليا، لما أحدثته الأعمال ((الإرهابية)) من تدمير ومواجهة على مستوى عالمي شامل للقيم الغربية وللقوة العظمى الوحيدة في العالم (الولايات المتحدة) بعد استفرادها بسلطة القرار الدولي في ظل ما يسمى بالنظام الدولي

الجديد المعولم على وفق تصوراتها وأفكارها السياسية والثقافية والاقتصادية، ومحاولة إخضاعها بالقوة الإرهابية للدول الأخرى والهيمنة على ثرواتها الطبيعية وإجبار شعوبها على الخضوع للقيم وأنماط سلوكية غريبة عن خصائصها الوطنية والقومية، ومعتقداتها وتقاليدها الحضارية، الأمر الذي استدعى قيام جماعات ومنظمات مناهضة لها واستخدمت أساليب غير تقليدية لمواجهة كل سلبيات العولمة والقوى التي تقف خلفها في ظل معادلة دولية غير متوازنة، وصراع غير متكافئ، الأمر الذي أدى أن توصف هذه الأعمال ((المتطرفة)) بالإرهابية، والجماعات التي تقوم بها بالجماعات أو المنظمات الإرهابية .

إن التمادي في استخدام القوة الغاشمة من قبل القوى العظمى، والهيمنة على المنظمات الدولية وتوظيفها لأهدافها السياسية ومصالحها الحيوية، ليس من شأنه إلا وأن يدفع الشعوب المستضعفة إلى ابتكار الأدوات والأساليب واللجوء إلى الأعمال التي تستطيع من خلالها مقاومة المعتدي الظالم .

إن (إسرائيل) التي مارست سياسة الإبادة والقتل الجماعي ضد الشعب الفلسطيني لأكثر من نصف قرن، وما زالت حتى الآن، تسمي جيشها ((جيش الدفاع الإسرائيلي)) في الوقت الذي تطلق فيه على المنظمات والحركات الفلسطينية واللبنانية التي تدافع عن أرضها وشعبها ((حركات إرهابية)) .

فالإرهاب ليس كونه غير مفهوم سياسي، ومصطلحا مطاطيا يحتمل الكثير من التفسيرات والتأويلات حسب رؤية كل جهة وبما ينسجم ومصالحها السياسية . فالحركات والمنظمات الإسلامية التي حاربت الوجود السوفيتي في أفغانستان تحت قيادة وتدريب وتسليح وتمويل الولايات المتحدة كانت ((حركات وطنية مجاهدة ضد المد الشيوعي))، ولكن بعد انسحاب السوفيت، وبروز التناقضات بين حلفاء الأمس، تحولت هذه الحركات والأعمال التي تقوم بها إلى ((إرهابية)) خارجة عن القانون ومهددة للسلم والأمن الدوليين .

الأزمة الدولية : Le Crise international

لقد ساد الاختلاف والتباين بين المختصين في العلوم السياسية وصانعي القرار

السياسي إزاء الأزمة الدولية فيما يتعلق بتعريفها وتحديد الأدوات والأساليب الخاصة بإدارتها . وإذا كان شارلس ماكليلاند أستاذ العلاقات الدولية في جامعة ساوت كاليفورنيا في الولايات المتحدة قد عرف الأزمة الدولية ((بأنها فترة انتقالية ما بين الحرب والسلم واحتمال تصعيد كافة الأزمات الدولية لتصل إلى مرحلة الحرب، إلا أن معظمها يتضاءل دون اللجوء إلى استخدام القوة من قبل الدول المتورطة في الأزمة))، فإنه بالمقابل عد الأزمة مرحلة خطيرة في أي موقف لصراع قائم يميل إلى الاعتماد في دراسته وتحليل الأزمة على التفاعلات الدولية بين أطراف الأزمة . كما أن هناك بالمقابل من المختصين في العلوم السياسية من يؤكد في تعريف الأزمة الدولية على ضرورة توفر عناصر التهديد والوقت المتاح والمباغتة والاهتمام بدراسة وتحصيل عملية صنع القرار السياسي داخل النظام، وهو ما ذهب إليه جيمس روبنسون، وشارلس هيرمان، من أساتذة العلوم السياسية في الولايات المتحدة .

وهناك من يعتقد بأنه ليس بالضرورة أن تؤدي كافة الأزمات إلى اندلاع الحروب . إذ يؤكد ماكليلاند على أنه هناك خطر مادي وغامض بين أزمة تؤدي إلى اندلاع الحرب، وأزمة يمكن إدارتها واحتواءها، وهذا ما يقصر الأمر على الباحثين في دراسة الأزمة للتفريق بين أزمة حادة حقيقية، وأخرى لا تتجاوز أن تكون تغيرات في نمط المواجهة . ولكن في حالات قد يتطور الموقف المتوتر البسيط إلى أزمة حادة وباتجاه غير متوقع، حيث أن تاريخ العلاقات الدولية مليء بالأحداث الكثيرة في هذا المجال .

وتعرف مدرسة المنهج التحليلي لصانعي القرار الأزمة بأنها :

1. موقف يهدد هدف أو أهداف مهمة جدا للنظام السياسي الذي يواجه الأزمة .
2. ضيق الوقت المسموح به للرد والاستجابة قبل صدور وتحليل القرار أو حدوث تحول في الموقف بشكل جوهري .
3. أن يفاجئ صناع القرار بوقوعة .

ولذلك فإن المراقبين السياسيين ينظرون إلى القرار الأمريكي في حرب كوريا 1950، وقضية صواريخ كوبا عام 1962 باعتبارها أزمات دولية من وجهة صانع القرار الأمريكي .

أما جليني سنايدر أستاذ العلوم السياسية ورئيس مركز دراسات الصراع الدولي في الولايات المتحدة، فإنه يعرف الأزمة الدولية بأنها ((موقف للنزاع الحاد بين الحكومات المتنازعة سببه محاولة طرف من الأطراف تغيير الوضع الراهن لذلك الطرف الذي يجابهه بالمقاومة والذي يجعله يدرك باحتمال قوى لاندلاع الحرب)) .

ومن الأدوات الكثيرة التي يلجأ إليها في إدارة الأزمة تبرز الضغوط الاقتصادية، والمساعي الدبلوماسية في الوساطة الحميدة، التحكيم، والتسوية السلمية، التوفيق، واللجوء إلى المنظمات الدولية . وفي الواقع، أن كل أزمة تحدث تكون فريدة ومختلفة في نمطها وظروفها عن الأزمات الأخرى، ولهذا لا يمكن أن تكون هناك أساليب وطرق يمكن تطبيقها على كافة أنواع الأزمات الدولية، بنفس الأدوات، والأساليب . ولذلك فإن لكل أزمة ظروفها الخاصة التي تحدث فيها . ومن هنا فإن الضرورة تتطلب تشخيص طبيعة الأزمة، وأسبابها، والظروف التي أدت إلى اندلاعها، والتفاعلات الدولية المحيطة بها . وأصبح العالم في الوقت الحاضر لا يعتمد فقط على قوة الحجة في الإقناع والمنطقية في المقترحات المطروحة لحل أية أزمة بل على مقدار قدرة أحد الأطراف على إنزال العقوبات اللازمة بالطرف الآخر في حالة رفضه للاستجابة لمبادرة الطرف الآخر .

أزمة الصواريخ الكوبية : Le Crise de Missiles Cubienne

تعد أزمة الصواريخ الكوبية من أخطر الأزمات التي شهدتها سنوات الحرب الباردة وكادت أن تؤدي في لحظاتها الأخيرة إلى اندلاع أكبر حرب عالمية ثالثة، ألا وهي الحرب الذرية . وقد جاءت هذه الأزمة بعد أن حاولت الولايات المتحدة غزو كوبا في خليج الخنازير والذي أدى إلى فشل كبير لإدارة الرئيس جون كنيدي، الأمر الذي جعل هافانا تتجه صوب موسكو لحماية نظامها السياسي، حيث نصب الاتحاد السوفيتي صواريخ وأسلحة تحمل رؤوسا نووية في كوبا على مقربة من السواحل الأمريكية التي لا تبعد عنها غير 90 ميلا . وقد استطاعت الولايات المتحدة اكتشاف هذه الصواريخ والإعلان عنها في 16/أكتوبر/1962 . إلا أنه تم نزع فتيل هذه الأزمة بالاتفاق الذي حصل بين خروشوف الأمين العام للحزب الشيوعي السوفيتي

والرئيس الأمريكي جون كنيدي الذي وقع تعهدا ما زال ساري المفعول حتى الآن، بضمان عدم الاعتداء على النظام السياسي الكوبي . وقد تم سحب الصواريخ في تشرين الثاني/1962 . وقد أدت هذه الأزمة التي كانت من المتوقع أن تؤدي إلى حرب نووية مدمرة، إلى توتر في العلاقات الصينية – السوفيتية، وكذلك ما بين هافانا وموسكو .

أزمة دستورية : Le Crise Constitutionnel

كثيرا ما تشهد الأنظمة السياسية أزمات دستورية وسياسية ناتجة عن حالات طارئة بدون أن يكون هناك أي مرجع يمكن الركون إليه في تسويتها . ومن بين هذه الأزمات، الأزمة الدستورية التي تنشأ من حالة التناقض الحاصل بين الوضع السياسي ودستور الدولة المعمول به، وخصوصا في حالة وفاة رئيس الدولة ولم يوجد هناك نص في الدستور يعالج هذه الحالة . كما تنشأ عند حصول تعارض بين مؤسسات الدولة وسلطاتها حول قضية من القضايا الاجتماعية، السياسية، الاقتصادية دون وجود مرجع ينص عنه الدستور يخوله صلاحية حل هذا الخلاف . وتعالج هذه الأزمات بطرق مختلفة، قد تكون بتعديل الدستور، أو بتصحيح الوضع السياسي في الدولة، وأحيانا ما يتم عن طريق الانقلاب أو الثورة .

الأسبقية (أو حق التصدر) : Precedence- Priorité

الأسبقية هي حق التقدم أو التصدر بين الشخصيات الدولية والدبلوماسية والحكومية والهيئات الرسمية، استنادا إلى القواعد والأعراف الدولية، مع مراعاة بعض الاعتبارات المحلية . فهناك الأسبقية بين رؤساء الدول، والأسبقية بين السفراء، والأسبقية بين باقي الممثلين الدبلوماسيين التي تحدد بالنسبة إلى مراتبهم ومقدمهم، مثلما تحدد بالنسبة للسفراء حسب تاريخ وساعة تقديم كتاب اعتمادهم إلى رئيس الدولة . وكذلك الأسبقية بين أعضاء الأسرة الحاكمة، والأسبقية بين وزراء الدولة حسب تعيينهم في المراسيم، وكذلك بين كبار الشخصيات العسكرية والسياسية في الدولة . وقد صنفت المادة 14 من اتفاقية فينا للعلاقات الدبلوماسية عام 1961 رؤساء البعثات الدبلوماسية إلى ثلاث فئات، وأكدت في فقرتها الثانية ((بأنه لا يجوز

التمييز بين رؤساء البعثات بسبب فئاتهم إلا فيما يتعلق بحق التقدم . كما أن المادة (15) من الاتفاقية أباحت إلى الدول الاتفاق ((فيما بينها على الفئة التي ينتمي إليها رؤساء البعثات)) . كما أن المادة 16 من الاتفاقية المذكورة (وطبقا للمادة [13] نظمت في فقراتها الثلاث نظام الأسبقية ولكل فئة دبلوماسية على حدة حسب تاريخ وساعة توليهم وظائفهم) .

استئناف العلاقات الدبلوماسية: Rétablir les relations diplomatique

لما كانت العلاقات الطبيعية بين الدول قائمة على أساس تبادل التمثيل الدبلوماسي، فإن قطع هذه العلاقات ولأي سبب كان يعتبر أمرا مؤقتا وينتهي بانتهاء الأزمة، أو بزاول الأسباب التي أدت إلى قطع العلاقات الدبلوماسية، وانطلاقا من ذلك فإن الدولتان تستأنف علاقاتهما الدبلوماسية، سواء كان من خلال اتفاق مباشر، أو بواسطة مساعي دولة ثالثة، أو من خلال بيان مشترك يذاع في وقت واحد في عاصمتي الدولتين . وقبل عملية تبادل السفراء، يتم التنسيق والتمثيل على مستوى قائم بالأعمال لتهيئة الترتيبات اللازمة لعودة العلاقات إلى مسارها الطبيعي، وقدوم السفير لمباشرة مهامه حسب الأصول الدبلوماسية المتبعة .

أستجواب نيابي : Interpellation

تنص الدساتير المكتوبة على مسؤولية الحكومة أمام البرلمان، الأمر الذي ينسحب في الاصطلاح الدستوري إلى حق البرلمان، سواء كان النواب أو الشيوخ، أو أي تسمية أخرى، وأي عضو من أعضاءه الطلب من وزير من الوزراء بيانات عن سياسة الدولة في مسألة عامة أو خاصة . وهذا ما يطلق عليه الاستجواب النيابي الذي يختلف عن ((السؤال)) الذي يقصد منه توضيح مسألة معينة . إذ أن الاستجواب يتضمن عنصر المحاسبة التي هي أساس الرقابة الشعبية . ويمهد الاستجواب عادة إلى طرح الثقة بالوزارة . وأن جميع الدساتير في الأنظمة البرلمانية التي تأخذ عادة بمبدأي الفصل بين السلطات والرقابة الشعبية على الأعمال الحكومية تنص على ضرورة الاستجواب .

استدعاء الممثل الدبلوماسي : Rappel de l'agent diplomatique

يمثل الاستدعاء الطريقة الأصولية المتبعة عند أغلبية دول العالم لإنهاء مهمة معتمدها الدبلوماسي في الدولة المعتمد لديها، أما لانتهاء المدة القانونية لوظيفته، أو بناء على طلب الدولة المعتمد لديها ولاسيما إذا قررت اعتباره شخصا غير مرغوب فيه أو بناء على طلبه لسوء حالته الصحية، أو الظروف التي تجبره على طلب الاستدعاء، أو بناء على قرار من دولته نتيجة احتجاج ويمثل ذلك تمهيدا لقطع العلاقات الدبلوماسية .

ولكن في الظروف العادية للاستدعاء، فإن المعتمد الدبلوماسي يقوم بتوديع رئيس الدولة المعتمد لديها ووزير الخارجية وكبار المسؤولين، ومن خلال حفلة خاصة تعد لهذا الغرض، حيث يقدم كتاب استدعاءه بنفسه أو يقدم من يخلفه في منصبه، أو بدون ذلك .

استدعاء رئيس البعثة للتشاور : Rappel un ambassadeur a consultation

تمثل هذه الحالة أو الظاهرة، من الحالات التي تتكرر باستمرار في إطار العلاقات الدبلوماسية بين دول العالم . ويجسد ذلك موقفا تتخذه الدولة المعتمدة في استدعاء رئيس بعثتها الدبلوماسية لدى الدولة المعتمد لديها تعبيرا عن رفضها لقرار سياسي اتخذ يضر بسمعة أو مصالح الدولة المعتمدة، أو هجوما في صحافتها ووسائل إعلامها، أو تعرض مصالحها في الدولة المعتمد لديها إلى الأضرار التي جاءت نتيجة مظاهرات ساخطة ضد الدولة المعتمدة . وهذا العمل لا يمثل قطعا في العلاقات الدبلوماسية، وإنما إجراءا موقتا ((وتحذيريا)) الهدف منه تنبيه حكومة الدولة المعتمد لديها بعدم تكرار مثل هذه الأعمال في المستقبل . وتتم عودة رئيس البعثة، سواء كان من خلال تقديم اعتذار، أو بطرق أخرى وعبر قنوات دبلوماسية أيضا . وهناك أمثلة كثيرة عن ذلك . إذ سحبت باريس سفيرها من الرباط عام 1965 بسبب تورط المخابرات المغربية في قتل المهدي بن بركة في باريس، واستدعاء تركيا لسفيرها من باريس على أثر قيام الحكومة الفرنسية ببناء نصب تذكاري للأرمن الذين ذبحوا خلال الدولة العثمانية .

استــراتيجية : Strategie

ليس هناك من اختلاف في الجوهر ما بين الاستراتيجية السياسية والاستراتيجية العسكرية، حيث تعرف بأنها تحديدا للأهداف، وتحديـدا للقـوة الضـاربة، وتحديـدا للاتجاه الرئيسي للحركة . والاستراتيجية السياسية تتعلق عادة بمرحلة تاريخية كاملة . ولهذا تختلف الاستراتيجيات باختلاف المرحلة التاريخية لكل ثورة من الثورات، ولكل دولة من الدول الكبرى . إلا أنه في كل استراتيجية تحدد الأهداف العامة .

وفي الواقع، فإن أصل كلمة استراتيجية يرجع إلى الأصل اليونـاني استراتيجوس Strategos ويعني العام general، مثلما أن التكتيك يرجع في أصله إلى اليونان : تاسو Tasso ويعني يعالج أو يدير arange . ولكن سرعان مـا أصبحت كلمـة اسـتراتيجية تحمل مضمونا أكثر شمولا من معناها الأصلي، وكذلك الحال بالنسبة لكلمـة تكتيـك . وإذا كان استخدامهما في العصور القديمة ـ قد اقتصر ـ في ميدان الحرب، فـإنهما أخذا يستخدمان في منتصف القرن التاسع عشر والقرن العشرين في ميادين أخرى، وخاصـة في مجال الصراع السياسي، إضافة إلى الأشكال المتعددة التي اتخذتها الاستراتيجية، التي مرت بمراحل تاريخية مهمة حتى اكتسبت المحتـوى الـذي تـدرك بـه الآن . وإذا مـا سطره ميكيافيلي من أفكار في كتابه ((فن الحرب)) شكلت فاتحة للتفكير الاستراتيجي المعاصر، ومحاولته اشتقاق القواعد الأساسية للاستراتيجية السياسـية، فـإن مـا طرحـه نابليون في مجالي الاستراتيجية والتكتيك يمثل القفزة الكبرى في هـذا الإطار، حيـث أكسب الاستراتيجية سمات التطور الجديد في : التجنيد العام والتعبئة، تطور الطرق والمواصلات زاد من قوة المناورة الاستراتيجية، وولدت مفاهيم جديـدة مثل خطوط العمليات، الخطوط الداخلية، والخطوط الخارجية . وقد حصل تطور كبـير في مفهـوم الاستراتيجية في القرن التاسع عشر والقرن العشرين . وإذا كـان كلاوسـيفتز قـد عـرف الاستراتيجيـة بأنهـا نظريـة اسـتخدام المعـارك لتحقيـق هـدف الحـرب، فـإن كراسـة التدريب البريطاني المشترك الصادر عام 1902، فقد أشارت إلى ((أن التكتيك هـو فـن قيادة القوات في المعركة، أما الاستراتيجية فهي فن التخطيط والإشراف علـى الحملـة . فالاستراتيجية هي الأسلوب الذي يحاول القائد عن طريقه

جذب عدوه إلى المعركة، بينما التكتيك هو الوسائل التي بواسطتها يسعى لإنزال الهزيمة بالعدو في المعركة)) .

وفي المعنى السياسي الذي استخدم فيه مصطلح الاستراتيجية فإنه اقترن بفن القائد أو فن القيادة . إذ جاء في قاموس أكسفورد بأن ((الاستراتيجية هي فن القائد، وكذلك فن عرض وتوجيه الحركات العسكرية الكبيرة والعمليات للحملة)) . وفي قاموس للعلوم السياسية فإن ما يقصد بالاستراتيجية ((هي خطة عمل لدحر عدو أو لتحقيق هدف ما، وتشير الاستراتيجية إلى خطة شاملة أو للأمد الطويل تتألف من سلسلة من الحركات من أجل هدف عام . وفي الواقع، أن لكل دولة ستراتيجيتها الخاصة النابعة عن آيديولوجيتها، وسياستها والمستندة إلى قدراتها المادية والمعنوية، والمتعلقة بطموحاتها الوطنية والقومية، والتي تتطور أو تتغير تبعا للتطورات السياسية، الاقتصادية، الاجتماعية، والتكنولوجيا، وحسب الأوضاع الدولية والإقليمية المحيطة بتلك الدولة .

الاستعمار الفرنسي البريطاني على أفريقيا :

Colonisation Franco - Bretanique en Afrique

في سنوات العقد التاسع من القرن الثامن عشر، بدأ الصراع الدائب بين الدول الأوربية من أجل الممتلكات الاستعمارية في القارة الأفريقية . كانت إنجلترا وفرنسا المتنافستين الرئيستين في هذا الصراع ؛ وقد أزاحتا البرتغال وهولندا إلى المرتبة الثانية . في الثلث الأخير من القرن التاسع عشر، بدأت مرحلة التوسع الاستعماري المشتد في أفريقيا (وقد اضطلعت إنجلترا فيه بأنشط دور) ؛ وبالنتيجة تم، أساسا، في مستهل القرن العشرين تقاسم أفريقيا الاستوائية والجنوبية . هكذا، صارت إنجلترا تملك 19 مستعمرة تزيد مساحتها الإجمالية على مساحة بريطانيا العظمى إلى 25 مرة ؛ وهذه المستعمرات هي : غامبيا، سيراليون، ساحل الذهب، نيجيريا، كينيا، أوغندة، زنجبار، السودان الشرقي، الصومال، الكاب، ناتال، الترانسفال، أورانج، ياسوتولند، سوازيلند، بيتشوانالند، تياسا، روديسيا الشمالية والجنوبية (وهذه اشتقت اسمها من اسم المستعمر الإنجليزي الشهير سيسيل رودس ؛ في 1889-

1890، نظم رودس استيلاء الإنجليز لرقعة شاسعة من الأرض في أفريقيا الجنوبية قدمتها الحكومة الإنجليزية فيما بعد لشركة أفريقيا الجنوبية البريطانية التي أسسها رودس في عام 1886) . وشملت الإمبراطورية الاستعمارية الفرنسية في أفيقيا 13 مستعمرة كانت مساحتها تزيد على مساحة فرنسا إلى 12 مرة . في أواخر القرن التاسع عشر، جرى توحيد سبع من هذه المستعمرات (السنغال، السودان الفرنسي، موريتانيا، غينيا الفرنسية، ساحل العاج، الداهومي، فولتا العليا) في مستعمرة واحدة، سميت ((أفريقيا الغربية الفرنسية)) . في مستهل القرن العشرين، جرى توحيد أربع مستعمرات أخرى (غابون، الكونغو الأوسط، أوبانغي شاري، تشاد) في ما أسمي ((أفريقيا الاستوائية الفرنسية)) . في عام 1885، بسطت فرنسا حمايتها على جزيرة مدغشقر وامتلكت ألمانيا الكاميرون وتوغو وأفريقيا الغربية الجنوبية، وتنغانيقا الحالية، أي على رقعة من الأرض تزيد على مساحة المتروبول . ونالت إيطاليا أرتيريا والصومال .

الاستفتاء : Plébiscite

كثيرا ما تلجأ الدول إلى استطلاع الرأي العام وأخذ موافقته على قضية من القضايا الحساسة، سواء كانت حول الدستور، أو تعديله، وهو إجراء قانوني يكون قد نص عليه القانون الأساسي، أو الدستور، وخصوصا ما يتم اللجوء إليه للمصادقة على معاهدة الانتماء للمنظمات الإقليمية أو الدولية، أو ترشيح رئيس الجمهورية، أو بيان الرأي العام حول موضوع سياسي .

الاستفتاء الدستوري : Plebiscite Constitntionnel

كثيرا ما تلجأ الدول البرلمانية - التمثيلية - ذات النظم الديمقراطية، إلى إجراء استفتاء دستوري للموافقة على الدستور الجديد الذي يصبح نافذ المفعول بعد المصادقة عليه . والاستفتاء طريق من طرق وضع الدساتير المكتوبة الذي يصدر من الشعب، بعد إعداده من لجنة خاصة، باعتبار الشعب مصدر السيادة. وهذه الطريقة تختلف عن الطرق الأخرى في إصدار الدساتير، ومن بينها طريقة المنحة التي تصدر من الملوك في الملكيات المطلقة،وهناك طريقة التعاقد بين الحاكم والشعب،وطريقة الجمعية التأسيسية

التي ينتخب أعضاءها لوضع الدستور. ومن الدساتير التي صدرت عـن طريـق الاستفتاء الدستوري دستور فرنسا لعام 1958 (ينظر الجمهورية الخامسة دستور) .

الاستفتاء الشعبي : Plebiscite Publique

تنص أغلبية الدساتير المكتوبة، وخصوصا الأوروبية الأعضاء في الاتحاد الأوروبي على الاستفتاء الشعبي الذي يطلب فيه من الشعب التعبير عن رأيه وبـالاقتراع العام المباشر السري في موضوع من الموضوعات، وخصوصا فيما يتعلق بالانتماء إلى معاهدة من المعاهدات أو الاتفاقيات . كما يمكن أن يجري الاستفتاء الشعبي بناءا عـلى طلـب من البرلمان أو رئيس الدولة أو رئيس الـوزراء . والهـدف مـن الاستفتاء الشعبي كما حصل في الدانمارك عام 1992 عندما رفض الشعب الدانماركي معاهدة ماستريخت، هو إشراك الناخبين في بعض القرارات الهامة التي يتوقف عليها مصير حياتهم ومستقبل بلادهم . وهو يختلف عن الاستفتاء الدستوري الـذي يقتصـر عـلى وضع الدستور أو تعديله .

الاستقراء (المنهج الاستقرائي – التجريبي) : Inductive

يعد المنهج الاستقرائي من مناهج البحـث العلمـي في يعلم السياسـة، ويعـرف بالمنهج الاستقرائي التاريخي – التجريبـي، حيـث أنـه يعتمـد عـلى الملاحظة المباشرة للواقع والالتحام بالظاهرة السياسية وإخضاعها للتحليل الكمي والكيفي . ويتضمن تحديد أو تمييز كيانات قامت بالفعل سـواء كانـت أشخاصا أو مؤسسـات أو أحـداثا فالاهتمام بما حدث وبما كان قائما هو محور التساؤل . وبالتالي فإن ما يعكسه المفكر وما يصل إليه من نتائج هو في الواقع موجه بواسـطة الحقـائق . وعـادة مـا يسعى المفكر إلى تحليل العلاقات الارتباطية بين الوقائع والأحداث بحثا عن كل ما له تأثير .

فالوقائع التاريخية هي المحددة للاتجاه الفكري بدلا مـن التجريـد الـذهني أو الرؤية المعمارية ذات الأساس المنطقي التي يستند إليها المنهج الاستنباطي . ويعتبر أرسطو رائد هذا المنهج مـن خـلال تحليلـه لدسـاتير 158 دولة مدنيـة، والـذي قائم بالانتقـال مـن الخـاص إلى العـام . وهذا المنهج يسعـى إلى تفسـير دقيـق للظواهر السياسية كما هي فعلا، ويركز عـلى دراسـة تفاعلات الظاهرة السياسية وحركتهـا، وليس على

. ما يجب أن تكون عليه .

الاستنباط (المنهج الاستنباطي) : Deductive

يعهد المنهج الاستنباطي من مناهج البحث العلمي في علم السياسة الذي يقوم على المنطق القياسي والبرهنة العقلية والنظرية . إذ أنه مجموعة من التأملات الفكرية والتصورات المجردة التي يصوغها العلماء والفلاسفة اعتمادا على أفكار مسبقة يؤمنون بها انطلاقا من نظرتهم العامة لطبيعة الإنسان والعالم الـذي يعيش فيه في محاولة منهم لربط تحليلاتهم للظاهرة السياسية مع مجموعة المبادئ والقيم الأخلاقية التي ينادون بها . فالمنهج الاستنباطي الذي يعد أفلاطون مـن مؤسسي ـ هذا المنهج عند تساؤله عن مفهوم العدالة ليطور رؤيته عـن الدولة المثالية عـن طريق القياس الجدلي وتقابل الأضداد، يقوم على الانتقال من العام إلى الخـاص، أي مـن هو معلوم إلى ما هو غير معلوم : أي من الظواهر الخارجية أو الجزئيات إلى الكليـات أو الماهيات التي ينظر إلى أن وجودها الوجود الحقيقي، بينما الجزئيـات أقل مرتبـة في الوجود لأنه وجود مستعار وليس وجودا حقيقيا .

الاستلاب السياسي : Alienation Politique

يعد الاستلاب السياسي مـن العوامـل الأساسية التي تـدفع لممارسـة العنـف السـياسي، لقد عـرف ميشـيل راش وفيليـب ألتـوف الاسـتلاب السـياسي في كتابهما ((مقدمة في الاجتماع السياسي -1971)), بأنه ((شعور الشخص بالغربة إزاء السياسـة والحكومة في مجتمعه .. والميل نحو التفكير بأن الحكومة والسياسة للأمة تداران مـن قبل الآخرين، ولمصلحة الآخرين، ووفقا لمجموعـة مـن القواعـد غير العادلـة . وأن ظاهرة الاستلاب، على حد قول الأستاذ صادق الأسود، تولد نزعة عدائية لـدى الأفراد والجماعات قد تتحول إلى نشـاطات سياسية متطرفة تصل في بعض الأحيان لحـد اللجوء إلى استخدام وسائل العنـف . وعنـدما تكون ظاهرة الاستلاب منتشرة على نطاق واسع في المجتمع هـذا في نفـس الوقت الـذي لا يتمتع فيه النظام السياسي القائم إلا بشرعية محدودة، فإن أشكالا مختلفة من العـداء المـنظم يمكن أن تحدث ضد النظام الاجتماعي بصورة عامة والنظام السياسي بخاصة .

استيلاء (الاستيلاء على السلطة) : Coup d'Etat

يعد الاستيلاء كوسيلة من الوسائل الأخرى لتولي السلطة، حيث تعني اللجوء إلى استخدام القوة والعنف للوصول إلى الحكم . ويطلق أحيانا على هـذه الوسيلة الانقلاب أو الثورة، حيث اختلفت وجهات النظر بصدد تعريفهما، وإن اتفقت بأنهما من الوسائل الشائعة في تولي السلطة . فإذا قامت فئة صغيرة منبثقة من النظام نفسه بتغيير القائمة على السلطة والجلوس مكانهم، تسمى هـذه الحركة بالانقلاب . وإذا قامت فئة طليعية تمثل الجماهير، قـد تكون حزبا، ومستندة إلى قادة شعبية للقضاء على النظام السياسي القائم وإحداث تغيير جذري في طبيعة النظام السياسي الجديد وشاملة في المجتمع فيطلق على هذه الحركة اسم الثورة . لكن الحقيقة بـأن إطلاق الصفة الأولى، أو الثانية على أية عمليـة لتولي السـلطة تعتمـد عـلى المؤيـدين والمعارضين .

فما أكثر الثورات التي وصعت بـالانقلاب، وما أكثر الانقلابـات التـي وصعت بـالثورات وخصوصا في دول العالم الثالث التي شهدت هـذا النمط خلال عقدي الستينات والسبعينات . وفي الوقت الحاضر أصبح الاستيلاء على السـلطة عـن طريـق القوة والعنف من الوسائل المنبوذة والمحرمة، بعد أن اتسع نطـاق تطبيق الأسـاليب الديمقراطية واحترام حقوق الإنسان .

الإسلام السياسي : L'islame politique

لقد أضحى مصطلح ((الإسلام السياسي)) من المصطلحات الشائعة الاستعمال في العديد من الدراسات والبحوث، حتى غدا ظاهرة استرعت اهتمام العديد مـن المحللين والمختصين بالدراسات الإسلامية، حتى أن البعض في الغرب خصوصا قد أطلق عليها اسم ((الأصولية الإسلامية)) وأحيانا تسمى في العالم العربي والإسلامي بظاهرة التطرف أو الغلو في الدين . وهذا الاستعمال المتكرر، أو الاهـتمام الـذي انصب عـلى تحليـل الظاهرة في ذاتها، متـأتي مـن موجـة التـدين التـي سرت في العـالمين العـربي والإسلامي، ولاسيما في مطلع عقـد التسـعينات، ولاسـيما بعـد المتغـيرات الجذريـة والحاسمة في الاتحاد السوفيتي السابق والكتلة الاشتراكية

عمومـا . وعلـى ضـوء الأحـداث والتطـورات التـي واجهتهـا الأمـة العربيـة والإسلامية، لم تقتصر موجة التدين على الممارسة الشخصية لتعاليم الإسلام ومبادئه وشعائره، وإنما تجـاوزت إلى أبعـد مـن ذلـك، وخاصة بعـد أو وجـدت التنظيمـات والأحزاب الإسلامية التي أنشأت منذ عقود مناخا جديدا من النمو وجذب أوسـاط جديدة مـن المجتمـع، إلا وهـي فئـات الشبـاب . فقـد بـرزت مـن أوسـاطهم عناصـر خرجت من إطار الممارسة الذاتية إلى ميدان الدعوة والعمل على الإصلاح العـام عـن طريق الأمر بالمعروف والنهي عن المنكر، مما جعلهم في وسط اجتماعـي مهيأ لتقبـل مثل هـذه النشـاطات التـي اقتصرت عـلى النصـح والتصويب، وإصلاح السـلوك الاجتماعي بما ينسجم وأحكام الشريعة .

وإذا كانت هذه الظاهرة قـد تطورت إلى نقـد النظم السياسية والاجتماعيـة القائمة مـن خـلال بنـاء الجوامع التي سـاعدت الأنظمـة السياسية عـلى تشييدها، وتحولت إلى مقرات للتوعية الدينية انطلاقا من تصور إسلامي يتناقض مع التصورات السياسية القائمة، حيث طابعها العلماني المستمد أصوله مـن الأنظمة السياسية الليبرالية الغربية، مما أدى إلى خلق معارضة جديدة جنينية تأطرت في تيار يختلف عن التيارات السياسية الأخرى ألا وهو التيار الإسلامي بمختلف مذاهبه وطوائفه . ولكن ما لبث هذا التيار أن وطد ورسخ من جذوره في الفئات الاجتماعية ليأخذ شكلا تنظيميا ذا بـرامج سياسية إصلاحية مستمدة مـن رؤية إسلامية هـدفها المركـزي الوصول إلى السلطة لممارسة التغير الاجتماعي من مواقع تلك السلطة .

ومن هنا، انبثق مفهوم ((الإسلام السياسي)) الذي نظر إليه البعض مـن هـذه الزاوية التي يسعى من خلالها إلى ممارسة السلطة وإقامة النظام السياسي الإسلامي الذي يرجع في أصوله إلى المجتمـع الـذي أقامه النبـي (صـلى اللـه عليه وسلم) في المدينة المنورة، وإحياء الخلافة الراشدة، ولكن مـن خـلال حزب سياسي إسلامي له الحق في استخدام كل الوسائل المباحة والجائزة في الصراع السياسي .

اشـتراكية : Socialisme

مجموعة متكاملة من المفهومـات والمنـاهج والتنظيمات والوسـائل السياسية التي

تشترك في رفض المجتمع الرأسمالي . فهي إذن نظام حياتي كامل لا يقتصر على التطبيق الاقتصادي فحسب وإنما يمتد إلى كل لون من ألوان الحياة السياسية والاقتصادية والاجتماعية والثقافية . ومع ذلك فإن التطبيق الاقتصادي هو أساس هذا النظام ومنطلقه، فلا يمكن أن تكون ثمة اشتراكية بلا تطبيق اشتراكي .

يضاف إلى التعريف العام، فإن هناك دراسات عديدة تختلف في تحديد معنى الاشتراكية . ولكن لابد من التفريق بين استخدام الكلمة كتعبير آيديولوجي وبين استخدامها كمجرد ((علامة)) تجارية لجماعة تقول بالاشتراكية . ولا شك في أن الاشتراكية استخدمت وتستخدم اليوم عند مجموعات سياسية متباينة تختلف فيما بين بعضها البعض، بل وتختلف داخل نفسها، حول أسلوب وتطبيق الاشتراكية . ومن هذه الزاوية، من الممكن القول أن الأسس العامة والآيديولوجية الاشتراكية لم تعد الآن هي المحور الرئيس للخلاف والصراع، وإن المحور الرئيس للنقاش بعد تفكك الاتحاد السوفيتي تركز حول وسائل وطرق الاشتراكية، وكيفية تطبيقها . وبهذا فإن الاشتراكية بوصفها آيديولوجية تتكون من ثلاثة عناصر : العنصر الاقتصادي، والعنصر الفلسفي الذي ينصب على حتمية وإمكانية أن يغير الإنسان ظروفه، ومن فكرة أن مظاهر الحياة الإنسانية مترابطة ببعضها البعض، ومن فكرة أن الحياة تقوم على صراع التناقضات، وأن هذا الصراع بين المتناقضات ينتهي دائما إلى أن ينفي أحد قطبي التناقض القطب الآخر،وإن هدف الإنسان هو الإنسان نفسه . ثم هناك العنصر النضالي الذي يتم من خلاله ضمان التغيير الثوري الاشتراكي، أي ليس هناك من فصل بين النظرية والتطبيق . وعلى هذا الأساس فإن أنصار الفكر الاشتراكي يدعون إلى ربط جميع الوظائف الاجتماعية ببعضها البعض، وربطها بمراكز التوجيه والوعي في المجتمع . ومراكز التوجيه قد تكون الدولة، أو الحزب أو قد تكون المجالس الشعبية، أو قد تكون البرلمان، أو قد تكون فئات اجتماعية محدودة تمارس التوجيه والتوعية .

الاشكالية : Problematique

حفلت الدراسات السياسية والاجتماعية والثقافية خاصا بالاستمهال الشائع لكلمة الاشكالية سواء كان في المفادين الرئيسية او الفرعية، او طرحها من خلال

منهجيـات البحـث التـي تفـرض صياغـة مجموعـة مـن الاسـئلة ((الصياغة الاشكالية)) لموضوع او ظاهرة يمكن مـن خلالها تفكيك الظاهرة وإعـادة تركيبها حسـب نموذجيـه التصنيفـي والتفسـيري . ويشـير الاسـتاذ عبـد الوهاب المسـيري في موسـوعته (117/1) بـان الاشـكالية هـي ترجمـة لكلمـة بروبليماتيـك الانكليزيـة Problematic او في اللغة الفرنسـية Problematique، والتـي تعنـي ((شـكل الأمـر شـكولا))، بمعنى التبس . والمشكل هـي ((الأمر الصعب الملتبس)) وفي علم الاجتماع ((المشكلة)) هـي ((ظاهرة تتكون مـن عـدة احداث او وقائـع متشـابكة وممتزجـة بعضها بالبعض لفترة من الوقت ويكتنفها الغموض واللبس، تواجه الفرد او الجماعـة ويصعب حلها قبل معرفة اسبابها والظروف المحيطة بها للوصول الى اتخـاذ قـرار بشأنها)) . وكل هذه الكلمات تؤكد عنصري الالتباس والتشابك بين العناصر، أي انهـا تؤكـد تركيبـة الظـواهر وتشـابك عناصرهـا . وهـي عـلى هـذا تؤكـد ذاتيـة الادراك، فالالتباس شيء يحدث للانسان المدرك وليس للشيء المدرك . والاشكالية تعنـي اذن ((سـمة حكم او قضية قد تكون صحيحة لكن الذي يتحدث لا يؤكدها صراحة أي هنا يتحدد موقف الفعل . كما ان كلمة اشكالية تؤكد العنصر الذاتي، فاذا كانت المشكلة موجودة في لواقع فالاشكالية يصوغها عقل الانسان، وان المسـألة قيـد الدراسـة ذات طابع فكري وان حلها ليس سهلا ولا يمكن ان يكون نهائيا او قاطعا.

إصـلاح : Reforme

الإصلاح بمعناه اللغـوي يشـير إلى الرتق وسند مـا هو موجود بالفعل بغيـة تعميمه، أنه أشبه بإقامة دعائم الخشب التي تحاول منع انهيار المبنى أو المبـاني المتداعية . والأخذ بالإصلاح كأسـلوب دائـم للعمـل الاجتماعـي، وهـو مـا يعبر عنـه في الأدب السياسي المعاصر باسم ((الإصلاحية)) . وهو بالتحديد تعديل غير جذري سواء كان في شـكل الحكـم السـياسي، أو في العلاقات الاجتماعية دون المسـاس بجوهرها وأسسـها . أنه إجراء يلجأ إليه لـتلافي نـواحي النقص أو الخطأ، كـما يحصل ي الإصلاحات الدسـتورية، والإصـلاحات السياسـية، والإصـلاحات الاقتصادية، وخصوصا عندما تبدو هذه الإصلاحات ضرورية بهدف القضاء على الأخطاء التي تـبرز عـن الممارسة

والتنفيذ، وكما يقال أيضا في الإصلاح الزراعي الذي يهدف إلى إجراء تعديلات في النظام الزراعي القائم بغية تحسينه لزيادة الإنتاج وتوفير الموارد القومية، وتحقيق العدالة الاجتماعية .

الأصولية (الدينية) : Fundamentalisme

لقـد أجمعـت أغلـب الدراسـات عـن الأصـولية، خصوصـا في الموسـوعات والقواميس، بأنها ترجمة حرفية للكلمة الإنكليزية Fundamentalism أو مـن كلمـة Fundament التـي تعنـي الأسـاس أو ((الأصـل)) وذات جـذور لاتينيـة مـن كلمـة Fundamentum تعنـي أسـاس . وإن أول اسـتخدام لهـذا المصطلح جـاء في سـياق مسيحي ويعني ((حركـة بروتستانتية أمريكيـة)) تهـدف إلى إعـادة تأكيـد بعـض مـا يتصور أنه عقائد ثابتة وأصيلة مسيحية مثل قدسية الكتاب المقدس . بـل أن هنـاك من يعتقد بـأن كلمـة أصولية ارتبطت بالتفسير الحرفي والمباشر لنصوص الكتـاب المقدس، والإيمان بالمعجزات (وخصوصا الحمل بلادنس) والبعث الجسـدي للمسيـح . ثم انسحبت هذه الكلمة إلى بقية الأديان السماوية الأخرى، مثل الأصولية اليهوديـة والأصولية المسيحية، وكذلك ((الأصولية الإسلامية)) . إذ أن الأصولية، على غير الشـائع عنها، ليست مقصورة على دين دون آخر، اذ هي ممتدة الى الاديان المعاصرة وتشكل بتشكيل الدين .

ويؤكد المفكر العربي مراد وهبة أن مفهوم الأصولية في الفكر الإسلامي، تلخيص لخطاب يربط بين مفهومين هـما : التـاريخ والزمان ويكشف لنا تحليل الخطاب الإسلامي المعاصر عن تشابه بين الأصولية بالمعنى الكلاسيكي، إلى تنقية المجتمع العربي الإسلامي مما لا يتفق والقرآن الكريم والأحاديث النبوية، وبين الأصولية الجديدة التي تنشد تطبيق الشريعة على جميع مجالات الحياة الإنسانية بهدف الاتساق مع النظام الإلهي . وإذا كان الأصوليون يفسرون التغير بمنهج واحد هـو المـنهج الإسـلامي، فإن البديل الذي يطرحونه عن كـل الآيـديولوجيات، هـو النمـوذج الإسـلامي المؤسس في العودة إلى السلف الصالح، ولا سلطان غير سلطة اللـه، ولا دستور، غـير القرآن ولا حزب إلا ((حزب اللـه)) .

ويؤكد الأستاذ عبد الوهاب المسيري في موسوعته ((اليهودية والصهيونية)) بـأن عبارة ((الأصولية)) تستخدم في الخطاب السياسي العربي والغربي للإشارة إلى شكل من أشكال التطرف الديني عادة ((الأرثوذكسي))، أو التزمت، المتشدد، أو متطرف. وهذا التيار الديني الأصولي الذي يعود ظهوره إلى الحاخام إبراهام كوك (منصب الحاخـام الاشكنازي في فلسطين) قـد نـما وتطور واتسـع مجال نفـوذه حتـى أصبح بمقدوره الـتحكم في الحيـاة السياسـية داخـل الكيـان الصهيوني، ودوره الكبـير في التشكيلات الحكومية .

والأصولية في الفكر السياسي الإسلامي، وحسب ما أكده العديد مـن المختصين، ومن بينهم عبد الرزاق قسوم في بحثه الأصولية والعلمانية في العـالم الإسلامي، اليوم حيث أشار إلى أن الأصولية من حيث هي نظرية قد ولدت لسد الفراغ الاستراتيجي الذي نشأ عن الأبنية التقليدية، وعن سقوط النماذج المستوردة من الغرب .

وثمة مفهومان للأصولية : المفهـوم الأول كـامن في الفكر الإسلامي ويفضي- إلى إثبات هوية الفرد والمجتمع في الأمة الإسلامية . والمفهوم الثانـي غريـب عـن الفكر الإسلامي، إذ قد استورده بعض المفكين المسلمين المحدثين مـن الغرب يهـدف أعمـال مناهجه في العالم الإسـلامي .

الاعتراف (الواقعي - القانوني) : de facto , de jure

كما هو العـادة الجاريـة في العلاقات الدولية فإن الـدول تلجـأ إلى الاعتراف بالدولـة الجديدة، أو الحكومـة، ويكون على نـوعين : الاعتراف الـواقعي de facto بالاستناد إلى واقع الأمر وواقع الحال، وكثيرا ما يطلق على الاعتراف المبدئي، ثـم يتبعه الاعتراف القانوني إذا استقرت الحكومة أو الدولة الناشئة، ويسمى de jure . وفي كلا الحالتين، فإن الاعتراف هو قرار صادر عـن مصدر مخـول بـذلك تقبـل بموجبه هـذه الدولة التعامل مع سلطة جديدة كدولة ذات كيان سياسي تتمتع بالأهليـة القانونيـة ومستكملة مقومات الدولة . ويكون الاعتراف أمام فرديا بموجب مذكرة دبلوماسية أو برقية أو بيان رسمي، أو جماعيا بتوقيع الدولة الناشئة معاهدة متعددة

الأطراف أو إذا تم قبولها في منظمة دولية، أو صريحا إذا تم صراحة بوثيقة خطية أو بيان رسمي وقد يكون ضمنيا باشتراكها ي توقيع معاهدة متعددة الأطراف أو بتبادل التمثيل الدبلوماسي .

الاعتماد (الدبلوماسي) : Accredit

هو تعبير دبلوماسي يقصد به إضفاء صفة رسمية على شخص ما لتمثيل حكومته كسفير لدى حكومة أجنبية أو كمندوب مفوض لدى منظمة دولية أو مؤتمر دولي، أو للقيام بمهمة رسمية معينة ويزود هـذا الممثل عادة بكتاب اعتماد أو تفويض، والذي يعتبر وثيقة رسمية يعتمد بموجبها رئيس الدولة السفير المذكور أسمه في الكتاب لتمثيله لدى رئيس دولة أخرى . ويقدم السفير صورة مـن كتاب اعتماده إلى وزير الخارجية عقب وصوله بيومين أو ثلاثة، ثم يقدمه إلى رئيس الدولة في خلال عشرة أيام على الأكثر، في حفلة رسمية، ويعتبر تاريخ التقديم مستندا لتحديد أسبقية السفير بين زملائه .

الإعلان العالمي لحقوق الإنسان : D'élaration des droits de l'homme

طبقا لمـا جاء في الفقرة الثانية مـن ديباجة ميثاق الأمم المتحدة التي جاء فيهـا : ((أن نؤكد من جديد إيماننا بالحقوق الأساسية للإنسان وبكرامة الفرد وإجلاله وبما للرجال والنساء والأمم كبيرها وصغيرها مـن حقوق متساوية ... وعلى تعزيز احترام حقوق الإنسان والحريات الأساسية للناس جميعا والتشجيع على ذلك بلا تمييز بسبب الجنس أو اللغة أو الـدين ...))، وبعـد جهـود مضنية للتوفيـق بـين الآراء المختلفة في صياغة الإعلان، وافقت الجمعية العامة للأمم المتحدة وعند منتصف ليل العاشر من شهر كانون الأول عام 1948، التي كانت مجتمعة في باريس، على الإعلان العالمي لحقوق الإنسان , وقد وافق على الإعلان بأكثرية 48 صوتا في مقابل لا شيء، وامتناع ثمانية مندوبين عن التصويت . وتضمن الإعلان ديباجة مع ثلاثين مادة شكلت العمود الفقري لهذا الإعلان الذي تحول إلى وثيقة عظمى للبشرية جمعاء، وعد بأنه واحدا من أهم التطورات في قانون الشعوب . وقد كان لهذا الإعلان تأثيره الواضح في مسيرة الأمم المتحدة عندما تمكنت في إصدار إعلان منح

الاستقلال للبلدان والشعوب المستعمرة الذي تمت الموافقة عليه بالأغلبية في عام 1960 وبموجبه تم إزالة الاستعمار واستقلال العديد من الدول الأفريقية والآسيوية، لاسيما وأن الإعلان الثاني استندا إلى مبدأ حق تقرير المصير الذي يعتبر واحدا من مبادئ الإعلان العالمي، والذي ما زالت إسرائيل تعارضه بكل قوة، وضاربة بعرض الحائط كل القرارات الصادرة من المنظمة الدولية التي تعترف بحق شعب فلسطين بتقريره مصيره على أرض وطنه بما فيه إقامة دولته المستقلة وعاصمتها القدس .

إعلان دمشق : Declaration de Damas

على أثر الحرب التي شنت ضد العراق من قبل الولايات المتحدة في كانون الثاني - شباط/1991، طرحت في المنطقة مشاريع وترتيبات أمنية جديدة دخلت في إطار نظام الأمن الإقليمي الخليجي، ومن بينها ((إعلان دمشق)) الذي صدر بعد المشاورات التي جرت في العاصمة السورية بين دول مجلس التعاون الخليجي الست إضافة إلى سوريا ومصر في آذار/1991 حول إقامة إطار أمني وعسكري جديد ينسجم والأوضاع التي جاءت بعد الحرب التي شنت ضد العراق . وقد تم التوقيع على الصيغة النهائية لإعلان دمشق في الكويت/تموز/1991، مؤكدة على ((تدعيم التعاون في المجالات الأمنية والسياسية والاقتصادية، والإعلامية . ولكن هذا الإطار المؤسسي- الجديد للأمن الإقليمي الخليجي بقي يراوح في مكانه ولم يتقدم أية خطوة، حتى كانون الأول/1995 عندما اجتمعت دول الإعلان في دمشق لتفعيل ما تم إقراره في الكويت عام 1991، وتم التوصل إلى ((وثيقة إطار العمل العربي المشترك)) التي صدرت عن الاجتماع مؤكدة على مسألة ((التنسيق والتعاون في المجال الأمني، ومن خلال سبع نقاط، إلا أن الوثيقة لم تعط الصيغة الواقعية الملموسة لكيفية تحقيق الأمن الخليجي وإشاعة الاستقرار على شواطئه، إلا أنها آمنت : بوحدة الأمن العربي، والمسؤولية المشتركة))، وشددت على احترام السيادة ووحدة الأراضي والسلامة الإقليمية وعدم جواز الاستيلاء على الأراضي بالقوة وعدم التدخل في الشؤون الداخلية، وتسوية النزاعات بالطرق السلمية . وفيما عدا هذه

الوثيقة والاجتماع الأخير الـذي عقـد لم يـبـق مـن إعـلان دمشـق إلا الـذكـر في مسيرة أحداث المنطقة، حيث جاء المشروع الشرق - اوسطي، والاتفاقـات الامنيـة الثنائية لتغطي على الصيغ الامنية الجماعية بين دول المنطقة .

الاغتراب : Alienation

لقد تعددت تعريفات هذا المفهوم بتعـدد الحـالات التي يـدرس مـن خلالها سواء كانت الحالة نفسية – اجتماعية، أو عندما يتم اسـتعمالـه مـن قبل عدة مواضيع إنسانية لكلمة الاجتماع، الفلسفة السياسية والاجتماعية، وكذلك من الناحية النظريـة الاقتصادية الاجتماعية .

فقد ورد عند العالم الألماني سيمن بأنه عدم وجود القوة عند الفرد المغترب أي أن الاغتراب هو شعور ينتاب الفرد فيجعله غير قـادر عـلى تغيـير الوضع الاجتماعـي الذي يتفاعل معـه . وهنـاك اسـتعمال ثـان للاغـتراب هـو عـدم وجـود الهـدف عنـد الشخص المغترب أي أنه لا يستطيع توجيه سلوكه ومعتقداته وأهدافه .

وقد استعمل كارل ماركس هذا الاصطلاح في نظريتـه الاقتصادية والاجتماعيـة بعدما حول معناه الأصلي أي المعنى الذي وضعه هيغل في فلسفته المثالية التي تؤكد أهمية الدولة والملك بالنسبة للواقع الاجتماعي . يقول ماركس أن ظروف العمل التي أوجدها المجتمع الرأسمالي تؤدي إلى اغتراب العامل، أي لا تعطيه الفرص والإمكانيات الكافية لتحقيق الرفاهية الاقتصادية والاجتماعية التي يسعى من أجلها . فالعامل هو شخص مغترب عن وسائل الإنتاج طالما أنه لا يحصل على القناعة والسعادة مـن عملـه ولا يحصل على ثمرة جهوده وأتعابـه . إذن العامـل هـو كـائن مغـترب عـن الطبيعـة الحقيقية للإنسان . وهذا يعنـي أن تقسيم العمل والتوزيع غـير المتكـافئ للسـلطة والأرباح منعت العامل من مزاولة طاقاته البشرية الخلاقـة وبالتـالي جعلتـه يسـتنزف طاقاتـه الكامنـة ولا يسـتغلها لصـالحه . كـما أن مـاركس يؤكـد عـلى أن الظـروف الاجتماعية هي التي تبعث شعور الاغتراب عنـد الفرد وهذه الظروف تـتجلى في أنظمة وعمليات الإنتاج الصناعي .

الاغتيال السياسي : Attentat Politique

تعد ظاهرة الاغتيال السياسي من الظواهر القديمة والمرافقة لنشوء السلطة السياسية، وكيفية ممارستها . إذ يقصد به ممارسة أي شكل من أشكال العنف والتصفية الجسدية ضد الأشخاص السياسيين المعارضين للنظام القائم، أو الخصوم السياسيين . وقد تزداد هذه الظاهرة أو تتحجم تبعا للأوضاع السياسية والاجتماعية والفكرية القائمة , وليس من المنطقي القول أنها مقرونة بهذا الفكر أو هذا الاتجاه السياسي دون غيره من الاتجاهات، وإنما هي ظاهرة انتشرت حتى في النظم الديمقراطية التي سمحت بمجال من حرية التعبير والمشاركة في ممارسة السلطة وتداولها سلميا . وقد لجأت إلى أسلوب الاغتيال العديد من الحركات والجمعيات، وكذلك الأنظمة السياسية بغية التخلص من خصومها، حتى أن هناك العديد من رؤساء الدول وحكوماتها ذهبوا ضحية الاغتيال السياسي ابتداء من لنكولن، وقيصر روسيا، وحتى الوقت الحاضر، حيث هناك العديد من رؤساء الدول الذي سقطوا ضحية الاغتيال السياسي، وبأشكال مختلفة التي ابتكرتها أجهزة المخابرات السرية .

أغلبية (نظام الأغلبية) : Majorite

يعتبر فائزا من يحصل على أغلبية الأصوات في أي نظام انتخابي . ونظام الأغلبية يمكن أن يطبق في حالة التصويت الفردي، وكذلك في حالة التصويت على قائمة . وهناك القائمة المفتوحة التي يحق فيها للناخب أن يتلاعب في تسلسل المرشحين . أما القائمة المغلقة، وهي القائمة التي يتم التصويت عليها كاملة بدون أي تلاعب في التسلسل وعدد المرشحين . وتشترط بعض القوانين الانتخابية الحصول على أغلبية معينة من الأصوات لأجل الفوز . وإن لم يحصل أي من المرشحين على الأغلبية المطلوبة فتعاد الانتخابات . وهناك نظام الأغلبية ذو الدور الواحد، حيث يفوز بالانتخابات المرشح الذي يحصل على عدد من الأصوات تفوق عدد أصوات أي من المرشحين الآخرين بغض النظر عن نسبة ما حصل عليه إلى مجموع أصوات الناخبين المشاركين في الانتخاب أو مجموع الأصوات التي حصل عليها جميع منافسيه . ويسمى هذا النوع من الأغلبية بالأغلبية النسبية أو البسيطة . وهناك نظام الأغلبية

ذو الدورين، والتي تشترط أن يحصل المرشح على الأغلبية المطلقة من الأصوات، أي أكثر من نصف الأصوات لكي يعتبر فائزا بالانتخابات وإذا لم يحصل أي مرشح على الأغلبية المطلقة (50 +1) فتجري انتخابات جديدة، وهو ما يطلق عليه الدور الثاني، الأمر الذي يترتب عليه أن الأغلبية النسبية أو البسيطة هي المطلوبة في الفوز بالانتخابات . (ينظر نظام التمثيل النسبي) .

الاقتراع العام : Suffrage universal

تنص أغلبية دساتير الدول والنظم الانتخابية التي تأخذ بالمنهج الديمقراطي المبني على البرلمانية التمثيلية، على مبدأ الاقتراع العام الذي يعني مشاركة جميع المواطنين من الجنسين، وفي الحدود التي يحددها القانون، الاشتراك في عملية التصويت . فهناك بعض القوانين تحدد سن الشخص بحدود 18 سنة، وهناك من يذهب إلى سن 21 سنة . كما أن هناك بعض القوانين التي سنت في عدد من الدول التي جعلت من مبدأ الاقتراع إجباري وفرض جزاء على المتخلفين عن أداء الانتخاب الذي تعتبره هذه الدول حقا وواجبا في آن واحد، وخصوصا إذا كان الاقتراع العام متعلق بمنصب رئيس الجمهورية . كما أن هناك من الدول التي لا تفرض أي قيد والمواطن حر في الاقتراع العام أو الغياب عن التصويت . كما أن هناك عدد من الدول من تفرض قيود على المبدأ من ناحية الجنس، حيث لا تسمح للمرأة بممارسة أي نشاط سياسي .

اقتراح بالمراسلة : Suffrage par post

لقد أصدرت بعض الدول قوانين خاصة بالعملية الانتخابية وكيفية إجراءها، مع النص على إجراء الاقتراع الغيابي، أو بالمراسلة . إذ أن الهدف من ذلك هو تحقيق مبدأ الاقتراع العام، وإفساح المجال لكل المواطنين الذين يحق لهم التصويت الاشتراك في الانتخابات بالمراسلة أو بالوكالة في الحالات التي لا يكونون فيها قادرين على الوصول إلى مراكز الاقتراع بسبب المرض، أو أي عذر شرعي .

الاقتصاد السياسي : Economic politique

يعتبر الاقتصاد السياسي أحد العلوم الاجتماعية التي تعنى بالإنسان، والأوجه المختلفة للنشاط الإنساني . وإذا كان الإنسان قد عرف النشاط الاقتصادي منذ وطأت قدماه الأرض، وتكونت المجتمعات البشرية الأولى، حيث العائلة وحدتها الرئيسية فإن مصطلح الاقتصاد Economic مأخوذ بالأصل عن اليونانية، ويرجع تاريخيا إلى أرسطو، وهو مشتق من كلمتين يونانيتين الأصل هما : أيكوس Oikous التي تعني المنزل و نوموس Nomos وتعني الحكم أو القانون، وبالتالي فإن كلمة الاقتصاد كانت تعني أصلا علم مبادئ ((تدبير المنزل)) .

وكلمة الاقتصاد السياسي لم يتم الإشارة إليها إلا في عام 1615 في المؤلف الاقتصادي الذي وضعه الاقتصادي الفرنسي انطوان دي منتكرتيان Antoyne Montchrétien، وذلك في كتابه الذي حمل عنوان : ((رسالة في الاقتصاد السياسي Traite d'economie, politique)) . وإذا كان الاقتصاد كعلم قائم بذاته لم يستقل في إرساء قواعده الواضحة في تحليل النشاط الإنساني بعلاقاته وقواه الإنتاجية إلا في مطلع النصف الثاني من القرن الثامن عشر، فإنه أخذ مساره التطوري مع بقية العلوم الاجتماعية الأخرى، والتي ارتبط بها بشكل مباشر أو غير مباشر، ولاسيما في تحديد حقل اختصاصه، الذي انبثقت منه قوانينه المعروفة، سواء قانون الغلة المتناقصة، والناتج المتزايد، والعرض والطلب، والتداول النقدي، والائتمان ... الخ .

وكبقية العلوم الاجتماعية الأخرى، التي صدرت بصددها العديد من التعريفات المنسجمة أحيانا مع التوجيهات الآيديولوجية والسياسية، فقد تعددت أيضا تعريفات الاقتصاد السياسي، وخصوصا ما بين المدرستين الاشتراكية والرأسمالية بوجه التحديد . فقد عرفه الاقتصادي الإنكليزي الفريد مارشال بأنه ((العلم الذي يدرس نشاط الإنسان في المجتمع من وجهة الحصول على الأشياء المادية واستعمالها)) . وإذا كان ((روسي)) Rossi قد عرفه بأن علم الثروة، وهناك من عرفه بأنه ((علم المبادلة)) وعلم المنفعة، فإن تروشي Truchi عرفه بأنه ((دراسة

نشاط الإنسان في المجتمع من وجهة الحصول على السلع والخدمات)). وإن آدم سميث سمى كتابه الشهير (دراسة في طبيعة وأسباب ثروة الأمم) كناية عن اهتمامه بالثروة المادية للشعوب وسبل تطويرها وتراكمها . وقد نظر جون ستيوارت مل (كعلم تطبيقي – عملي – لإنتاج وتوزيع الثروة)0

وإذا كان كارل ماركس قد استعار هذا المصطلح من الكتاب السابق وأدخله في كتابه رأس المال الذي نشره عام 1867 وهو يحمل عنوانا ثانويا تحت عبارة (نقد الاقتصاد السياسي) . وأما أوسكار لانكه فقد عرفه من خلال المذهب الاشتراكي، بأنه يهتم ((بدراسة القوانين الاجتماعية التي تهيمن على إنتاج الوسائل المادية لإشباع الحاجات الإنسانية وتوزيعها))، وأنه أيضا ((يعالج القوانين الاجتماعية لإنتاج السلع وتوزيعها على المستهلكين)) . وإن لانكه يتوصل في دراسته إلى الاقتصادي السياسي هو ((المتكررة والمعينة والتي يتألف منها إنتاج السلع وتوزيعها بـ((العملية الاقتصادية Economic process)) التي ينصب اهتمام الاقتصاد السياسي على دراسة قوانينها . وينشأ عن هذه القوانين الاجتماعية (علاقات اجتماعية) ترتبط بالأشياء المادية التي تشبع الحاجات البشرية، أي بوسائل الإنتاج وسلع الاستهلاك . أما الاقتصادي الهنغاري ناجي Nagy فقد عرف الاقتصاد السياسي بأنه ((العلم الأساس للاقتصاد الاشتراكي الذي يوحي بالقوانين الاجتماعية الاقتصادية التي تنظم إنتاج وتوزيع السلع التي تعمل على إشباع حاجات الإنسان . وباختصار حسب قوله، فإنه يمكن اعتباره ((علم الاقتصاد للأنظمة الاجتماعية الاقتصادية)) .

إقطــاع : Feodal

لقد تعددت التعريفات التي أفضت بها العلوم الاجتماعية لوصف الإقطاع أو النظام الإقطاعي . فهناك التعريف الذي يعتبره نظاما لحيازة الأرض والانتفاع بها مقابل الخدمة العسكرية، وهناك من يصفه بأنه نظام لاستغلال الأرض قائم على الرق أو السخرة . وكذلك من يصفه نظام لملكية الأرض يقوم على أساس شكل من أشكال العلاقة الشخصية بين مالك الأرض وزارعها، وإضافة إلى من يعتبره بأنه نظام سياسي يسيطر فيه كبار ملاك الأرض، وأيا كانت طريقتهم في التصرف فيها

واستغلالها، على أجهزة الدولة . ويعتبر النظام الإقطاعي المرحلة الثالثة في التطور التاريخي للإنسانية بعد النظام المشاعي البدائي ومجتمع الرق . إذ ينظر بعض المختصين إلى العلاقات الإقطاعية نشأت في باطن التشكيلة العبودية مثلها مثل العلاقات العبودية التي بدأت تتكون في أحشاء النظام المشاعي البدائي، وفي مرحلة نشوء العلاقات الإقطاعية أخذت تتكون السمات الأساسية لأسلوب الإنتاج الإقطاعي، وعلى الأخص العلائم المميزة للملكية العقارية الإقطاعية، وكذلك أطرزة الريع العقاري الإقطاعي بوصفه شكلا اقتصاديا لتحقيق هذه الملكية، وقد شمل النظام الإقطاعي أوربا خلال القرون الوسطى، حيث بداية تطور التشكيلة الإقطاعية وتمتد حتى بداية القرن الحادي عشر . وفي آسيا بدأت من القرن الثالث (الصين)، والقرنين الرابع والخامس (الهند)، والقرن السابع في البلاد العربية . والمرحلة الثانية من تاريخ القرون الوسطى هي عصر الإقطاعية المتطورة، حيث الانفصال الثاني للحرفة عن الزراعة، وعصر تكون المدن كمراكز للحرف والتجارة . وترجع هذه المرحلة في أوربا إلى القرون 11-15، وتمتد في بلدان آسيا وشمال أفريقيا من القرون 9-11 حتى القرن الخامس عشر . المرحلة الثالثة والأخيرة تسمى القرون الوسطى المتأخرة، وهي تتميز بتفسخ العلاقات الإقطاعية ونشوء العلاقات الرأسمالية . ويمتد تاريخ هذه المرحلة بالنسبة لأوروبا من القرن الخامس عشر إلى أواسط السابع عشر- ومع أنه لا يوجد وصف واحد للسمات الإقطاعية ينطبق تماما على جميع حقائق التاريخ فلا شك في أنه من الممكن تحديد السمات العامة والرئيسة المشتركة للإقطاع . وجوهر الإقطاع فيما يتعلق بالأرض هو تقسيم الأراضي الزراعية الداخلة في وحدة اقتصادية إلى وحدات صغيرة يقوم الفلاحون بزراعتها لحساب مالك الوحدة الكبرى بقوة عملهم وبأدواتهم ويحصلون منها على حاجات معيشتهم في حد الكفاف . وبالإضافة إلى العمل الضروري الذي يؤديه الفلاح في النظام الإقطاعي، فإنه يؤدي عملا فائضا، ويتخذ العمل الفائض شكلا عاما هو الريع الذي يتخذ ثلاثة أشكال رئيسية: ريع العمل، والريع النقدي، والريع العيني، ومن العوامل التي أدت إلى سقوط النظام الإقطاعي اتجاه المجتمع نحو السياسة المركزية، ظهور السلطة الشرعية

القضائية، وظهور النقود، وزيادة تداولها وتحسن طرق المواصلات، حيث نمت الطبقة البرجوازية وتطورت أسسها وأنظمتها الجديدة التي قوضت النظام الاقطاعي .

الأقليـات : Minorites

لقد كثرت في السنوات الأخيرة استعمال مصطلح الأقليات ولأهـداف سياسية بالتحديد وخصوصا في إطار الحديث عن الديمقراطيـة وحقـوق الإنسـان . وفي الواقع هناك القليل جدا من الدول المتجانسة اجتماعيا وخصوصا في إطار وحدتها الوطنيـة، فأغلبية دول العالم تتكون من تركيبات اجتماعية متنوعة، حيث الأقليات الأثنية التـي تشكل جزءا من نسيجها الاجتماعي إضافة إلى الأغلبية الاجتماعية . وأحيانا مـا يطرح مفهوم الأقليات الدينية، والطائفية .

وتصنيف الأقلية من بين التكوين الاجتماعي الكبـير للدولـة مـن خـلال تميزها لغويا، أو دينيا، ولها مدلولات سياسية أكثر من أي مدلول آخر وهو مـا يـذهب إليـه عبد الوهاب الكيالي في الموسوعة السياسية . أما الانسكلوبيديا الأمريكية فإنها تذهب إلى أبعد من ذلك عندما لا تحدد مفهوم الأقليـة عـلى أسـاس الجماعة الاثنية، وإنمـا لتصنيفات أخرى على أساس الفئات الاجتماعية التي تشعر بالمعاملـة غير العادلـة في إطار المجتمع الواسع . وإن الاتفاق الذي يمكن أن يسود بين البـاحثين في هـذا الإطار هو اللجوء إلى المعيار الكمي (العددي) واللغوي، أي بالتحديد أن الأقلية هـي الأصغر في العدد بين قوميتين، وتتميز بعدد من السمات التي تميزها عن الجماعـات القوميـة الأكبر من ناحية اللغة، الثقافة . وهناك من يضيف الدين كسمة مميزة عن القوميات الأخرى.

الإقليـم : Territoire

يعد الإقليم حسب فقهاء القانون الدولي العام ركنـا أساسـيا مـن أركـان وجـود الدولة، وهو الأرض التي يقيم عليها رعاياها بصفة دائمة . ولا يشترط في الإقليم الـذي تقوم عليه الدولة أن يكون متصل الأجزاء، فقد يكون منفصل بعض أجزاءه عن بعض (بريطانيا، اليابان، وغيرها) . وربما يتكون الإقليم من بعض جزر يفصل بينها البحـر، كما أنه يمكن أن يقع جزء من إقليم الدولة في قارة، والجـزء الآخـر في قـارة أخرى (مصر، روسيا الاتحادية، تركيا) . ولا يشترط لوجود الدولة أن يبلغ

إقليمها قدرا معينا من المساحة، فليس هناك حدود لذلك فهناك دولة البحرين، مقابل المملكة العربية السعودية، وهناك لوكسمبورغ مقابل ألمانيا وفرنسا .

الإليزيه (قصر) : Elysée

شيد قصر ـ الإليزية في باريس عام 1720، وبدأ استعماله مقرا لرؤساء الجمهورية الفرنسية منذ عام 1873 . وقد أخذ هذا الاسم يدخل في إطار العلوم السياسية بشكل واسع، وخصوصا عندما يشار إلى السياسة الخارجية الفرنسية، حيث يقال : سياسة الإليزيه، أو قرار الإليزيه . ويواجه الإليزيه في فرنسا، قصر ماتينو الذي تتخذه الحكومة الفرنسية مقرا لها، وكذلك هناك مبنى وزارة الخارجية الفرنسية على نهر السين الذي يطلق عليه الكي دورسيه . وقد اكتسبت هذه الأسماء معاني سياسية نتيجة لتداولها المستمر في الأدبيات السياسية .

الالتزام الدولي : Obligation internationale

لقد نص ميثاق الأمم المتحدة وفي مادته الثانية (الفقرة الثانية) على ما يلي: ((لكي يكفل أعضاء الهيئة لأنفسهم جميعا الحقوق والمزايا الناشئة عن صفة العضوية، فإنهم يقومون، بحسن نية، بالالتزامات التي أخذوها على أنفسهم بمقتضى ـ هذا الميثاق)) . وبموجب ذلك، ومن أجل تشييد علاقات دولية متوازنة، فقد تعهدت الدول باحترام الاتفاقيات، والالتزامات الثنائية، الإقليمية والدولية، حيث أن نكول الدولة عن تنفيذ ما التزمت به يترتب عليها مسؤولية دولية، قد تؤدي أحيانا إلى الحروب، والأزمات الحادة وأحيانا التقدم بشكوى إلى مجلس الأمن، أو محكمة العدل الدولية بعد اتفاق الطرفين، أو اللجوء إلى وسائل سلمية ودبلوماسية لحل الخلافات أو ما تم الالتزام به وساء تفسيره، كالوساطات، المساعي الحميدة، التوثيق، التحكيم . والتزام الدولة يمثل نتيجة طبيعة للعلاقات الدولية والتعاقد الدولي، وضرورة يقتضيها القانون الدولي .

امبريالية : Impérialisme

لقد وصف لينين الإمبريالية بأنها أعلى مراحل الرأسمالية، أي أنها مرحلة

الاحتكار في تاريخ تطور الرأسمالية . هذه المرحلة التي لها سماتها التي تنطوي عليها والمتمثلة في :

1. تركز الإنتاج ورأس المال إلى الدرجة التي تـؤدي إلى قيـام الاحتكارات الضـخمة التي تسيطر على الحياة الاقتصادية .

2. تصدير رأس المال إلى الخارج بحيث يصبح أعظم أهمية بكثير من تصدير السلع .وهذا التصدير لفائض رأس المال القومي يتخذ صورة استثمارات مباشرة تنصب في الغالب عـلى الصناعات الاستخراجية أو إنتاج الخامات، كـما يتخذ صـورة قروض مصحوبة بفوائد عالية، وشروط معينة .

3. امتزاج رأس المال المصرفي برأس المال الصناعي مما يترتب عليه ظهور قلة مـن رجال المال تتحكم في نواحي النشاط الاقتصادي .

4. قيام الاحتكارات الدولية التي تقتسم العالم، مصادر ثرواته وأسواقه فيما بينها.

5. إتمام التقسيم الإقليمي للعالم بين أكبر وأقوى الـدول الرأسمالية، التـي صـاحبها إنشاء الجيوش، والأساطيل البحرية، وأشعلت الحروب، وتصاعدت حما التسليح، والصراعات الاستعمارية على المستعمرات، والصراع الطبقي في داخل المجتمعات الرأسمالية نفسها . وكان نتيجة التوسع والمنافسة وتـراكم رأس المـال أن دخلـت مرحلة الصراع نهايتها باندلاع الحرب العالميـة الأولى، حيـث هـدفها الأول كان التوسع الذي عبرت عنه سياسة اليابان، وإيطاليا، ومن ثم الحرب العالمية الثانية حيث المجال الحيوي الألماني الـذي أضـحى يبحـث عـن الثـأر والأفـق الواسـع .، وهكذا نجد أن الامبريالية وليدة الاحتكار، وأن الحروب كانت وليدة حتمية لهـا .

أمــــة : Nationalisme

لقد تعددت التعريفات التي صدرت بخصـوص الأمـة (ينظر الشـعب) . إذ أن هناك من يوصفها بأنها ((مجموعة تاريخية من الناس الذين يتكلمون لغـة مشـتركة، ولهم تاريخ مشترك، وتراث ثقافي ونفسي ومصالح مشتركة، وأحيانا وحدة الأرض،

التي اختلف بصددها الكثير مـن الكتـاب . والشعور بالأمـة هـو مـا يسـمى بالقومية التي تجسد الشعور بوعي الانتماء لهذه الأمة .

وفي الاصطلاح الدولي، يقصد من الأمة أحيانا الدولة، بدليل ورودهـا في تسـمية عصبة الأمم، والأمم المتحدة . ولهذه القاعدة استثناءات، إذ أن عنصر وحدة اللغة غير متوفر في بعض البلاد كسويسرا، ووحدة الأصل غير متوفرة في الولايات المتحدة، كـما أن وحدة الدين لم تبق شرطا أساسيا إلا في بعض الدول النادرة .

ولقد تطور مفهوم ((الأمة)) تطورا كثيرا خـلال القـرنين الماضيين وذلك نتيجـة لتطور الفكر السياسي، سـيما وأن معظـم المفكـين والكتـاب كـانوا يتـأثرون بنزعـات بلادهم ومصالحهم، فيبحثون عـن أفـق التعـاريف والنظريـات العامة لخدمة تلـك المصالح والنزعات . وبالمقابل هناك عدد من المفكرين الذي كانوا يسمون بتفكيرهم فوق أمثال هذه النوازع والاعتبارات السياسية .

فالانسكولوبيديا الفرنسية قالت بالأمة، بأنها ((اسـم جمـع، يستعمل للدلالة على كمية كبيرة من النـاس، الـذين يعيشـون عـلى قطعـة مـن الأرض، داخـل حـدود معينة، ويخضعون لحكومة واحدة)) . وقد عرفت الأكاديمية الفرنسية الأمـة بأنهـا ((مجموع الأشخاص المولـودين في البـلاد، أو المتجنسـين بجنسـيتها، والعائشين تحت رعاية حكومة واحدة)) . ثم إضافة بعـد فـترة فقرة إلى هـذه التعريـف مؤكدة ((ويطلق كذلك على مجموع المـواطنين الـذين يؤلفـون هيئـة اجتماعيـة، متميـزة عـن الحكومة التي تدبر شؤونها) . وفي قاموس Littre فقد عرف الأمة، بأنها ((مجموعـة أناس يسكنون بلادا واحدة، ويخضعون أو لا يخضعون للحكومة واحدة)).

أما الانسكلوبيديا البريطانية فقد صرحت خـلال تعريفهـا للأمـة Nation بأنـه ((ليس من الضروري أن تكون معترفا بها كوحدة سياسية مستقلة)) وذلك يعني، أنـه ليس من الضروري أن يكون لها دولة خاصة بها . وإذا كان المفكر الفرنسي ـ هـنري بـر Henry Berr قد ميز ما بين كلمة الأمة Nation والجنسية Nationally، حيث رأى ((أن ناسيوناليته Nationalite جماعة بشرية، تنزع : إما أن تكون أمة تحكـم نفسـها بنفسها أو إلى الاندماج في أمة موجودة قبلا، بسبب بعض العلائق القائمة بينهما . ولا

ينقص الـ ((ناسيوناليته Nationalite)) لكي تصبح ((ناسيون Nation الا الدولة Etat))التي تكون خاصة بها، أي تكون مقبولة منها، بحرية))، فإن المفكر الإيطالي مانتشيني Nantcini فقد عرف الأمة بأنها ((مجتمع طبيعي مـن البشـر يرتبط بعضها ببعض بوحدة الأرض والأصل، والعادات واللغة .. من جـراء الاشـتراك في الحياة وفي الشعور الاجتماعي)) . أما فيخته الألماني فقد عـرف الأمة بأنها ((جميـع الذين يتكلمون باللغة (الألمانية)))، أي أنه لم يقدم تعريفا عاما عن الأمة .

ولقد جاءت لفظة الأمة في القرآن الكيم في العديد من السور، حيث جـاءت في سـورة آل عمـران، آية 110 : " كنـتم خـير أمـة أخرجـت للنـاس تأمرون بـالمعروف وتنهون عن المنكر"، وفي سورة هود، الآية 118 " ولو شـاء ربـك لجعل النـاس أمـة واحدة"، كما أنها وردت في معان مختلفـة ولاسيـما في سـورة النحـل، الآية 120 " إن إبراهيم كان أمة قانتا لله حنيفا ولم يكن من المشركين" . كما أنها وردت للدلالة عـلى الجماعة من الناس وذلك في سورة القصص، الآية 23 : " ولمـا ورد مـاء مـدين وجـد عليه أمة من الناس يسقون " . وقد جاءت كلمة الأمة لتؤكد عـلى الجماعـة المتميزة بدين واحد وذلك ما جاء في سورة المائدة، الآية 48 : " ولو شـاء اللـه لجعلكم أمـة واحدة"، وكذلك في سورة البقرة، الآية 213 "كان الناس أمة واحدة"، وكذلك في سورة الحج الآية 34 " ولكل أمة جعلنا منسكا ليذكروا اسم اللـه على ما رزقهم" .

الأمم المتحدة : United Nations- :Les Nations- Unies

لقد بدأ التفكير في إنشاء هيئة دولية جديـدة بـدلا مـن عصبة الأمـم، في عـام 1942 عندما اجتمع مندوبو الدول الأربعة العظمى التي اضطلعت بالعبء الأكبر في الحرب العالمية الثانيـة - أمريكـا، بريطانيـا، الاتحاد السـوفيتي والصـين، في مـؤتمر في موسكو، حيث اتفقوا على ضرورة التعجيل بإنشاء هيئة دولية عالمية تقوم على أساس المساواة في السيادة بين جميع الدول المحبة للسلم، وتنضم إلى عضويتها هذه الـدول لا فرق بين كبيرها وصغيرها لتضمن استقرار الأمن والسلم الدوليين .

وفي شهر آب/1944 اجتمع ممثلو هذه الدول في دومبارتن أوكس ووضعوا

مشرعا أو مقترحات للهيئة الجديدة، ودعيت الدول المزمع اشتراكها في هذه الهيئة الاجتماع في سان فرانسيسكو في نيسان/1945 للنظر في هذه المقترحات . وفي هذا الاجتماع تم وضع النظام النهائي للمنظمة الدولية وسجل هذا النظام في ميثاق الأمم المتحدة المؤرخ في 26/يونيو - حزيران 1945 . واحتوى الميثاق على مائة وإحدى عشرة مادة تتقدمها ديباجة تتضمن إعلان الأمم المتحدة الذي وقعت عليه خمسون دولة . وتتألف الأمم المتحدة من العديد من الأجهزة والمنظمات المرتبطة بها لإنجاز أهدافها ومقاصدها، ومن بين الأجهزة الرئيسية : الجمعية العامة، مجلس الأمن، والأمانة العامة، حيث حدد طبقا لبنود الميثاق اختصاصات كل جهاز والمهمات المناطة به . وقد ازداد عدد الدول المنضوية تحت لواء الأمم المتحدة ليصل بحلول عام 2001 إلى حوالي 189 دولة . ومن المؤمل أن تصبح سويسرا أحد أعضاء المنظمة وذلك من خلال استفتاء شعبي يتم إجراءه، مع الاحتفاظ بحيادها التقليدي المعروف بالنسبة لكل العالم . وللهيئة الدولية أمانة عامة يقف على رأسها الأمين العام الذي يقوم بجميع المهمات التي تعهد إليه بها المؤسسات الرئيسية في الأمم المتحدة وللأمين العام أن ينبه مجلس الأمن إلى أية مسألة يرى أنها تهدد السلم والأمن الدوليين)) . ويعاون الأمين العام عدد من الموظفين . ويكون تعيينه بقرار من الجمعية العامة بناء على توصية مجلس الأمن التي تعتبر ضرورية وخصوصا موافقة الدول الأعضاء الخمسة الدائميين . وتكون مدة التعيين خمس سنوات قابلة للتجديد لمرة ثانية .

الأممية : Internationalisme

وردت عبارة الأممية في الموسوعة السوفيتية بأنها أيديولوجية التضامن الأممي للبروليتاريين والشعوب العاملة في جميع الدول وهي مبدأ من المبادئ الرئيسية للأيديولوجية الرئيسية التي تسترشد بها الطبقة العامة وحزبها، وهي تعني وحدة مصالح جميع البلدان في الكفاح من اجل التحرر من الرأسمالية، وجوهرها شعار : يا عمال العالم اتحدوا . ان هذه الاممية تتطلب كفاحا ضد جميع ضروب العزلة القومية وضد أيديولوجية الكوسموبوليتيكية (Cosmopolitaisation)، المواطنة العالمية التي عرفتها الموسوعة السوفيتية بأنها نظرة رجعية تدعو الى نبذ المشاعر الوطنية

والثقافـة القوميـة، والـتراث القومـي بأسـم وحـدة الجنس البشـري وتعكس الكوسموبوليتية كأيديولوجية طموح الاستعماريين في تحقيق السيادة على العالم تحت دعاوي انشاء حكومات عالمية، مما يتعارض مع الاستقلال الـوطني والسيادة الوطنية .

الأممية الثانية : La deuxieme Internationale

اتحاد عالمي للأحزاب الاشتراكية، تأسس ي عـام 1889 . عنـدما نشـبت الحـرب الامبريالية العالمية)1914-1918(خان زعماء الأممية الثانية قضية الاشتراكية وانتقلوا إلى جانب حكوماتهم الامبريالية، فانهارت الأممية الثانية . أمـا الأحـزاب والجماعـات اليسارية التي كانت منتسبة من قبل إلى الأممية الثانية، فقد انضمـت إلى الأمميـة الشيوعية (الأمميـة الثالثـة) التي تأسسـت في موسـكو عـام 1919 . بعثت الأمميـة الثانية في مؤتمر برن (سويسرا) الذي انعقد في العام نفسه 1919 ؛ ولكن لم ينضم إليها غير الأحزاب اتي تمثل الجناح اليميني، الانتهازي، من الحركة الاشتراكية .

الأمن الإقليمي : La sécnrité Régionale

مفهوم سياسي يطلق على السياسـة الأمنيـة المشـتركة التـي تبلورهـا الوحـدات السياسية المشكلة للنظام الإقليمي لمواجهـة مخـاطر التهديـدات الخارجيـة المشـتركة للإقليم . ولا يمكن للأمن الإقليمي أن يكون منفصلا عن الأمن الدولي، حيـث التـداخل والتفاعـل بـين وحـدات النظـام الإقليمـي والنظـام الـدولي . ويتخـذ الأمـن الإقليمـي مسميات مختلفة وعديدة وحسب المنطقـة أو الإقليـم الـذي يتصف بـه . إذ أنـه في إطار النظام الإقليمي العربي، يطلق عليه الأمن القومي العربي، في حين يطلـق عليـه فيما يتعلق بأوروبا، بنظام الأمـن الأوروبي وهكـذا . (ينظـر النظـام الإقليمـي) . وقـد انتشر استعمال هذا المفهوم أو المصطلح في أدبيات العلوم السياسية في فـترة مـا بعـد الحرب العالمية الثانية، سيما بعد بـروز ظاهرة التكـتلات الإقليميـة كإطار للتنظيـم الإقليمي بعيدا عن المعسكرين وحربهما الباردة .

الأمن الدولي (الأمن الجماعي) : La sécurité Internationale

يقول أنيس كلود في كتابه القوة والعلاقات الدولية أن الجذور الفكرية لمبدأ الأمن الجماعي يعود إلى فترة ما بين القرنين الرابع عشر والثامن عشر عندما عقد ملوك وأمراء أوربا معاهدات بعضها ذات صبغة إقليمية تدعو إلى مساعدة بعضها البعض ضد أية دولة تشن الحرب . وقد استدعى الأمر في بعض الأحيان إنشاء هيئة دولية للسيطرة على القوات المتعددة القومية لغرض الحفاظ أو إعادة السلام إلى اوربا . ولقد دعا المفكرين إلى تبني صيغة أو أخرى من الأمن الجماعي على وقف الحرب ونزع السلاح . وقد مر مفهوم الأمن الجماعي بتطورات عديدة حتى بلغت مرحلتها الأخيرة .

إذا كان الأمن الإقليمي ينحصر في إطار منطقة أو إقليم معين، فإن الأمن الدولي هو حصيلة مجموع أمن كل دولة عضو من أعضاء البيئة الدولية، ويتم من خلال التعاون والتنسيق الدولي، في إطار أمن واسع وشامل تحتضنه أو تقنين وسائله وغاياته وثائق دولية ملزمة التطبيق والتنفيذ، وهو ما تجسد في ميثاق الأمم المتحدة، حيث أوكل مهمة المحافظة على الأمن والسلم الدوليين إلى الأجهزة الثلاثة في المنظمة : مجلس الأمن، والجمعية العامة، والأمانة العامة، إضافة إلى محكمة العدل الدولية، وبموجب بنود الفصل السادس، السابع، والثامن . وهناك خلط كبير في تجسيد فكرة الأمن الدولي بالأمن الجماعي . إذ أن نظرية الأمن الجماعي يقوم على أساس الرد الجماعي ضد أي طرف أو دولة تلجأ إلى استخدام القوة العسكرية وبشكل غير قانوني ضد طرف أو دولة أخرى عضو، أو غير عضو في المنظمة الدولية . ومن هنا، فإن الأمن الجماعي هي مسؤولية جماعية تقع على كل دول العالم، ومنع استخدام القوة أي كانت مبرراتها، ما عدا الدفاع الشرعي عن النفس، وضمن اختصاص الأجهزة المختصة في حفظ الأمن الجماعي . وأن أولى أهداف ومساعي نظام الأمن الجماعي هو السعي لعدم تغيير الواقع الدولي القائم أو الإخلال به وبعلاقاته في اتجاه مصلحة دولة على حساب دولة أخرى، وذلك من خلال اتخاذ الإجراءات الجماعية وعلى الصعيد الدولي باعتباره القوة الضاغطة والمضادة والكابحة لأي محاولة تغيير .

وتتمثل هذه الطرق والإجراءات بتسوية النزاعات بالطرق السلمية كالتفاوض والتحقيق والتوفيق والوساطة والتحكيم والقضاء أو استخدام القوة بالردع أو القمع، وذلك من خلال التفويض الـذي مـنح إلى مجلس الأمـن في إقرار نظـام عـام للأمـن الجماعي قائم على النزاهة والحياد في التعامل بين أطرافه .

الأمن القومي : La sécurité Nationale

لقد تعددت وتباينت التعريفات بصدد الأمن القومي، حتى أن قسـما منهـا لم يفرق بينه وبين الأمن الوطني . إلا أن ما هو مشترك بـين كـل هـذه التعريفـات التي جاءت حصيلة لدراسات متعددة، هو في ارتكازها على محور رئيس للأمن : المحافظة على الوجود الكيـاني للدولة، أرضـا وشعبا ونظاما . وأن هـذا الأمن حقيقـة نسبية وليست مطلقة، أي ليس هنالك أمن مطلق، شامل كامل بكل جوانبه، مهمـا بلغـت الدولة من القوة والبناء الصناعي والعسكري، فلابد مـن نقـاط ضعف يعتريه، أي هنالك مصادر تهديد تواجهها بـين فـترة وأخرى، تهـدد مصـالحها وكيانها السياسي ورعاياها، وتقوض خططها الاستراتيجية بشكل أو بآخر .

وقد عرف نورمان بادل فورد و جورج لنكولن الأمن القومي بأنه ((مفهوم نسبي يعني أن تكون الدولة في وضع قادرة فيه علـى القتال، والدفاع عـن وجودها ضد العدوان أو التهديد الخارجي، أي أنها تمتلك القدرة المادية والبشرية التي تجعل شعبها يشعر بالتحرر من الخوف، بما يضمن مركزها الـدولي، ومساهمتها في تحقيق الأمن الدولي)) . كما يمكن أيضا أن يعرف بأنه ((تصورا استراتيجيا)) لأي شعب، أو دولة، أو أمة. وهنا يعرفه الأستاذ حامد ربيع بأنه ((مجموعة مـن القواعـد الإجرائية التي يجب أن تحافظ على احترامها وأن تفرض علـى الـدول المتعاملـة معهـا مراعاتها لتستطيع أن تضمن لنفسها نوعا من الحماية الذاتية الوقائية الإقليمية)). وهناك من ينظر إلى الأمن القومي على أساس أنه ((مفهوم عسكري اسـتراتيجي للأمن))، ويضع القضية العسكرية ي الإطار المجتمعي الأكبر . وأن عناصر الأمن القومي تتركز في :

- القدرة العسكرية للدولة في مواجهة التهديد العسكري والسياسي .
- التكامل وتوحيد الإرادة السياسية .

- الاتفاق على استراتيجية لمواجهة التهديدات .
- تنمية وتوظيف الإمكانيات الاقتصادية والاجتماعية .

أما وزير الدفاع الأمريكي السابق روبرت ماكنمارا فينظر إلى جوهر الأمن باعتباره ينبع من وجود نظام متناسق للمعتقدات والمبادئ المشتركة في المجتمع، وهي الأساس الحقيقي للأمن، وليس المعدات العسكرية .

الامية السياسية   : Illetré politique

جرى تداول هذا المصطلح في الادبيات السياسية ولا سيما في مجال حقوق الانسان والحريات السياسية، والي يقصد به هو الجهل السياسي الذي يتميز به الانسان (وخصوصا في العالم الثالث، والانظمة السياسية المتخلفة) في عدم ادراك الاوليات والبديهيات الاساسية المتعلقة بحقوقه امام السلطة السياسية . وقد لعبت الانظمة السياسية الاستبدادية دورا كبيرا في اشاعة هذا النوع من الامية السياسية، من خلال التنشئة السياسية وتكميم الافواه، وحصر نطاق مجالات العمل الاعلامي والتعليمي والسياسي في اطر معينة تبجل وتمجد سلطة الحاكم مقابل انكار وتجاهل أي حقوق او حريات اساسية للمواطن . واذا كانت الامية السياسية قد سادت خلال الفترة التي سادت فيها انظمة الحكم القائمة على الحق الآلهي، فأنها تبدو اليوم شبه مصدومة في ظل تنامي التيارات الديمقراطية وتوسيع نطاق حقوق الانسان والمواطنة، والاقرار بمبدأ تداول السلطة سلميا عبر مشاركة سياسية وحزبية واسعة .

إنتـــاج : Production

وهو النشاط البشري الواع والهادف الذي يهدف إلى تحويل الموارد الطبيعية إلى حاجات صالحة، ويقوم على أساس العمل من خلال استخدامه لوسائل الإنتاج . وإنتاج الوسائل المادية لإشباع الحاجات البشرية هو إنتاج اجتماعي . والطابع الاجتماعي للإنتاج هو نتيجة الطابع الاجتماعي للعمل . وفي عملية العمل هذه تنشأ علاقات من جراء تقسيم العمل يطلق عليها ((علاقات الإنتاج)) أي أنها تتوقف على الطريقة التي يؤثر بها الإنسان في الطبيعة، ويكيف مواردها لإشباع حاجاته . وتؤكد النظرية الاشتراكية بأن أسلوب الإنتاج يلعب الدور الحاسم في تطور المجتمع، وذلك

من خلال القوى الإنتاجية التي تمثل الوسائل التي يستخدمها الإنسان في تسخيره الطبيعة خلال عمليات الإنتاج، وعلى القدرات التي ينميها في أثناء نشاطه . من دون العمل، من دون النشاط الاجتماعي تصبح حياة الإنسان نفسها أمرا مستحيلا، وبالتالي، فإنتاج الثروة المادية هو العامل الرئيس، الحاسم في التطور الاجتماعي . وعلى هذا الأساس فإن للإنتاج عناصره التي تتركز في العمل والأرض ورأس المال، وهناك من يضيف عنصرا رابعا هو التنظيم أو الإدارة .

الانتخاب : Eléction

منذ أن ظهرت السلطة كركن أساس من أركان الدولة، وكظاهرة موجودة في المجتمع، فقد تعددت واختلفت الطرق التي من خلالها يتم الوصول إليها، حيث القوة المادية، والنفوذ الديني، الوراثة، الاختيار الذاتي، ثم تطورت في العصور الحديثة طرق جديدة مع تطور الحياة السياسية، ومن بينها الانتخاب كوسيلة ديمقراطية في تولي السلطة، وتعتمد على مصدر السلطة نفسها، وخصوصا إذا كان مصدر الشعب الذي يحدد ممارستها وانتقالها .

فالانتخاب هو الوسيلة الديمقراطية لوصول الحكام إلى السلطة.والانتخاب حق طبيعي يمارسه الفرد بكل حرية ويختار من يراه مناسبا لممارسة السلطة، كما أن من حقه أن يمتنع عن ذلك . وهناك من يعتقد بأن الانتخاب وظيفة اجتماعية مستندا على مبدأ سيادة الأمة بدلا من مبدأ السيادة الشعبية، وإن الأفراد الذين يمارسون عملية التصويت والانتخاب إنما يقومون بذلك نيابة عن الأمة ويؤدون وظيفة وليس حق، وحسب الشروط المنصوص عليها في قوانين الدولة. كما أن هناك من يرى أيضا بأن الانتخاب ليس بحق ولا وظيفة اجتماعية وإنما هو سلطة قانونية مصدرها الأساسي الدستور الذي ينظمها من أجل إشراك المواطنين في اختيار الحكام وفقا لما يروه صالحا لهم . وللانتخاب نظم عديدة : نظام الأغلبية، نظام التمثيل النسبي (ينظر حسب تصنيفها) . وللانتخاب شروطه الواضحة التي تحددها القوانين الخاصة بذلك، من بينها : الجنسية، الأهلية العقلية، والصلاحية الأدبية (أي أن هناك كثير من المجرمين الذين يفقدون اعتبارهم ويحرمون حتى حق التصويت أي المشاركة في الانتخاب) .

إضافة إلى العمر، الجنس، العنصر، الثروة، والتعليم، تعتبر من القيود أيضا .

والانتخاب، أما أن يكون مباشرا وذلك عندما يقوم الناخبون بانتخاب أعضاء الهيئة النيابية أو الرئيس مباشرة ودون وسيط، ويكون الانتخاب غير مباشر وذلك عندما يقوم الناخبين بانتخاب مندوبين يتولون مهمة اختيار الرئيس أو أعضاء البرلمان من بين المرشحين . وتأخذ فرنسا بالانتخاب المباشر لاختيار رئيس الجمهورية، في الوقت الذي ينتخب فيه الشعب الأمريكي الرئيس من خلال هيئة مندوبين يتم انتخابهم من ممثلي الولايات الأمريكية .

الانتداب : Mandat

لقد أقرت المادة 22 من عصبة الأمم نظام الانتداب طبقا لمعاهدات الصلح في باريس عام 1919، حيث قسمت المادة نفسها الأقاليم إلى ثلاثة مراتب . أقاليم المرتبة الأولى، ويطلق عليها انتداب (أ) وتشمل الولايات التي كانت خاضعة للإمبراطورية العثمانية والتي وصلت إلى درجة من التقدم تسمح بالاعتراف مؤقتا بوجودها كدول مستقلة.وأقاليم المرتبة الثانية،وتخص مرتبة(ب) وتشمل الشعوب الأقل تقدما وخصوصا في وسط أفريقيا . ومن ثم أقاليم المرتبة الثالثة التي شملت بالانتداب، المرتبة (ج) . وطالبت المادة من الدول المنتدبة أن تقدم تقريرا سنويا إلى اللجنة الخاصة في العصبة وهي اللجنة الدائمة للإنتدابات الدولية . وقد انتهى الانتداب على العراق عام 1930 بمقتضى ـ معاهدة، ودخل عصبة الأمم في 1932، وكذلك الأردن، وسوريا .

انتهازية : Opportunisme

توصف الانتهازية بأنها موقف يتخذه الفرد إزاء عدد من القضايا التي ينتهز فيها الفرص والظروف المحيطة بها . وهي ذات مدلول سياسي يجري تداولها في الأوساط السياسية أكثر من أي وسط آخر، حيث لا مكان للمستقبل في تفكير هذا الرجل السياسي الذي يتسم بقصر ـ النظر . وأكثر ما تبرز المواقف الانتهازية في المساومات الانتخابية، والمعارك السياسية، وحتى الحربية، التي تتطلب اتخاذ مواقف مستعجلة مبنية على الفوائد العاجلة، وقد ترددت في الأدبيات السياسية تعبيرات عن

انتهازية يمينيه، أي الوسط الذي ينتمي إليه، والانتهازي اليساري .

الانثروبولوجيا : Anthoropologie

إذا كان يقصد بهذا هذا المصطلح في اللغة الإنكليزية هو ((علم الإنسان وأعماله))، فإنه يعتبر من الاصطلاحات الشاملة والواسعة . وطالما أن يركز اهتمامه على كائن واحد، هو الإنسان، فإن علماء الانثروبولوجيا يقرون اليوم بأن العلوم المتفرعة من ميدان اختصاصهم تتباين في مدى فائدتها في حل المشكلات المختلفة، تراهم يؤكدون أنها جميعا ضرورية لفهم سر الوجود البشري . ولكن هذا العلم يحاول دراسة المواضيع التالية :

1- التطور البايولوجي الحضاري للإنسان . 2- العلاقات البايولوجية بين المجتمعات المعاصرة. 3- المبادئ التي تحكم علاقات الشعوب بعضها مع البعض الآخر خصوصا الشعوب الصناعية . وإذا كان الإنسان محور الانثروبولوجيا، فقد برزت إلى حقل الدراسات الميدانية، الانثروبولوجيا الطبيعية (علم السجل البيولوجي)، وعلم الآثار الذي يصنف ويرتب البقايا المادية للمجتمعات البشرية على أساس وظائفها، والانثروبولوجيا الاجتماعية التي تمثل الدراسة الاجتماعية للقيم والأحكام والسلوك الإنساني الخاص بأنواع مختلفة من المجتمعات البشرية . وهناك الانثروبولوجيا الثقافية والحضارية التي تبحث في أعمال الإنسان وإنجازاته، ومخترعاته فهي تدرس الإنتاج الروحي المادي للشعب البدائي . ثم برز في ميدان حقل الانثروبولوجيا، الانثروبولوجيا التطبيقية،، ويقوم على تطبيق المعلومات الانثروبولوجية على الشؤون العامة للمجتمعات من قبل شخص متخصص، على جماعات، أو شعوب بدائية، بصورة مباشرة أو من خلال الرؤساء والهيئات الحاكمة في تلك الجماعات والشعوب . ويشمل التطبيق السيطرة على التغير الاجتماعي .

وإن النشأة الحقيقية للمباحث الانثروبولجية جاءت مع انشغال فلاسفة القرن الثامن عشر بالسؤال حول الحالة الطبيعية للإنسان، أو ما كان عليه قبل نشوء الحكومات المدنية . لذا يمكن اعتبار علم الانثروبولوجيا وليد عصر- التنوير الذي حكمته عقيدة العقل والتقدم اللامحدود التي تنجزه البشرية باطراد . ثم توطدت هذه

العقيدة بفعل نظرية التطور الداروينية ونجاحها اللافت في الارتقاء الحيوي . فساد ما عرف الانثروبولوجيا التطورية، والتطورية الجديدة، نازعتها في بعض الأبعاد النظرية الانتشارية التي تزعم أن العنصر البشري ينتشر من موطن ظهوره إلى المواطن الأخرى . ويكاد يتفق الانثروبولوجيون على أن الانثروبولوجيا كعلم بدأت بالنظرة التطورية التي حكمت إطار الانثروبولوجيا ومنطلقاتها بل استأثرت بها تلك المرحلة السابقة التي استمرت حتى الحرب العالمية الثانية . وكان لوسيان ليفي بريل (1857-1939) أبرز ممثلي النظرة الانثروبولوجية التطورية . وقد تطور علم الانثروبولوجيا بالبحوث الميدانية الحقيقية التي تعتمد على الاتصال المباشر بالثقافات البدائية وإدراك أنها ببساطة ثقافات إنسانية . وتدخلت ((النسبية الثقافية)) اتي تعطي لكل حضارة قيمتها بالنسبة لظروفها ولعصرها . وعلى يد برنسلو مالينوفسكي سارت الانثروبولوجيا نحو إرساء علميتها . فهو يعد رائدا بارزا من رواد النظرية البنائية الوظيفية في علم الاجتماع التي تدرس الحياة الاجتماعية أو الثقافية كبنية ذات علاقات متبادلة بين جوانبها أو مؤسساتها الكثيرة . وكان رائدا تطبيعيا في الدراسات الميدانية أو الحقلية الانثروبولوجية، وخصوصا في دراسته : السحر والعلم والدين . ولقد اهتم أدوارد تايلر (1832-1917) مؤسس الانثروبولوجيا الحديث بدور الدين في المجتمعات البدائية، وأهتم جيمس فريزر بالسحر البدائي وخصوصا في كتابه الغصن الذهبي وكتابه الفلكلور في العهد القديم .

L'anthropologie culturaliste : الانثروبولوجيا الحضارية

لقد اختلف النظر إلى الانثروبولوجية الحضارية من دولة إلى أخرى، أو من مدرسة اجتماعية إلى أخرى، حيث يعتبرها الانثروبولوجيون البريطانيون فرعا من الانثروبولوجية الاجتماعية، في حين يعتبرها الانثروبولوجيون الأمريكيون فرعا من الاثنولوجيا . وتنصب الانثروبولوجيا الحضارية على دراسة مخترعات الشعوب البدائية، وأدواتها، وأجهزتها، وأسلحتها، وطراز مسكنها، وأنواع الألبسة . فهي إذن تدرس الإنتاج الروحي والمادي للشعب البدائي . ويعتبر أميل دركهايم، الفيلسوف، والمفكر الألماني الأصل، والفرنسي الجنسية من رواد هذه الانثروبولوجيا

الحضارية، إضافة إلى دوره في إيجاد مدرسة في علم الاجتماع، تؤكد نوعا معينا من التماسك الاجتماعي، وله نظرية في الدين، وساهم في تطويره للأسلوب الوظيفي الذي أسسه رادكليف براون، ومالينوفسكي . والانثروبولوجيا الحضارية تدرس الاستعمار، وأصول الحضارة، وتنوعها وانتشارها .

الانثروبولوجيا السياسية : L'anthropologie politique

تبدو الانثروبولوجيا السياسية من المواضيع الجديدة التي تدخل في إطار اختصاصات البحث الانثروبولوجي، وهي تهدف إلى تجاوز التجارب والعقائد السياسية السائدة، وتميل إلى تأسيس علم للشأن السياسي متأصل في الإنسان بما هو إنسان سياسي (homopoliticus)، وباحث عن الخصائص المشتركة بين جميع التنظيمات السياسية المعترف بها في تنوعها التاريخي والجغرافي . وأول ما بحث في حقل الانثروبولوجيا السياسية أرسطو عندما اعتبر الكائن البشري كائنا سياسيا بطبيعته ويهدف إلى استنباط قوانين معينة بدلا من تحديد أفضل دستور معقول لكل دولة ممكنة . وهناك من يعتقد (جورج بلاندييه) بأن حقل الانثروبولوجيا السياسية يقع في وسط الانثروبولوجيا الاجتماعية أو الاثنولوجيا (ينظر المصطلحان)، فتعكف على وصف وتحليل النظم السياسية (البنى، السياقات والتطورات) الخاصة بالمجتمعات المعتبرة بدائية أو تقليدية .

وقد تطورت في السنوات الأخيرة الدراسات الخاصة في هذا المجال، وصار علماء السياسة يعترفون بضرورة الانثروبولوجيا السياسية، حيث لاحظ ريمون آرون من أن المجتمعات المساة نامية ((تجذب علماء السياسة الراغبين في التخلص من الإقليمية الغربية أو الصناعية)) . فالانثروبولوجيا السياسية، حيث أن مونتسكيو كان من روادها، هي الحقل التي تتفحص المجتمعات القديمة حيث الدولة مكونة بوضوح، والمجتمعات حيث الدولة موجودة وذات أشكال متنوعة جدا . أنها تتفرس في مسألة الدولة وأشكالها الأولية، وفي مجتمعات بدون تنظيم سياسي/ مجتمعات ذات تنظيم سياسي، بدون دولة / ذات دولة .

فالانثروبولوجيا السياسية هي الدراسة المنهجية ((لإنسان التنظيم السياسي

البدائية))، ومن خلال تحديد الجانب السياسي، وتوضيح سياقات تكون النظم السياسية، والدراسة المقارنة لمختلف أشكال الواقع السياسي في الامتداد التاريخي والجغرافي .

الانثروبولوجيا الاجتماعية : L'anthropologie Sociale

تعد الانثروبولوجيا الاجتماعية من فروع الانثروبولوجيا العامة، حيث تركيزها على الدراسة الدقيقة والمستفيضة لحياة الشعوب والجماعات، البدائية الصغيرة منها بخاصة، كما تبدو من خلال التفاعل الاجتماعي، والعوائق الاجتماعية، بين أفراد المجتمع المدروس، ودراسة أنساقها، وأبنيتها الاجتماعية المختلفة .

وتعتبر الانثروبولوجيا الاجتماعية في الولايات المتحدة مرادفة للانثروبولوجيا الحضارية، في حين ينظر البريطانيون إلى الحضارية بأنها فرعا من الانثروبولوجيا الاجتماعية . وهذه الانثروبولوجيا تنصب في دراسة القيم والأحكام والسلوك الإنساني عن طريق المشاهدة المباشرة . ويعد الأستاذ فيرث Firth رائد هذه المدرسة التي واجهت انتقاد الأمريكيين الذين اتخذوا موقفا متطرفا عندما يحاولون عدم التمييز بين علم الانثروبولوجي الاجتماعي وعلم الانثروبولوجي الحضاري . فهم يركزون على دراسة الحضارة ويهملون دراسة السلوك الاجتماعي اعتقادا منهم أن الحضارة وليس المجتمع هي التي تعطي الإنسان الطابع المميز له . أما الأستاذ نادل فردريك سكفرد Nadel (1903 - 1956)، الانثروبولوجي النمساوي، المختص في المجتمع السوداني، وقبائله الجنوبية، اعتقد بأن الدراسات الانثروبولوجية بطبيعتها يجب أن تهتم بجانبين أساسيين هما الجانب الحضاري والجانب الاجتماعي، وذلك من خلال ما قدمته دراساته النظرية على السحر الضار، والعلاقة بين المنزلة الاجتماعية والدور الاجتماعي في السلوك البشري . وكان رئيسا للانثروبولوجيا الاجتماعية في الجامعة الأسترالية الوطنية 1950 .

ومن أساتذة هذه الدراسة أدوارد تايلر ، ولويس مورغان الأمريكي الذي اهتم بدراسة النظم الاجتماعية المقارنة واعتمد عليه ماركس وأنجلز في دراستهما في العائلة المقدسة، وكذلك جيمس فريزر، وأميل دركهايم، ومالنوفسكي في دراسته لجزيرة تروبايند في غينيا الجديدة (1914-1918) مستخدما أسلوب المشاهدة

والمشاهدة بالاشتراك .

الانثروبولوجيا الثقافية : L'anthropologie Culturale

تعد الانثروبولوجيا الثقافية فرعا من الانثروبولوجيا العامة التي تهتم بدراسة السلوك الإنساني في ماضيه وحاضره . ولما كانت ثقافة الإنسان (العرف والتقاليد، المعتقدات والممارسات ..) هي الوسيلة التي تمكنه من الاتصال بالآخرين سواء جماعته المحلية أو الجماعات الأخرى المحيطة، بما لها من خصائص اجتماعية في بيئتها الطبيعية المتباينة . لذا كان أحد أهداف الانثروبولوجيا الثقافية دراسة هذا التباين أو التشابه الثقافي هذا من ناحية ومن ناحية أخرى الاهتمام بتاريخ الثقافات وأصولها ونموها وتطورها . وأن الانثروبولوجيا (دراسة سلوك الإنسان للوصول إلى الخصائص الثقافية)، واللغويات (حيث اللغة العنصر الأساسي للارتباط البشري، أو نقل الأفكار) .

الأنثروبولوجيا الطبيعية : L'anthropologie Naturale

لقد اختلف النظر إلى الانثروبولوجيا الطبيعية، حيث في بريطانيا اعتبرت فرعا من الانثروبولوجيا، وفي أوربا اعتبرت علم مستقل، كما أن هناك من يطلق عليها أيضا الانثروبولوجيا الجسدية، وإن ميدانها الرئيس دراسة الإنسان بوصفه كائنا حيا، وسيما من حيث نشأته، واكتسابه صفات ميزته عن بقية الكائنات الأخرى، وتطوره حياتيا، وانقسامه إلى عروق، والصفات الخاصة بكل عرق أو عنصر ـ وتوزيعها على الكرة الأرضية . وقد اتسعت دائرة الانثروبولوجيا الطبيعية نتيجة إلى دراسة الوراثة، وفئات الدم، وتعتمد على الحفريات البشرية وآثار ما قبل التاريخ .

الاندماج الإقليمي : L'intégration Régionale

إلى جانب النظريات العديدة التي برزت في حقل العلوم السياسية، ظهرت نظريات الاندماج الإقليمي التي تفسر عملية الاندماج بين الدول المختلفة من حيث الدوافع، القوى المحركة، والآليات ، مع التنبؤ بمستقبل عملية الاندماج، التي عدت من الظواهر البارزة في محيط العلاقات الدولية في فترة الحرب الباردة، هذه

الظاهرة التي تسجد في الأنموذج الأوروبي الذي انطلق من اتفاقية الفحم واصلب عام 1950 إلى معاهدة ماستريخت عام 1992 التي وضعت أسس الاندماج الإقليمي السياسي والاقتصادي .

وإذا كانت نظريات الاندماج الإقليمي الاقتصادية قد انصبت على منطقة التجارة الحرة، الاتحاد الكمركي، السوق المشتركة، وكذلك الوحدة الاقتصادية، فإن نظريات الاندماج الإقليمي السياسية تتمثل في : النظرية الفيدرالية، النظرية الوظيفية، النظرية الوظيفية الجديدة، والنظرية الاتصالية .

وإذا كانت النظرية الفيدرالية قد وجدت لها تطبيقاتها السياسية في الولايات المتحدة، والاتحاد السوفيتي السابق وغيرها، فإن النظرية الوظيفية في الاندماج الإقليمي ترتبط بإسهامات ديفيد ميتراني الذي قام باقتراح وسيلة بديلة للاندماج أطلق عليها ((الخيار الوظيفي)) الذي يقوم على أساس الفصل بين الإطارات السياسية والجوانب الوظيفية في عملية التركيز على الاندماج الإقليمي في القطاعات الفنية المختلفة، والتخلي عن فكرة الاتحاد السياسي . وأفضل تجسيد لهذه النظرية في منظمة العمل الدولية . وقد برزت نظرية الوظفية الجديدة لآرنست هاس الذي انتقد النظرية السابقة من ناحية فصلها بين الجوانب السياسية والقضايا الاقتصادية، واعتبرها مسألة غير قائمة، لأن كل الأمور تحصل نتيجة لقرار سياسي . أما بصدد النظرية الاتصالية التي نظر لها كارل دويتش والقائمة على فكرة الاتصال بين الوحدات الدولية المختلفة كأساس لقيام الاندماج الذي يفضي إلى إنشاء ((مجتمع أمن)) الذي يتميز باللاحرب، وتعددي، ومندمج، حيث المؤسسات المشتركة التي تعتمد بالانتماء الجماعي، ومن خلال ثقافة سياسية للإندماج .

الأورو- متوسطية (الشراكة المتوسطية) : Euro - Méditerranéenne

لقد سعت المجموعة الأوروبية، ومنذ بروزها كقوة اقتصادية كبرى، بموجب اتفاقية روما لعام 1957 (ينظر الاتحاد الأوروبي)، نحو إرساء سياسة أوروبية - متوسطية قائمة على المصالح المشتركة بين الدول الأوروبية الغربية أولا، ومن ثم بين ضفتي المتوسط، وخصوصا في مجالات الأمن والتعاون .

ومن هنا فإن الحوار العربي – الأوروبي الذي انطلق بعد حرب أكتوبر 1973، الذي أملته بشكل أساس مصالح أوروبا الاقتصادية، كان يهدف إلى ضمان الاستقرار السياسي في منطق الشرق الأوسط خاصة، وفي البحر المتوسط لأن السلام فيه لا يمكن أن ينفصل عن السلام في الشرق الأوسط باحتياطاته البترولية الهائلة .

وقد بذلت في عقدي السبعينات والثمانينات جهودا حثيثة لجعل المتوسط بحيرة سلام واستقرار، وتعاون مشترك يتعدى الأمور الاقتصادية . إلا أن هذه الجهود اصطدمت بالعديد من الحواجز، والعقبات التي حالت دون إنضاج فكرة الشراكة المتوسطية . ولكن بعد انتهاء الحرب الباردة، وعقد مؤتمر مدريد عام 1991، وتوقيع معاهدة ماستريخت عام 1992 التي أعطت اسما جديدا للمجموعة الأوروبية وأخذ يطلق عليه الاتحاد الأوروبي ابتداء من نوفمبر/1993 وفتحت الطريق لوحدته السياسية، إضافة إلى توقيع اتفاقيات أوسلو في أيلول/1993، الأمر الذي مهد للأوروبيين أن يجروا نحو الضفة الجنوبية للمتوسط، وخصوصا وإن هناك تحديات جديدة أخذت تعوم فوق مياه المتوسط لا يمكن مواجهتها إلا من خلال شراكة الضفتين وقد سبقت انعقاد مؤتمر برشلونة ثلاثة مؤتمرات عقدها الاتحاد الأوروبي بغية بلورة وصياغة أسس الشراكة المتوسطية : قمة كورفو اليونانية في حزيران/1994 وضعت المبادئ الأساسية للسياسة المتوسطية للاتحاد، قمة آسن الألمانية كانون الأول/1994، حيث صادق المجلس الأوروبي على قرار ((أسس الشراكة الجديدة بين دول معاهدة ماستريخت والبلدان المتوسطية الثالثة))، ومن ثم قمة (كان) الفرنسية حزيران/1995 التي وضعت الصياغة النهائية للأورو-متوسطية التي انطلقت من مؤتمر برشلونة 27-28 تشرين الثاني عام 1995 بحضور دول الاتحاد الأوروبي الخمسة عشر وأثنتا عشرة دولة متوسطية عربية وغير عربية ما عدا ليبيا التي رفضت الحضور .

وقد أرست عملية برشلونة التي أطلق عليها الأورو-متوسطية، علاقة ثلاثية الأبعاد تركزت أولا على إقامة الصلة الرأسية بين الشمال والجنوب عن طريق عقد اتفاقيات اشراكة، وإقامة الصلة الأفقية بين الجنوب والجنوب عن طريق

اتفاقيات للتجارة الحرة بين دول جنوب وشرق المتوسط، ومن ثم المرحلة الثالثة قيام منطقة التجارة الحرة الأوروبية - المتوسطية، حيث امتداداتها نحو شرق ووسط أوروبا . وعلى ضوء هذه العلاقة الثلاثية فقد عقدت المؤتمرات السنوية للأورو-متوسطية في مالطا/1997، وباليرمو الإيطالية/1998، وشتوتغارت الألمانية/1999، وقمة مرسيليا الفرنسية/2000، وقمة بروكسل في تشرين الثاني/2001 . كما تم عقد اتفاقيات شراكة بين الاتحاد الأوروبي وعدد من الدول المتوسطية . وقد اتسعت هذه الشراكة لتضم دولا غير متوسطية أيضا . وقد تم مأسسة هذا الحوار من خلال قمة شتوية تعقد كل سنة في إحدى المدن الأوروبية للدول الأعضاء في الاتحاد.

الأوليغارشية : L'oligarchie

يعتبر أفلاطون أول مفكر سياسي في تقسيمه إلى أنواع الحكومات محددا أنماطها وسماتها، حيث الجمهورية المثالية، الديمقراطية، والأوليغارشية التي تعني حكم القلة، والتي هي امتداد للحكم الارستقراطي . وفي كتابه السياسي فإن أفلاطون قدم ستة أنواع من الحكومات : ثلاثة تتقيد بالقانون، وتحترمه، وثلاثة أخرى لا تلتزم بالقانون ومنها حكم الأوليغارشية، بالإضافة إلى الملكية الاستبدادية والديمقراطية المتطرفة أو الغوغائية .

وقد جاء بعده أرسطو الذي طرح أفكاره في الحكم وأنواع الحكومات التي قسمها على أساس المعيار الكمي وذلك من خلال عدد القائمين بممارسة السلطة السياسية، والمعيار الثاني هو المعيار النوعي أو الكيفي، ويدور حول لمصلحة من تمارس السلطة السياسية في الدولة . وقد قسم الحكومات على أساس هذا المعيار إلى حكومات نقية : ملكية، أرستقراطية، دستوية. وحكومات فاسدة : استبدادية، أوليغارشية، ديمقراطية غوغائية . وقد اعتبر الأوليغارشية كمسخ للارستقراطية، ويعرفها حيث يحكم الأشخاص بسبب ثرائهم سواء أكانوا قلة أو كثرة فإن هذه هي الأوليغارشية التي تمثل مسخا للارستقراطية كنوع طبيعي من الحكم . فأساس الأوليغارشية هي الثروة . إلا أن أرسطو الذي يرى في الأوليغارشية بأنها تأتي كنتاج للتنافس، والقوة العسكرية، فإنها أيضا أفضل من الاستبدادية تتضمن بعض التوزيع

على الأقل بالنسبة للحق السياسي والسلطة .

أيديولوجيـة : Idéolgie

تتألف كلمـة الآيديولوجيـةمن مقطعـين : Ideo و Logie أي بمعنى وحسـب مرجعها اللاتيني علـم المثـل، أو المثاليـة . وأول مـن استعمل هـذا الاصطلاح المفكر الفرنسي ديستان تريسي (1755-1836) في كتابه عناصر الأيديولوجيـة التي وصفها علم الأفكار أو العلم الذي يدرس مدى صحة أو خطأ الأفكار التي يحملها النـاس، هذه الأفكار التي تبنى منها النظريات والفرضيات التي تتلاءم مع العمليات العقليـة لأعضاء المجتمع . وهناك من يعتبرها نـاتج عمليـة تكوين نسق فكري عـام يفسر ـ الطبيعة والمجتمع والفرد ويطبق عليها بصفة دائمـة . وهـذه العمليـة يقـوم بهـا مـن يسمي نفسه باسم ((المفكر)) بوعي، ولكنه يصبح في النهاية، وعيا زائفا عـلى حـد تعبير مـاركس. إن المفكر يسـتخدم خـلال هـذه العمليـة منهجـا للبحث والتحليـل والتركيب قد يكون منهجا غير علمي فيساهم في زيف الناتج، وقد يكون منهجا علميا فيكون الناتج حقيقيا بصفة معينة وغير حقيقي بصفة مطلقة . وانتشر استعمال هذا المصطلح بحيث أصبح لا يعني علم الأفكار فحسب بل النظام الفكري والعـاطفي الشامل الذي يعبر عن مواقف الأفراد حول العالم والمجتمع والإنسان . وقد طبق هذه المصطلح بصورة خاصة على الأفكار والعواطف والمواقف السياسية التي هـي أسـاس العمل السياسي وأساس تنفيذه وشرعيته . والأيديولوجيـة السياسـية هـي التي يلتـزم ويتقيد بها رجال السياسة والمفكرون السياسيون إلى درجـة كبيرة بحيث تـؤثر عـلى هويتهم وسلوكهم السياسي وتحدد إطار علاقاتهم السياسية بالفئات والعناصر الأخرى والأيديولوجيات السياسية التي تـؤمن بهـا الفئـات . والعنـاصر المختلفـة في المجتمـع دائما ما تتضارب مـع بعضهـا أو تتسـم بالأسـلوب الإصلاحي أو الثوري اليسـاري، أو اليمينـي الـذي يهـدف إلى تغـير واقـع وظـروف المجتمـع . وأن المفهـوم الماركسي ـ للآيديولوجية يعبر عن شكل وطبيعة الأفكار التـي تعكس مصالح الطبقـة الحاكمـة التي تتناقض مع طموحات وأهداف الطبقة المحكومة خصوصا في المجتمع الرأسمالي، ولكن على الرغم من هذا التحديد الفكري لمعنى الأيديولوجية، فإن هناك

أيـديولوجيات، أي نظـما فكريـة منسـقة، يمكـن أن تلعب وفي فتـرة تاريخيـة معينة دورا حاسما، ولكن حتى مثل هـذه الأيديولوجيات محكوم عليها بالانحسار لتخلي الطريق لأيديولوجية جديدة، تدحض وتنتقد السابقة، ثم تنسق في نظام فكري جديد أكثر عصرية، مستند إلى أساس منهج علمي دائم التطور مع تطور قوى الإنتاج ووسائل المعرفة العلمية والتكنولوجية وتزايد قدرات الإنسان على الابتكار .

والأيديولوجية تفهم على أنها الأفكار السياسية والاجتماعية والفلسفية، وتخدم طبقة معينة وعلاقات إنتاج معينة. عند ماركس هذا اللفظ يتضمـن معنـى التشويه المثالي والابتعـاد عـن الحقيقـة (الـوعي الزائـف) . وبهـذا المدلول، الماركسية ليست أيديولوجيـة، بـل نظريـة علميـة للبروليتاريا . وإن قامـوس وبستر الإنكليزي عـرف الأيديولوجيـة بأنهـا منظومـة مـن الأفكـار يعنـى بـالظواهر التـي تتعلـق بالحيـاة الاجتماعية، أسـلوب التفكيـر الـذي يميـز الفـرد أو الطبقـة وهنـاك معـاني متعددة للأيديولوجيا لا تعد ولا تحصى، حسب ما طرحه المفكرون والفلاسفة، وخصوصا في القرن التاسع عشر، حيث الأيدلوجية السياسية التي يتم توضيحها في هذه الموسوعة .

الأيديولوجية السياسية : L'idéologie politique

إذا كانت الأيديولوجية في أصلها لفظا يونانيا مكونا من جزئين Ideo بمعنـى مـا هو متعلق بالفكر، و Logos بمعنى : علم، وتصبح الأيديولوجية هـي علم الأفكار، حيث ولدت لأول مرة مع الثورة الفرنسية (1789) عندما عمد الثوريون الفرنسيون في ذلك الوقت إلى مهاجمة الحقوق المقدسة للملك، والتشكيك في التقاليد والطقوس الدينية وخاصة تلـك المتعلقـة بالكنيسـة الرومانيـة الكاثوليكيـة، فـإن الأيديولوجيـة السياسية كما يعرفها جيمس ويلسون في كتابه : الحكومـة الأمريكيـة الصـادر عـام 1989، بأنها عبارة عن مجموعة من الاعتقادات الثابتة والمتماسكة حـول مـن ينبغي أن يحكم، ومجموعة المبادئ الأساسية التي ينبغي أن تطاع ويخضع لها الحاكم، وماهيـة السياسـات التـي ينبغي للحـاكم أن يتبعهـا . وطبقـا لكـارل فردريك، فـإن الأيديولوجية السياسية، هي عبارة عن ((أنسـاق الأفكـار المرتبطـة بالعمل ... وهـي ذات علاقة بالنظام السياسي والاجتماعي القائم وتهدف إلى تغيير أو الدفاع عن ذلك

النظام ... وترمز إلى مجموعة الأفكار المتماسكة المعقولة المتعلقة بالوسائل الممكنة لكيفية تغيير أو تعديل أو الحفاظ على النظام السياسي)) . فالأيديولوجية يمكن تمييزها عن مجموعة الأعراف والتقاليد مثلا من خلال الرغبة القوية لدى معتنقيها لتغيير أو تحويل العالم طبقا لقيمهم السياسية . وبهذا فإن الأيديولوجية تقوم بدور رئيسي في تحديد من يحكم الآن، ومن ينبغي أن يحكم المجتمع، وما هي الطريقة المثلى لاختيار القادة السياسيين، وكيف يبرر الحكام ممارستهم للسلطة ؟ وطبقا لذلك تبدو الأيديولوجية مرادفة للثقافة السياسية أو التقاليد السياسية كما يقول روي مكيدس في كتابه : الأيديولوجية السياسية المعاصرة الصادر في عام 1983 بوستن في الولايات المتحدة . وفي الوقت الذي تقوم فيه أيديولوجية سياسية بمحاولة إضفاء الشرعية على النظام السياسي القائم، فإن أيديولوجية سياسية منافسة تتحدى الشرعية وتحاول أن تقيم البديل .

ولكن الأستاذ صادق الأسود يرى بأنه إذا كانت الأيديولوجية هي إحدى أدوات سيطرة النظام السياسي، فإن الثقافة السياسية تنبعث من هذه الأيديولوجية حاملة طبيعتها وسماتها التي تواجه ثقافات سياسية مضادة .

هذه الثقافات قد تنبعث من قوى أخرى خارج السلطة أو من هيئات اجتماعية مختلفة تتمسك بثقافات فرعية . وبناء عليه فإن هناك علاقة قوية ما بين الثقافة السياسية والأيديولوجية المهيمنة التي تتوجه إلى الجماهير لنشر هذه المفاهيم والأفكار والقيم الأيديولوجية، ومن خلال تفاعل الأفراد معها يشكلون الإسناد الرئيس للنظام السياسي .

- ب -

الباب المفتوح (سياسة) : La Porte ouverte

تعد سياسة الباب المفتوح من السياسات التي سادت في القرن التاسع عشر بين الإمبراطوريات الاستعمارية التي تقوم على أساس تعهد الدول العظمى بعدم انفراد أية دولة بالحصول على امتيازات بحرية أو صناعية أو سياسية خاصة في الصين . وقد بدأت الولايات المتحدة في الربع الثاني من القرن التاسع عشر بتطبيق هذه السياسة . ثم نصت على هذه السياسة كل الاتفاقيات والمعاهدات التي عقدت بين الإمبراطوريات الاستعمارية سواء كان في حرب الأفيون (1839-1842) أو بعد إخماد ثورة البوكسر في عام 1900، وكذلك في مؤتمر واشنطن (1921-1922) لتحديد القوات البحرية . وإن اعتراف الدول بدولة الصين أنهى سياسة الباب المفتوح عقب الحرب العالمية الثانية . وطبقت هذه السياسة فيما سبق في مناطق عديدة في أفريقيا بعد مؤتمر برلين 1884-1885، أو في الفليبين 1899 .

الباكونينية (باكوينين) : Bakuninisme

تيار أيديولوجي فوضوي ينسب إلى ميخائيل باكوينين الذي كان أحد أعضاء الأممية الأولى (ينظر الأممية)، إلاّ أنه طرد منها عام 1872 بسبب آراءه المعارضة لماركس وأنجلس . وقد تشكل هذا التيار خلف باكوينين، الذي ينكر الدولة، كل دولة، ويعتقد عكس ماركس، بأنه ينبغي لجمعية سرية تتألف من الشخصية البارزة أن تقود فتناً شعبية يصار بنتيجتها إلى إعلان حالة انعدام الدولة . وتبدو أفكار هذا التيار قريبة من البرودونية نسبة إلى المفكر الفوضوي الفرنسي- برودون الذي أنكر ضرورة وجود الدولة . وقد انتقد برودون الملكية الرأسمالية الكبيرة من مواقف برجوازية صغيرة . وكلا التياران يدعوان في تكتيكاتهم إلى التآمر والفتن والإرهاب .

البانشلا (مبادئ التعايش السلمي) : Pluncha - Chila

نتيجة لإندلاع الحرب الكورية عام 1950، وتطور النزاع الهندي – الصيني

على بعض أجزاء من هضبة التبت إلى حد الصدام المسلح الـذي ينـذر بحـرب عالمية أعلن رئيس الوزراء الهندي جواهر لال نهرو مبادئ التعايش السلمي الخمسـة بعد مفاوضات استمرت أربع سنوات مع   الصين، ((التي تتحكم في علاقاتنا المتبادلـة واتجاه بلدينا كل للآخر كالآتي :

1. الاحترام المتبادل لوحدة وسيادة مناطق كل منهما .
2. عدم الاعتداء المتبادل .
3. عدم التدخل في الشؤون الداخلية لكل منهما .
4. المساواة والنفع المتبادل .
5. التعايش السلمي .

وقد وجه نهرو نظر البرلمان الهندي إلى هذه المبادئ الخمسـة في خطبتـه التـي ألقاها في 15/مايو-أيار/1954 والتي قال فيها :

((إن هذه المبادئ توضح السياسة التي نتبعها فيما يتعلق بهذه الأمور مع أيـة دولة مجاورة أو أية دولة في العالم، وليس مع الصين . وأكثر من هذا أنها بيان بمبادئ شاملة، ويخيل لي أنه إذا ما تم تطبيق هذه المبادئ في علاقات الدول المختلفة بعضها مع بعض، فإن قدراً كبيراً من متاعب عالم اليوم ستختفي))

وقد أدرجت هذه المبادئ الخمسـة للتعايش في ديباجـة الاتفاقيـة الهنديـة – الصينية الخاصة بالتيبت . وقد تضمن إعلام مؤتمر باندونغ الذي عقد في نيسان 1955 مبادئ التعايش السلمي الخمسـة إلى جانـب مبادئ خمسـة أخـرى طرحتها الـدول المعارضة للسياسة الهندية، وبذلك خرج إعلان باندونغ بعشرة مبادئ .

البحر الإقليمي :La mer regionale

لقد صدرت العديد من التعريفات الخاصة بالبحر الإقليمي، ولاسيما وأن فكرة هذا البحر يرجع أصولها إلى القـرون الوسطى، ثـم تطورت مع تطـور فقه القانون الدولي، والعلاقات الدولية والمؤتمرات التي عقدت لهذا الغـرض مـن أجـل تسـوية النزاعات التي تنشب بين الدول لتحديد بحرها الإقليمي وبالتالي امتداد سيادتها

الإقليمية وسلطان قانونها الوطني . إذ يقول الفقيه الفرنسي جلبرت جيدل بأن البحر الإقليمي يمثل ((شريط المياه المحصورة بين المياه الداخلية من جهة والبحر العالمي من جهة أخرى)) .

أما الفقيه الإنكليزي أوبنهايم فقد عرفه بأنه ((المياه المحصورة في منطقة معينة أو حزام معين يسمى بالحزام البحري أو الحدودي، والذي يحيط بالدولة، وهكذا يضم جزءاً من المياه التي تشمل بعض الخلجان والمضايق)) .

أما المادة الأولى من اتفاقية فينا للبحر الإقليمي في عام 1958 فقد عرفها : تمتد سيادة الدولة خارج إقليمها البري ومياهها الداخلية إلى منطقة من البحر متاخمة لشواطئها تعرف باسم البحر الإقليمي)) .

البراغماتية (الذرائعية) Pragmatisme :

تعد البراغماتية (أو البراجماتية) من النزعات الفلسفية التي هيمنت على الفلسفة الأمريكية في القرن العشرين، وكانت من معاقل الهجوم التي شنت على الفلسفة المثالية الألمانية الكانتية، وبروز المنهج العلمي والروح التجريبية وخصوصاً في الفلسفة الأوروبية عامة . فالفلسفة الأمريكية لم تكن أبداً مرعى خصباً للمثالية، بحكم روح وطبيعة الحضارة الأمريكية، وإن كان يوجد بالطبع قلة من المثاليين الأمريكيين أهمهم جوزيا رويس (1855-1916) الذي جاهر بأنه فيلسوف هيغلي . ومع هذا تأثر بأستاذه وليم جيمس، فلم تخل فلسفته المثالية من استجابة للبراغماتية Pragmatism التي هيمنت على الفلسفة الأمريكية . لقد اكتملت البراجماتية ونضجت لتكون بمنزلة التمثيل العيني للفلسفة الأمريكية حديثة النشأة والنماء، حتى اتخذت أساساً لتفسير الدستور والقوانين والقيم الأمريكية . والبراجماتية اسم مشتق من اللفظ اليوناني (براجما) ومعناه العمل . الفلسفة البراجماتية إذن هي الفلسفة العملية التي تبحث عن النافع والمفيد .

إن أول من صاغ البراجماتية هو الفيلسوف الأمريكي تشارلز ساندرز بيرس (1839-1914) وذلك عندما طرح لأول مرة أساس فلسفته في دراستين ((تثبيت الاعتقاد – 1877، وكيف نجعل أفكارنا واضحة)) 1878، ثم صاغ

ببحثه المهم ((البراجماتية)) الصادر عام 1905، حيث نجد القاعدة الأساسية للمذهب البراجماتي وهي أن معنى القضية يتوقف على نتائجها العملية . وقد عرفها القاموس الفرنسي بأنها مذهب يرى أن معيار صدق الآراء والأفكار في قيمة عواقبها العلمية، فالحقيقة تعرف بـ((نجاحها)) .

وقد تحددت معالم البراجماتية وأصبحت مذهباً فلسفياً متكاملاً على يد وليم جيمس ذي الفلسفة التجريبية الراديكالية (الجذرية) والنظرة التعددية للعالم، ورأى أن البراجماتية في ربطها المعنى بالنواتج الواقعية إنما هي تطوير طبيعي للتجريبية التقليدية، فأخرج عام 1907 كتابه ((البراجماتية)) بعنوان فرعي : ((اسم جديد لمنهج قديم في التفكير))، وأهداه إلى ذكرى جون ستيوارت مل مؤكداً أنه لو كان حياً لناصر البراجماتية بكل قوة . وفي كتابه ((إرادة الاعتقاد –1897)) قدم تبريراً براجماتياً للدين، بمعنى أن نؤمن به لأن الإيمان الديني نافع ومفيد في جلب الراحة والهدوء النفسي والضبط الأخلاقي . وكان من مناصري الحرية ومن سدنتها المخلصين، ولأسباب براجماتية، حتى أنه قال بأن للحرية الإنسانية نتائج عملية مفيدة في تحمل المسؤولية . وقبل وفاته أصدر عام 1909 كتابه ((معنى الصدق : تتمة للبراجماتية))، مؤكداً أن الصدق أو الحقيقة خاصية للاعتقاد الإنساني وليست كيانات مطلقة، وكل ما يقع خارج الدائرة الإنسانية ليس حقائق بل وقائع . ثم تطورت البراجماتية واتسع مداها مع فلاسفة أمريكيين لاحقين خصوصاً جون ديوي (1859-1952) الذي انساق للبرجماتية بعد هجرة الهيغلية، ورأى أن المعرفة وظيفتها تنظيم السلوك وأن الفكرة أداة للعمل . وقد وصفت براجماتية ديوي بأنها وظيفية أو أداتية، وجعلها أساساً فلسفياً للتربية وللدفاع عن الحرية والليبرالية الحديثة ونظريته السياسية إجمالاً .

خلاصة الفلسفة البراجماتية أن العقل يحقق هدفه حين يقود صاحبه إلى العمل الناجح، إذن الفكرة الصحيحة هي الفكرة الناجحة، ولا تقاس الفكرة إلاّ بنتائجها العملية، أي بفائدتها .

وقد شكلت الفلسفة البراجماتية الأساس الذي استندت عليه الأيديولوجية

السياسية الأمريكية الجديدة، في اتجاهها الليبرالي والمحافظة في نفس الوقت، وفي نظامها الاقتصادي الرأسمالي، وبنظام السوق كأداة رئيسية لتوزيع السلع والخدمات الاقتصادية والإيمان بقدرة الفرد والتنافس المفتوح للجميع، وتوافر الفرص الاقتصادية .

البربرية : Barbarisme

إذا كان للبربرية معنى مناقضاً للمدنية، فإن لها معنى يقع في تقسيم المراحل التاريخية للمجتمعات البشرية، حيث أن العالم لويس مورغان كان قد استعمل هذا المصطلح في كتابه ((المجتمع القديم)) الذي صدر في عام 1877 والذي كان يحمل ((بحوث في التقدم البشري منذ عهد التوحش وخلال فترة البربرية إلى فترة المدنية))، إذن اصطلاح البربرية استعمل ليعني المرحلة الوسيطة في التقدم الاجتماعي للجنسي- البشري . يقول مورغان أن هناك أدلة وإثباتات تاريخية وأثرية تشير على أن مرحلة التوحش سبقت المرحلة البربرية لدى جميع قبائل العالم، وأن مرحلة البربرية سبقت مرحلة المدنية . ويضيف قائلاً أن تاريخ الجنس البشري هو تاريخ واحد في عصوره وتجاربه وتقدمه، وقد اختلف العديد من الانثروبولوجيين حول تقسيم مورغان الثلاثي، إذ أن البروفسور كوردن جايلد قد أشار في كتابه ((التطور الاجتماعي)) على أن اهتداء الإنسان لإنتاج المواد الغذائية يعتبر نقطة تحول من مرحلة التوحش إلى المرحلة البربرية، ولم يتفق جايلد مع مورغان عندما قال بأن اختراع الكتابة هي النقطة الفاصلة بين المرحلة البربرية ومرحلة المدنية - ويقسم مورغان البربرية إلى أطوار، إذ أن الطور الأدنى يبدأ مع ظهور الفن الفخاري، وتدجين الحيوانات وتربيتها وزراعة النباتات عنصراً مميزاً موصوفاً، والطور المتوسط، الذي يبدأ في الشرق بتدجين الحيوانات البيتية، وفي الغرب بتجربة النباتات الصالحة للأكل، وتشكيل القطعان إلى حياة الرعي، ثم الطور الأعلى يبدأ بصهر فلز الحديد وينتقل إلى عهد الحضارة، نتيجة لاختراع الكتابة الحرفية ولاستعمالها لأجل تسجيل الإبداع الكلامي .

البرجوازية : Bourgeoise

طبقة التجار والصناعيين الأحرار، والتي تكونت في بداية عصر النهضة في

المدن الأوربية الكبيرة ابتداءً من القرن الثالث عشر، وحققت نمواً كبيراً، ومكانة سياسية في المجتمع الإقطاعي، في القرن السادس عشر، بعد الاكتشافات الجغرافية، حيث رفعت لواء مقاومة المجتمع الإقطاعي وقوانينه وعلاقاته الإنتاجية المتخلفة، حاملة أفكار الحرية والأمة القومية والفعل الإنساني . وقادت البرجوازية ثورات عديدة في أكثر من دولة أوروبية، حيث الثورة البرجوازية الإنكليزية في القرن السابع عشر، وحروب الاستقلال الأمريكية ((القرن الثامن عشر))، والثورة البرجوازية الفرنسية ((القرن الثامن عشر))، وحققت البرجوازية انتصارات ساحقة في أوروبا الوسطى، والشرقية فلقد أحدثت البرجوازية ثورة في الإنتاج، وفي المجتمع . وإذا كانت قد دمرت الإقطاعية ومفاهيمها وعلاقاتها الأبوية، وفرضت سلطة المال، أوجدت الدولة القومية وأنشأت الإنتاج المعاشي، وأخضعت الريف للمدينة، وأوجدت الطبقة العاملة، القوة الجديدة في المجتمع .

وقد استعمل كارل ماركس مصطلح البرجوازية والبروليتاريا بكثرة في جميع كتاباته ومقالاته الاجتماعية والاقتصادية، مؤكداً على طابع الصراع بين الطبقتين الذي ينتهي بسقوط البرجوازية . وأن المصطلح يشير أحياناً في العديد من الكتابات إلى الطبقات المتوسطة والطبقات الأخرى التي لا تتسم بالصفات والمزايا التي تتصف بها الطبقة البروليتاريا . ويشار أحياناً إلى الأحزاب غير الاشتراكية بالأحزاب البرجوازية .

برلمان (النظام البرلماني) : Parlemant

يتفق أغلب الكتاب على أن كلمة برلمان ترجع في أصلها إلى اللغتين الفرنسية والإنكليزية والتي ظهرت أول مرة في القرن الثالث عشر للإشارة إلى أي اجتماع للمناقشة . والكلمة مستقاة من الفعل الفرنسي Parler بمعنى التكلم، كما أطلق الاصطلاح أيضاً على المكان الذي يحدث فيه الاجتماع : ((Parlement)) في اللغة الفرنسية و Parliament في اللغة الإنكليزية . ومنذ النصف الأخير من القرن الثالث عشر والمصطلح يستعمل للإشارة إلى دورات المحكمة الملكية . وحين تحول برلمان باريس إلى محكمة دائمة وأصبحت له السلطة العليا بصدد القضايا التي تعرض أمامه – وبخاصة في حالات الاستئناف – احتفظ الاسم الأصلي الذي أطلق أيضاً على

المحاكم العليا الأخرى المشابهة التي أنشئت على نمط برلمان باريس في المقاطعات .

وفي إنكلترا كانت نشأة النظام البرلماني نتيجة تطور تاريخي طويل، وثمرة أحداث وظروف سياسية خاصة بانكلترا، وظروف اجتماعية خاصة بالشعب الإنكليزي . وقد أطلقت كلمة برلمان في المصطلح الإنكليزي على الهيئة التشريعية التي تتكون من الملك أو الملكة، ومن اللوردات : روحانيين وعلمانيين ونواب الشعب (العموم) وتتكون هذه الهيئة من مجلسين: مجلس اللوردات ومجلس العموم . ولقد نشأ هذا النظام خلال القرنين السابع عشر والثامن عشر، واكتملت أركانه على أساس التوازن بين السلطتين التشريعية والتنفيذية، من وزارة مسؤولة أمام البرلمان وحق السلطة التنفيذية في حل البرلمان، مع وجود قدر كبير من التعاون بينهما في القرن التاسع عشر . وقد أصبح0 النظام البرلماني مثلاً يحتذى به في العديد من الدول، إلاّ أنه جرت عليه الكثير من التطورات، لا بل أن هناك العديد من الدول التي تخلت عنه إلى التمثيل النيابي البرلماني، أو الجمعية الوطنية على غرار نظام الجمعية الوطنية الفرنسية بهدف تقوية مركز رئيس الجمهورية كما حصل في بعض دول آسيا وأفريقيا، ولذلك فإن النظام البرلماني يقوم على أسس منها : -

1. تشكيل البرلمان عن طريق الانتخاب من قبل الشعب السياسي .
2. تجديد البرلمان بعد فترة زمنية محددة في الدستور أو القانون .
3. اعتبار عضو البرلماني ممثلاً للشعب كله، وليس لدائرته الانتخابية .
4. استقلال البرلماني عن الناخبين مدة نيابته .

بروتوكولات حكماء صهيون : Protoceles de Sioniste

لقد أكدت أغلب الدراسات والبحوث التي تناولت المسألة اليهودية والحركة الصهيونية على أن بروتوكولات حكماء صهيون، ما هي إلاّ الوثيقة، او مجموعة الوثائق التي أصدرتها الحركة الصهيونية في مؤتمر بازل الذي عقد في سويسرا عام 1897 . لا بل أنها تمثل القرارات النهائية لهذا المؤتمر والتي صدرت تحت هذا الاسم. وهي تمثل خطة عمل الحركة الصهيونية في الأعوام التالية للمؤتمر وكيفية

تحقيق ما تم الاتفاق عليه بين حاخامات اليهود بالتعاون مع الأطراف ((الصهيونية غير اليهودية)) لإقامة امبراطورية عالمية تخضع لسلطان اليهود وتديرها حكومة عالمية يكون مقرها القدس . وتقع البروتوكولات التي يبلغ عددها (24) بروتوكولاً في (110) صفحة . وقد نشرت لأول مرة في عام 1905، أي بعد موت تيودور هرتزل بعام واحد . ومهما قيل عن تلك البروتوكولات من أنها وثائق مزورة، ومن ابتكار الشرطة السرية الروسية، فإن هذه البروتوكولات أصبحت ((برنامج عمل)) للحركة الصهيونية تناقشها في مؤتمراتها السنوية لتحقيق أهدافها من خلال مبدأ أن السياسة لا تخضع للأخلاق . وإن تنفيذ هذا المخطط، وكما جاء في البروتوكولات، يتم عن طريق الغش والخداع، وعلى المستويات كافة : المجتمع، وذلك بتقويض دعائم الأسرة وصلات القرابة، وإشاعة الإباحية، وتخريب المؤسسات، وإفساد أخلاق العالم، وعلى مستوى الدولة، فإنهم يسعون إلى تقويض كيان الدول وزجها في حروب أهلية وصراعات دينية وعرقية . وفي الواقع، فإن هذه البروتوكولات سواء كانت من صنع الحركة الصهيونية، أم لا، فإنها خدمت المشروع الصهيوني في تحالفه الاستراتيجي مع المشروع الامبريالي، في تقويض ومواجهة المشروع القومي العربي، منذ أن برز كارهاصات فكرية، وشعور وجداني يختلج في أفكار ومشاعر الرواد الأوائل للمشروع العربي النهضوي في نهاية القرن التاسع عشر .

البروليتاريا (الطبقة العاملة) : La classe ouveriere

تعد البروليتاريا اصطلاحاً استعمل خلال الامبراطورية الرومانية ليصف الطبقة الاجتماعية الواطئة، أي أن البروليتاري هو الشخص الذي لا يسهم في المجتمع بأي نصيب غير إنجاب الأطفال، وبالتالي ليس له حقوق تجاه المجتمع، وليست لديه ممتلكات أخرى . وبعد فترة استعمل المصطلح ليصف أعضاء الطبقات الفقيرة في المجتمعات الإقطاعية القديمة . وقد استخدم المفكر الاشتراكي الفرنسي سان سيمون (1760-1825) تعبير البروليتاريا لكي يصف الذين لا يملكون أي نصيب في الثروة العامة ولا يتمتعون بأي ضمان من ضمانات المعيشة . وقد استعمل كارل ماركس هذا المصطلح استعمالاً دقيقاً وكان يعني به الطبقة العاملة الصناعية التي

تعمل بعضلاتها للحصول على لقمة عيشها، فهذه الطبقة حسب اعتقاد ماركس لا تمتلك وسائل الإنتاج مطلقاً بل تمتلك الجهود البشرية فقط والتي تبيعها بأجور زهيدة للطبقة الرأسمالية المشتغلة . ويقول ماركس أن البروليتاريا هي الطبقة التي تتحمل كل أعباء المجتمع بدون أن تتمتع بأية ميزة من ميزات هذا المجتمع، والتي تجد نفسها مضطرة إلى معارضة جميع الطبقات الأخرى . وفي رأي ماركس أن البروليتاريا تمثل الضياع الكامل للإنسان، هذا الضياع الذي لا يمكن تعويضه إلاّ بأن يكسب الإنسان نفسه كسباً تاماً . وهي، حسب ماركس، نتاج تحلل المجتمع بوصفه مجتمع طبقة معينة، ومن ثم هي بطبيعة دورها ووعيها قوة ثورية، وهي نتاج الرأسمالية باعتبارها الدليل على انقسام المجتمع وتحلله . وعلى يد الطبقة العاملة (البروليتارية) يتم تحرير المجتمع، ويجد الإنسان نفسه المفقودة، بعد ظروف العمل القاسية، والأجور المتدنية وأخطار الحياة اليومية . ولا يتم ذلك إلاّ بإحلال أسلوب الإنتاج الاشتراكي القائم على الملكية الاجتماعية وبدون استغلال .

بريست (معاهدة صلح بريست) : La traité de Brest

وهي معاهدة الصلح التي عقدتها الحكومة السوفيتية برئاسة لينين مع ألمانيا في مدينة بريست – ليتوفسك في آذار/مارس 1918 وبشروط قاسية اضطرت روسيا قبولها سعياً منها إخراج روسيا من الحرب وإنقاذ النظام الاشتراكي من السقوط . حيث كان بموجب هذا الصلح أن توضع بولونيا وليتوانيا وقسم من أستونيا ولاتفيا وبيلوروسيا وأوكرانيا التي احتلتها القوات الألمانية تحت رقابة ألمانية . وقد أصر لينين على عقد الصلح رغم المعارضة الكبيرة والشديدة من قبل القياديين السوفيت في اللجنة المركزية وخصوصاً من قبل تروتسكي . وقد ألغيت معاهدة صلح بريست بعد الثورة في ألمانيا في تشرين الثاني – نوفمبر 1918 .

البلانكية (بلانكي) : Blankeisme

تعد البلانكية من الحركات الاشتراكية الفرنسية التي ترأسها المفكر الكبير وأحد ممثلي الفكر السياسي الطوباوي الفرنسي– لويس أوغست بلانكي (1805-1881) . وبدلاً من أن يقود النضال حزب ثوري فقد استعاض البلانكيون عن ذلك

بنشاط جماعة سرية يقع على عاتقها ((خلاص البشرية من عبودية العمل المأجور)) لا عن طريق الصراع الطبقي الذي تقوده الطبقة العاملة، أي عن طريق مؤامرة تعدها أقلية غير كبيرة من المثقفين .

البلشفية : Bolchevisme

البلشفية في معناها الروسي هي الأغلبية وضد المنشفية أي الأقلية، ثم انسحبت ليأخذ المصطلح الصفة الرسمية والحزبية على الجناح اليساري في الحزب الاشتراكي الديمقراطي الروسي الذي ساند التوجهات الفكرية والسياسية لفلاديمير لينين منذ عام 1903، حيث انعقد في هذه السنة مؤتمر الحزب في بروكسل ولندن، وحدث الانقسام الواضح، أو الانشقاق بمعناه السياسي ما بين المناشفة والبلاشفة الذين أيدوا لينين في بناء الحزب الماركسي المركزي الثوري بدلاً من المساومات البرلمانية . وفي عام 1917 تمكن البلاشفة الاستيلاء على السلطة من خلال ثورة أكتوبر، ثم تحول البلشفيك إلى الحزب الشيوعي برئاسة لينين .

البلوتوقراطية : Pluocratie

هذه التسمية تنطبق على الأنظمة السياسية التي تكون فيها السلطة ملكاً للأغنياء، والانتخاب الضريبي الذي يحصر فيه الحق الانتخابي بفئة تدفع نسبة معينة كحد أدنى من الضرائب كشرط للاشتراك في العملية الانتخابية الأمر الذي يحرم فيه على الفئات والطبقات الاجتماعية الفقيرة الاشتراك في العملية السياسية . وقد ساد مثل هذا النظام في أوروبا في النصف الأول من القرن التاسع عشر .

وقد حدد ارنست ريتان البلوتوقراطية بأنه ((حالة مجتمع يكون فيه الغني العصب الرئيس في كل الأشياء، حيث لا يستطيع أحد أن يفعل شيئاً ما لم يكن غنياً، حيث الهدف الرئيس للأطماع أن يصبح المرء غنياً، حين تقاس الجدارة والأخلاق عادة بالمال، حتى أنه لا يجوز للمواطن أن يحظى بنعمة الحق الانتخابي، أو أن يحسب في عداد نخبة الأمة، ما لم يكن من دافعي النسبة الضريبية المطلوبة)) .

البنتاغون : Le Pentagone

يطلق هذا الاسم على مبنى وزارة الدفاع الأمريكية، وهو مستمد من الشكل الخماسي للبناء، ويتكون من خمسة أبنية ذات خمسة طوابق، كل جناح يختص بجانب من المهمات العسكرية والإدارية للقوات المسلحة الأمريكية، العملياتية، اللوجستية، وصنوف القوات المسلحة الأخرى . ويعتبر أكبر مجمع للإدارات الحكومية في العالم .

البنيـة : Structure

إذا كانت المؤسسات السياسية ذات بنية تنظيمية، كما أن النشاط السياسي بحكم كونه متكرر ويجري في جماعة اجتماعية معينة، وهو أيضاً مؤطر ببنى اجتماعية - سياسية، فإن رادكليف براون يعرف البنية هي ترتيب أشخاص تقوم بينهم علاقات محددة على نحو تأسيس كالعلاقات القائمة بين الملك ورعيته، أو الزوج وزوجته)) . وتبرز في كل مجتمع خمسة أنواع من البنى : البنى الاقتصادية، والبنى الديموغرافية، البنى الاجتماعية، والبنى التأسيسية وهي البنى السياسية والقانونية، ويؤخذ بنظر الاعتبار في دراستها طبيعة السلطة القائمة، وكيفية اختيار الحكام وعلاقة هؤلاء بأفراد الشعب، فضلاً عن توزيع السلطات بين هيئات ومؤسسات الدولة المختلفة . وقد تتطور البنى أو تتغير أو تتحول إلى بنى أخرى، ولكن بإيقاعات مختلفة كما أن هناك تأثيرات متبادلة بين البنى، وخصوصاً إذا كانت هناك بنية مؤثرة وفعالة تكون محركة للبنى الأخرى، إذ طبقاً للمفهوم الماركسي فإن البنى الاقتصادية هي المؤثرة والمحركة والتي تتحكم بتطور المجتمع بكليته .

البنية الإقليميـة : La structure régionale

شأنها شأن البنية الفرعية، يحددها تقسيم نظام الاقتصادي الوطني إلى عناصر - أنظمة فرعية - مترابطة وظيفياً . ولكنه إذا كان المقصود في الحالة الأولى هو تقسيم الاقتصاد إلى فروع (قطاعات) وهو التناسب والترابط بينها، ففي الحالة الثانية تضطلع بدور العناصر والأنظمة الفرعية الخلايا على المستوى الإقليمي - المقاطعات والنواحي والمناطق والمراكز والتشكيلات الإقليمية ... الخ . إن البنية الإقليمية التي تعبر عنها

طائفة من المؤشرات (المستويات الإقليمية للتطور الاقتصادي والاجتماعي وأنواع الإسكان ودرجة تمايز البنية الإقليمية وتركزها وطابع الصلات الإقليمية ... الخ) تقدم فكرة كاملة عن حالة واتجاهات توزيع القوى المنتجة . وإذا كانت الأقاليم تضطلع بدور الخلايا الإقليمية فمن الممكن نعت تلك البنية بالبنية الإقليمية .

البنية الفوقية – التحتية : La stricture superiore- Infireire

على الرغم من الاختلاف الذي تقدمه المذاهب الفكرية في تحديدها للبنية الفوقية، إلاّ أنها تتفق في أنها تلعب دوراً كبيراً في التطور الاجتماعي . إذ يقول هنري لوفيفر الماركسي المعتقد أن ((البنية الفوقية لمجتمع ما هي المؤسسات والأفكار التي هي حصيلة الحوادث والمبادرات الفردية التي تتم في نطاق بنية اجتماعية معينة . إذن تحتوي البنية الفوقية، بشكل خاص، على ما يلي : المؤسسات القانونية والسياسية، العقائد، والأصنام العقائدية .. إن البنية الفوقية هي التعبير (من خلال تفاعلات الأفراد المعقدة) عن طريق الإنتاج، أي عن علاقات الملكية . إن العقائد تعبر عن هذه العلاقات الخاصة عندما تكون المظاهر العقائدية مخصصة لإخفاء العلاقات)) . فالبنية الفوقية هي الآراء السياسية والقانونية والفلسفية والأخلاقية والدينية للمجتمع، في الوقت الذي تعرف البنية التحتية بأنها ذلك الجزء من أسلوب الإنتاج الذي يقرر بصورة مباشرة طبيعة المجتمع وأفكاره ومؤسساته، فالبنية الفوقية هي انعكاس للبنية التحتية ومن نفس طبيعتها فبالمقابل تمارس البنية الفوقية تأثيراتها أيضاً على البنية التحتية .

إذ أن البنية الفوقية التي هي وليدة البنية التحتية، تملك كذلك استقلالاً نسبياً يبدو في استمرارية تطورها . فالثورة التي تحدث في البناء الفوقي الذي نشأ نتيجة استبدال القاعدة القديمة بأخرى جديدة، لا تدل على التصفية الأوتوماتيكية لكافة مميزات البناء الفوقي القديم، فمع تدمير القاعدة القديمة، يتوقف عن الوجود البناء الفوقي القديم ككل، بوصفه نظاماً لآراء ومؤسسات المجتمع القديم، بيد أن سماته الفردية تعمر أكثر من القاعدة بنفاذها إلى البناء الفوقي للمجتمع الجديد تعمل لخدمة طلقات المجتمع الجديد وتلتقي بمصالحها، والبناء الفوقي لأي مجتمع ينطوي كذلك

على سمات غير انتقالية، وهي تشمل المقاييس اللاأخلاقية العامة للإنسان وافضل ما ابتدعه في مضمار الأدب والفن، وبسبب هذه الاستمرارية، فإن البناء الفوقي لأي مجتمع معقد جداً فهو يجمع بين كل من الأفكار والمؤسسات الموروثة من المجتمع القديم والأفكار والمؤسسات التي تنمو على قاعدتها الاقتصادية القائمة .

ولكن هناك من يرى بأنه ليست وسائل الإنتاج وحدها، ولا العلاقات التي تقوم عبرها وخلالها بين الأفراد والجماعات (الطبقات الاجتماعية) أو العلاقات بين الإنسان وبين الطبيعة التي تقرر طبيعة البنية الفوقية، وإنما أيضاً الأفكار والمفاهيم والمبادئ التي يكونها الأفراد والجماعات عن الأوضاع الاجتماعية الراهنة والأوضاع الاجتماعية المقبلة .

البوتلاج : Potluch

يعتبر البوتلاج من الأعياد الدينية القديمة اتي كانت تقام في المجتمعات القديمة البدائية، حيث يتحدد فيها المركز الاجتماعي، والسياسي للشخص المقتدر، أو الشخص الذي يحصل في هذا العيد الذي يقام سنوياً من هبات وهدايات، وخلال تطوره التاريخي، فقد عد عيد البوتلاج بأنه شكل من أشكال تداول السلطة الاجتماعية - السياسية، وذلك لإقامته في مناسبات خاصة، ولأسباب معينة، مثل الرغبة في الحصول على مركز رفيع، أو ادعاء امتيازات معينة أو للحصول على عضوية جمعية سرية، الانتقام من خصم . وتوزع في البوتلاج الأدوات النادرة، والبضائع بمختلف أنواعها . وتعتبر هذه الأشياء التي توزع ويتسلمها المدعو أو الضيف وبناء عليه أن يردها لمن قدمها له في العيد القادم، وإلاّ فقد اعتباره ومركزه الاجتماعيين . ويجري التوزيع وفق مراكز المدعوين الاجتماعية، وتشتد المنافسة بين أصحاب المراكز، فصاحب المركز الرفيع يريد الحفاظ عليه، أو الارتفاع إلى مركز أعلى منه وأرفع، من خلال كثرة ما يوزعه أو ينتفعه، أو بالعكس فإنه يفقد مركزه في حالة عدم استطاعته تقديم ما أخذه في العيد السابق . وقد مارست قبائل الهنود الحمر في أمريكا هذا العيد، والطقوس التي تقام فيه، وكذلك القبائل التي استوطنت كندا وساحل المحيط الهادي.

بيان وزاري : Manifeste Ministrielle

في أغلبية الدول التي تأخذ بالديمقراطية البرلمانية التمثيلة، فإن رئيس الوزراء المنتخب يقوم بعرض برنامج حكومته الجديدة من خلال تصريح خطي يقرأه أمام النواب، مستعرضاً ما يرمي تحقيقه من خلال هذه التشكيلة الحكومية الجديدة، ومحدداً السياسة العامة : الداخلية والخارجية، طالباً بالمقابل ثقة المجلس على أساس هذا البيان الوزاري، بعد مناقشة مستفيضة لما تم طرحه، حيث يتم عرض الجوانب السلبية والإيجابية في نفس الوقت، ومحاولة تعديله، ومنح الثقة أو حجبها وفقاً لتناسب ميزان التصويت ما بين القوى السياسية المتمثلة في البرلمان . فإذا وافق أعضاء البرلمان على ما جاء في البيان الوزاري نالت الوزارة الجديدة الثقة، ويسمح لها بممارسة أعمالها، أما إذا حجبت الثقة، فإنه يتوجب على الوزارة المكلفة تقديم استقالتها إلى رئيس الدولة، وحسب ما ينص عليه الدستور .

البيت الأبيض : La maison – Blance

هو المقر الرسمي لرئيس الولايات المتحدة الأمريكية في واشنطن العاصمة، يطل على ميدان بنسلفانيا، وقد بوشر في بنائه عام 1792، ويستمد اسمه من اللون الأبيض الذي طليت به جدرانه، ويتألف من ثلاثة طوابق ويضم 312 غرفة، وقد خصص الطابق الثاني والطابق الثالث للرئيس، والطابق الأرضي للاجتماعات والحفلات الرسمية .

البيرسترويكا (إعادة البناء) : Bristroika

بمجرد استلامه لزعامة الحزب الشيوعي السوفيتي في 11/آذار-مارس/1985 بعد كونستانتين شيرننكو، فقد أعلن ميخائيل سيرجيفتش غورباتشوف عن برنامجه الاقتصادي والسياسي والاجتماعي والثقافي والذي أطلق عليه اسم البيرسترويكا، أو إعادة البناء، منطلقاً في خطواته البطيئة والحذرة مؤكداً على ضرورة إجراء إصلاحات اقتصادية معتدلة، وانضباط أكبر في المجتمع ومن ثم الانفتاح أو الشفافية وهو ما أطلق عليه في الروسية اسم (غلاسنوست) في تحديد العلاقة بين النظام والشعب، والتحديث التكنولوجي وتحسين مستوى المعيشة . ولكن

مع مرور الوقت أخذ مسار التغيير السياسي والاقتصادي الذي أطلقه يتحول إلى تغيير جذري، وأصبح بين ليلة وضحاها ((ثورة)) ضد الحكم الشيوعي : سياسياً، وأيديولوجياً . فلقد استخدم غورباتشوف سلطات النظام الشيوعي لتدمير أسس ذلك النظام ذاتها . فمع ما يتمتع به كأمين عام للحزب من سلطة واسعة في اتخاذ القرارات والتعيين فقد عزل كل المناهضين لسياسته، وترقية المؤيدين .

بحلول عام 1986 استبدل ثلث أمناء الحزب الأولين الأقوياء، وثلثي كبار موظفي الحزب في موسكو، وبحلول حزيران 1987، استبدل ثلثي وزراء اتحاد الجمهوريات السوفياتية ورؤساء لجان الدولة، وأكثر من نصف الأمناء الأولين . وباختصار، فإنه بحلول عام 1989 نغير كل التركيبة الحزبية والسياسية للدولة . وفيما يتعلق بالسياسة القومية فقد استخدم غورباتشوف كل الصلاحيات التي يتمتع بها الأمين العام للحزب في رسم التوجهات الجديدة في السياسة المحلية والخارجية، وفي المجال الاقتصادي، وألغى الأساليب البيروقراطية، ودعا إلى تعزيز القواعد الديمقراطية في الحياة السياسية السوفياتية التي انفلت من عقالها في الانتخابات، والمناقشات . أما في السياسة الخارجية فقد اتبع دبلوماسية جديدة في أوربا وآسيا، وتخلى عن كل حلفاء الأمس بحل المجلس الاقتصادي الكوميكون وكذلك حلف وارشو الذي أنشأ عام 1955 ، وانهارت جميع أنظمة الحكم الاشتراكية في أوربا الوسطى والشرقية، وتفكك الاتحاد السوفيتي، وأعلنت الجمهوريات المتحدة عن استقلالها وسيادتها ونظمها السياسية التي جاءت عن طريق الانتخاب، وانسحبت جمهوريات البلطيق، ولم يبقى من الاتحاد السوفياتي إلاّ روسيا الاتحادية والتي تجمع في إطارها الجمهوريات ذات الحكم الذاتي والأقاليم ذات الحكم الذاتي، وأعلن عن حل الاتحاد السوفيتي نهائياً في 31/كانون الأول/1991 .

البيروقراطية : Bureaucratie

تعود الكلمة في أصلها إلى اللغة اللاتينية، حيث أنها تتألف من جزأين : البيرو bureau ومعناها المكتب وقراطية أو قراسية Cratie، أي السلطة أو الحكم وترجع إلى أصلها اليوناني القديم . وهي مشابهة في تركيبها إلى الديمقراطية التي تعني حكم

الشعب، والتكنوقراطية أي حكم طبقة الفنيين . أما البيروقراطية فهي حكم المكاتب . وللبيروقراطية استعمال سلبي حيث أنه تشير إلى عدم القابلية وسوء ممارسة الأعمال التي يقوم بها الموظفون، وينظر إليها في الفكر الاشتراكي بأنها وسيلة برجوازية تعوق أو تعرقل التحول الاشتراكي، وأن بقاءها يهدد التحول الاشتراكي . وإذا كانت هناك بعض الاختلافات حول من كان الأول في استعمال المصطلح، إلاّ أن أندريه بيتر يعتبر البيروقراطية ظاهرة قديمة وليست حديثة، حيث يقول ((أن المجتمعات الإنسانية تولد في أحضان الدين وتموت في أحضان البيروقراطية)) . ومع ذلك هناك من يشير إلى أن الوزير الفرنسي فنسنت دي جورناي كان أول من استعمل المصطلح في عام 1750، وأصبح المفهوم شائعاً في اللغة الاقتصادية والاجتماعية ليشير عن حكم وتحكم المكاتب والموظفين في الحياة الاجتماعية . وخلال القرن التاسع عشر- وتحت ظروف تدخل الدولة في شؤون المجتمع تدخلاً متزايداً كثر استعمال هذا الاصطلاح من قبل الكتاب والمفكرين الأوروبيين وخصوصاً الألمان، وكانوا يصفون به وصف الواجبات والأعمال الحكومية التي يقوم بها الموظفون . وقد شاعت الكلمة في إنكلترا في النصف الأول من القرن التاسع عشر، حتى رأى فيها الأسكتلندي توماس كارلاي بأنها نوع من الأذى والإزعاج الذي دخل بريطانيا من القارة الأوروبية .

أما المفكر جورج موسكا فقد رأى في البيروقراطية بأنها شيء جوهري يساعد على حكم الإمبراطوريات العظيمة، وأضاف بأن جميع الأنظمة السياسية يمكن تقسيمها إلى قسمين أساسيين هما النظم الإقطاعية والنظم البيروقراطية . وقد عالج ماكس فيبر موضوع البيروقراطية معالجه سوسيولوجية، ذلك بعد أن فصل فكرة البيروقراطية عن الأفكار العاطفية والانفعالية التي أحاطت بها لفترة من الزمن . واعتقد بأن النظام البيروقراطي هو شيء لابد منه في إنجاز الأهداف الفعلية لمؤسسات المجتمع الصناعي . كما أن هناك من علماء الاجتماع الذين أشاعوا استعمال كلمة بيروقراطية ليس فقط على النظام الإداري، وإنما على النظام الاجتماعي، وخصوصاً بعد دراسة المجتمعات القديمة التي أوضحت العلاقة الوثيقة ما بين النظام البيروقراطي والنظام السياسي .

وقد أشار الباحث الفرنسي الفريد سوفي إلى أن نشأة البيروقراطية تعود إلى الحضارات القديمة في وادي الرافدين ومصر الفرعونية، حيث تميزت الدولة بالتدخل في المهام الاقتصادية، وتنظيم الري والمنشآت المائية، الأمر الذي تتطلب مركزية الدولة ونشوء البيروقراطية، والبطء في المعاملات الإدارية . وقد صاحب ظهور البيروقراطية في كل المجتمعات اللاحقة، حيث أن ظهورها في الدولة الحديثة يرجع إلى التقدم الحضاري وتقسيم العمل، مما جعل الجهاز الإداري يكتظ بالموظفين، ونجم عن ذلك تضخم الجهاز الحكومي، وسوء توزيع الكفاءات الفنية، والروتين في الأداء الوظيفي .

بينولوكس (دول) : Bénélux

أطلق هذا المصطلح على التجمع الاقتصادي على الدول الأوروبية الثلاثة المكونة من بلجيكا، وهولندا، ولوكسمبورغ، بناء على الاتفاقية الموقعة بين الأطراف الثلاثة في عام 1948، والتي كانت الأساس التي انطلقت منه مجموعة الفحم والصلب الأوروبية في عام 1950 .

- ت -

التأهيل السياسي : Socialisation politique

اذا كان التأهيل الاجتماعي يوجه الى الطريقة التي يتعرف بها اطفال المجتمع على قيم وتوجهات مجتمعهم، فأن التأهيل السياسي هو جزء من عملية التأهيل الشامل التي تعطي التوجهات السياسية شكلها، ويكتسب معظم الاطفال انماطاً سلوكية وتوجهات سياسية اولية، الا انها مميزة في مرحلة مبكرة نسبياً من حياتهم . وقد تتبلور بعض هذه التوجهات او يعاد النظر فيها، ويبقى القسم الآخر جزءاً من الذات السياسية للفرد طيلة العمر .

ويؤكد غابرييل ألموند بأنه في أي وقت تكون الذات السياسية لفرد ما مزيجاً ذا نسب متفاوتة من مختلف المشاعر والتوجهات، وفي اعمق النفس تكمن هوية المرء العامة ومعتقداته، مثل القومية، او تصور الفرد لمكانته الاجتماعية او القبلية، والالتزامات العقائدية، واحساس اساسي بحقوق الفرد وواجباته في المجتمع . وهناك اهتمام اقل بالتعرف على المؤسسات الحكومية او السياسية، مثل النظام الانتخابي وبنية الهيئة التشريعية، ونظام المحاكم، وصلاحيات الهيئة التنفيذية، واخيراً هناك وجهات نظر سريعة التلاشي تتعلق بالأحداث اليومية السياسية والقضايا والشخصيات . كل هذه التوجهات تتغير، لكن المجموعة الاولى منها والتي يتم اكتسابها في بواكير العمر في اغلب الاحيان الاكثر رسوخاً . والحقيقة ان التأهيل السياسي لا يتوقف ابداً، لذلك فأن "الذات السياسية" تتغير باستمرار مثل الانظمام الى الاحزاب والجمعيات، والخروج منها . ويكون التأهيل مباشر حينما يتعلق الأمر بإيصال المعلومات والقيم والمشاعر تجاه السياسة بشكل صريح . ويحدث والتأهيل السياسي غير المباشر حين تشكل وجهات النظر السياسية مع تجاربنا من دون وعي منا . وحين تحدث التجارب التي يخوضها أشخاص بالغون تغيرات كبيرة في مواقفهم، فأننا نتحدث عن إعادة التأهيل السياسي . والتأهيل السياسي ينقل ثقافة الأمة السياسية ويحولها، وهو احدى الطرق التي ينقل بها الجيل معاييره ومعتقداته

السياسية الى الاجيال القادمة . واذا كانت هناك احداث سياسية سريعة او احداث غير عادية، مثل قيام امة جديدة، فقد يخلق التأهيل السياسي ثقافة سياسية جديدة حين لا تكون هناك ثقافة سياسية . وان المثال الذي يذكر في التأهيل السياسي واعادة التاهيل هو ما حصل في الانظمة الشمولية .

التبعية : Vassalite

يعد مفهوم التبعية مـن المفـاهيم الحديثـة التـي اخـذت تتـداول في الادبيـات السياسية ولا سيما بعد مرحلة ازالة الاستعمار وولوج عدد كبير من الدول الى مرحلة الاستقلال الوطني، الا انها بقيت في حالة مـن "التبعيـة" للقـوى الاستعمارية، سـواء كانت في توجهاتها الاقتصادية، حيث ان نمو وتوسع اقتصادياتها ارتبط بمجموعة مـن الدول السابقة، او ان مؤسسات هذه الدول تكيفت في بناءها الـداخلي عـلى الـنمط الذي يسود في المجتمعات الاخرى، مما ادى الى بروز تلك العلاقة غير السـوية حسب عالم الاجتماع النرويجي غالثوتغ الذي عـبر عـن (مصطلح الاستعمار الهيكلي) الـذي يشير الى تفاعل رأسي بين المركز والاطراف في صورة تبـادل تجـاري واقتصادي يتسـم بعدم المساواة، نتيجة احتكار المراكز للسلع المصنعة مقابل مسؤولية الاطراف عـن المواد الأولية، الأمر الذي يحـرم دول الاطراف مـن تحقيق وفرات خارجيـة، ويعتـبر المدخل الثقافي من المداخل الاساسية لخلق علاقة تبعية يتم تكريسها مـن خـلال الترويج لنمط الحياة الغربية، واشاعة القيم الاستهلاكية، بحيث يستمر الاعتماد عـلى الغرب في تلبية الاحتياجات الاساسية . ولما كانت التبعيـة السياسـية قرينة للتبعية الاقتصادية، فأن هذا يفسر عدم استقرار واستقلالية القرارات السياسية للدول الدائرة في فلك التبعية، فالتبعية نشأت كنتيجة لعمليـة تاريخيـة تـم بمقتضاها الحـاق دول العالم الثالث ومنها دول الوطن العـربي بالنظام الرأسـمالي العـالمي مـن منطـق عـدم المساواة وعدم التكافؤ . وكان من نتائج هذه العملية (تعطل الادارة الوطنيـة للـدول التابعة، وفقدانها كل سيطرتها على شروط اعادة تكوين ذاتها وتجديدها) وهيمنة دول القلب الرأسمالية والشركات متعددة الجنسية على مصير الـدول التابعـة، وتؤكد د. ثناء فؤاد عبد الـله في كتابها : آلية التفسير الـديمقراطي في الـوطن العـربي 1997، بأنه بمرور

الزمن تتولد آليات موضوعية وتظهر قوى اجتماعية تعمل من تلقاء نفسها على استمرار التبعية ومن حاجة الى سيطرة عسكرية او سياسية من جانب دول القلب الرأسمالي . وتتحول التبعية الى عملية متحددة ذاتياً، ويصبح من اهم وابرز نتائجها تقييد الادارة الوطنية للدول التابعة وتضييق مدى الخيارات المتاحة امام قاداتها، وهو ما يعني في التحليل الأخير المزيد من علاقة التبعية . ولكن علاقة التبعية ليست علاقة ثابتة . وانما علاقة دينامية، حيث تحمل عوامل رفضها وتغييرها .

التفاوض (المفاوضة) : Négociation

هي تبادل للرأي بين طرفيين او اكثر بقصد الوصول الى فهم مشترك حول القضية او النزاع الذي تم بموجبه اجراء التفاوض، والتوصل من خلالها الى تسوية ترضي كل الاطراف، ويقوم بمهمة المفاوضة اشخاص انتدبوا لهذا الغرض سواء كانوا ممثلين لأحزاب سياسية، او جماعات او منظمات ويقوم بالمفاوضة عادة المبعوثون الدبلوماسيون للدول الاطراف في النزاع، او القضايا والمسائل المعلقة، او ربما يستدعي الأمر تعيين مندوبين للمفاوضة لهم القدرة والكفاءة في الالمام بفنون واصول واساليب التفاوض، اضافة الى المهارات الأخرى، حتى اصبح التفاوض ميدان علمي له اصوله ومبادئ جرى تقنينها من الخبرات المتراكمة عبر العصور ابتداء من اول معاهدة دولية وقعت في التاريخ، حتى الوقت الحاضر . فالتفاوض يعتبر فن من الفنون التي طرحها محيط العلاقات الدولية، وموهبة ذاتية قد يتفوق فيها بعض الافراد بسبب بعض الاعتبارات الشخصية والظروف الموضوعية، الأمر الذي دفع بعض الباحثين الى اعتبار التفاوض مهنة لها نظمها وقواعدها الاخلاقية . والتفاوض اشتقاقاً من الفعل فاوض يفاوض، بمعنى عقد المحادثة المؤدية الى التفاعل، أي المحادثات المتعلقة بالتوصل الى اساس للأتفاق نحو مشكلة قائمة او هدف محدد، والمفاوضات عمليات تقوم ما بين الافراد والجماعات كضرورة من ضرورات أي مجتمع انساني لتحقيق تبادل المنفعة فيما بينهم على اساس التراضي .

وقد صدرت العديد من الآراء بصد التفاوض او المفاوضات، اذ ان قسم منها اعتبر التفاوض عملية حركية بالغة التعقيد تتداخل فيها وتتفاعل عدة عناصر، بمعنى

انها اتصال شفوي بين طرفين او اكثر بهدف الوصول الى اتفاق مشترك ويعرف السيد شلبي في كتابه خصائص واستراتيجيات التفاوض، المفاوضات على انها (عملية تتم بين جهات لها آراء ومطالب مختلف عليها ويحاولون حلها من خلال المساومات والتنازلات المشتركة للوصول الى اتفاقية مقبولة لكليهما) . ومن وجهة النظر القانونية فأن المفاوضات تتمثل عملية التحاور والنقاش والمجادلة التي يلجأ اليها كل طرف من الاطراف المشاركة لغرض اقناع الطرف الآخر بحجته . وتشير الموسوعة البريطانية الى المفاوضات بأعتبارها العملية التي تم بموجبها اجتماع طرفين او اكثر لاجراء مباحثات بهدف التوصل الى اتفاق حول مسألة ما . اما مايك بدلر فيرى ان المفاوضات هي التباحث مع طرف آخر بهدف التراضي او الاتفاق . واذا كان جيرارد يرى في المفاوضات او التفاوض تغيير للعلاقات لغرض الاتفاق، فأن بل سكوت قد ابتكر التفاوض الابداعي حيث الوصول الى المصالح المشتركة من خلال توفير المناخ التعاوني الذي من شأنه ان يهيأ الظروف المناسبة لنجاح المفاوضات وفق اسلوب يؤدي بالطرفين الى العمل المشترك بتنسيق وابداع . وهناك العديد من التعاريف التي صدرت بصدد التفاوض، او المفاوضة، الا ان هناك قام مشترك اجتمعت عليه هو ان التفاوض عملية تعتمد على منهج متكامل ومهارات ذاتية، وسلوك انساني، هدفه التوفيق والفهم المشترك حول نقطة ما تتطلب التفاوض بشأنها .

التثاقف : Acculturation

لقد حدد العديد من علماء الاجتماع والانتروبولوجيا بأن التثاقف هو العملية التي يستطيع الفرد او الجماعة عن طريقها اكتساب الصفات الحضارية لجماعة اخرى من خلال الاتصال والتفاعل بينهما . واذا كان التثاقف او التكييف الثقافي بالنسبة للفرد وهو عملية تعلم اجتماعي تدخل في اطار التنشئة، فأنه بالنسبة للمجتمع يمثل عملية انتشار القيم والمقاييس والاحكام الاجتماعية الى المجتمعات الاخرى مع تعرضها لعملية التبدل التي تجعلها منسجمة مع ظروف واحوال المجتمعات التي دخلت اليها . غير ان هذه المقاييس والقيم والاحكام التي دخلت الى هذه المجتمعات غالباً ما تسبب لها ظاهرة الصراع الحضاري أي الصراع بين القيم الاصيلة والقيم الدخيلة .

التجنيد السياسي : Recrutement Politique

يعد مفهوم التجنيد السياسي من المفاهيم الجديدة التي دخلت في الادبيات السياسية، ولا سيما في فترة ما بعد الحرب العالمية الثانية، حيث اتسعت ظاهرة تدخل الجيش في الحياة السياسية لدول العالم الثالث بشكل خاص من خلال تعدد الانقلابات والتمردات العسكرية . ويقصد بهذا المفهوم هو ان الجيش يقدم اهم عناصر النخبة من خلال عملية التجنيد السياسي لرؤساء الدول والوزراء وانتمائهم للمؤسسة العسكرية، كما يمكن الاعتماد على الجيش في قمع أي محاولة تهديد للنظام السياسي او تغيير اتجاهه السياسي وهو ما يمارسه الجيش التركي، والجيش الباكستاني، والجيش الاندونوسي، وتنفيذ بعض الطموحات الخارجية للموؤسسة العسكرية في اشعال الحروب والتدخلات العسكرية .

التحالف الاستراتيجي الأمريكي - الصهيوني : L'alliance Strategique

يمثل انعقاد مؤتمر بلتيمور الصهيوني في نيويورك في عام 1942 نقطة تحول حاسمة في التحالف الامبريالي - الصهيوني الجديد . اذ نقلت الحركة الصهيوني كل نشاطها الى الولايات المتحدة بعد ان اتضح لها ومن المسارات التي اخذت بها الحرب العالمية الثانية بعد احتلال فرنسا من قبل الالمان او الانهيارات المتداعية في جسم الامبراطورية البريطانية . وحسب مقررات مؤتمر بلتيمور فقد تعهدت الحركة الصهيونية بأن تكون الولايات المتحدة زعيمة للعالم الرأسمالي الديمقراطي وانها القوة العظمى، وعملتها الدولار سيمثل عملة الاحتياط النقدي الاساسية في العالم، والعملة الدولية المستندة الى اكبر قوة عسكرية واقتصادية مقابل ان تقوم الولايات المتحدة بأنشاء "دولة اسرائيل" والمحافظة على امتها ووجودها في البيئة التي تنشأ فيها . فكانت الولايات المتحدة الدولة الاولى التي اعترفت بالكيان الصهيوني بعد عدة دقائق من اعلانه، واجبرت المانيا على تقديم (التعويضات) التي اسهمت في بناء البنية التحتية، والقاعدة الصناعية، الزراعية، والعسكرية لهذا الكيان . واذا كان البعض قد صور العلاقة الامريكية مع دول المنطقة والكيان الصهيوني بالذات، بأنه تميزت بالتوازن النسبي او الانحياز المحدود، فهذا خطأ كبير، لأن عقدين الخمسينات

والستينات، حتى عام 1967، لم توجه فيهما اسرائيل أي تحد خطير لا في امنها ولا في وجودها، مقابل وضع عربي ضعيف . الا ان التطورات اللاحقة التي افرزت وضعاً عربياً مختلفاً عما كان في السابق، وبروز بعض القوى الاقليمية العربية التي اخذت تتسلق قمة التطور التكنولوجي والبناء الاقتصادي والصناعي المتين، الذي انعكس على قوتها العسكرية، دفع الولايات المتحدة الامريكية والكيان الصهيوني الى طريق التنسيق الاستراتيجي المشترك، وخصوصاً بعد مبدأ كارتر في عام 1979، ومبادرة الدفاع الاستراتيجية، اضافة الى بروز اسرائيل القوة الاقليمية الوحيدة التي تعول عليها الولايات المتحدة في المشاركة بتنفيذ بعض الحلقات في الاستراتيجية الامريكية في منطقة الشرق الأوسط، حيث بوادر التغير قد لاحت بعد اندلاع الحرب العراقية - الايرانية وضرب مفاعل تموز النووي، وتأسيس مجلس التعاون لدول الخليج العربي، والاجتياح الصهيوني لدولة لبنان، ومقتل اكثر من (250) جندي امريكي اضافة الى عدد من الفرنسيين، في بيروت في اكتوبر - 1983 الأمر الذي فرض إعادة تقييم للعلاقات بين واشنطن وتل ابيب، والتي افضت الى التوقيع على اتفاقية التحالف في 29/ تشرين الثاني / 1983 (قرار التقسيم صدر في 29/ تشرين الثاني 1947)، حيث ان امريكا اعلنت التزامها الرسمي والعلني "بأمن اسرائيل"، واصبحت اسرائيل (حليفاً خاصاً، والاعتراف بها كعضو كامل العضوية في التحالف الغربي) وذلك من خلال اشراكها في تبادل المعلومات في مجالات الأمن والاستخبارات، القيام بالتدريبات والمناورات العسكرية المشتركة، تخزين الاسلحة الامريكية وصيانتها . وتحويلها الى قاعدة متقدمة لقوات التدخل السريع . دعم الصناعة العسكرية الاسرائيلية في مجال بناء القوة العسكرية الاسرائيلية، او في الصادرات الخارجية، زيادة الدعم الاقتصادي، المالي والتكنولوجي، والحيلولة دون بروز أي قوة اقليمية عربية من شأنها الاخلال بميزان التوازن الاقليمي الذي يعمل لصالح اسرائيل .

التحديث : Modernisation

تاريخياً، يشير الى التحديث بأنه عملية تغيير نحو تلك الانماط من النظم

الاجتماعية والاقتصادية والسياسية التي تطورت في الغرب أبتداء من القرن السابع عشر الى القرن التاسع عشر، ثم أنتشرت الى مناطق أخرى من العالم حيث انتشرت مظاهر التحديث اثناء العصر- الاستعماري وبعده صاحب ذلك انشاء المؤسسات السياسية والتوسع في الشركات التجارية . أما عالم الاجتماع بلاك فقد عرف التحديث بأنه (العملية التي يمكن بمقتضاها مواءمة المؤسسات النامية تاريخياً مع الوظائف باضطراد، والتي تعكس التزايد غير المسبوق في المعرفة الانسانية، مما يسمح للأنسان بالسيطرة على البيئة التي يعيش فيها، وهو ما صحبته الثورة العلمية) . أما الاستاذ دانكوارت روستو، فأنه يرى التحديث بأنه (عملية التوسع السريع في السيطرة على الطبيعة من خلال التعاون الوثيق بين البشر- الا أنه أكبر مظهراً في التحديث، تمثل في الثورة التكنولوجيا التي حملت معها اتجاهات هامة في مجالات التصنيع والتنمية الاقتصادية والاتصال . ويطرح بهذا الصدد في الادبيات السياسية مصطلح التحديث السياسي الذي يختلط مع مفهوم التنمية السياسية، وأن كان المفهومان متمايزين تحليلياً، ولكنها متداخلان .(ينظر التنمية السياسية) . اذ يؤكد مانفرد هالبرن بأن التحديث يتضمن تحولات في جميع الانظمة التي يستعين بها الانسان في تنظيم مجتمعه سياسياً واجتماعياً واقتصادياً وفكرياً ونفسياً . ويترح ولش Welch ثلاثة طرق لدراسة التحديث :

1. التغييرات التي تتم في المجال الاقتصادي والمرتبطة بعملية التصنيع .
2. سلسلة التغيرات الاجتماعية والنفسية المرتبطة بتغيير الانماط التقليدية للسلوك .
3. التغييرات السياسية مثل تحديث البنى السياسية وتوسيع مجال المشاركة ونمو الاحساس القومي لدى الجماهير .

التحفظ : reserve

هو القيد الخطي الذي تسجله أحدى الدول لدى توقيعها معاهدة، أو أتفاقية، أو على قرار، حيث ينطوي في الغالب على رغبتها في عدم الخضوع الى بعض أحكامها أو التحلل من بعض الالتزامات الناشئة عنها، أو تحديد تفسيرها لبعض النصوص الواردة فيها . وقد أجازت محكمة العدل الدولية في الرأي الاستشاري الذي

أصدرته في عام 1948 الخاص بمكافحة جريمة أبادة العنصر، وأنما أشترطت ألا يتعارض مع أهداف المعاهدة الاساسية، والا تتضمن هذه الوثيقة ما يخطر أستعماله، ويجوز أبداء التحفظ في المذكرات الدبلوماسية، وثائق الاعتراف . ولا يجوز استعماله في المعاهدات الثنائية .

التحقيق : Enquete

يعد التحقيق من الطرق التي تلجأ اليها الاطراف المتنازعة لتذليل بعض الصعوبات القائمة بينها بخصوص موضوع النزاع الذي من شأن التحقيق أن يفصل في صحتها، وأيضاح حقيقة الوقائع المختلف عليها حتى يتم التفاوض بشأنها وقد تناولت أتفاقية لاهاي (1899-1907) موضوع التحقيق ضمن الوسائل السلمية التي ذكرتها لحل المنازعات بالطرق السلمية، وأقرت القواعد والاجراءات المتصلة بها . أذ جاء في أحدى نصوصها((من المرغوب فيه في حالة الخلاف على وقائع نزاع دولي لايمس شرف الدولة أو مصالحها الاساسية أن تعين الدولتان المتنازعتان لجنة تحقيق دولية تعهد اليها بعض وقائع النزاع وتحقيقها)) . واجتماعات اللجنة السرية، وتتخذ قراراتها بالاغلبية . وتقرير اللجنة ليست له صفة قرار التحكيم ولطرفي النزاع كامل الحرية في العمل بما يترتب عليه من آثار . كما أنه ليس الزامياً، وأمره متروك لارادة الحكومات. وقد أتفقت الولايات المتحدة مع ثلاثين دولة اوربية وآسيوية على عقد معاهدة بريان نسبة الى الوزير الامريكي، نصت فيها على ضرورة احالة كل نزاع لا يتيسر حله بالطرق الدبلوماسية على لجنة تحقيق خاصة تكون دائمة، ويحرم على طرفي النزاع اللجوء الى أي عمل عدائي أثناء التحقيق . وهناك العديد من المعاهدات الثنائية التي عقدت بين الدول التي تقرر بموجبها أحلة كل نزاع ينشأ بينها الى لجنة تحقيق دولية .

التحكيم : Arbitrage - Arbitration

يعد التحكيم من طرق التسوية القضائية للنزاعات القائمة بين الدول او اشخاص القانون الدولي العام . واللجوء الى التحكيم امر قديم وجد عند المدن اليونانية وكان لها مجلس دائم للتحكيم، وكذلك وجد في القرون الوسطى بين الدول

المسيحية، ثم تطور مع تطور العلاقات الدولية، الأمر الـذي ادى الى ارسـاء القواعد القانونية التي تطبق للفصل في ذلك . لا بل تعدى المر الى ابعـد مـن ذلك اذ ان المعاهدات نصت عـلى اللجوء الى التحكيم في حالة بـروز أي نـزاع فيما يتعلـق بتفسير المعاهدة او تنفيذها . واذ كانت مؤتمرات لاهاي في 1899، 1907، قد وضعت الاتفاقيات الخاصة بتسوية المنازعات الدولية، ووضعت الاحكـام العامة للتحكيم واجراءاته، وتكوين الهيئة الخاصة للتحكيم، فان الجمعية العامة لعصبة الأمـم اقرت (الميثاق العام للتحكيم) الذي اصبح نافذاً اعتباراً من 16/ آب 1929 وعهدت بموجبه بـالتحكيم الى محكمـة خاصـة مؤلفـة مـن خمسـة اعضـاء للمنازعـات ذات الطابـع السياسي . وقد عدلت الجمعية العامة للأمم المتحدة هـذا الميثـاق، واصبـح الميثـاق المعدل نافذاً اعتباراً من 20/ ايلول / 1950 . كما ان لجنة القانون الدولي وضعت عام 1953 مشروع اتفاقية للتحكيم اقرته الجمعية العامـة في 14/ تشريـن الثاني / 1958 ودعت الدول الأعضاء الى الافادة من هذا المشروع وتبنيه في اتفاقات التحكيم التي قد تعقدها في ما بينها . والتحكيم نوعان : التحكيم الالزامي، والذي يشير الى ان الدول الموقعة تتعده مسبقاً بان تحل سلمياً المنازعات التـي تنشأ مـن جراء تطبيق احكام هذه المعاهدة، باحالة الخلاف الى التحكيم .

اما التحكيم الودي، فهو نوع من التحكيم يطلب فيه الطرفان المتنازعان الى المحكم اصدار حكمه استناداً الى قناعته بأنه يتفق مـع احكـام العـدل والانصاف والظروف القائمة ويـرضي الطـرفين ويحقـق مصـالحهما، دون الاستناد الى الاحكـام القانونية سواء اكانت متوفرة او غير متوفرة . وللدول ان تعرض على التحكيم أي نزاع يقوم بينها سوء كان هذا النزاع ذا صبغة قانونيـة كـالخلاف عـلى تفسير معاهـدة او على تطبيق قاعدة دولية، او كان مادياً بحتاً كالمنازعات بتعيين الحدود . ويكون عرض النزاع على التحكيم بناءاً على اتفـاق الـدول المتنازعـة، وللتحكيم اجراءاتـه، ونظامـه، وقراره الذي يجب ا يصدر بالاغلبية، وله قوة الاحكام القضائية في التنفيذ، ونهائي غـير قابل للطعن باي شكل من الاشكال .

التخطيط : Planification

يختلف مفهوم او مصطلح التخطيط باختلاف الفلسفة السياسية والاقتصادية والاجتماعية للدول، وما ينبثق عنها من سياسات قد تنعكس على طبيعة ونمط التخطيط، الا انها لا تختلف كثيراً في تحديد مفهوم التخطيط نفسه، من كونه منهاجاً اقتصادياً وسياسياً، واجتماعياً يستند على سلطة توجه جميع الموارد والطاقات والمنظمات من اجل استثمارها الى اقصى درجة ممكنة للوصول الى اعلى مستوى معاشي لجميع افراد المجتمع وبأقصر وقت ممكن وبأقل كلفة .

اذ يرى شارل بتلهام الى التخطيط بأنه اجراءات شاملة تنظيم جميع مجالات التنمية وتستلزم ترابط وتنسيق قطاعات الاقتصاد القومي وترتكز على دراسة واسعة جذرية لمقومات المجتمع والظروف الطبيعية والاقتصادية والسياسية لوضع اطار علمي يبعد عنها الانحراف عن الهدف الذي تصبو اليه السلطة الا وهو الثقة بأن المجتمع سينمو بصورة منسقة بأقل كلفة ممكنة وبأقصى سرعة . وقد جاء في تقرير لجنة التخطيط القومي في الولايات المتحدة لسنة 1943، بان التخطيط ينطوي على استثمار احسن القابليات الموجودة بطريقة منظمة وبصورة متصاعدة ومتطلعة للمستقبل لاتخاذ مناهج تتعلق بالعلاقات المشتركة ضمن الاطار القومي العام . وفي الفكر الاشتراكي، فأن التخطيط اسلوب في التنظيم لاستخدام الموارد على افضل وجه، لكن وفقاً لأهداف محددة، خلال فترة محددة، لتحقيق التنمية الاقتصادية والاجتماعية . وهناك نوعان من التخطيط : التخطيط الجزئي الذي يهدف الى اعداد برامج جزئية يختص كل منها بقطاع معين، والتخطيط الشامل الذي يغطي جميع قطاعات الاقتصاد الوطني . والتخطيط في ظل النظام الاشتراكي لا ينظر الى أي حجم من الانتاج في ناحية معينة على انه كفيل بتحقيق الحد الاقصى ـ من الربح، ولكنه يراعي افضلية انتاج شيء او الاكثار منه على حساب انتاج شيء آخر . فلتخطيط في النظام الاشتراكي اهداف محددة : تحقيق السلام الاجتماعي، والقضاء على البطالة وتحقيق الانتاجية الكاملة للمشروع، وسيطرة الشعب على وسائل الانتاج .

التخلف السياسي : Sous developpement politique

رغم ان هناك العديد من التعريفات التي صدرت بصدد التخلف، الا ان هـذه التعريفات قـد لا تتفق بحكـم الضرـورة مـع الظروف السياسـية في هـذه البلـدان . فالاقتصاديون وعلماء الاجتماع يستعملون معايير الـدخل الفـردي والتصنيع ونسبة التعليم بين السكان وغير ذلك للتعرف على الاقطار المتخلفة . ومـن ناحيـة اخـرى، ان الاتجاه السائد في الاوساط الغربية، وعلـى الاخـص في امريكـا، وهـو ان الدولـة تعتبر متخلفة اذا لم يكن بالوسع تصنيفها وفق نموذج الديمقراطية الغربية، أي علـى اسـاس نظام تعدد الاحزاب السياسية، والـنظم الانتخابيـة والتمثيليـة ومـدى انتشار التربيـة والتعليم بين السكان، ومعـدل الـدخل الفـردي او مستوى المعيشـة، ومقـدار تـداول الصحف والمجلات والمطبوعات والأخرى، والاتفاق على المبادئ الاساسية في الحكم، ثم الاستقرار السياسي . وقد حدد بعض البـاحثين أهـم المعـايير المـأخوذ بها في تعريـف التخلف والنمو السياسي : الديمقراطية والاستقرار، ثم هناك المعيار الماركسي، حيث ان انتاج الحاجات الماديـة، ونوعيـة الوسائل المستخدمة في ذلك هـي التي تـتحكم في التطور التاريخي للمجتمع، ثم هناك معيـار المقارنـة التاريخيـة، اي التطـور السيـاسي للدول النامية يجب ان يجري على ضوء التطـور التاريخي للبلـدان المتقدمـة . وخيراً هنـاك معيـار العوامـل المتعـددة، حيـث الاتفـاق الـوطني، والاتصـال بـين الحكـام والمحكومين، اندماج الاقليات، فصل السياسة عن الدين، التربية العالية، نظام سيـاسي قائم على المنافسـة، مؤسسـات سياسية كفـوءة، حريـة في العمل السيـاسي، حكومـة دستورية الخ .

واذا كانت كل هذا التعاريف والمعايير محل مناقشة واختـلاف بـين المختصـين، فأن أي دراسة للتخلف يجب ان تنبع من داخل الدول الناميـة آخـذة بنظر الاعتبـار الخصائص الوطنيـة والقوميـة، واعتبـار التخلـف واقعـاً عامـاً وينطوي علـى عوامـل اقتصادية واجتماعية وسياسية مترابطة فيما بينها ترابطاً وثيقاً .

تحليل المضمون : L'analyse du Contenu

يعد منهج تحليل المضمون من المناهج التي ارتكنت اليها الكثير من الدراسات

السابقة التي اتجهت الى تحليل مضمون محتوى الخطاب السياسي الرسمي بشكل خاص فيما يتعلق بموقف او سياسة معينة تهدف اليها الدراسة وحساب تكرار ورود كلمات معينة موضع الدراسة، اضافة الى معنى هذه الكلمات في سياق النص، والتشديد على بعض الافكار السياسية التي تتضمنها بغية توظيف ذلك في التوصل الى فرضية الدراسة من خلال الاسئلة المطروحة . كما يتضمن تحليل المضمون جانب آخر يفرض على الباحث اللجوء اليه الا وهو تحليل المضمون الهيكلي من خلال تحديد المساحة او الوقت المحدد لوسيلة الاتصال، او الخطاب السياسي ومكان النشر- واذاعته ضمن اطار الهدف الذي حدده الباحث، الذي في بعض الاحيان يواجه بعض الصعوبات، او عدم الوثوق، في تحديد اهداف ومدركات صناع القرار السياسي، والعسكري، هذه الاهداف التي لم تكن في اغلب تعبيراً عن المعتقدات السياسية، ونصوصاً في الخطابات والتصريحات التي جاءت في سياق حدث او مناسبة في غير محلها وغير معبرة عن آراءهم، وقد تكون لعبت فيها وسائل الاعلام دوراً في صياغتها. او ان هناك بعض التصريحات السياسية التي تطلق لشرح وتفسير السياسة العامة للدولة وقراراتها الخاصة بمسألة معينة، يترتب عليها ردود افعال معينة من المحيط المجاور للدولة. وهنا تحدد مهمة الباحث في الوصول الى افضل النتائج المتوخاة في تحليل المضمون .

تداول السلطة : Le Passage du Pouvior

اذا كانت الدول التي اختارت المنهج الديمقراطي البرلماني التمثيلي كاساس لتداول السلطة سلمياً ومن خلال صناديق الاقتراع العام المباشر والسري وكيفية انتقالها، بموجب نصوص دستورية واضحة وصريحة، فأن هناك العديد من الدول التي تمثل فيها ظاهرة تداول السلطة - أي كيفية انتقالها . من المشاكل والازمات السياسية التي لم تؤثر فقط على استقرار النظام السياسي نفسه وكيفية اداءه نشاطاته السياسية، وانما تؤثر بهذا القدر او ذاك على اداء المؤسسات الدستورية والسياسية التي يستمد منها النظام السياسي شرعيته . ويعتبر الانتخاب احد الوسائل الشائعة لتداول السلطة، او كيفية انتقالها بشكل سلمي ديمقراطي، كما هو محدد في الدستور

او القانون الاساسي او الميثاق الدستوري . وهذه الوسيلة تسمح بمشاركة اوسع للمواطنين في تقرير شؤون السلطة ومن يتولاها . وقد عرفت النظم السياسية، وخصوصاً في دلول العالم الثالث، العديد من وسائل انتقال السلطة من نظام الى نظام آخر، ومن بينها الانقلاب، او الثورة او الاستيلاء، ثم كان اسبقها النظام الوراثي وخصوصاً في الانظمة السياسية الملكية وما زال قائماً حتى الآن . واذا كانت الانظمة الجمهورية قد اعتمد على الانتخابات كمعيار لتولي السلطة ومن خلال توفر الشروط اللازمة لتولي منصب رئاسة السلطة او الدولة، فقد اتجهت بعض الانظمة الجمهورية الى اتباع نظام (الوراثة)، وخصوصاً في الانظمة السلطوية، حيث السلطة مشخصة في شخص رئيس الجمهورية والذي يستند الى تنظيم سياسي واحد، او قائد، والسمة البارزة على النظم السياسية التي سادت في دلول العالم الثالث بعد مرحلة الاستقلال من السيطرة الاستعمارية ان نمط انتقال السلطة وتداولها اعتمد في الاساس على نقل السلطة عن طريق الانقلابات العسكرية . كما ان هناك بعض الانظمة التي شهدت اضافة الى الانقلاب، نمطاً آخر هو الاستفتاء، وانطة أخر نمطاً في التعيين عن طريق المجلس الأعلى، مطعمة بالانتخاب لاضفاء الشرعية الدستورية وهذا ما يؤدي الى الاعتقاد بأن اغلب النظم السياسية في دول العالم الثالث (وخصوصاً العربية) تعاني من غياب أطر مؤسسية مستقرة لتداول السلطة السياسية . واجمالاً، فأن وسائل تداول السلطة اما ان تكون ديمقراطية : الانتخاب، او غير ديمقراطية مثل الانقلاب، او الثورة وذلك الوراثة، والاختيار الذاتي لشخص من يخلف الحكم . وعلمية تداول السلطة عن طريق الانتخابات اخذت طريقها في بعض الاقطار من الوطن العربي، حيث انها لم تكن موجودة الى وقت قريب الا في لبنان الذي عرف تداولاً للسلطة بكن في ظل ظروف طائفية . وقد اصبح الاستشفاء من وسائل تداول السلطة في بعض الدول العربية أيضاً . ان ما يميز الحكم الديمقراطي عن الحكم غير الديمقراطي هو معيار كيفية الوصول الى السلطة التي تجعل الحكام مسؤولين عن افعالهم .

التعددية السياسية : Pluralité Politique

تميزت المجتمعات منذ وجودها، القديمة والمعاصرة، بأشكال محددة من التعدد، سواء كان السلالي، او اللغوي، وكذلك التعدد الديني والمذهبي، وذهبت الى اكثر من ذلك، حيث تعدد الاصل الاجتماعي والقبلي والعشائري، ومن ثم التعدد الفكرية، والطبقي، حتى كان من الصعب تور وجود مجتمع خال من التعدد العرفي او الطائفي، ثم انسحب الى التعدد الحزبي والسياسي . وقد اتجهت العديد من الانظمة السياسية الى الاعتراف بواقع التعددية وقننت ذلك في دساتيرها، ومنحت سبل العمل السياسي المشروع امامها والذي تمثل في تشكيل الاحزاب والتنظيمات والحركات السياسية والمهنية، للتعبير ان آرائها ومصالحها بشكل علني وسلمي مشروع لكفله الدستور، يهدف توطيد الوحدة الوطنية وتمارس المجتمع، وضمان وديمومة الاستقرار السياسي، منطلقاً من فكرة ان التعدد يغني تجربة المجتمع ويزيد من امكانياته . وان مضمون التعددية يتجسد في المعنى السياسي الملموس الذي يتأكد من ان كل اتجاه سياسي ان يكون له حق دستوري في المشاركة السياسية، والتأثير في القرارات العامة، وذلك من خلال اقرار مبدأ تداول السلطة سلمياً وعن طريق الانتخاب وبالاقتراع العام المباشر والسري . فالتعددية الحزبية والسياسية في النظام الديمقراطي تتميز بأنها علنية الاختلاف، وقبول تعدد الاتجاهات السياسية المعبرة عنه، كما يمكن في الاعتراف بحق تلك الاتجاهات في الوصول الى السلطة وتداولها مع الآخرين وفق احكام الدستور . ويؤكد الاستاذ محمد عابد الجابري ان التعددية عي ((اولاً وقبل كل شيء ووجدها في مجال اجتماعي وفكري يمارس الناس فيه (الحرب) بواسطة السياسة، أي بواسطة الحوار والنقد والاعتراض والاخذ والعطاء وبالتالي التعايش في اطار السلم القائم على الحلول الوسط المتنامية)) الأمر الذي يترتب عليه عدم احتكار السلطة من طرف واحد وحرمانها عن طرف واحد آخر، وانما تداولها بين الاتجاهات السياسية المنظمة، المتمثلة في الاحزاب والحركات السياسية . فالاحزاب تسعى ((من اجل الوصول الى السلطة الديمقراطية)) لذلك فأن التعددية السياسية ليس لها معنى اذا لم يكفل الدستور تداول السلطة سلمياً . ومن هنا، فأن النظم الديمقراطية

الليبرالية قامت على عدة اسس من بينها التعددية السياسية التي تعتمد على وجود الاحزاب السياسية . اذ ان هانس كيسلن قد اكد بأنه ((حقاً لوهم او مكر او رياء الادعاء بأنه ممكنة دون احزاب سياسية)) .

تصريحات استفزازية : declarations prorocatrices

وهي التصريحات التي يدلي بها رجل دولة مسؤول او ممثل دبلوماسي من شأنها اثارة ردود افعال ساخطة في الطرف المقابل لاغراض سياسية، وحملها على اللجوء الى اتخاذ اجراءات متشنجة يمكن ان تؤدي الى اعلان الحرب او قطع العلاقات الدبلوماسية .

التصويت الانتخابي : La vote Electorale

استخدم هذا المصطلح في وصف عمليات الانتخابات السياسية، والتنبؤ في نتائج الانتخابات السياسية مقدماً . وقد انطلق العالم الفرنسي۔ اندرو سكفريد في دراسته لموضوع الانتخابات مركزاً على دراسة الاقاليم الجغرافية التي كانت تجري فيها الانتخابات السياسية، واستطاعت هذه الدراسة رسم خرائط توضح العلاقة بين البيانات السكانية والسلوك الانتخابي .

اما في الولايات المتحدة فقد ترأس هذه الدراسات بول لازرفيلد الذي استعمل اسلوباً اجتماعياً بحتاً في دراسة عمليات التصويت السياسي، وذلك من خلال قيامه بمسوح تعتمد على عينات كانت غايتها كشف العلاقة بين طبيعة وصفات الناخبين والاحزاب السياسية التي يصوتون اليها .

وفي بريطانيا، فقد انبرت كلية خاصة لترسيخ تقاليد للقيام بدراسة من هذا النوع وذلك من خلال التعرف على جهود السياسيين المبذولة على المستوى القومي والمحلي في التأثير على آراء الناخبين ودفعهم للتصويت الى الحزب الذي يمثلونه , وفي بريطانيا ايضاً يتعلق القانون الانتخابي بخمسة مواضيع مستقلة هي :

1. من هم الاشخاص الذين يتمتعون بحق التصويت السياسي .

2. كيف تنظم قوائم الناخبين .

3. ما هي التصرفات التي تسيء الى عمليات الانتخابات وتجعلها غير شرعية .
4. ما هي العلاقة بين نسبة الاصوات الانتخابية والمقاعد الانتخابية في البرلمان .
5. تحديد الحدود الجغرافية للمناطق الانتخابية في البلاد .

التطهير السياسي : Netoyage politique

اجراء يتخذه نظام سياسي جديد ضد اركان النظام السابق، او ضد فئات معينة يعتبرها معادية، وتجريدهم من كل ما يتمتعون به من سلطة او نفوذ سياسي، والامكانيات الاخرى التي يمكن ان تهدد مستقبل النظام السياسي الجديد الذي جاء نتيجة ثورة او انقلاب او تغيير بما يطلق عليه (ثورة بيضاء) . ومن اشهر حملات التطهير السياسي التي عرفها التاريخ ما قام به جوزيف ستالين الذي استلم سكرتارية الحزب السوفيتي، حيث قام بأعنف حملة تطهير سياسي ضد السياسيين المعارضين لنهجه الفكري والسياسي، وتصفيتهم جسدياً او نفيهم في سجون سيبيريا، ولعل فكرة التطهير السياسي قديمة قدم الصراع السياسي على السلطة، واتخذت ابعاداً تاريخية، وفكرية وسياسية واضحة . وليس هناك من نظام سياسي جديد يتربع على قمة السلطة الا ويلجأ الى حملة تطهير بغية ابعاد العناصر المعارضة له عن مراكز النفوذ السياسي داخل النظام والمجتمع .

التفسخ الاجتماعي : La Destruction Politique

يقصد بمفهوم التفسخ الاجتماعي حسب ما استعمله العالم الاجتماعي الالماني - الفرنسي- اميل دوركهايم،انماط العلاقات الاجتماعية التي لا تتوفر فيها العوامل والظروف الضرورية لتحقيق السعادة والرخاء والطأنينة للأنسان . وسعادة ورخاء الانسان يتحققان عندما يكون السلوك البشري منسجماً مع المقاييس التي يضعها ويسير عليها المجتمع وخصوصاً عندما تشكل المقاييس نظاماً متكاملاً خالياً من الصراعات والتناقضات . ولكن وجود المقاييس الكثيرة والمتناقضة التي تؤثر تأثيراً سلبياً لا بد ان تؤدي الى ظهور ما يسمى بظواهر التفسخ الاجتماعي، اما البروفسور روبن ميرتن فيشير به الى الحالة التي تتناقض فيها الاهداف الاجتماعية مع المقاييس السلوكية التي تساعد على تحقيق الاهداف .

التفسير الدستوري : L'inderpretatoin constitutionnelle

يعد تفسير الدستور من المواضيع الحساسة التي شغلت اهتمام فقهاء القانون الدستوري، حيث يعتبر ذلك من اهم الوسائل التي تحصل بواسطتها التغييرات على الدساتير المكتوبة . وان مسألة تفسير الدستور لا يمكن ان تطرح الا بعد ان يوضع الدستور موضع التنفيذ، حيث انه يحتوي على نصوص تخص تنظيم السلطات الحكومية وطريقة سير عملها وهي تحتاج الى قرارا تفسيرية لشرح النصوص التي تثار حولها الخلافات فيها .

وتنص الدساتير في عدد من الحالات على تعيين الهيئة التي لها حق في تفسير الغموض الذي سرد فيها، غير ان ذلك لا يمكن ان يمنع قيام عدد من الهيئات الحكومية الأخرى وبصورة مستمرة من القيام بأعمال التفسير البدائي للدستور، وان يكون لقراراتها وزن على الكيفية التي يفسر بها الدستور من قبل الهيئة التي لها حق التفسير . وللرأي العام، وجماعات الضغط والاحزاب السياسية دور في تفسير الدستور وتعديل نصوصه .

التعاون الأقليمي : La coopération Régionale

برزت في الادبيات السياسية في فترة ما بعد الحرب العالمية الثانية مفاهيم جديدة احتلت مساحة واسعة من اهتمامات الباحثين في القضايا الدولية والاقليمية، ومن بينها مفهوم التعاون الاقليمي الذي ينصب بالدرجة الأولى على تناول التفاعلات التعاونية بين عدد من الدول في منطقة جغرافية معينة تتميز بخصائص وسمات تدفعها الى التعاون . فالتعاون الاقليمي يمثل اطاراً وسطاً ما بين التعاون الدولي، وخصوصاً في ظل الأمم المتحدة، او صندوق النقد الدولي، والتعاون الثنائي بين دولتين . وهذا المفهوم قريب جداً من النظام الاقليمي الذي يمتاز بصفات منفردة وبنماذج تفاعل خاصة بها . واذا كانت تجربة الاتحاد الاوربي تمثل نموذجاً للتكامل والتعاون الاقليمي القائم على التطور المؤسسي، وا ن هذا التعاون عد مختبراً حياً لمراقبة عملية الخلق السلمي لانماط جديدة من المجتمعات الانسانية، فأن التجارب الأخرى ما هي الا محاولات اقليمة لتحويل المناطق المتصارعة تاريخياً الى مناطق أمن وسلام كما ان هناك

خصائص معية يجب توافرها للحصول على تعاون اقليمي صحيح مثل : القرب الجغرافي، التوافق الثقافي والسياسي والاجتماعي، زيادة التعاملات والاعتماد المتبادل، اقامة منظومات مؤسسية مكثفة لتسهيل عملية الوصول الى حل وسط والقضاء على الخلافات وتسويتها بالطرق السلمية . وان اهم شيء، او عنصر في ترسيخ هذا التعاون الاقليمي، واستمرار ديمومته، وزيادة فعاليته هو توفر الادارة السياسية للوحدات السياسية الفاعل في اطار هذا(النظام الاقليمي) او هذه التكتلات.

وقد كانت نقطة البداية في التعاون الاقليمي العربي في تأسيس جامعة الدول العربية 1945 .

التكتيك : Tactique

لقد برز استخدام هذا المفهوم في الادبيات الاشتراكية، الذي عدته جزءاً من الاشتراكية، ومرحلة من مراحلها، وينبع منها، ويهدف الى تحقيق عملياتها الجزئية في خدمة الهدف الستراتيجي العام . والتكتيك السياسي لا يختلف عن التكتيك العسكري، حيث انهما قائمان على اساس تحديد المناهج والوسائل لتحقيق مهام معينة في ظروف مادية محددة، وامكانيات خاصة في لحظة معينة . ولهذا فأن شكل الحركة، وطبيعتها وتوقيتها عناصر اساسية في كل تكتيك، ويعتبر التكتيك جزءاً من اجزاء الستراتيجية الذي يحقق مرحلة من مراحلها ويخضع لاهدافها ولا يتناقض مع مسارها العام .

التكنوقراطية : Technocratie

مثلما تصور افلاطون جمهوريته الفاضلة يحكمها الفلاسفة الملوك، فأن العالم الفرنسي ارنيست رينان قد تصور في كتابه (مستقبل العالم) عالماً يسيطر عليه العلماء . كما كان السحر، ورجال الدين يمارسون في العهود الأولى من البشرية تأثيراً سياسياً كبيراً، لانهم كانوا يمتلكون الاسرار التي تسمح لهم بالسيطرة على القوى الغامضة، واليوم يسعى العلماء والتقنيون والمفكرون لممارسة سلطة مشابهة . وهؤلاء السحرة الجدد يطلق عليهم بالتكنوقراطين الذين اخذوا يحتلون مكانة كبيرة في السلم الاجتماعي والسياسي نتيجة للتقدم العلمي والتكنولوجيا . هذا التقدم الذي ادى الى

نشوء فئة جديدة، يطلق عليها التنكوقراطية او التكنوقراط . وهذا التعبير ابتدعه الكاتب الامريكي ف.هـ سمايث عام 1919 وخصوصاً مع بروز ظاهرة التكنوقراطية نتيجة التأثير الكبير الذي مارسه التقدم التقني على طبيعة السياسة في الاطار الوطني، مع ان الظاهرة ذاتها التي يغطيها هذا التعبير قديم جداً . فقد جعلت الاختراعات التي قدمتها الثورة الصناعية كثيراً من المفكرين يتأملون دور اولئك الذين يديرونها في المجتمع . فما دامت التكنولوجيا تتحكم في المجتمع الحديث فلا مناص من ان يساهم هؤلاء الاشخاص بالسلطة . فكان سان سيمون يعاني منذ عام 1830 في كتابه المعنون (عقيدة الصناعيين) عن قدوم حكومات تعني بادرة الاشياء اكثر من عنايتها بحكم الاشخاص . لانه كان يرى ان الصناعة ستلعب دوراً اساسياً في المجتمع المقبل . وكان سان سيمون يتجه بعواطفه نحو فئة التقنيين (او التكنوقراط) الذين هم على حد تعبيره (النحل الحاذق يمقابل دبابير السياسة) . وقد مجد لينين فئة او (طبقة) التكنوقراط عندما اكد (ان مهندساً خبيراً افضل من ... عضو الحزب الشيوعي) .

واذ كانت التكنوقراط هم الفئة او الجماعة الصغيرة من الاشخاص ذوي اعداد وخبرة تقنية ويمارسون سلطات تنظيمية، وكذلك سلطة اتخاذ القرارات على نطاق واسع في ميادين الاقتصاد والصناعة والتجارة، وفي المواقع التي يحتلونها في سلم الهيكل الاداري، الصناعي، المالي، فأن هناك من يرى بأنهم يمارسون السلطة السياسية فعلاً، حتى يصل الأمر بأنهم ينافسون السياسيون المحترفين في سلطة اتخاذ القرار السياسي . كما ان هناك من يتجاهل أي دور سياسي لهذه الجماعة اذ يعتبرهم الا في خدمة الحاكمين سياسياً او العناصر التي تمتلك المشروع وتديره . اذ يقول جاره بيلي في كتابه : التكنوقراط والسلطة الصادر عام 1960 في فرنسا : ((ان سلطة التكنوقراطية هي سند طبيعي للسلطة السياسية التي تتيح لها النشاط في العمل ... غير ان هذا التعاون مع السلطة السياسية يصطبغ بالخصومة، لان السلطتين تصوغان خياراتهما على ضوء ضرورات مختلفة هي تقنية في حالة ما، وفي حالة اخرى هي الملائمة . ويتسع مجال السلطة التكنوقراطية في ظروف معينة عندما لا تقدم السلطة السياسية غير اشارات ايديلوجية عن العمل المتفق عليه بين السلطتين)) .

التطبيع : Normalisation

شاع في الآونة الاخيرة استعمال هذه الكلمة في الادبيات السياسية والاقتصادية، العربية من كونها تشير الى حالة او ظاهرة (التطبيع) في علاقات عدد من الدول العربية مع الكيان الصهيوني . والتطبيع كلمة مرادفة ما يمكن ان يجعل الشيء طبيعياً . وقد يقصد بالمعنى السياسي والاقتصادي لهذا المصطلح بانه ((إعادة صياغة العلاقة بين بلدين بحيث تصبح علاقات طبيعية))، وهو ما يصر عليه الكيان الصهيوني والولايات المتحدة الامريكية، حيث اكدا من خلال سياسيتهما الابتزازية من ان التطبيع السياسي بين تل ابيب والدول العربية هو شرط اساسي لتحقيق السلام)) في المنطقة .

التنشئة الاجتماعية السياسية : La Socialisation Socio-Politique

اذا كانت التنشئة الاجتماعية هي العملية التي يكتسب فيها الفرد التعلم الاجتماعي من خلال فهمه لقيمه وقواعده المشتركة، وتنطوي على المسائل التي يكتسب بواسطتها الافراد المعرفة بالمهارات وقواعد التصرف التي تؤهلهم للمساهمة كأعضاء فعالين، وتستمر في مراحل نمو الانسان، فأن التنشئة الاجتماعية السياسية هي العملية التي يتعرف بها الفرد على النظام السياسي والتي تقرر مداركه للسياسة وردود افعاله ازاء الظاهرة السياسية . كما تعتبر التنشئة الاجتماعية السياسية ذات اهمية كبيرة لكونها عملية قد تؤدي بالافراد الى الانخراط بدرجات مختلفة في النظام السياسي القائم وفي المساهمة السياسية . وقد كان للتنشئة الاجتماعية السياسية مكاناً في الفكر اليوناني القديم وخصوصاً لدى افلاطون وارسطو، حيث اكد على اهمية تدريب اعضاء المجتمع لممارسة انماط مختلفة من النشاط السياسي، كذلك اكد فيما بعد منظر نظرية العقد الاجتماعي جان جاك روسو على ضرورة التربية السياسية . وفي القرن العشرين، حيث الأيدلوجيات المهيمنة على الانظمة السياسية، غدت التنشئة الاجتماعية السياسية جزءاً لا يتجزأ من النظم السياسية التي اولت عناية فائقة بهذا الجانب بغية ضمان استقرار النظام السياسي وتنمية وتطوير الاتجاهات التي تنسجم مع اتجاهات النظام السياسي لدى الافراد من الطفولة .

التنظيم الاقليمي : L'organisation Régionale

لقد تعددت الآراء بصدد اعطاء تحديد متفق عليه حـول مفهوم التنظيم الاقليمي الذي اتسع نطاقه بعد الحرب العالمية الثانية . بل اتسع النقـاش ليمتد الى ان البعض فضل التنظيـم الاقليمـي علـى التنظيم الـدولي، ولا سيما ان هـذا الأخـير تتجاذبه المحاور، وعدم التجانس بـين اشخاصه، وضعف الاداء في تحقيق مقاصده، نتيجة للسياسات الدولية المتعارضة التي كانت من المعوقات امام الامم المتحدة في اداء دورها بما نص عليه ميثاقها . ورغم ذلك فأن هناك مـن يعطي تعريفاً للتنظيم الاقليمي بما يلي : ((فهو كل شخص قانوني دولي ينشأ عـن طريق اتفاقية جماعية اطرافها دول، تجمع مقومات التضامـن الاجتماعـي والـدوار الجغرافي، بغية تحقيق اهداف مشتركة للدول الاعضاء فيه والتي لا تنتقص سيادتها بالرغم من انضـمامها الى هذا التجمع التنسيقي الذي يتمتع بادارة ذاتية مستقلة يتم التعبير عنها مـن خـلال اجهزة تمكنه من الاضطلاع بالمهام المنوطة به)) . وعلى ضوء ذلك، فقد سـاد رأي عـام على اعتبار التنظيم الاقليمي، هو كل تنظيم دولي ضم عدداً محدداً مـن الـدول وفق الشروط التي صاغتها الاطراف المشتركة في الاتفاقية المنشئة لهذا التنظيم مهما كانت المعايير التي استندت لها تلك الشروط . وقد نصت المـادة (52) في فقرتها الأولى مـن ميثاق الأمم المتحدة : ((ليس في هذا الميثاق ما حول دون قيام تنظيمات او وكالات اقليمية تعالج من الأمور المتعلقـة بحفـظ السـلم والأمـن الـدوليين مـا يكون العمـل الاقليمي صالحاً فيها ومناسباً ما دامت هذه التنظيمات او الوكالات ونشـاطها متلائمـة مع مقاصد الأمم المتحدة ومبادئها)). وقد نظمـت الفقرتان 3، 4 مـن المـادة نفسـها عملية رقابة الأمـم المتحدة علـى التنظيمات الاقليمية مـن اجـل التسـوية السـلمية للمنازعات وحفظ السلم والمن الدوليين .

التنظيم الحزبي : L'organisation Partisan

وهو الاطار الذي يحدد الشكل الذي يتخذه نشـاط الحـزب مـن اجـل تحقيـق اهدافه . وقد عرفه المفكر المجري جورج لوكاش بانه ((شكل التوسط بـين النظريـة والممارسة)) . فالتنظيم الحزبي هو الذي يعين مركز العضوية في الحزب، ويحدد

علاقته بالحزب ودوره في توجيه وتطوير مبادئه وافكاره . والتنظيم يحدد كيفية ارتباط العضو بحزبه على شكل تنظيمات حزبية اساسية وبين شكل هذه التنظيمات وعلاقتها بالتنظيمات الحزبية الأعلى منها ودورها في توجيه اعضائها وتثقيفهم وتعيين مهامهم الحزبية . فالتنظيم الحزبي حسب تعريف الاستاذ شمران حمادي هو ((الاسلوب الذي يسلكه الحزب في تحقيق اهدافه ومبادئه عن طريق خلق العضو الحزبي المتفهم لمبادئ الحزب والمؤمن بها ثم جعل هذا الضو اداة فعالة وصادقة للتأثير على الرأي العام واقناعه بأفضلية مبادئ الحزب ومواقفه بالنسبة لمبادئ الاحزاب الأخرى ومواقفها)) . وقد اعارت الاحزاب الشيوعية أهمية كبيرة للتنظيم الحزبي حيث ان لينين قال بأنه ((لا يمكن فصل المسائل السياسية ميكانيكياً عن مسألة التنظيم)) . ويعتبر التنظيم كركن من اركان الاحزاب السياسية . وبدون التنظيم لا يمكن اضفاء صفة الحزب على أي تجمع سياسي، كما انه يلعب دوراً كبيراً في تصنيف الاحزاب السياسية وتميزها عن بعضها . ولكل حزب تنظيمه الخاص القائم على هيكلة محددة ابتداء من القاعدة الحزبية الصغيرة حتى قمة هرم الحزب، وتختلف من حزب الى آخر، وحسب الأيديولوجية التي يؤمن بها ويسعى الى تحقيقها، ويحدد التنظيم الحزبي العلاقة ما بين هذه الهيكلية، وكيفية تنظيم السلطات بين مختلف التنظيمات الداخلية، ارتباطاتها سواء كانت بشكل عمودي، او الافقي، ومدى خضوع كل تنظيم داخلي الى التنظيم الأعلى، الأمر الذي يطرح مفهوم اللامركزية او المركزية .

فأذا كانت جميع السلطات متمركزة بيد التنظيمات الأعلى، فان هذا التنظيم يأخذ بالمركزية، اما اذا تم منح التنظيمات الاخرى الداخلية بعض السلطات والتمتع بنوع من الاستقلالية في اتخاذ القرار بالنسبة للتنظيمات الاعلى اطلق على هذا الحزب من الاحزاب التي تأخذ باللامركزية وهي على عدة انواع :

1. اللامركزية المحلية والاقليمية، والذي يقضي بأن تتمتع التنظيمات الحزبية المحلية او الاقليمية للحزب بسلطات واسعة، بحيث لم يكون للمركز العام الا نفوذاً ضئيلاً، وهو ما يطبق على الاحزاب الامريكية .

2. اللامركزية الايديولوجية والتي تقضي الاعتراف ببعض الاستقلال للتيارات

والاتجاهات السياسية التي يمكن ان توجد داخل الحزب، واصدار الصحف والمجلات التي تعبر عن وجهة نظرها وسياستها . وهذا ما يظهر في الاحزاب الاشتراكية الاوربية .

3. اللامركزية الاجتماعية، حيث يتمتع في ظلها اعضاء الحزب الذين ينتسبون لكل طائفة دينية، او اجتماعية او اقتصادية، بقسط من الاستقلالية في التنظيم وحماية مصالح الطبقة التي يمثلها، وخصوصاً في الاحزاب ذات التكوين غير المباشر التي تتكون من جمعيات وهيئات .

4. اللامركزية الاتحادية وهي التي تظهر في الدول الاتحادية التي ينعكس تكوينها على تكوين الحزب، حيث يظهر في كل اقليم تنظيم خاص بالحزب، وخصوصاً في الولايات المتحدة، وقد يوجد مثل هذا النوع حتى في الدول البسيطة، حيث التكوين العرضي المتعدد .

وبصدد المركزية، فأما ان تكون اوتوقراطية، أي هيمنة التنظيمات العليا في الحزب هيمنة فعلية على جميع التنظيمات الحزبية . وان جميع القرارات تصدر من المركز العام بحيث لا يكون للتنظيمات الادنى أي راي حتى وان كان استشارياً . وهناك المركزية الديمقراطية التي تقضي بانه اذا كانت القرارات تصدر من المركز العام فانه يتوجب قبل ذلك الوقوف على آراء الاعضاء في التنظيمات الحزبية الداخلية الأقل درجة حيث يتم كل تنظيم بانتخاب ممثل عنه في التنظيم الحزبي الأعلى منه والتابع له . وتكون مهمة المندوب المنتخب نقل وجهة نظر التنظيم الذي يمثله بكل لدقة وامانة الى التنظيمات الحزبية الأعلى . وتستلزم المركزية الديمقراطية بان تكون قيادات مختلف التنظيمات الحزبية منتخبة من قبل الأعضاء التابعين لها ومسؤولة امامهم عن مدى التزامها بتنفيذ قراراتها، وتستلزم حق المناقشة وابداء الرأي لجميع الاعضاء، وتتخذ القرارات بموجب الاغلبية وعلى الاقلية الالتزام بها . واذا ما تم اتخاذ القرار فيجب على كل التنظيمات الحزبية ان تخضع لها وتلتزم بتنفيذها .

التنظيم الدولي : L'organisation international

يشير الاستاذ خليل الحديثي في كتابه الوسيط في التنظيم الدولي، الى ان

الاستاذ محمد الغنيمي ينفرد باطلاق لفظ ((المنتظم الدولي)) وجمعه ((المنتظمات الدولية)) على المنظمة الدولية، ويرى ان لفظ المنظمات . هي المصدر من التنظيم، وهو الاشتقاق الاكثر دلالة في معناه اللغوي على الكيان القانوني المستقل الذي تشغله هذه الهيئات في الجماعة الدولية . واذا كان مصطلح النظام الدولي ينصرف الى كافة التنظيمات والتقاليد والقواعد الاساسية المميزة لجماعة بعينها، والتي تواطئت هذه الجامعة على قبولها واتباعها في تنظيمها لما نشأ داخل اطارها من علاقات وروابط، فأن التنظيم الدولي يقصد به التركيب العضوي للجماعة الدولية، أي مجموعة الانشطة والمؤسسات التي يحتويها اطار العلاقات الدولية منظوراً اليها من وجهة نظر حركية . ويعرف هوفمان التنظيم الدولي ((على انه كل اشكال التعاون بين الدولي التي تهدف الى ان يسيطر في القانون الدولي - طريق ذلك التجمع - نظام معين تخلقه الارادة الدولية ويتصل في محيط تكون فيه الدول هي الاشخاص القانونية كاملة الاهلية)) . ويعرف الدكتور محمد سامي عبد الحميد في كتابه قانون المنظمات الدولية، بأنه ((مجموعة القواعد المرتبة للمنظمات الدولية وكيفية تعاون الدول في الاستفادة منها)) . ومن بين العناصر الاساسية للتنظيم الدولي : كيان متميز دائم، الادارة الذاتية، المنظمة وسيلة للتعاون الاقتصادي، اتفاق دولي .

التنظيم السياسي : L'organisation Politique

درجت الأدبيات السياسية والاجتماعية على تعريف التنظيم السياسي بأنه مجموعة من الافراد، ذو اتجاه واحد، ونظرة متماثلة، ومبادئ مشتركة، وهدف واحد، ينضوون في اطار تجمعي يسعون من خلاله الى تحقيق ما يؤمنون به بوعي من خلال نشاط يومي مخطط، وعلى وفق قواعد تنظيمية محددة تنظم علاقاتهم، وتحدد اسلوب عملهم . واذا كان هذا التعريف يقربنا جداً من الحزب (ينظر الحزب)، فأنه لابد من توفر عنصرين أساسيين في التنظيم السياسي الذي قد يتخذ صورة جمعية سياسية، او هيئة سياسية،، او جماعة سياسية، هما : افراد ذو اتجاه واحد، وقاعدة تنظيمية . وقد يكون هناك التنظيم السياسي الذي يلتف حول شخص واحد، والتنظيم السياسية الذي ينشأ بسبب ظروف تاريخية معينة وتنتهي بانتهاء تلك المهمة

او الفترة، وهناك التنظيمات السياسية التي تنشأ على اساس تحقيق مبادئ ايديلوجية، الأمر الذي تتطور في تنظيمها الى احزاب سياسية .

التنمية السياسية : Le développement Politique

يعد هذا الموضوع من المواضيع حديثة النشأة، اذ لم يبرز الا في عقد الخمسينات والستينات،، والتصق بالدول الجديدة في العالم الثالث، وبتطوير نظمها السياسية . ان دخول كثير من المجتمعات الجديدة والمتخلفة في مختبر علم السياسة ساهم بدرجة كبيرة في محاولات صياغة مفهوم التنمية السياسية والعمليات التنموية . اذ يعرف لوسيان باي في كتابه (جوانب التنمية السياسية) عام 1966 ان عمليات التنمية السياسية تنطوي بصورة اساسية على ست ازمات، والتي تتطلب معالجتها كلها على التعاقب في المجتمع لكي يصبح دولة قائمة على اساس الأمة، وهي : ازمة الهوية، ازمة المشروعية، ازمة التغلغل، ازمة المساهمة، ازمة الاندماج، ازمة التوزيع .

ويؤكد كل من لوسيان وباي غاببريل الموند ان استقرار النظام السياسي يتوقف على طريقته في معالجة الازمات المذكورة . وهذا يتطلب بالنسبة لدول العالم الثالث بالقضاء على الولاءات الضيقة وحل مشكلة التوزيع يرفع مستوى المعيشة وتوزيع الثروة بصورة عادلة وزج الجماهير في العمل السياسي على صعيد الدولة ورفع الوعي الثقافي والسياسي لها . وان الدراسات التي ظهرت حول التنمية السياسية ركزت على كيفية تطوير النظام السياسي بصفة عامة النظم السياسية في الدول المستقلة في تسعينات القرن العشرين، وبصفة خاصة بما يتواءم والواقع القائم حينئذ والذي افرز قضايا واشكاليات مختلفة عن القضايا والاشكاليات التي واجهت النظم السياسية الغربية عبر مراحل تطورها المختلفة . وعلى ضوء فأنه قصد بالتنمية السياسية النمو والتفسير داخل النظم السياسية، او التغيير من نظام الى آخر وذلك لزيادة المقدرة الحكومية على الاستجابة لمطالب البيئة الداخلية والخارجية وقد ترادف التنمية السياسية عملية النمو في بناء المؤسسات وتشجيع الممارسات الديمقراطية . ولكنها عادة ما تتعلق بنمو وتعقد وتخصص . زيادة التمايز بين البنى السياسية في المجتمع . وفي المجتمعات الأقل تطوراً تستهدف عملية التنمية السياسية حشد التأييد

الجماهـيري لبنـاء نظـام سـياسي قـومي مـن ناحيـة وتعزيـز مؤسسـات وقيم وسلوكيات المشاركة السياسية من ناحية أخرى .

وقد حدد عبد الحليم الزيات في كتابه (التنميـة السياسية) 1986، الاتجاهـات الخاصة بدراسة التنمية السياسية :

1. الاتجاه الذي يربط بين التنمية السياسية والتنمية الاقتصادية .

2. واتجاه يرى ان التنمية السياسية تعنـي بنـاء الدولـة القوميـة بحيـث تكـون لهـا سلطة السيادة على اقليم الدولة .

3. واتجاه يرى بان التنمية السياسية هي التحديث السياسي .

4. واتجاه يرى على ان التنمية السياسية هي بناء الديمقراطية وتحقيـق المزيـد مـن المشاركة السياسية.

5. وهناك الاتجاه الذي ان التنمية هي تـدعيم قـرارات النظـام السـياسي مـن اجـل احداث التغيير المنتظم والاستقرار .

6. والاتجاه الآخر يركز على ان التنمية السياسـية هـي تطويـر الثقافـة السياسـية في المجتمع والتي على اساسها تحدد الهوية السياسية، والتكامل الاجتماعي .

توازن القوى : Balance des Forces

يطرح مفهوم توازن القوى سواء كان ذلك على صعيد القوتين العظميين ام على الصعيد الدولي، ام على الصعيد الاقليمي، ام في ما يخص الفعل الـدولي عـلى الصـعيد الاقليمي . ويبقى توازن القوى يشكل العنصر ـ الاساسي في معرفـة واستشـراف وضـع ومستقبل الظرف الدولي والاقليمي . ومفهوم توازن القوى يعد مـن المفـاهيم التـي تحتل اهمية كبيرة في العلاقات الدولية، الأمر الذي جعل مـن الصـعب الوقـوف عـلى تعريف واحد لتوازن القوى، خصوصاً بعد الحرب العالمية الثانية التي كانت لنتائجهـا تحول كبير في مفهوم العلاقـات الدوليـة، حيـث بـرزت التسـاؤلات حـول اذا كـان مـن الممكن ام لا ادارة العلاقات بين الدول بموجب مفاهيم توازن القوى . وان التـوازن في تصوره العام يقوم على توزيع القوى بين الدول الفاعلة في المحيط الدولي

سواء اكان ذلك بشكل متساو ومتوازن او حتى على اساس من عدم المساواة والموازنة وابرز من اختص في هذا المجال، هانز مورغنثاو، وكينيث دولتس، وكارل دوتيش، ورتشارد روزكرين .

ويرى الباحثون ان نظام توازن القوى قانون عام ومبدأ اجتماعي، فحاولوا استخدامه كطريقة لتحليل العلاقات الدولية . وان الدول تسعى الى التوازن في قوتها سواء كانت في سياستها الخارجية موجهة نحو هذا الغرض بوعي منها ام لا . فالصراع من اجل القوة هو الكفيل بتحقيق التوازن تلقائياً، وذلك لان الصراع يجري بين دول من مصلحتها ان تحافظ على الوضع الراهن وبين دول اخرى تنشد تغيره . ويرى ايمرك فاتيل بأن توازن القوى هو المبدأ الذي يضع ترتيب الشؤون الدولية بالشكل الذي لا يتيح لدولة ما ان تكون من القوة لتتمكن من السيادة المطلقة والهيمنة على الآخرين .

ويرتبط مفهوم توازن القوى بالمفهوم الذي تحدث عنه نيوتن والخاص بالتوازن الطبيعي، ومعلوم ان النظريات الاجتماعية تعمل على الافادة من النظريات العلمية في العلوم التطبيقية او تتأثر بالتطور في احدى هذه النظريات . واذا كان عالم الاحياء يحذر من نشاطات بشرية تهدد التوازن الطبيعي، والباحث السياسي يحلل تفاعل المصالح بين الجماعات والمؤسسات الحكومية في نطاق مجتمع معين على اساس المنافسة والتوازن، فأن باحثوا الواقع الاجتماعي الدولي يستخدموا التوازن كمفهوم مركزي ينظم علاقات القوى بين الدول، حيث ان العلاقة القائمة على القوة تستبدل بالبحث من قبل هذه الدول عن الأمن ومن خلال توازن القوى . وعلى الرغم من غموض هذا المفهوم، وتعدد تعريفاته، الا انه يحدد بأن توازن القوى يشيرالى وضع او اتجاه او قانون عام لسلوك دولة معينة او دليل لرجل الدولة او هو صيغة تمثل اطاراً يتم من خلاله الحفاظ على عدد محدد من النظم الدولية . أي ان عملية توزيع القوة تكون فيه مقبولة الى حد ما . اما بالنسبة للاستاذ هناز مورغنثاو فأن توازن القوى فهو يشير الى حالة فعلية من الاوضاع تكون القوة فيها موزعة بين عدد من الدول بشيء تقريبي من التعادل .

التوظيف السياسي والبنية السياسية : La Fonctionnalisation Politique

تعتبر البنى السياسية هي الطرق المنظمة التي ينجز الناس نشاطاتهم السياسية عن طريقها . واكثر البنى السياسية وضوحاً هي المؤسسات السياسية المألوفة، مثل الاحزاب والانتخابات، والهيئات التشريعية والتنفيذية، والدوائر الحكومية . ومهمة التوظيف السياسي حسب رأي الموند ((هي تقرير أي الناس ينتخب ليصبح عضواً فعالاً في هذه البنى وتحديد المدة التي تشغل فيها تلك الوظيفة)) . وان الانتخابات السياسية هي واحدة من اكثر طرق تشكيل البنى السياسية شيوعاً في العالم . ومن غير الممكن ان يكون هناك دولة لا تجري فيها الانتخابات - الا في عدد قليل جداً - . واهم المكونات البارزة في العملية الانتخابية، تصويت المواطن الفرد في واحدة من ابسط الاعمال السياسية التي تجري بين الحين والآخر، حيث يدخل المواطن الى خلوة التصويت، ويشير الى تأييد مرشح او حزب سياسي معين . ويمكن احصاء عدد الناخبين ببساطة وبالتالي تقرير عدد الاصوات .

ومن الواضح ان اغلب الانتخابات تدور حول توظيف القادة السياسيين، أي المرشحين للبنى التي ستقوم بوضع السياسات . ومع ذلك تختلف الانتخابات اختلافاً عظيماً في الوظيفة التي تؤديها في النظام السياسي . ويمكن لعدد قليل من البنى ان تظهر الحاجة الى منهج بنيوي، وظيفي يصف الانظمة السياسية . والانظمة السياسية التي تسمح بالتعددية الحزبية والسياسية والمشاركة الشعبية الواسعة تعطي للشعب دوراً في التوظيف السياسي، بعكس الانظمة الشمولية، التي ترتكز على حزب واحد يحتكر لنفسه السلطة، فليس هناك أي دور للشعب في التوظيف السياسي، اذ ان الانتخابات تلعب دور مهم في تحديد الوظائف على المستويات المحلية والاقليمية للدولة . والتوظيف هو مهمة النظام، وهو يؤثر بطرق عدة الى سير العمليات السياسية والسياسة العامة المنبثقة عنها . فقد يحمل التوظيف على المنصب مباشرة واضعي سياسات ملتزمين بسياسات مختلفة ويمكن للانتخابات التنافسية ان تؤثر على السياسة بشكل غير مباشر حين يعمل الفائزون على دعم انتخابهم او تجنب خسارتهم في الانتخابات القادمة عن طريق عملهم اليومي في صنع السياسات .

التوفيق : La Conciliation

يعد التوفيق من الطرق التي تلجأ اليها الاطراف المتنازعة لتسوية النزاعات الدولية السياسية او القانونية بواسطة لجان يعينها الطرفان او احدى المنظمات الدولية وتتولى دراسة اسباب النزاع وتقديم تقرير وافٍ عنه الى الطرفين يتضمن اقتراحات معينة لتقريب وجهات النظر بينهما وتسوية ذات البين. ويعتبر اللجوء اليه الزامياً بمجرد طلب احد الطرفين المتنازعين . غير انه ليس لتقرير اللجنة أي صفة الزامية . ولذلك تعتبر محاولة التوفيق خطوة اولى للاتجاه نحو التسوية التحكيمية او القضائية ذات الصفة الالزامية . ويعتبر التوثيق طريق مبتكر ما بين انواع الوساطة وبين التحكيم والقضاء، نبهت اليه عصبة الامم في ميثاق التحكيم (ينظر التحكيم)، فأردفت له فصل منه مجمع فيه الاحكام والاجراءات المتصلة بهذا الطريق من طرق التسوية الودية . وقد تقرر ان تلجأ الدول الموقعة على الميثاق (1928) الى اجراءات التوفيق في أي خلاف يقوم بينهما وتتوصل الى تسوية بالطرق الدبلوماسية اياً كانت طبيعة هذا الخلاف . ويتم ذلك من خلال انشاء لجان توفيق او لجنة خاصة لهذا الغرض . الا ان قرار لجنة التوفيق ليس له صفة الزامية وللدول صاحبة الشأن ان تأخذ به او ترفضه، بينما يلزم قرار التحكيم او حكم القضاء اطراف النزاع ويتعين عليهم تنفيذه في كل جزئياته .

التيتوية : Titouisme

لقد تميزت جمهورية يوغسلافيا الاتحادية بزعامة الجنرال جوزيف بروز تيتو (الكرواتي الأصل) بسياسة خارجية داخلية متميزة عن بقية الدول الاشتراكية التي انبثقت في وسط وشرق اوربا بعد الحرب العالمية الثانية والتي استلهمت النموذج السوفيتي . وقد برز الخلاف بين موسكو وبلغراد في عام 1948 بعد ان اختارت يوغسلافيا طريقاً مختلفاً في تطبيق الاشتراكية التي اطلق عليه فيما بعد (بالتسيير الذاتي)، والابقاء على ملكية الاراضي الزراعية الصغيرة ورفضت دخول منظمة الكرميكون التي تأسست سنة 1948، فكانت يوغسلافيا من الدول الاوربية المؤسسة لسياسة عدم الانحياز الى جانب عدد من دول العالم الثالث وقادتها امثال جواهرلال نهرو والرئيس جمال عبد الناصر، يضاف اليهم تيتو،مشكلاً مثلثاً شاخصاً في رموز حركة عدم الانحياز

التي انبثقت من مؤتمر باندونغ . ومن الناحية العقائدية فأنها رفضت، او عارضت كل اطروحات الحزب الشيوعي السوفيتي فيما يتعلق بالتحول الاشتراكي، والبناء الاقتصادي، ووثقت من علاقتها مع الاحزاب الشيوعية المعارضة للمنهج السوفيتي، وحصل تقارباً صينياً يوغسلافياً عززه جذب البانيا الى هذا المحور . ومن هنا فقد كان للجنرال جوزيف بروز تيتو بصماته الواضحة على السياسة الداخلية والخارجية، حتى انه قد اصبح زعيماً لاتجاه سياسي وعقائدي اطلق عليه بالتيتويه . الا انه سرعان ما تساقطت كل ركائز هذا الاتجاه بعد موت تيتو، حيث اشر ذلك نهاية الدولة الاتحادية التي تمزقت الى دويلات عديدة تسودها الحروب الداخلية والطائفية والعنصرية، ولم يبقى منها حتى نهاية عام 2000 الا جمهورية الصرب والجبل الاسود بعد ان كانت تتألف من ست جمهوريات ومناطق تتحكم بالحكم الذاتي .

التوليتارية (الانظمة الشمولية) : Totalitarisme

تعد التوليتارية احد انواع الانظمة السياسية الدكتاتورية ذات الطابع الكلي او الشمولية، واحياناً تسمى بالأنظمة الشمولية Totalitarisme . والمقصود بالطابع الشمولي، هو شمولية التحكم الذي تمارسه السلطة الحاكمة في حياة الافراد والجماعات . والتوليتارية تتطلب حداً اعلى من التنسيق المحكم والمنظم من جهة، ولا تسلّم بالانتقال النسبي لمؤسسات مثل : العائلة، السوق، الكنيسة، التعاونية . انها تعطي تحديد لمعنى التحكم الشامل والسيطرة التامة على جميع نواحي حياة المجتمع، وتسعى الى تكوين الدولة المتراصة والمتناغمة كلياً . اذ انه في ظل مثل هكذا نظام يتم اخضاع جميع نواحي الحياة لارادة السلطة السياسية المحتكرة في يد زعيم او حزب او لجنة مركزية . ومن الجدير بالملاحظة هو ان افلاطون كان من اشد المدافعين عن نظام حكم توليتاري في العصور القديمة، وخاصة بعد ان رأى امام عينه كيف ان اثينا الديمقراطية تنهزم امام اسبارطا العسكرية الاستبدادية . اذ انه في كتابه الجمهورية يرسم افلاطون صورة المجتمع الفاضل والعادل الذي يحكمه الفيلسوف - الملك، وحده الذي يدرك بالحدس الفعلي المباشر فكرة او صورة العدالة والخير (ينظر النظام السياسي السلطوي) .

- ث -

الثقافة : Culture

لقد طرحت في الادبيات العربية العديد من التعريفات الخاصة بالثقافة، وكل يتناولها من الزاوية التي يستطيع من خلالها حل اشكالية البحث الذي يعرضه مع تأكيد مفهوم الثقافة ومقارنتها بالحضارات في اغلب هذه الدراسات التي طرحت، حتى ان بعضهم لم يجد مناصاً من الاستناد الى المرجعيات الغربية وسيما اولئك الانثروبولوجين الذين اختصوا بهذه الجوانب المهمة من التطور الإنساني . فالثقافة إذا كانت هي الكل المعقد المتشابك في الأنظمة التي تتضمن أساليب الحياة المادية والروحية، فهي تتولد من علمية انتاج الوجود الجماعي بوصفه وجوداً اجتماعياً . ومن خلال هذه العملية تخلق الجماعات (أنماطا متميزة من الوعي والسلوك ومنظومات قيم وقواعد اجتماعية وعقلية مرتبطة بالحقبة والبيئة والظروف العامة بتشكلها وتصبح هذه الأنماط بذاتها بنية مستقلة داخل البناء الاجتماعي تؤثر فيه وتتأثر به .

وبناء على ذلك، ومن خلال الدور الذي تضطلع به في التطور الاجتماعي، فالثقافة هي نسق يتميز بالانسجام الداخلي العميق ويتمتع باستقلال نسبي عن بقية الأنساق ويتفاعل معها ويوحدها عن طريق توحيد الأنماط الفعلية التي تحكمها، وبقيامها بالوظائف المعيارية والرمزية التي من خلالها تقوم بتكوين الفعل وتحديد كيفية استيعابه للواقع . فهي تشكل أساس الوجود الاجتماعي وهي عملية تاريخية مستمرة تنتج وحدة الجماعة او استمرارها في الوعي. فالثقافة بوجه التحديد هي إنتاج الذات المادية للمجتمع، أي القدرة على النمو، والتواصل ضمن صيرورة التطور الحضاري للإنسانية وتفاعلاتها في التأثير والتأثر . ويرى المفكر العربي محمد عابد الجابري في الثقافة بأنها (ذلك المركب المتجانس من الذكريات والتصورات والقيم والرموز والتعبيرات والإبداعات التي تحتفظ الجماعة البشرية بهويتها الحضارية من اطار ما تعرفه من تصورات بفعل ديناميتها الداخلية وقابليتها للتواصل والاخذ والعطاء .

وهناك من يرى في الثقافة بأنها نظرة عامة الى الوجود والحياة والانسان، وقد تتجسد في عقيدة او تعبير فني او مذهب فكري او مبادئ تشريعية او مسلك اخلاقي عملي، وهي البناء العلوي للمجتمع الذي يتألف من الدين والفلسفة والفن والتشريع والقيم العامة السائدة في المجتمع، وهي تعد جميعها انعكاساً للبناء الاقتصادي في المجتمع، والعلاقات والانتاج السائدة فيه . ولهذا تختلف الثقافة بطبيعتها باختلاف التجارب والخبرات والمواقف والطبقات والمصالح الاجتماعية . لهذا فأن للثقافة بالضرورة طابعاً اجتماعياً طبقياً .

الثقافة السياسية : La Culture Politique

يعد مفهوم الثقافة السياسية من المفاهيم الحديثة نسبياً في عالم السياسة ولم يرجع ظهوره الى عام 1956 عندما استخدم غابرييل الموند كبعد من ابعاد تحليل النظام السياسي . كل نظام سياسي عند الموند (يترسخ حول انماط محددة من التوجهات التي تضبط التفاعلات التي يتضمنها النظام الاجتماعي . وبالمثل تكون الثقافة السياسية بمثابة التنظيم غير المتقن للتفاعلات السياسية . بقول آخر : فأن الثقافة السياسية هي جزء من الثقافة العامة للمجتمع وان كانت تتسم بشيء من الاستقلالية داخلها . وكما ان القيم الاجتماعية تنتقل من خلال عملية التنشئة الاجتماعية، فأن القيم تحويها الثقافة السياسية للمجتمع تنتقل عبر عملية التنشئة السياسية، وهي العملية التي يتم بواسطتها ادخال القيم الثقافية السياسية لنسق القيم لدى افراد المجتمع) .

ويرى موريس ديفرجيه بأنه يقصد بالثقافة السياسية بصورة عامة الجوانب السياسية من الثقافة، أي أن الثقافة السياسية هي جزء من الثقافة السائدة في المجتمع . ورغم أن مفهوم السياسة الثقافية حديثة النشأة، الا أنه أحتل مكانة مهمة في الدراسات الاجتماعية والسياسية على حد سواء، وخصوصاً بعد ان ازداد التمسك بالقيم الديمقراطية .

اذ يعرفها ستيفن وسبي بأنها توجه، أي طريقة في النظر الى الاشياء، أما عامة في طبيعتها أو مركزة على جانب محدد مما يحيط بالمرء، ومجموع وجهات النظر هذه

تصبح ثقافة سياسية . وفي أطار مستوى النظام السياسي، فالثقافة السياسية هي (وسائل متماسكة على نطاق واسع في الامة، حيث يوجد لدى معظم الناس داخل النظام توجهات ثقافة سياسية مماثلة أو منسجمة فيما بينها ملائمة بالنسبة الى المؤسسات السياسية التي يعيشون فيها . انها تتعلق بما يعتقده الشعب ازاء تلك البنى والمؤسسات السياسية . كما ينظر الى الثقافة السياسية على أنها تدل على تلك التوجهات السياسية الجماهيرية عبر النظام السياسي بكليته . وهناك من ربط الثقافة السياسية بالمذهب السلوكي وخصوصاً كما طرحه غابرييل ألموند وسيدني فربا، حيث ركز عل أتجاهات ومواقف الافراد السياسية . وتحدد المقومات الاساسية للثقافة السياسية في : التوجهات نحو النظام السياسي، أي كيف ينظر الفرد الى مؤسسات النظام السياسي، والتوجهات نحو الاخرين في النظام السياسي، أي نظرته في الاختلاف السياسي في الرأي، وفي الصراع أو التنافس، وفي الاحزاب والتوجهات أخيراً نحو النشاط السياسي الذي يقوم به الفرد ذاته، وينطوي ذلك على نظرته في السياسة ذاتها وفي أسهامه بها .

وهناك الثقافة السياسية الشاملة في المجتمع والسائدة بصورة عامة، وهي الثقافة المسيطرة، والثقافة الفرعية، والثقافات، عشائرية، دينية، طائفية، أقليمية، وهي ظاهرة عامة في أغلبية دول العالم . اذ يؤكد لوسياني باي وسيدني فربا بأنه لا يوجد أي مجتمع كان ثقافة سياسية واحدة موحدة، وفي كل الامور السياسية، هناك تميز أساسي بين ثقافة الحكام، أو الذين يمسكون بالسلطة وبين ثقافة الجماهير، سواء كانوا مجرد رعايا في مجتمع قديم، أو مواطنين مساهمين) . وقد يحدث تعارض بين الثقافة السياسية السائدة، المسيطرة والثقافة السياسية الفرعية، الى حد التصادم، وتهدد بأستقرار المجتمع، واحياناً يتم التوفيق بينهما من خلال المشاركة السياسية وارساء الديمقراطية .

الثورة الاجتماعية : La Revolution Sociale

اذا كانت الثورة بمعناها العام هي وسيلة من وسائل القضاء على النظام السياسي القائم عن طريق القوة واحداث تغير جذري في طبيعة النظام السياسي

الجديد، فأن ذلك لا بد من ان يصاحبه ثورة اجتماعية تستهدف حياة المجتمع الاقتصادية والسياسية والأيديولوجية، وتؤدي الى تغيير التنظيم الطبقي للمجتمع، وتعديل اشكال الدولة، كما تستهدف علاقات الانتاج القديم لتحل محلها علاقات جديدة، وتحدث تغيراً جذرياً في الظروف الاجتماعية، وفي مؤسسات الناس العقائدية، وحياتهم الفكرية . والثورة الاجتماعية لا تحدث عرضاً، بل يحكمها قانون يجرع الى الظروف المادية لحياة المجتمع في مرحلة معينة من مراحل تطوره . فالصراع بين القوى الانتاجية الجديدة النامية، وعلاقات الانتاج القديم هو في الحقيقة نقطة الارتكاز او الاساس الموضوعي للثورة الاجتماعية . وان الذي يحكم الثورة هو التناقض في المصالح الطبقية الذي يصل الى مرحلته النهائية التي تستدعي استخدام قوة الدولة وسلطاتها للايقاء على علاقات الانتاج القديمة، مما يتطلب وجود قوة عنف اخرى تعمل على تقويضه بغية الوصول الى السلطة . وهذا لا يمكن ان يحصل الا عن طريق القوة او الانقلاب للاستيلاء على الحكم . أي ان لكل ثورة اجتماعية ظروفها الموضوعية التي تحتم انطلاقها . الثورات الاجتماعي تختلف من ناحية طبيعتها وبالنسبة للقوة الدافعة لها . فهناك الثورات البرجوازية، والثورة البروليتارية .

- ج -

جاسوسية : Espionage

لقد عرفت اتفاقية لاهاي لعام 1907 في المادة 29 الجاسوس كما يلي : يعتبر جاسوساً الشخص الذي يعمل خفية أو تحت ستار ادعاءات كاذبة على جمع معلومات عن المناطق العسكرية لأحدى الدول المحاربة بقصد ارسالها الى الدول العدوة، ونصت المادة (30) من الاتفاقية على (أنه لا يجوز معاقبة الجاسوس الذي يقبض عليه بالجرم المشهود الابعد محاكمته) . أما الجنود الذين يتم القبض عليهم أثناء الحرب في اراضي العدو لا يمكن اعتبارهم جواسيس، حتى وأن كانوا في حالة استطلاع . أما بالنسبة للدبلوماسي الذي يتم القبض عليه في حالة تجسس فلا يجوز أعتقاله لمدة طويلة، وأنما يحتجز لعدة ساعات قبل ابعاده عن أراضي الدول المعتمد لديها، أما اذا كان موضوع شبهه، فيتم الاعلان بأنه شخص غير مرغوب فيه ويطلب من حكومته استدعاءه، أو يعطي مهلة بين 48 ساعة أو أسبوع لمغادرة الدولة المعتمد لديها .

الجامعة الإسلامية : Pan - Islamique

تعد الجامعة الإسلامية بأنها ذلك التيار الفكري والسياسي الذي ظهر في القرن التاسع عشر الذي ينادي بعودة الامم والشعوب الإسلامية الى دائرة التأثير الانساني والعطاء الحضاري، والعمل على مواجهة التحديات التي تواجه الفكر الإسلامي والشعوب والامم الإسلامية، سواء كانت هذه التحديات داخلية كالتخلف الفكري والروحي والانحدار الحضاري والسياسي والصراعات الاقليمية والقبلية، أو من الخارج حيث السيطرة الاستعمارية والامبريالية التي زحفت من أوربا على الشرق . وقد برزت في أطار الجامعة الإسلامية العديد من التيارات الفكرية والسياسية، كان من بينها الحركة الوهابية السلفية، والحركة السنوسية، ثم تيار الحركة الاسماعيلية الحديثة، والتيار الذي تزعمه جمال الدين الافغاني ومحمد عبده والذي يمكن أن نطلق عليه الاصلاح الديني، وهناك التيار الذي مثله المفكر العربي الإسلامي عبد

الرحمن الكواكبي الذي هدف تجديد حياة العالم الإسلامي ولكن تحت قيادة العنصر العربي . أضافة الى ذلك كان هناك التيار العثماني الذي قاده السلطان عبد الحميد الثاني (1843-1918) الذي طالب وحدة الدولة العثمانية وأحكام قبضتها على كل أجزاء العالم الإسلامي .

جامعة الدول العربية : Ligue des Etats Arabes

أن جذوة الطموح القومي الذي أختزن في الوعي العربي منذ قرون عديدة لم تخمده أو تطفئه السيطرة الاجنبية التي خيمت على الامة العربية، أذ أن سقوط الامبراطورية العثمانية فتح الطريق لتشهد الساحة العديد من الافكار والمشاريع بصدد قيام الدولة العربية الواحدة، والتي كثيراً ما تصطدم بالعديد من المشاريع والافكار المضادة لنهضة هذه الامة ومشروعها الحضاري، ومن بينها المشروع الصهيوني الذي جعل من الوطن العربي ساحة صراع وتنافس دولي يهدف تحقيق اهدافه في أقامة الكيان الصهيوني على أرض فلسطين . واذا كانت فترة ما بين الحربيين العالميتين قد شهد بروز بعض الدول العربية (المستقلة)، الا أن الصعوبات السياسية وخضوعها للسيطرة الاجنبية،حالت دون رغبة القائمين بأمرها في تكوين اتحاد أو رابطة للدول العربية . وبأنتهاء الحرب العالمية الثانية، وحدوث تغيرات جذرية في الوضع الدولي، وبروز عدد من الدول العربية المستقلة، تهيأت بعض الظروف التي من شأنها وضع اطار تجمعي لهذه الدول، وامكان أخراج الفكرة الى حين التنفيذ نتيجة تظافر جهود عربية ودولية ساهمت في توحيد الجهود نحو الهدف المحدد لها . وقد بدأ تنفيذ الفكرة بعقد مؤتمر في الاسكندرية بين 25/أيلول - و17/تشرين الاول/1944 ساهمت فيه سبع دول عربية هي : سوريا، الاردن، العراق، المملكة العربية السعودية، لبنان، مصر واليمن . وقام هذا المؤتمر بمهمة اللجنة التحضيرية لجامعة الدول العربية التي اعدت بروتوكول الاسكندرية الذي صدر في 17/تشرين الاول/ 1944 . وفي شهر آذار 1945 أجتمعت الدول العربية السبع من جديد في القاهرة ووقعت الميثاق النهائي للجامعة بتاريخ 22/آذار/1945 معلنة قيام جامعة الدول العربية على أساس ميثاق يقع في عشرين مادة وملاحق ثلاث أحدهما تصريح خاص بفلسطين

والثاني بالتعاون مع الدول العربية غير المشتركة في الجامعة والثالث بتعيين الامين العام . وتدرجت عدة محاولات بغية تعديل بعض مواد الميثاق الخاص بالتصويت وآلية تنفيذ القرارات التي تتخذ او كذلك تفعيل الامانة العامة ودورها في ادارة الجامعة او تأسيس محكمة عدل عربية الا انها محاولات لم تترجم الى ارض الواقع العربية .

الجداول العشرة : Les Tableau dix

النسخة الاصلية لقانون الجداول الاثني عشر ـ وهو اقدم منصب تشريعي في الدولة الرومانية . وقد أتخذ هذا القانون في ختام الصراع بين العامين والاشراف، في ظل الجمهورية، في اواسط القرن الخامس قبل الميلاد، وقد كان نقطة الانطلاق بالنسبة الى تطور الحق المدني الروماني .

جماعات الضغط : Les Groupes de Pression

على الرغم من أن جماعات الضغط تعد من الظواهر الاجتماعية - السياسية التي شهدتها المجتمعات القديمة، غير أنها لم تكن محل دراسة بشكل متميز، ومالها من دور فعال في الحياة السياسية الا منذ عقود قليلة، ولاسيما بعد أن شهدت الانظمة السياسية الغربية حالة من الاستقرار في مؤسساتها الديمقراطية، الامر الذي أفسح المجال لجماعات المصالح لكي تلعب دوراً ما في التأثير على القرارات . والتحكم بالاتجاهات السياسية الحزبية بشكل خاص . فاذا كان للسلطة تنظيمها القانوني والدستوري فأن لجماعات الضغط (أو المصالح) تأثير كبير على كيفية ممارسة السلطة وعملية صنع القرار . وقد أولت المدرسة السلوكية أهتماماً بالغاً بظاهرة جماعات الضغط، ومعرفة أساليبها في العمل، وتقدير مكانتها الحقيقية في بنية السلطة، والعملية السياسية برمتها، وأن تعبير جماعة الضغط يطلق على جماعة من الاشخاص تربطهم علاقات أجتماعية خاصة ذات صفة دائمة أو مؤقتة بحيث تفرض على أعضائها نمطاً معيناً في السلوك الجماعي . وتجمع هؤلاء الافراد قد يقوم على أساس وجود هدف مشترك أو مصلحة مشتركة بينهم يدافعون عنها بالوسائل المتيسرة لديهم، علنية كانت أم سرية، ويسعون الى الضغط على هيئات السلطة في الدولة لكي تتخذ قرارات ترعى مصالحهم أو أهدافهم المشتركة . ومثال جماعات الضغط :

النقابات، النوادي السياسية، البوت المالية، الاقتصادية، المجمعات والصناعية العسكرية، الشركات المتعددة الجنسيات، التجمعات الدينية، وغيرها . وقد برزت دراسات تميز ما بين جماعات الضغط، وجماعات المصالح التي تعرف بأنها تجمعات منظمة بين عدة أشخاص تجمعهم مصلحة مشتركة، أي أنها تبحث عن فوائدها المادية بدون أن تمارس السياسة بالضرورة كجماعات الضغط . الا أن هذا التميز قد واجه بعض الانتقادات، وخصوصاً في الاستناد الى تعريف ماكس فيبر للسلطة، حيث أن جماعات المصالح في نشاطها الحكومي لها النوعين من البواعث التي تسعى اليها، سواء كان من أجل السلطة باعتبارها وسيلة لخدمة أهدافها أو أنها تسعى الى السلطة من أجل السلطة . وفي الواقع، فأنه من الصعب التميز على أرض الواقع السياسي ما بين جماعات المصالح وبين جماعات الضغط . كما أن هذه الاخيرة تميز عن الاحزاب السياسية، من كون الاحزاب هي منظمات مكرسة للعمل السياسي كلياً، وأن لجماعات الضغط أهداف أضيق من أهداف الاحزاب السياسية التي تضم اكبر عدد من الاعضاء، وتهدف الى الاستيلاء على السلطة، بينما تسعى جماعات الضغط التي تعتبر اكثر عدداً من الاحزاب السياسية، تسعى للتأثير فقط على صنع القرار السياسي وتوجهات السلطة . لا بل أن جماعات الضغط تعتمد في أغلب الاحيان على الاحزاب السياسية في تنفيذ أهدافها، أو تكون ملحقة بها . ولجماعات الضغط أو المصالح طرق خاص بها تختلف عن طرق ممارسة الاحزاب نشاطها قد تكون سرية أو علنية .

الجمعية العامة للأمم المتحدة : The United Nations , Les Nations - Unies

تعد الجمعية العامة الجهاز الرئيس للمنظمة الدولية طبقاً لميثاقها حيث تحملها مسؤولية تنمية التعاون الاقتصادي والاجتماعي وحقوق الانسان والقانون الدولي وجميع عمليات تنظيم الامم المتحدة . وعلى الرغم من تمتعها بصلاحيات بالنسبة للسلم والامن فأن سلطاتها أقل وضوحاً ودقة من السلطات التي تتمتع بها مجلس الامن . وقد نصت المادة التاسعة، الفقرة الاولى، على تكوين الجمعية العامة من جميع اعضاء الامم المتحدة، ولا يجوز (حسب الفقرة الثانية) أن يكون للعضو

الواحد اكثر من خمسة مندوبين في الجمعية العامة . واذا كان للجمعية (أن تناقش أي مسألة تكون لها صلة بحفظ السلم والأمن الدوليين يرفعها اليها أي عضو من أعضاء الامم المتحدة ...) ولها (أن توصي باتخاذ التدابير لتسوية موقف، مهما يكن منشؤه، تسوية سلمية، متى رأت ان هذا الموقف يضر بالرفاهية العامة او يعكر صفو العلاقات الودية بين الأمم ...) فأنها مفيدة من حيث يحتم عليها ان تمتنع عن وضع توصيات بشأن أي مسائل يتولى مجلس الأمن معالجتها . أي ان واضعي الميثاق ارادوا ان يكون للمجلس - فيما يتعلق بالسلم والأمن - حق اصدار الأوامر، وللجمعية العامة حق اتخاذ التوصيات، وهذا ما جاء في نص المادة الحادية عشر، الفقرة الثالثة وكذلك المادة الثالثة عشر، الفقرة الأولى والفقرة الثانية .

ونظام التصويت في الجمعية العامة يتبع قاعدة الاغلبية وليس قاعدة الاجماع عما كان عليه في عصبة الأمم . فقد تقرر ان تصدر الجمعية العامة قراراتها بالأغلبية العادية للأعضاء الحاضرين المشتركين في التصويت، وبأغلبية الثلثين في المسائل التي لها اهمية خاصة : التوصية الخاصة بحفظ الأمن والسلم، انتخاب اعضاء مجلس الأمن غير الدائمين واعضاء المجلس الاقتصادي والاجتماعي ومجلس الوصاية، وقبول اعضاء جدد، ووقف الاعضاء عن مباشرة حقوق العضوية وفصلهم، والميزانية . اما التصويت داخل اللجان المختلفة التابعة للجمعية العامة فيكون بالأغلبية المطلقة . واللغات الرسمية في الجمعية العامة : الانكليزية، الفرنسية، الأسبانية، الروسية، الصينية، وقد تم اضافة اللغة العربية الى لغات العمل الأخرى . ولا يكون للعضو الواحد في الجمعية العامة او في أي من لجانه سوى صوت واحد أيا كان عدد مندوبيه، وتستوي فيها اعضاء الدول الكبرى والدول الصغرى حسب المادة 18 من الميثاق .

جمهورية ارسطو : La République d'Arisote

على الرغم من ان ارسطو (384-322 ق.م) ترك لكل مجتمع اختيار نظام الحكم الذي يعتقد انه يتفق اكثر من غيره في الانظمة مع بيئته، الا انه فضل النظام الجمهوري . وقد حدد ارسطو الأسس التي تقوم عليها جمهوريته (الواقعية) التي

تتمثل في :

- قيام الحكم على اساس مبدأ سيادة القانون .
- تحقيق الصالح العام .
- وموافقة المحكومين .

وبهذا، فأن هذه الدولة لا يمكن ان ترتكز الا على الفضيلة التي ((هي وسط عدل بين طرفين كلاهما افراط احدهما افراط وهو التهور والثاني تفريط وهو الجبن . والوسط العدل ليس وسطاً حسابياً، وانما وسط اعتباري تقديري . فقد تكون الفضيلة احياناً اقرب الى الافراط كما هو الشان في الشجاعة فهي الى التهور اقرب . وقد تكون احياناً اخرى اقرب الى التفريط كما هو الشأن في العفة فهي اقرب الى جمود الشهوة..)) . وقسم المجتمع الى ثلاث طبقات : هي غنية، فقيرة، والطبقة المتوسطة التي تتميز بكثرة عددها، مصالحها المحدودة ومن خلال دمجه لنظام الحكم الديمقراطي ونظام الحكم الاوليغارشي اخرج نظامه الدستوري، حيث اعتبر الدستور العامود الفقري الاساسي للدولة، وبأنهياره ينهار هيكل الدولة التي لها مهمة معنوية اسمى من سد احتياجات الناس، وانما سعادتهم وفضيلتهم . وان علم السياسة هو علم السعادة . وفي اطار ممارسة السلطة في جمهوريته، فأن ارسطو وضع شروطاً لذلك : شرط الجنس والسن، شرط الجنسية، شرط الحرية، شرط المال . وقد هاجم شيوعية افلاطون لأنه اعتقد بانها لا تتماشى مع واقع الانسان . وقد وضع فعلاً لسلطات النظام الذي يتسم بالصلاح حتى لائم روح الشعب وحقق مصالحهم .

الجمهورية الافلاطونية : La Répuplique de Platon

ان الاحداث التي مرت بها دولة - مدينة اثينا الديمقراطية وهزيمتها العسكرية امام اسبارطة الاستبدادية، دفعت افلاطون ان يعيد التفكير في أي انواع الحكم الذي يستطيع تحقيق سعادة الناس .

ومن هنا، انطلق في كتابه الذي حمل اسم (الجمهورية) في بناء جمهوريته الجديدة القائمة على حكم الفيلسوف الحاكم، بعد ان فشل من ان يجعل الحكام

فلاسفة . وجمهورية افلاطون لم تكن الا تصور خيالي لمدينة مثالية نشأت نتيجة للحاجات البشرية التي لا يمكن اشباعها الا بتعاون الافراد مع بعضهم البعض في تبادل الخدمات وتقسيم العمل، والتي تتطلب : مهمة الحكم، ومهمة الدفاع عن الدولة، والمهمة الانتاجية . وعلى ضوء ذلك نشأت ثلاث طبقات : طبقة الحكام الفلاسفة، وطبقة المدافعين، وطبقة المنتجين . ولا يمكن ان يحصل هذا الا ان يتولى الفلاسفة الحكم لكونهم اكثر العناصر حكمة وعقلاً، ومن خلالهم تتحقق العدالة والفضيلة في الدولة . هذا الحكم الذي لا يتقيد بالقانون أي لا يتقيد باي قيد وضعي . وان نجاح هذا النموذج المثالي في الحكم وضمن وصول الاكثر حكمة الى الحكم يتحدد من خلال اسلوبين : التعليم ومن ثمة الشيوعية .

وقد رأى افلاطون بأنه لما كانت السلطة ستسند الى الفلاسفة واهل المعرفة فيترتب على ذلك ان رضاء الافراد او عدم رضائهم لا ينال من شرعية السلطة . حيث لما كانت السلطة بيد الحكماء والفلاسفة، فالمباشرة، أي مباشرة السلطة وطريقة الحكم ستكون بالتبعية عاقلة وحكيمة ومن ثمة فهي ملزم للأفراد . وان العقل يسمو على القانون ولا يمكن تحقيق العكس . وعلى ضوء ذلك فقد وضع افلاطون تقسيماً للأنظمة : دولته المثالية (الارستقراطية) ويليها النظام التيموقراطي الذي هو مظهر انحلال الدولة المثالية، وحكومة الاقلية أي النظام الاوليغارشي التي هي انحلال للنظام التيموقراطي ثم الديمقراطية التي تنشأ نتيجة الفساد الذي يسيطر على الحكم، واخيراً الحكم او النظام الاستبدادي وهو في خاتمة القائمة ويكون ذلك عند ازدياد فساد النظام الديمقراطي . وفي كتابة السياسة فقد تراجع افلاطون عن كل ما طرحه وبدأ بالنزول الى الواقع ورؤية الدولة التي يطالب بإنشائها من زاوية اخرى، حيث قسمها الى الدولة المثالية التي يتزعمها الفيلسوف الحاكم والتي لا يتيسر وجودها في هذه الدنيا، والدولة الزمنية، التي قسمها الى ستة اشكال، ثلاثة تتقيد بالقانون : الملك المستنير، الاقلية الارستقراطية، الديمقراطية المعتدلة . وثلاثة لا تتقيد بالقانون : الاستبداد، الاوليغارشية، الديمقراطية المتطرفة .

الجمهورية الخامسة (دستور) : La Cinquieme République

درج في الادبيات السياسية والدستورية أطلاق مصطلح الجمهورية الخامسة أو دستور الجمهورية الخامسة الفرنسية التي أسسها الجنرال ديغول في عام 1958 . وهذه التسمية متأتية من أسم الدستور الخامس الذي اعلنه الجنرال بعد دراسته في اللجنة الاستشارية الدستورية التي أعدت المشروع النهائي للدستور الذي تم الاستفتاء عليه في 28 / ايلول / 1958 بأغلبية 80% من اصوات الناخبين الذين ادلوا بأصواتهم، وفي اكتوبر صدر هذا الدستور التي ولدت بموجبه الجمهورية الخامسة، حيث سبق وان قامت الجمعية الوطنية بعد تفكك الجمهورية الرابعة ، وتولي الجنرال ديغول رئيساً للحكومة، في 3 حزيران عام 1958 منحه سلطة اعداد دستور جديد الذي وسع من الهيئة التي تقوم بأنتخاب رئيس الجمهورية، والابتعاد عن مسؤولية الحكومة امام البرلمان، وعدم الجواز الجمع بين عضوية البرلمان ومنصب الوزارة، ومسألة السلطات المؤقتة لرئيس الجمهورية . وقد عرفت فرنسا اول دستور مكتوب في عام 1791 الذي اقرته الجمعية الوطنية في 3 / ايلول من نفس السنة منسجماً مع نظرية سيادة الامة . وقد الغيت الملكية في فرنسا بمرسوم صادر في 12/ايلول/1792 حيث بدأ الاعلان عن الجمهورية الأولى . ولم تتمكن الجمهورية من اصدار دستور لها حتى عام 1795. وفي بمطلع القرن التاسع عشر عادت فرنسا مرة اخرى الى الملكيات المطلقة، ولاسيما أبتداء من عام 1814، التي أستمرت حتى عام 1870 رغم الثورات التي حدثت في عام 1830، 1848 التي كانت ثورة الطبقة العاملة في كومونة باريس، وأصدرت دستورها الخاص في 14 نوفمبر من نفس السنة الذي استند على فكرة سيادة الامة والحرية والمساواة والاخاء، وهدف الجمهورية كفالة توزيع اكثر انطباقاً على العدالة لاعباء المجتمع . ومنافعه . ولكن لم تستمر كومونة باريس طويلاً، عادت بعدها فرنسا الى الملكية في عام 1852 التي انحلت في عام 1870 بعد تأسيس ملكية دستورية أصدرت دستورها الجديد في 21/حزيران/1870، ولكنها أنهارت في حربها مع المانيا في أيلول من نفس السنة ليتم الاعلان عن ولادة الجمهورية للمرة الثالثة ودستور 1875 وقد أستمرت هذه

الجمهورية حتى الاحتلال الالماني لفرنسا في عام 1940، حيث تم الاعلان عن سقوط هذه الجمهورية . وقد ولدت بعد التحرير جمهورية رابعة وبموجب دستور 27/اكتوبر/1946 الذي سبق وأن أقرته الجمعية التأسيسية، وجرى الاستفتاء عليه في 13/اكتوبر من نفس السنة . وأستمرت هذه الجمهورية حتى عام 1958 عندما تم الاعلان عن ولادة الجمهورية الخامسة برئاسة ديغول ودستور 1958، الذي ما زال العمل به حتى الان رغم التعديلات التي جرت خلال النظم السياسية المتعاقبة ما بين اشتراكية ويمنية الا أنه بقي يحمل أسم الجنرال ديغول .

الجنسية : Nationalité

لقد أتفق الكثير من الكتاب على تعريف الجنسية بأنها رابطة قانونية سياسية تربط شخصاً بدولته . فهي رابطة قانونية بين الشخص والدولة تترتب عليها حقوق والتزامات متبادلة بينهما . وهي رابطة سياسية لأنها أداة لتوزيع الافراد جغرافياً بين الدول وتجعل الشخص أحد أعضاء شعب الدولة (ينظر تعريف الشعب) . وبناءاً على ذلك فأن اركان الجنسية هي :

1. الدولة (ينظر الدولة) اذ لابد من وجود دولة قانونية ذات شخصية دولية لكي تعطي جنسية خاصة بها .
2. شخص . اذ لكل شخص طبيعي أهلية التمتع بجنسية . لأن الانسان يعتبر من اشخاص القانون لا من موضوعاته بعدما زال نظام الرق .
3. رابطة قانونية سياسية بين الشخص والدولة لكي يتمتع بجنسيتها . كالولادة من وطنييها أو الولادة والاقامة في أقليمها . وذلك لأن الجنسية هي الصفة القانونية لعضوية الشخص في جماعة الدولة .

وقد أختلفت الاراء حول الطبيعة القانونية للجنسية . فهناك من يعتقد بأنها ذات طبيعة تعاقدية (عقد ملزم للجانبين) والذي هو أساس رابطة الجنسية . وهناك من فند هذه الطبيعة واعتبرها علاقة قانونية تنشئها الدولة بقانون لمصلحتها ومصلحة الشخص معاً.

وقد أستقر الوضع القانوني الدولي والوطني، بأنه لكل شخص الحق في الجنسية وطبقاً لسلطات الدولة في أمر جنسيتها، الامر الذي أثار النقاشات المتعددة حول الجنسية وحالة اللاجنسية، وازدواج الجنسية، وحق الانسان تغيير جنسيته أو الاحتفاظ بها (للمزيد من التفصيل ينظر : غالب علي الداودي، حسن محمد الهداوي، القانون الدولي الخاص : الجنسية، المواطن، مركز الاجانب واحكامه، مطابع دار الكتب /جامعة الموصل/1982) .

جواز دبلوماسي :passeport diplomatique

وهو الجواز الخاص والمتميز بلونه الذي يمنح لرئيس الدولة والوزراء ورئيس الحكومة والمجلس النيابي والممثلين الدبلوماسيين على أختلاف درجاتهم،وبعض كبار رجال الدولة . ويلقى حامله معاملة خاصة في المناطق الحدودية، والمطارات، ويختلف عن الجواز الرسمي الذي يمنح لموظفي الدولة العاديين الموفدين بمهمة رسمية ويمنحهم بعض التسهيلات الادارية . كما أن هناك جواز خاص يمنح لكبار موظفي الدولة الموفدين بمهمة رسمية، وهي أدنى درجة من الجواز الدبلوماسي .

الجيش الاحمر : l'armée rouge

بعد أستلام البلاشفة للسلطة في عام 1917 وأتخاذهم العلم الاحمر المطرز بالمطرقة والمنجل كرمز لتحالف العمال والفلاحين، شعاراً لها، أطلق على الجيش السوفيتي الذي أشرف على تكوينه تروتسكي أسم الجيش الاحمر، الذي أتخذ الصفة الرسمية حتى زاول الاتحاد السوفيتي في نهاية عام 1991 .

الجيوبولتيك (السياسات الجغرافية) : Geopolitique

جاء في القاموس الفرنسي Larousse أن ما يقصد بالجيوبولتيك geopolitque هو دراسة العلاقات الموجودة ما بين الدول وسياساتها، والمعطيات الطبيعية التي تحدد هذه العلاقات .

وينسب أغلبية الكتاب المختصين في السياسة الجغرافية (جيوبولتيك geopolitque) الى رودلف كجيلين الذي فكرفي هذه الكلمة وسط الحرب العالمية

الاولى . وأكد هذا الجغرافي السويدي في كتاب له صدر عام 1916، على (أن فكرة الدولة وحياتها لا تعتمدان على شعبها، وحكوماتها، واقتصادها، وحضارتها فحسب، بل أيضاً ارضها، وتربتها وطرقها ومواردها الخام، وخيراتها) . غير أن العالم البريطاني ماكندر والادميرال ماهان والبرفسور نيكولاس سبيكمان الامريكيين طوروا فيما بعد مفهوم الارض كوحدة سياسية جغرافية واحدة . وفسر ماكندر تأثير الدولة البرية - كمقابل للدولة البحرية - في حين قدم المؤلفان تفسيراً لقوى الدولة، تفسيراً جديداً يختلف عن الاخرين . وقد لاحظ ماكندر أن ثلاثة أرباع الكرة الارضية تغمرها المياه، والربع الباقي جزيرة . وتشكل قارات أوربا وآسيا وأفريقيا كتلة واسعة من اليابسة وقد وصفها بـ(جزيرة العالم) .. ولم يعد الرأس القطبي الثلجي الذي يبلغ أتساعه الفي ميل، والذي كان يمنع البحارة في الماضي من الدوران حول (جزيرة العالم) لم يعد عائقاً بفضل التطور الذي طرأ على القوة الجوية .

وانطلاقاً من هذه الافكار الأولية شرع ماكندر في تحديد محور هذه المنطقة، أو قلب جزيرة العالم . فكان أن وجد القلب في الجزء الشمالي والداخلي من آوراسيا، والذي يمتد شرقي أوربا حتى الصرب، واعتقد أن منطقة القلب تحتوي على عناصر قوة كامنة كافية للسيطرة على العالم كله واعلن تحذيره :

- (من يحكم شرقي أوربا فقد سيطر على منطقة القلب
- (ومن يحكم منطقة القلب سيسطر على جزيرة العالم
- ومن يسيطر على جزيرة العالم يسيطر على العالم) .

وقسم ماكندر بقية أجزاء العالم الى مناطق تشمل بلدان المانيا والنمسا، وتركيا والهند، والصين . ويرى أن جميع هذه الاقاليم عرضة لتغلغل القوات البرية في منطقة القلب . أما البلدان المتبقية وهي بريطانيا العظمى، وجنوبي أفريقيا، وأستراليا، الولايات المتحدة، كندا، واليابان . فقد أعتبرت تابعة للهلال الخارجي، أو الهلال الحاجز .

الجيوستراتجية : Geostrategy

لقد بـرزت مطلحـات جديـدة مـن خـلال دراسـة العلاقـة مـا بـين الجغرافيـة السياسية وقوة الدولة، وحيث الاهتمام بهذه القوة، أو حـدود المصـلحة القوميـة الذاتية . ومن بين هذه المصطلحات الجيوبولتيك (ينظر ذلك)، والجيوستراتيجية التـي تتميز بمفهومها الواسع . واذا كانت الجيوبولتيكا هي العلم الذي يبحث عـن العلاقـة بين الاحداث السياسية والارض، أي يـربط السياسـة بالارض، وتعتنـق فلسـفة القـوة، وترسم الخطط الاستراتيجية التي تحقق السيطرة، فأن الجيوستراتيجية هي التخطيط السياسي والاقتصادي والعسكري، الذي يهتم بالبيئة الطبيعية من ناحية أستخدامها في تحليل أو فهـم المشـكلات الاقتصـادية أو السياسـية ذات الصـفة الدوليـة . أو تبحـث الجيوستراتيجية في المركز الستراتيجي للدولة أو للوحدة السياسية متناولة بالتحليل الى عناصره أو عوامله الجغرافيـة العشـرة : الموقـع، الحجـم، الشـكل، الاتصـال بـالبحر، الحدود، العلاقة بالمحيط، الطبوغرافيا، المناخ، الموارد، والسكان .

- ح -

حائط برلين (1961) : Le mur de Berlin

بعد أن خيم على العالم بعد فترة قصيرة جداً من أنتهاء الحرب العالمية الثانية، جواً من عدم الثقة والتنافس الدولي في أطار ما كان يعرف بالحرب الباردة، طبقاً لمبدأ الرئيس هاري ترومان في أحتواء الشيوعية والخطر السوفيتي على أوربا، لم يكن هناك مجالاً الا وينسحب هذا الوضع على مدينة برلين . أذ أن أقامة نظام أقتصادي رأسمالي بما قرره الحلفاء في 18 حزيران 1948 يطبق على ألمانيا، بما فيها مدينة برلين بأكملها، ادى الى قيام الاتحاد السوفيتي أصدار قانون أصلاح مالي يطبق على ألمانيا الشرقية بما فيها مدينة برلين، الامر الذي ادى الى نشوب (حرب) من نوع آخر الا وهي الحرب المالية، وتوترت العلاقات بين الجانبين، مما دفع الاتحاد السوفيتي الى غلق المنافذ البرية المؤدية الى برلين ومحاصرتها من كل جانب مما تعذر على القوى الغربية الدخول اليها . وقد أعتبرتها المانيا الشرقية عاصمة لها . وفي عام 1958 طالبت موسكو باعلان مدينة برلين حرة منزوعة السلاح، الا أن، الدول الغربية رفضت ذلك، الامر الذي ترتب عليه بناء جدار برلين في 18/آب/1961 يفصل برلين الغربية عن بقية أراضي المانيا الشرقية، وحددت 13 نقطة عبور رسمية، وقد نشبت عقب ذلك أزمة دولية ادت الى زحف الدبابات الامريكية نحو الحائط الا أنها لم تستطيع تهديمه . وبعد فترة الانفراج الدولي توصل الى أتفاق رباعي مع السوفيت عام 1971-1972 حول وضع المدينة، وبدأ أنفراج يسير بخطوات بطيئة بين الشطرين طبقاً لسياسة الاتجاه شرقاً التي أتبعها مستشارو ألمانيا الغربية وخصوصاً ادينهاور، وفيلي براندت التي تكللت بالتوصل الى العديد من الاتفاقيات بين الشطرين، سمحت لهما بدخول الامم المتحدة في عام 1972 . وقد انهار هذا الحائط في 9كانون الأول 1989 بعد قمة مالطا العائمة بين ميخائيل غوربتشوف والرئيس الامريكي جورج بوش الاب في الثاني من الشهر نفسه

حافة الهاوية : au bord du precipice

تعبير سياسي يقصد به أن الامور قد وصلت الى حافة الهاوية منذرة بحرب مسلحة دون شنها . وأول من أستخدم هذا التعبير وزير الخارجية الامريكي جون فوستر دالاس في عقد الخمسينات، وذلك خلال سياسته المعروفة في التصدي للأتحاد السوفيتي والايديولوجية الشيوعية، ومنعه من أكتساب مناطق نفوذ جديدة، ويتم ذلك من خلال تطويقه بعدد من الاحلاف العسكرية والقواعد النووية والصاروخية، دون الاشتباك مع الاتحاد السوفيتي في حرب مسلحة . وهذه السياسة جزء من السياسات التي أبتكرت خلال الحرب الباردة ما بين القوتين .

الحداد الوطني : Deuil

يعتبر الحداد من الممارسات الطقسية التي تعلن عند وفاة الملك، أو الملكة، أو رئيس الجمهورية، أو عند وفاة رؤساء الدول الاجنبية الذي يحظي بمكانه لدى الدول المعلنة الحداد أو تتعرض هذه الدول المعلنة للحداد الى كارثة تؤدي عن وفاة اعداد كبيرة من سكانها، مثل الزلازل أو غيرها . وتتراوح مدة الحداد حسب الدول ما بين ثلاثة أيام أو أربعين عاماً، ينكس خلالها العلم الوطني، ويحظر فيها أقامة الحفلات والولائم، وتراعى فيها الانظمة الرسمية المتعلقة بهذه المناسبات . وهذا الحداد قريب جداً من الحداد على مستوى العائلة، حيث يعلن أهل الميت فترة الحداد، وحسب الطقوس كل مجتمع، وطائفة دينية، وعرقية .

الحدود : Frontieres

أشار الاستاذ علي صادق أبو هيف الى أن لإقليم كل دولة حدود تفصله عن أقاليم الدول الاخرى المحيطة به، وتعيين هذه الحدود من الاهمية بمكان، اذ عندها تبدأ سيادة الدولة صاحبة الاقليم وتنتهي سيادة غيرها، وورائها تنتهي سيادتها وتبدأ سيادة غيرها . والحدود قد تكون طبيعية أو أصطناعية . أما النوع الاول فهي تلك الحدود التي توجدها الطبيعة ذاتها كسلسلة جبال أو نهر أو بحر أوبحيرة . أما الحدود الاصطناعية فهي الحدود التي تلجأ الدول الى رسمها وتحديدها لتحديد سيادة كل

طرف ومدى سريان سلطته السياسية . ويتم هـذا التحديـد بطـرق عـدة قـد تكون عـن طريـق معاهـدة، أو أتفـاق خـاص، ومـن خـلال علامـات واضحـة بـارزة، وحسابية حسب خطوط الطول والعرض، ويتم رسمها أو تحديدها على الخارطة وقـد تكون فلكية حسب الطول والعرض، أو خطوط هندسية بـين نقطتـين معلـومتين أو خطوط مستقيمة . وقد بـرزت مـدارس عديـدة في الفقه الـدولي تناولـت موضـوع الحـدود، واستندت على معايير مختلفة، منها المعيار السكاني، ومعيار السـيادة الـذي روجه الاستاذ بوجز الذي قال بأنه (حـد الدولة هـو ذلك الخـط الـذي يميـز حـدود الاقليم الذي تمارس عليه الدولة حقوق السيادة) . أما اندارس فقد عرف الحدود بأنها (تحديد الاختصاص المطلق للدولة، وتحديد أقليمها) . وقد برزت معايير عـدة لرسـم الحدود منها : المعيار الاستراتيجي، والمعيار البشري والحضاري، ثم المعيار الاقتصادي، ومعيار القوة الذي ساد حقل الجيوبولتيك، حيث الاهميـة الاستراتيجية، طبقـاً لوجـه نظر العالم الالماني راتزل الذي قال بـأن أفضـل الحـدود هـي التي تكـون لهـا أهميـة عسكرية .

الحرب : War- Guerre

اذا كانت الحرب حسـب تعبيـر كلاوزفينـز (هـي أمتـداد للسياسـة بوسـائل مختلفة) فأنها نزاع مسلح بين طرفين أو أكثر، يهدف كـل طـرف متـورط فيهـا حمايـة حقوقه ومصالحه في مواجهة الطرف الاخر، وفـرض واقـع جديـد، وتخـوض غمارهـا جيوشها النظامية لحل كل نزاع أخفقت جميع المسـاعي الدبلوماسية لايجـاد تسـوية سلمية له . اذ أن كل طرف يحاول فرض أرادته على الطرف الاخر وأخضاعه لسـيطرته وقد حاولت الماركسية - اللينية كشف طبيعة السياسة التي تشكل الحرب أسـتمراراً وأنعكاساً لها، وذلك من أجل الكشف عن المحتوى الطبقي للحرب . يقول لينين : أن الطبيعة الطبقية للحرب يجب البحث عنها ليس في التاريخ الـدبلوماسي للحـروب، وأنما بتحليل الواقع الموضوعي للطبقات الحاكمة في كل البلدان المتحاربة) . والحرب في فقه القانون الدولي العام لا تقوم الا بـين أشخاص هذا القانون (الـدول)، وتختلـف عن تلك الحرب التي تقوم في أطار السيادة الوطنية، والتي يطلق عليها (الحرب

الاهليـة) التي لا تخضـع لقوانين وانظمة غـير أحكـام القـانون الجنائي التي
اندلعت فيها مثل هذه الحرب الطائفية، العرقية ... الخ . في حين الحرب التي تحصل
بين الدول تخضع لقوانين وأنظمة وقواعد تتعلق بطرق القتـال، ومعاملـة الاسرى
والجرحى والقتلى، واحترام السكان المدنيين والمستشفيات والمدن المفتوحـة، وخطـر
أستعمال الاسلحة المحرمة دولياً واذا كان للحرب مظاهرها، فأن لها أيضاً أنواعها مثل
الحرب الذرية، الكيمياوية، البرية، الجوية ... الخ . وقد أجمعت جميع المعاهدات
والمواثيـق تحـريم اللجـوء الى الحـرب، أو القـوة في تسـوية النزاعـات، وأكـدت عـلى
التسوية السلمية عبر مختلف الطرق والاجراءات . وقـد جـرى تطـور الى التوسـع في
مدلول الحرب بحيث يخضع لحكم الحرب الدولية كل قتال مسلح على نطاق واسـع،
حتى ولو كان القتال يدور بين جماعات لا تتمتع بوصف الدولة وفقاً لقواعد القانون
الدولي . وبغية عدم التوسع في المفاهيم والانواع التي اتخذتها الحرب، فسوف نكتفي
بالاشارة الى أنواعها : مثل حرب الاستقلال، وحـرب الاستنزاف التـي يحـاول فيهـا كـل
طرف القضاء على قوات خصمه تدريجياً قصد انهاكه توطئة للقضاء عليه، وحـرب
الابادة والفناء والتي تتمثل في الحصار، وحرب الفتوحات، والحرب النفسية أو حرب
الاعصاب التي تمثل محاولة للتأثير عـلى معنويـات العـدو ببـث الـروح الانهزامية،
وتثبيط عزائم الجنود والشعب، وحرب التحرير، وحرب السراديب، والحـرب الاهليـة،
والحرب المقدسة، والحرب الدفاعية، والحرب الالكترونية، وحـرب الغواصـات، وحـرب
الخنادق . (ينظر الحرب الباردة، الحرب العادلة، وحرب العصابات) .

حرب الافيون الاولى (1839-1842) : Guerre de Opium

وهي حرب فتح واغتصاب شنتها بريطانيا عـلى الصـين ودشـنت عهد تحويل
الصين الى بلد شبه مستعمر .وقد أتخذ اقدام السلطات الصينية في كانتون على أتلاف
احتياطـات مـن الافيـون تخـص التجـار الاجانـب ذريعـة لشـن الحـرب . استغل
المستعمرون البريطانيون هزيمة الصين الاقطاعيـة المتخلفـة وفرضوا عليها معاهـدة
نانكين اللصوصية (29 آب - اغسطس 1842) التي نصت عـلى فتح خمسـة مـرافـئ
صينية (كانتون،

اموي، فوتشجو، نيتو، شانغاي) أمام التجارة البريطانية، ومنح التجار الاجانب حرية الاقامة، وجعل جزيرة هونغ كونغ (ملكا) لبريطانيا وتكليف الصين بدفع غرامة باهظة، والزام الصين بتطبيق تعرفة جمركية جديدة، ملائمة للبريطانيين .

الحرب الباردة : Guerre froide

لقد نشأت في محيط العلاقات الدولية وبعد الحرب العالمية الثانية، مصطلح جديد أطلق عليه (الحرب الباردة)، نتيجة للردع النووي لدى القوتين العظيمتين،الاتحاد السوفيتي والولايات المتحدة، مما أدى الى حدوث توتر شديد بينهما، استدعى ذلك استخدام مختلف طرق الدعاية، وأختلاق الاتهامات والاشاعات، والإدلاء بتصريحات تنطوي على التحدي والاستفزاز والتهديد باللجوء الى استخدام القوة، والدخول في سباق تسلح محموم، باهظ التكاليف، وخلق الاحلاف العسكرية والتكتلات الاقتصادية، وأجراء المناورات العسكرية، ومحاولة تفتيت الجبهات الداخلية في كل معسكر . فحلفاء الامس الذين هزموا دول المحور تحولت العلاقة فيما بينهم الى عداء متبادل، (حرب باردة)، حرب بين أيديولوجيات، حيث أصبحت الاسلحة فيها أقل أهمية من الكلمات، على الرغم من الترسانة النووية والصاروخية لكل طرف . وعلى الرغم من النزاعات الاقليمية الخطيرة التي أندلعت ولحساب المعسكرين بالنيابة، فقد تجنبت القوتان العظيمتان شن حرب عالمية ثالثة يمكن أن تهدد بدمار الكوكب بأسره . فقد اشعرت الاسلحة النووية عن نشوء موقف جديد تماماً لم تعد معه مخاطر شن الحرب مساوية بوضوح للمكاسب المحتملة . وقد شهدت الحرب الباردة أزمات حادة مثل الحرب الكورية، وحصار برلين 1948، وبناء جدار برلين 1961، وأزمة الصواريخ الكوبية 1962، الا أنها بقيت ضمن أطار (الحرب الباردة) ولم تتطور الى نزاعات متفاقمة يمكن أن تؤدي الى نشوب حرب عالمية ثالثة . وقد تخلخلت الحرب الباردة فترات من الوفاق الدولي صاحبها التوصل الى حل العديد من القضايا الاستراتيجية، وخصوصاً التوصل الى نزع الاسلحة النووية، والصاروخية، رغم بقاء سباق التسلح المحموم الذي تصاعدت وتيرته عند وصول رونالد ريغان الى البيت الأبيض في عام

1980 فبدأ بهيمنة الاتجاه اليميني الجديد على السياسة الامريكية منطلقاً في تسخين المواجهة ما بين الشرق والغرب من خلال برنامج حرب النجوم، وانتهاج سياسة التدخلات العسكرية في العديد من دول العالم الثالث . وقد طويت الحرب الباردة صفحاتها بعد قمة مالطا العائمة في كانون الاول /1989 واعقبها سقوط جدار برلين في 1989/12/9، وتفكك الكتلة الاشتراكية وحل حلف وارشو عام 1990 .

حرب الثلاثين سنة 1648-1618 : Guerre de Trente

أول حرب أوربية عامة وقد نشبت نتيجة لتأزم التناقضات بين مختلف تكتلات الدول الاوربية واتخذت شكل صراع بين البروتستانت والكاثوليك . بدأت الحرب بانتفاضة في بلاد التشيك على استبداد ملكية آل هابسبورغ وعلى هجوم الرجعية الكاثوليكية ثم أنضمت الدول الاوربية الى الحرب وشكلت معسكرين . فقد أتحد بابا روما وآل هابسبورغ الاسبان والنمساويين والامراء الكاثوليك في ألمانيا تحت راية الكاثوليكية ووقفت ضد البلدان البروتستانتية : بلاد التشيك والدنمارك واسوج الجمهورية الهولندية وعدد من الدويلات الالمانية التي قبلت الاصلاح . حظيت البلدان البروتستانية بتأييد ملوك فرنسا أخصام آل هابسبورغ . أصبحت ألمانيا المسرح الرئيسي لهذا الصراع، وموضعها للنهب الحربي والمطامع الاغتصابية من جانب المشتركين في الحرب . أنتهت الحرب في عام 1648 بعقد صلح وستفالن الذي ثبت تجزؤ ألمانيا السياسي .

حرب السبع سنوات (1763-1756) : Guerre de Sept ans

حرب بين حلفين من الدول الاوربية : الحلف الانجلو - بروسي من جهة، والحلف الفرنسي - النمساوي - الروسي من جهة أخرى . كان التنافس الاستعماري والتجاري بين إنكلترا وفرنسا أحد الاسباب الاساسية للحرب . علاوة على المعارك البحرية، دارت رحى العمليات الحربية بين هاتين الدولتين في أراضي مستعمراتها الامريكية والاسيوية في المقام الاول . كانت الهند مسرح الحرب الرئيسي في الشرق، وضد الفرنسيين وصنائعهم من الامراء والمحليين الهنود . عمات شركة

الهند الشرقية البريطانية التي زادت قواتها المسلحة زيادة كبيرة واستغلت الحرب للستيلاء على جملة من الاراضي الهندية جميعها تقريباً (ولم يبق لها غير خمسة مدن ساحلية تعين عليها هدم استحكاماتها) وازداد بأس إنجلترا الاستعماري كثيراً، لتصبح القوة الاستعمارية الاولى بمساحتها الواسعة وقوتها البحرية التي لا تضاهيها قوة اخرى .

الحرب العادلة (المشروعة وغير المشروعة) : Guerre légitime

في الاستناد الى مبادئ القانون الطبيعي فأن الحرب تعتبر خروجاً على القانون، وعملاً من الاعمال غير المشروعة التي يتعين تحريمها اطلاقاً . ومن هنا جاء التفريق بين الحرب العادلة التي تضطر الدولة الالتجاء اليها دفاعاً عن حقوقها ومصالحها الحيوية والحرب غير العادلة، او الحرب العدوانية . الا انه ما بين السياسة والقانون بون شاسع، وكل طرف يحاول ان يعطي تبريراته (المنطقية) . اذ ان نظرية الحرب العادلة تشترط توفر اربعة   شروط :

1.   السند القانوني، أي ان تلجأ السلطة المعنية الى اعلانها .

2.   السبب العادل، أي ان تكون ناشئة عن سبب مبني على فكرة عادلة تتناسب مع الاضرار التي تنجم عن الحرب.

3.   الضرورة القصوى، بسبب استنفاد جميع وسائل التفاهم، وتعذر وجود أي وسيلة اخرى لاحقاق الحق .

4.   استعمال الوسائل العادلة، التي تتيح عند انتهاءها العودة بسهولة الى حالة السلم الطبيعية .

ولكن عند دراسة كل الحروب والنزاعات التي اندلعت خلال نصف القرن الثاني من القرن العشرين، وما قبله حتى، لم تقم الدول وزناً لهذه الشروط وانما حسب القوى التي تمتلكها، وفرض ارادتها على الاطراف الاخرى، وقد كان للحرب دائماً ما يبررها . وعلى الرغم من الحدود القانونية التي وضعتها الاعراف والمواثيق الدولية للحد من سلطان الدولة في الالتجاء الى الحرب، ولجم انفلات القوة

العسكرية، واحاطتها بالقيود، الا انها لم تستطع ان تحد من التعسف في استعمال القوة، وتفسير القرارات والنصوص حسب مقتضيات مصالحها القومية والخيارات السياسية لاستراتيجيتها . فميثاق الامم المتحدة الذي حاول تلافي النقص الذي حصل في السابق، اعلن صراحة تحريم استعمال القوة او التهديد باستعمالها في العلاقات الدولية وفرضت على الدول الاعضاء ان يتوسلوا الطرق السلمية لفض منازعاتهم على وجه لا يجعل السلم والامن والعدل الدولي عرضة للخطر، حسب المادة الثانية، الفقرة الثالثة والرابعة من الميثاق . ومما يلفت الانتباه اليه هو أن الميثاق لم يفرق في التحريم بين الحرب العدوانية وغيرها . كل حرب مهما كان نوعها محظورة، الا في حالة واحدة تكون فيها الحرب مشروعة وفقاً لاحكام الميثاق ولا تقع في نطاق التحريم المنصوص عليه فيه وهي حالة الحرب التي تدخل فيها الدولة مضطرة دفعاً لاعتداء واقع عليها . وقد جاء منطوق المادة 51 من الميثاق ليوضح هذه النقطة بقوله: أنه ليس في هذا الميثاق ما يضعف أو ينقص الحق الطبيعي للدول، فرادي أو جماعات في الدفاع عن أنفسهم اذا أعتدت قوة مسلحة على أحد أعضاء الامم المتحدة وذلك أن يتخذ مجلس الامن التدابير اللازمة لحفظ السلم والامن الدولي).

حرب العصابات : La guerrilla

يتفق أغلب الكتاب بأن مصطلح حرب العصابات مصطلح جديد ولد في خضم الحرب العالمية الثانية عندما تشكلت خلايا صغيرة غير نظامية يقوم بها جماعة من الفدائيين أو المجاهدين لمقاومة جيوش الاحتلال الالمانية، هدفها تحرير الوطن . وترجع اللفظة الى أصل أسباني ومعناها (الحرب الصغيرة)، الا أنها لم تكتسب الطابع السياسي الواضح لها الا في حروب الاستقلال، وخصوصاً في الهند الصينية ضد القوات الفرنسية، وحرب الجزائر، وحرب فيتنام، وحروب الاستقلال والتحرير اللاتينية التي تطورت على يد فيدل كاسترو وجيفارا والفدائيين الفلسطينيين . وتستعمل طرق الهجوم والاختفاء وخرق تحصينات العدو في مناطق وعرة وغير مرئية كالغابات والكهوف الجبلية، وتعمد أحياناً الى مناوشة مؤخرة جيش العدو في الهجوم أو الانسحاب لاحداث جو من القلق والبلبلة يمهد السبيل لمواصلة المقاومة

الشعبية . وقد سبق وأن اعترف مؤتمر جنيف المنعقد عام 1949 بحركات المقاومة المنظمة التي تبذل نشاطها ضمن الاراضي المحتلة أو خارجها، فيستفيد أفرادها من المعاملة المقررة لأسرى الحرب، الا أن اغلبية الدول لم تلتزم بهذا الميثاق .

حركة الاصلاح الديني (البروتستانية) : Protestantisme

لقد تبلورت هذه الحركة في القرن السادس عشر، وتزعمها مارتن لوثر وجان كالفن . والبروتستانية وفقاً لمعناها اللفظي تعني أحتجاج ضد السلطة البابوية في روما . ولم يقتصر هذا الاحتجاج الذي تزعمته حركة الاصلاح الديني ضد سلطة البابا، ولكن رفض مفهوم الكنيسة كمؤسسة لها طقوس مقدسة وتنظيم وحي ويهيمن عليها أجيال متعاقبة من رجال الدين الذين لهم سلطات مقدسة . واذا كان لحركة الاصلاح الديني أبعاداً سياسياً تمثلت في تعزيز مركز الملوك ===الدولة القومية في مواجهة عداءهم للكنيسة الكاثوليكية، وأحياء بعض الافكار التي أكدت على الحق الالهي في الحكم، فأن الجوهر الاساسي يمثل في أختلافها عن غيرها من الكنائس في سر المناولة، وعدم أعتراف البروتستانت ببعض أسرار الكنيسة والتركيز على الارادة الحرة للفرد في تخليصه من السلطة الكنيسية . وقد هاجمت اللوثرية هجوماً شديداً بيع صكوك الغفران، مؤكداً أن الله وحده يغفر الخطايا .

الحرية : Liberté

للحرية معنى واسع، وشامل، الا أنها لازمت الوجود الانساني منذ بداياته، ولصيقة بالانسان منذ ولادته، حيث ولد حراً . وتتخذ الحرية معاني متعددة، اذ أنها من الناحية البيولوجية هي فقدان الارغام أو القسر، وقد استرعت هذه المفردة أهتمام المفكريين اليونايين،ومدارسهم الفكرية، وخصوصاً المدرسة الابيقوريه التي رأت أن الانسان يكون حراًَ حين لا يكون هناك قيد على رغباته . ويقول أفلاطون (أننا لا نعي الحرية، حين تقع تحت وطأة الرغبات) .

والحرية من الناحية النفسية، هي القدرة على الاختيار بين عدة أشياء، أو عدة حلول أو فروض أو أحتمالات . وهناك من يرى بأنه لا يمكن أن ينظر للأنسان كأنسان بدون الحرية التي لايمكن أن تنفصل عنه، فالحرية هي الوجود الانساني نفسه

. فالوجود لايتحدد، ولا يتأكد الا بالحرية ذاتها . وقد أشار (كانت) الى أن الحرية هي قانون الفعل . أما الفيلسوف فيخته فقد أشار الى أن أستقلالية الحرية شيء عام، لآن بالحرية تتحقق المهمة الروحية أو المثالية في أي أنسان . والتحقيق الحر هو تحقيق الذات، وتحقيق سعادة الانسان ذاته، بأن يخلق الانسان حياته، كدلالة على حريته .

والحرية كموقف أنساني هي فعل حر وتغيير، وسارتر يؤمن بهذا المفهوم للحرية . فأن الانسان يصنع حريته أو ينتزع حريته بنفسه، وهذا هو الوعي . فالحرية هي الوجود، الانساني، والفعل الانساني، ونضال، من خلال تحقيق الذات . وللحرية في الفكر الاشتراكي لها مفهوم آخر باعتبارها الوعي، والذي من خلاله يمكن السيطرة على الطبيعة وعلى المجتمع نفسه . وسيطرة الانسان على الطبيعة لا تكون الا بالعلم . والترجمة السياسية لمشكلة الحرية في الاشتراكية هي الديمقراطية الواعية . ولا تتم الا من خلال ألغاء أستغلال الانسان للانسان، وتحرير الانسان من الاستغلال والقهر الاجتماعي . والحرية على أنواع : حرية العقيدة، وحرية الرأي والتعبير، وحرية المسكن، والعمل والتنقل .ولقد نصت وثيقة دستور الثورة الفرنسية الصادرة عام 1793 وفي مادتها السادسة بأن الحرية (هي القدرة التي يملكها الانسان، القدرة على أن يفعل كل ما لا يضر ـ بحقوق الاخرين)، كما أن وثيقة أعلان حقوق الانسان الصادرة سنة 1791 : (تقوم الحرية في أستطاعة الانسان أن يفعل كل ما لا يضر ـ بالاخرين) . الحرية أذن . الحق في القيام بكل ما لا يضر ـ الاخرين، والحدود التي يستطيع كل أنسان أن يتحرك فيها دون أن يضر الاخرين، محددة بالقانون، كما أن الحد بين حقلين يعينه وتد .

واذا كان الفيلسوف الالماني آرثر شوبنهور (1788-1860) قد أعتبر الحرية وهم، وأن الانسان فريسة وهم هو الحرية، فأن أنصار الحرية قالوا بأنه لا يمكن تعريفها، لانها لا يمكن أن تصبح شيئاً منفصلاً عن الانسان ذاته، فهي حرية معاشه، أي تجربة يعيشها الانسان، ومن خلال التجربة ذاتها يحس بالحرية . ولذلك فالحرية هي أن لوجود نفسه، لأن الوجود لا يتحدد أو يتأكد الا بالحرية ذاتها . وقد أشار (كانت) الى أن الحرية هي قانون الفعل . ويقول سارتر أن الحرية هي الوعي . ويرى

الاشتراكيون أن الضرورة ليست ضرورة عمياء الا بالقدر الذي تكون فيه هذه الضرورة غامضة، ومتى اكشف أسرار الضرورة أو جزء من أسرار الضرورة فالانسان يتحرر بهذا القدرة فالاشتراكية هي الحرية التي تستطيع أن تعتمد على الوعي، أي السيطرة على الطبيعة، وعلى المجتمع نفسه . ويربط الاشتراكيون مشكلة الحرية بتحرير المواطن من الاستغلال والقهر الاجتماعي .

الحزب : Parti

لقد تعددت التعريفات التي صدرت عن الحزب، وخصوصاً في أطار النظرية العامة للأحزاب السياسية، سواء كان بأختلاف نشأتها، أو الوظائف التي تقوم بها، أو بين مؤيد ومعارض لها، الامر الذي جعل من الصعب الوقوف على تعريف جامع لمفهوم الحزب، ودقيق علمياً كما أن المفهوم أختلف من دولة الى أخرى، ومن زمن الى أخر، حيث أن التنظيم السياسي (ينظر ذلك) الذي يعتبر حزباً في وقت من الاوقات قد لا يعتبر كذلك في وقت آخر . ومع ذلك فأنه يعتبر حزباً سياسياً كل تجمع لاشخاص يعتنقون نفس المبادئ السياسية أي أن هناك أفراد، ومعتقد سياسي، وهو ما ذهب إليه كونستاف بنيامين، والاستاذ جيلنبك الذي عرف الحزب بأنه (مجموعة تشكل بفعل الاتفاق العام حول أهداف سياسية تعمل على تحقيقها . أما الاستاذ كلسن فقد رأى، بأنها (التنظيمات التي تضم عدداً من الاشخاص يعتنقون أفكاراً سياسية واحدة والتي تعمل على ضمان تأثيرهم الفعال على أدارة الشؤون السياسية في الدولة) . وبخصوص تعريف أدمون بيرك فقد أشار الى أنها (مجموعة من الافراد متحدين بمسعاهم الموحد، مستهدفين تحقيق الصالح القومي، على أساس مبادئ محددة أتفقوا عليها . واذا كان مفهوم الحزب في الفكر الاشتراكي الماركسي- يمثل الطليعة المنظمة من الطبقة العاملة الذي يمثل أعلى أشكال التنظيم البروليتاري ومستنداً الى وحدة الارادة، حيث الايديولوجية الماركسية - اللينية، فأن هدفه النهائي أقامة دكتاتورية البروليتارية . والاحزاب أما أن تكون يسارية تقوم على الطبقات الكادحة، أويمينية حيث عناصرها من الطبقات المسغلة . وهناك الاحزاب التي تشكل على أساس طبقات المجتمع، مثل الاحزاب العمالية، الفلاحية، وعلى

أساس ديني . وقد تكون أحزاب جماهيرية، أو شكلية مثل الاحزاب الامريكية وبصورة عامة أن ظهور الاحزاب السياسية وتطورها قد أرتبط أرتباطاً وثيقاً بظهور المجالس النيابية ونمو وظائفها كنتيجة من نتائج الاخذ بالديمقراطية ومبدأ سيادة الشعب . والاحزاب أيضاً يمكن أن تكون ذات تكوين مباشر من أعضاء منتمين إليها، بصفتهم الفردية، وهناك الاحزاب ذات التكوين غير المباشر والتي تتكون من جمعيات وتنظيمات منتمية إليها مثل حزب العمال البريطاني خاصة بين عام 1900-1918 . وهناك أحزاب أخذت بالتكوين المختلط .

حسن الجوار : Bon voisinage

يعد مفهوم (حسن الجوار) من المفاهيم التي أخذت أهميتها في اللغة الدبلوماسية وعلم العلاقات الدولية . وعلى الرغم من عدم أمكانية تحديد الفترة التي برز فيها هذا المفهوم، الا أنه، ومن المنطق جداً أن يكون قد تم الاخذ بتداوله في الوقت الذي ساد فيه قانون الحرب الذي شكل الصفة الاساسية لسيادة الدولة . وهذا المفهوم المؤلف من كلمتين، يعبر في مدلوله العام عن العلاقة الثنائية والطبيعية بين دولتين متجاورتين، أو أكثر في محيط العلاقات الدولية، وما يترتب على (الجيرة) ذاتها من قواعد وأسس يجب أن نحظي بنظر الاعتبار في علاقات الدولتين بغض النظر عن الانظمة الاجتماعية والسياسية والدينية المختلفة . وقد شكل هذا المبدأ بأعتباره مبدأ عاماً أساسياً للنظام القانوني الدولي الحديث . وقد أخذ المفهوم معاني عدة في محيط العلاقات الدولية، فأحياناً ما يشير الى عامل القرب والحدود المشتركة، أي الالتصاق، بينما هناك من يذهب الى نوعية العلاقات المتبادلة . وبشكل عام يشير الى العلاقات الودية بين دولتين . ولكن في كثير ما تتم مصادرة هذا المبدأ من العلاقات بين الدول، وخصوصاً عندما ترى دولة ما بأنه من غير الممكن الاخذ بنظر الاعتبار مصالح الدول المجاورة التي تبدو متعارضة، لا بل معادية لمصالحها وتوجهات سياستها الخارجية . ويعتقد بأن مبدأ (حسن الجوار) كأطار تنظيمه للعلاقات الثنائية بين دولتين متجاورتين لا يمكن أن يبرز بشكل واضح، الا من خلال المعاملة بالمثل، أذ أن كل النزاعات الحدودية، والحروب بين الدول ليس من الممكن أن تنشأ فيما أذا تم الاخذ

بمبدأ (حسن الجوار) وخصوصاً في مصادر المياه المشتركة . ولقد أكدت وثيقة هلسنكي لعام1975 على (علاقات الجيرة) في دعم السلام العالمي والامن والعدالة . وأن أغلبية المعاهدات والاتفاقيات التي تعقد بين الدول المتجاورة أو المتشاطئة تستند الى مبدأ (حسن الجوار) كأساس في العلاقات الثنائية، والتي فرضت التوصل الى عقد قبل هذه الاتفاقيات . كما أن هناك العديد من الدول أمتنعت عن التوقيع أو أبرام أتفاقيات (لم تعد تتفق وعلاقات حسن الجوار) على الرغم من عدم وجود نص ألتزامي في القانون الدولي يقض الاخذ بمدأ (حسن الجوار) الا انه أضحى من الالتزامات الاخلاقية التي تتمسك بها بعض الدول في علاقاتها الخارجية . وفي أكثر الاحيان، فأن الدول عندما تعلن عن توجهات سياستها الخارجية في مناسبات وطنية أوقومية، فأنها (تحرص جداً على أقامة علائق حسن الجوار يدل العداء) فقد سبق وان أعلن برجنيف زعيم الحزب الشيوعي السوفيتي السابق في 14/نيسان/1970 (بأنه من الضروري التوصل الى أتفاقية تسطيع أن تجعل من الحدود السوفيتية - الصينية منطقة علاقات حسن الجوار بدل العداء ...) . وفي الواقع، فأن هذا المبدأ أخذ يحتل مكاناً مهماً وأساسياً في ديباجة العديد من الاتفاقيات والمعاهدات بين الدول المتجاورة .

الحصانة الدبلوماسية : L 'immunité diplomatique

منذ أن عرفت الامم والشعوب القديمة الدبلوماسية كأداة للتفاوض، وحل المشاكل العالقة بينها، والحصانة قد برزت ملازمة للشخص الذي يضطلع بهذه المهمة، وخصوصاً فيما يتعلق بحرمة حياته الشخصية وأمتعته، واعفاءه من بعض القضايا والامور التي يتعرض لها الناس العاديين . وبمرور الزمن فأن هذه التقاليد والاعراف التي جرى التواتر على تطبيقها وأحترامها، الامر الذي جعل الاخلال بها أو انتهاكها سبباً يدعو الى الحرب والنزاع، قد ترسخت بشكل قوي ووجدت طريقها الى التشريع الوطني والدولي على حد سواء .

فأبتداء من أتفاقية هافانا لعام 1928 التي أفردت المادة (14) بكل فقراتها، وأنتهاءاً باتفاقية فيينا لعام 1961 التي نصت على تمتع الممثل الدبلوماسي بالحصانة

القضائية، وكذلك طبقاً لمادة 29 في عدم خضوعه لاي شكل من أشكال التوقيف، والمادة (31) التي نصت على تمتعه بالحصانة الجزائية، وكذلك يتمتع بالحصانة حيال القضاء الاداري والمدني في الدولة التي يعتمد لديها . أضافة الى ما نصت عليه الفقرات الاخرى من المادة (31) حول الادلاء بالشهادة أو الاستدعاء الى المحاكم كمتهم، في الوقت الذي أجازت المادة (32) أمكانية أن يتنازل الممثل الدبلوماسي عن حصانته القضائية أذا وافقت حكومته على ذلك . كما أن الحصانة الدبلوماسية التي يتمتع بها الممثل الدبلوماسي تسري أيضاً على أفراد أسرته المقيمين معه . وقد افرزت أتفاقية فيينا لعام 1961، بعض المواد التي نصت على أن الحصانة الدبلوماسية يمكن أن تسقط أو ليس لها أي مفعول في حالات : التجسس، أو ارتكب مخالفات أخرى تخل بالأمن العام، تجارة السلاح، أو الحشيش .

الحضارة : Culture - Civilisation

لقد كان مفهوم الحضارة من المفاهيم التي تعددت بصددها التعريفات، وخصوصاً وأنها تقترب من مفهوم الثقافة، لا بل أن هناك من لا يفرق بين المفهومين (ينظر الثقافة) . واذا كانت الحضارة هي ذلك الكل المكون من الافعال والتراث البشري الذي ينتقل أجتماعياً من جيل لآخر، فأن جميع التعريفات الانثروبولوجية لاصطلاح الحضارة تأثرت بتعريف البروفسور ادوارد تايلر الذي نص على أنها الكل المقعد الذي يشمل على المعارف والمعتقدات والفنون والاخلاق والقوانين والتقاليد والفلسفة والاديان وبقية المواهب والقابليات والعادات التي أكتسبها الانسان من مجتمعه الذي يعيش فيه . أما كروبر وكلكهون فقد ركزا على أهمية الوراثة الاجتماعية في تعريف الحضارة، عندما ذكرا بأن الحضارة هي نموذج داخلي أو خارجي من السلوك يتكون من مجموعة رموز يتعلمها الانسان خلال عملية احتكاكه بالمجتمع هذا السلوك هو حصيلة الانجازات التي حققتها الجماعات الاجتماعية والاقوام الثقافية .

واذا كان روبرت ردفيليد قد عرف الحضارة بانها الكل المعقد الذي يتكون من التفاهم المشترك، فأن مالنوفسكي فقد عرفها بانها كرد فعل للحاجات البشرية . وقد

عرفها رادكلف براون بانها مجموعة من الاحكام المتكاملة، اما تالكيت بارسونز فانه يعرف الحضارة بانها ذلك الشيء الرمزي والتقييمي . وعليه فان الحضارة هي مجموعة العادات والصفات الاجتماعية والعوامل الاقتصادية التي تؤثر على حياة الانسان .

حق اللجوء السياسي : Droit d' asile

لقد اباحت القواعد القانونية الدولية حق اللجوء السياسي طبقاً للإعلان العالمي لحقوق الانسان وعلى حكومات الدول الاجنبية او ممثلياتها الدبلوماسية في الخارج توفير الحماية الى الشخص الملاحق لاسباب سياسية . ويستثنى من هذا الوضع المجرمون العاديون،وللجوء السياسي شروطه الواضحة التي يجب توفرها، ومن بينها:

- لا يقبل اللاجئ الا في حالات الضرورة القصوى، وخلال مدة كافية لتأمين سلامته.

- الحصول على الضمانات الكافية لأخراجه من البلاد .

- يخطر على اللاجئ السياسي القيام بأي نشاط سياسي خلال فترة اللجوء .

وقد اوضحت ظاهرة اللجوء السياسي من الظواهر الشائعة في الوقت الحاضر، اضافة الى بروز مصطلح اللجوء الانساني التي يضطر الفرد او المجموعات العرقية او الطائفية ترك اوطانهم نتيجة لعدم الاستقرار السياسي، او الوضع الاقتصادي الصعب، او الحرب الأهلية .

حق تقرير المصير : droit a l'auto-determination

يعد مبدأ حق تقرير المصير من المبادئ الاساسية التي ارتكزت عليها المنظمة الدولية والقانون الدولي العام، اذ يقضي بحق كل أمة او شعب، او جماعة في ان تقرر مستقبلها السياسي والاقتصادي بحرية تامة . وقد نصت الأمم المتحدة في ميثاقها على هذا المبدأ في المادة الاولى، فقرة 2، اذ جاء فيها : ((انماء العلاقات الودية بين الأمم على اساس احترام المبدأ الذي يقضي بالمساواة في الحقوق بين

الشعوب، وبأن يكون لكل منها حـق تقرير مصيره ...)) . كمـا نصـت المـادة
(55) من الميثاق ايضاً على ((رغبة في تهيئـة دواعـي الاستقرار والرفاهيـة الضروريين
لقيام علاقات سلمية ودية بين الأمم، مبنية على احترام المبدأ الذي يقضي بالمساواة في
الحقوق بين الشعوب، وبـأن يكون لكمـل منهـا حـق تقرير مصيره ...)) . ودعـت
المنظمة الدولية جميع دول العالم الاعضاء بـالتزام وتنفيـذ هـذا المبـدأ، الا ان الواقع
الدولي، وتوازنات القوى غـير المتكافئـة ادت الى افراغـه مـن أي محتوى، لا بـل ادت
سياسات بعض الدول الى انتهاك هذا المبدأ ومصادرته، وخصوصاً تجاه شعب فلسطين
الذي اغتصبت ارضه وشرد من ارض وطنه .

الحقيبة الدبلوماسية : Valise diplomatique

ان مصطلح الحقيبة الدبلوماسية يعتبر من المصطلحات الشائعة الاستعمال في
العلاقات الدبلوماسية ما بين دول العالم، وهو يتعلق اساساً بحريـة مراسـلات البعثـة
الدبلوماسية مع الدولة التي اعتمدتها، وحسب قواعد القانون الدبلوماسي التي قننت
في اتفاقيات فينا لعام 1928، حيث ان المراسلات تحكمها الطبيعـة الثنائيـة للعلاقات
وخصوصاً من ناحية البريـد الـدبلوماسي والحقيبـة الدبلوماسية غـير الملازمـة للبريـد
الدبلوماسي . وقد وضعت لجنة القانون الدولي تعريفاً للحقيبة الدبلوماسية :

(ان مصطلح الحقيبة الدبلوماسية) يمتد الى الطرود التي تحتوي على المراسلات
الرسمية وكذلك الوثائق والاشياء الموجه حصراً للأستعمال الرسمي التي يمكن ان تكون
ملازمة اولاً للبريد الـدبلوماسي، والتـي تسـتعمل للاتصـالات الرسـمية بموجب المـادة
الاولى من (المشروع) التي تحمل العلامات الخارجية الواضحة لطبيعتها لـ (الحقيبـة
الدبلوماسية) . وكذلك فأن مفهوم (الحقيبة) يمكنـان يعنـي الرزمـة أي كانـت والتـي
تحتوي على الوثائق او الاشياء لغايات رسمية معينة وتحمل علامات خارجية ظاهرة،
وتشتمل على ختم رسمي من الشمع او الرصاص ويؤكد عليه المرسل،والمرسل اليه.

وقد حـددت اتفاقيـة فينـا للعلاقات الدبلوماسية لعـام 1961 في المـادة (27)
الاحكام الخاصة بالحقيبة الدبلوماسية، ومحتوياتها وحجمها او وزنها، والتي يمكن ان
تكون شاحنة او عدة شـاحنات،او حتى باخرة،وبعـدد مـن الاطنـان، او كيلوغرامـات
فقط . وقد شهد محيط العلاقات الدولية الكثير من المشاكل الدبلوماسية التي اثيرت
بصد الحقيبة الدبلوماسية، رغم النظام القانوني الذي تتمتع به الحقيبـة الدبلوماسية
طبقاً لاتفاقية فينا لعام 1961 .

حكم الاغلبية : Régime de majorité

يعد هذا المصطلح من المصطلحات السياسية القديمة والتي ترجع في اصولها الى المدارس الفكرية والفلسفية اليونانية . ويعني باليونانية inso nomia، وهو لفظ مكون من مقطعين inso ويعني المساواة و nomia ويعني القوانين . واللفظ يعني ككل المساواة امام القانون . ويعد هذا النظام افضل الأنظمة لأنه يخلو من عيوب الملكية حيث الحكام تختارهم الاغلبية، ويقدمون حساباً عن أعمالهم، والقرارات متروكة لمجلس الشعب . وبعد ان رمى افلاطون سبب هزيمة اثينا امام اسبارطا على الديموقراطية، ومفضلاً النظام العسكري الذي يجب الاخذ به ليس في وقت الحرب فقط، وانما ايضاً في وقت السلم، فأنه في كتابه القوانين انكر مبدأ المساواة، وقد صاغ هذا الانكار من خلال قوله بالمساواة للمتساويين واللامساوة لغير المتساويين . وبعد افلاطون توقف استخدام لفظ (ديمقراطية) لمدة الفي عام، وانشغل علماء السياسة بدراسة مقولتي الملكية والارستقراطية .

الحكم الذاتي : Atonomie

تعد صيغة الحكم الذاتي اعلى مراحل اللامركزية، وذلك من خلال منحه الى منطقة محدودة داخل الدولة بسبب تميز المنطقة بخصائص معينة كان تكون قومية وجغرافية او تاريخية . وصيغة الحكم الذاتي تمليها ظروف سياسية واجتماعية تعترف بها السلطة المركزية . وخصوصاً من الناحية القومية، حيث تأتي حلاً متقدماً للمسألة القومية. وتمنح هذه المنطقة صلاحيات واسعة تصل الى حد التشريع على ان لا يتعارض ذلك مع دستور الدولة المركزية . كما تتمتع المنطقة التي تمنح حكماً ذاتياً باستقلال مالي من حيث ماليتها الخاصة الا انها تخضع لرقابة السلطة المركزية . وهذه الصيغة لا تؤثر على شكل الدولة، حيث لا يجعل منها دولة اتحادية،وانما دولة موحدة .

الحكومة : Gouvernment

لا يمكن تصور وجود الدولة وكونها اعلى مؤسسة انسانية بدون ان تكون هناك حكومة تمثل اعلى المؤسسات السياسية . فالحكومة هي المؤسسة التي من خلالها تتحول ارداة الجماعة، وبأسم الدولة، الى قواعد شرعية عامة وملزمة . أي سيادة

مبدأ الشرعية والذي يعني خضوع جميع انواع نشاط الدولة وما يتفرع عنها للقواعد القانونية ويؤكد الاستاذ ثروت بدوي في كتابه النظم السياسية 1964، بأنه يقصد بكلمة الحكومة، الهيئة الحاكمة، او مجموع السلطات العامة في الدولة . الا ان هذا التعبير استعمل في معانٍ مختلفة :

1. فالحكومة بالمعنى الواسع وحسب ما جاء به جورج بيردو في كتابه العلوم السياسية الجزء الرابع، بأنها ممارسة السلطة في جماعة سياسية معينة، وبالتالي يكون المقصود من كلمة الحكومة نظام الحكم في الدولة، أي كيفية ممارسة صاحب السيادة للسلطة العامة وشكل الحكم .

2. والحكومة يقصد بها كما يرى موريس ديفيرجيه في كتابه القانون الدستوري والنظم السياسية بأنها مجموعة الهيئات الحاكمة او المسيرة للدولة، أي السلطات العامة في الدولة وبذلك تشمل السلطة التشريعية والسلطة التنفيذية والسلطة القضائية .

3. ولكن الحكومة تستعمل احياناً وحسب ما اشار اليه بدوي، في معنى ضيق يقصرها على السلطة التنفيذية وحدها، أي السلطة التي تقوم بتنفيذ القوانين وادارة المرافق العامة .

4. كما استعملت الحكومة بمعنى الإشارة الى الوزارة، وخصوصاً في الدول التي تأخذ بالنظام البرلماني : فأذا قيل مثلاً ان الحكومة مسؤولة امام البرلمان، فأن كلمة الحكومة تنصرف الى معنى الوزارة، أي ان الوزارة مسؤولة امام البرلمان . كما ان رئيس الحكومة في النظام البرلماني يقصد به رئيس الوزراء .

5. كما ان هناك استعمالات اخرى للحكومة في مجال القانون الاداري، وللدلالة عل نوع معين من النشاط الحكومي، وهو الذي يتصل بالسياسة العليا للدولة .

ورغم هذا التعدد في الاستعمالات لكلمة الحكومة، فأنها تعني جميع الهيئات الحاكمة في الدولة . وهناك اشكال مختلفة تمارس من خلالها السلطة او الحكومة حسب الدول والفترات التاريخية التي مرت بها والتطورات التي حصلت في الفكر السياسي الانساني . والحكومات قد تكون فردية، او حكومات الاقلية، ومن ثم

حكومات شعبية او ديمقراطية، حيث يكون الشعب صاحب السلطة ومصدر السيادة.

الحلف المقدس : La pacte Sacre

حلف عقدته الدول المناهضة للثورة الفرنسية وضد جميع الحركات التقدمية في اوربا، وقد تأسس الحلف في 26 أيلول 1815 في باريس - بمبادرة من القيصر ـ الكسندر الأول من روسيا والنمسا وبروسيا، ثم انضمت اليه معظم الدول الأوربية، بأستثناء انكلترا التي ظلت خارجة بصورة مبدئية . وان الوثيقة الأساسية للحلف وهي (مبادئ الحلف المقدس)، قد صيغت بلهجة دينية وصوفية . وقد تعهدت الدول الاعضاء في الحلف المقدس على تبادل التأييد في قمع جميع الحركات الشعبية الثورية حيثما اندلعت . وقد تفكك الحلف المقدس في مطلع الثلاثينات من مطلع القرن التاسع عشر .

حلف شمال الأطلسي (الناتو) : NATO او OTEN

يعد حلف شمال الاطلسي اكبر الاحلاف العسكرية التي أنشأت ما بعد الحرب العالمية الثانية بموجب اتفاقية واشنطن التي وقعتها في البداية اثنى عشر ـ دولة في 4 نيسان 1949 : (فرنسا، بريطانيا، بلجيكا، هولندا، لوكسمبورك، ايسلندا، الولايات المتحدة، الدنمارك، ايطاليا، النروج، البرتغال، وكندا) . ويطلق عليه اسم الى الناتو اختصاراً لاسمه في اللغة الانكليزية North atlantic treaty organization (NATO) . وقد انضمت اليه في 1951 تركيا واليونان، وكذلك المانيا الاتحادية في عام 1955 . ويتألف الميثاق او معاهدة الاطلسي من 14 مادة نظمت عمل الحلف ونطاق عملياتها العسكرية، وخصوصاً المادة الخامسة منه التي نصت بأن كل اعتداء مسلح من قبل دولة اجنبية على احدى الدول الاعضاء، يعتبر بمثابة اعتداء على كل الدول الاعضاء . وكذلك المادة السادسة التي حددت نطاق عمل الحلف وبالشكل الذي لا يتجاوز المساحة التي نصت عليها المعاهدة . ويشرف على اعمال الحلف عدة اجهزة اهمها : مجلس وزراء خارجية الدول الاعضاء، مجلس رؤساء الاركان، ثم القيادة العامة . فقد كان مقر منظمة الاطلسي في العاصمة الفرنسية باريس، الا ان الخلافات التي نشبت بين فرنسا الديغولية والولايات المتحدة دفعت فرنسا الى الخروج

من الجناح العسكري واجبار مقر القيادة العامة للحلف بالأنتقال الى العاصمة البلجيكية بروكسل في عام 1967 . وبعد انتهاء الحرب الباردة وصلف وحل حلف وارشو، تم مراجعة ميثاق الاطلسي من ناحية الدول الاعضاء ونطاق عملياته الخارجية الذي تجاوز النطاق المحدد له سابقاً، وذلك ي القمة الاحتفالية للحلف التي جرت في واشنطن في نيسان 1999، بمناسبة مرور خمسين عاماً على انشاء الحلف، حيث تم انضمام بولندا، الجيك وهنغاريا، وللأول مرة في تاريخ الحلف تقبل دول من خارج اوربا الغربية كما تم إعادة مفهوم ستراتيجي جديد، حيث المهمات التي تعددت وشملت كل المناطق حيث المصالح الحيوية للعالم الغربي الرأسمالي .

حلف (وارشو) : pacte de varsovie

على اثر رفض حلف الناتو طلب انضمام الاتحاد السوفيتي في عام 1954، قام الاتحاد السوفيتي بعقد معاهدة صداقة وتعاون، وتقديم المساعدة العسكرية المتبادلة في فرصوفيا في تاريخ 14/آيار - مايو/1955 مع ثمان دول من المعسكر الاشتراكي : البانيا، بلغاريا، المجر المانيا الديمقراطية، بولونيا، رومانيا، تشيكوسلوفاكيا، والاتحاد السوفيتي . وقد اصبح مركز الحلف وقيادته العامة في موسكو . وقد رفضت يوغسلافيا الاتحادية بزعامة تيتو الانتماء للحلف الذي خرجت منه فيما بعد البانيا بزعامة انور خوجة بعد الخلاف العقائدي الذي نشب مع الصين . وقد تم حل الحلف بشكل رسمي في عام 1990، بعد تفكيك الكتلة الاشتراكية، وسقوط جدار برلين في كانون الأول /1989.

حوار المتوسط : La dialogue méditerrannene

بعد الحرب التي شنت ضد العراق عام 1991، حدث انكشاف استراتيجي واضح تمثل في تحول المنطقة العربية التي دأبت الادبيات الستراتيجية بتسميتها (بالشرق الأوسط) الى ساحة مكشوفة ومهيأة لطرح مشاريع التعاون الاقليمي:الأمنية، العسكرية والاقتصادية . فكانت الشرق اوسطية بقممها الاقتصادية، والاورو - متوسطية، وبرز ايضاً من ضمنها مشروعاً امنياً وعسكرياً اطلق عليه اسم (حوار المتوسط) .

واذا كانت الشرق اوسطية قد انصبت على تشييد هندسة معمارية جديدة

للمنطقة على حساب النظام الاقليمي العربي المتمثل في جامعة الدول العربية، وتمثل اسرائيل المحور الاساسي لهذه الشرق اوسطية، وان الاورو - متوسطية شخص على انه مشروع اوربي (خالص) سعى لجعل المتوسط (بحيرة سلام واستقرار)، ولكن اسرائيل هي ايضاً احدى القواعد الاساسية في هذه المعادلة الاقليمية الجديدة، فان حوار المتوسط الذي انطلق من قمة حلف الناتو التي عقدت في بروكسل كانون الثاني - يناير/ 1994، واطاراً امنياً وعسكرياً بالدرجة الأولى يتطابق مع المهام الجديدة لحلف شمال الاطلسي " NATO " الذي امتد ليشمل مناطق جديدة تعدت ما نصت عليه اتفاقية واشنطن المؤسسة للحلف عام 1949، حيث بروز، وبعد اختفاء الحرب الباردة وتفكك الاتحاد السوفيتي، قوسي الازمات الشمالي والجنوبي تطبق على منظمة أستراتيجية، وحيوية بالنسبة للخيارات الاطلسية .

واذا كان القوس الشمالي الذي يمتد من البلقان مروراً بالأور آسيا حتى القوقاز قد تم تأمينه من خلال استراتيجية توسع حلف الناتو شرقاً الذي انصب في ارتباط دول شرق اوسط اوربا ودول البلطيق بالجهاز العسكري للحلف وعقد الاتفاقيات الامنية والعسكرية مع دول آسيا الوسطى، فأن القوس الجنوبي الثاني الذي يمتد من الشواطئ الجنوبية للحوض الغربي من المتوسط (دول شرق افريقيا الغربية) مروراً بالقرن الافريقي، والخليج العربي، انتهاءاً ببحر قزوين، احتل اهمية كبيرة في المفهوم الستراتيجي الجديد للحلف، والذي تعدى نطاق عملياته التقليدية طبقاً للمادة السادسة، ليشمل مناطق (حيوية) اخرى، حيث النزاعات والصراعات ذات الطابع العرقي الطائفي، اضافة الى ما تختزنه هذه المناطق من موارد حيوية، تشكل من بين اهم التحديات الاستراتيجية التي تواجه (الحضارة الغربية) في صراعها مع الحضارات الأخرى، الأمر الذي يتطلب ايجاد احزمة جديدة تتناسب وهذه التحديات والمصالح الحيوية، مما استوجب اطلاق (حوار المتوسط) كأطار ضابط لتلك الساحات، من خلال ربطها : اتفاقيات امنية وعسكرية واستخباراتية، المناورات المشتركة في جيوشها بشكل منسق بغية تأهيلها للحالات الطارئة التي من غير الممكن تدخل قوات حلف الناتو للأعتبارات السياسية، الاجتماعية او الدينية، ومن ثم اخضاعها لنسق

من العلاقات الجديدة التي يتم من خلالها ارتهان امنها، وسياستها الخارجية، وقرارها السياسي الداخلي والخارجي ومواردها النفطية للتحالف الاطلسي او (التحالف الدولي) حسب المهمة التي تناط به ويتشكل على ضوءها، واذا كانت قمة الحلف التي عقدت في بروكسل/1994 قد صادقت على ((ضرورة اقامة حوار مؤسسي للتفاهم والتعاون بين حلف الناتو ودول جنوب شرق المتوسط)) وانسجاماً مع الافكار والتصورات التي اعلنها الامين العام السابق لحلف الناتو الاسباني خافير سولانا، من خلال تأكيده ((على ضرورة الامتدادات الجيوبوليتيكية للحلف وذلك من خلال تعامله مع الأمن الاوربي في حوض المتوسط، وفي معظم المناطق ذات الأهمية الاستراتيجية في آسيا وافريقيا))، فان قمم الحلف اللاحقة فوضت السكرتارية العامة للحلف في الدخول في مفاوضات مع الدول المتوسطية بهدف ((صياغة التصورات النهائية لهذا الحوار المؤسسي)) والتذكير ((بالفوائد التي من الممكن ان تجنيها دول المتوسط الجنوبية)) . واذا كانت قمة الحلف في روما/1997 قد اكدت على البعد الستراتيجي لحوار المتوسط من خلال توسيع عمليات (نطاق) الحلف تشمل جنوب وجنوب شرق المتوسط واقاليم واسعة من افريقيا، فان قمة واشنطن والاحتفالية في نيسان 1999 قد اقرت الصيغة النهائية (لتوسيع نطاق الحلف)، وترجم حوار المتوسط الى خطوات عملية على ارض ساحة العمليات العسكرية من خلال المناورات المشتركة مع دول المنطقة، وتحول موانئها الى قواعد بحرية لاستقبال القوات البحرية لحلف الناتو، ومن ثم اعداد الدورات التدريبية والتسليحية لجيوش المنطقة .

الحياد : Neutralité

لقد برز مفهوم الحياد بشكل اكثر وضوحاً في العلاقات الاوربية التي شهدت حروباً طاحنة على مر عصورها . وهو الموقف الذي تتخذه الدولة في عدم الاشتراك في حرب او نزاع قائم بين دولتين او اكثر، وتحتفظ بعلاقاتها السلمية مع كل الاطراف المتصارعة،، وتتخذا الدول موقف الحياد لتجنب نفسها ويلات الحرب لا مصلحة لها فيها . وللحياد انواع . فهناك الحياد الدائم الذي يمثل حالة قانونية توضع فيها الدول

بصفة دائمة بالاتفاق مع غيرها من الدول وتحرم عليها الاشتراك في أي حرب قائمة او مستقبلية الا لدفع اعتداء يقع عليها مثل الحياد الذي يمثله الاتحاد السويسري ولوكسمبرغ. ولكن الحياد المؤقت الذي يمثل موقفاً تتخذه الدولة حسب ظروفها والحياد الدائم في الحقوق والواجبات التي تثبت للدولة المحايدة وعليها خلال حرب قائمة ولا وجه للتفرقة بينهما، من هذه الناحية . ونظام الحياد الدائم اوجدته السياسة الاوربية في القرن التاسع عشر لتحقيق غرضين : حماية الدول الضعيفة التي يعتبر وجودها ضرورياً للمحافظة على التوازن الدولي، والثاني حماية السلم الدولي بايجاد حاجز يفصل بين دولتين قويتين . ولا يكون وضع الدولة في حياد دائم الا بمقتضى معاهدة تشترك فيه مع دول اخرى تعتبر ضامنة لهذا الحياد . وهناك واجبات مترتبة على الدول المحايدة، في الوقت الذي توجه فيها واجبات مترتبة على الدول الأخرى ازاء الدولة المحايدة . وقد عالج ميثاق الأمم المتحدة في مواد متفرقة ما يسمى نظام الحياد بصفة خاصة وخصوصاً في المادة الثانية الفقرة الخامسة، والمادة 25، والمادة 44، 48، 49، موضحة الآلية التي يجب ان تطبق فيها فكرة الحياد، والحالة التي يجب ان ((يتضافر اعضاء الأمم المتحدة على تقديم المعونة التي يقررها مجلس الأمن)) .

وبعد ان خيمت (الحرب الباردة) على العلاقات ما بين الشرق والغرب، ظهرت سياسة الحياد الايجابي، وهي الامتناع عن اتخاذ أي موقف سياسي، بصدد الصراع القائم ما بين المعسكر الاشتراكي والمعسكر الرأسمالي، وقد اتضحت معالم هذه السياسة في مؤتمر باندونغ عام 1955 . وقد برزت عدة مصطلحات للحياد من بينها الحياد الواقعي والذي يعني بان الدولة تعلن الحرب الا انها لم تشترك فيه، وهناك الحياد المسلح الذي يعني من حق الدول المحايدة في تسليح نفسها، والحياد الشَّرطي الذي اقره العرف الدولي والمقيد بشرط، كان تعلن احدى الدول حيادها وتشترط للتقيد به ان تبقى دولة معينة او عدة دول بعيدة عن النزاع . ثم هناك النزاع الودي المشوب بمشاعر العطف نحو احد المتحاربين، والحياد المفروض الذي يطبق على بعض المناطق او على قسم منها اذا تعذر الاتفاق على مصيرها، او بقصد منع اتخاذ أي تدبير عسكري فيها .

الخط الأحمر : Ligne rouge

خط هاتفي مباشـر بـين رئاسـة الدولـة في الكرملين ورئيس الولايات المتحـدة الأمريكية في البيت الابيض . وقـد انشـا بعـد ازمة الصـواريخ الكوبيـة في عـام 1962، بقصد تمكين رئيسي الدولتين من اجراء الاتصالات الفوريـة العاجلة في الازمات الدوليـة الطارئة والخطيرة، والحول دون نشوب حرب عالمية . وقد استعمل هـذا الخط عـدة مرات، وفي ازمات متعددة .

الخلافة (الامامة) : Kalafa - Imama

• لفظ استخـــدم في القرآن الكريم لوصف الانسان بصورة عامة بقوله تعالى : • إِنِّي جَاعِلُكَ لِلنَّاسِ إِمَامًا • او لوصف شخص معين كقوله تعالى : يَادَاوُودُ إِنَّا جَعَلْنَاكَ خَلِيفَةً فِي الْأَرْضِ فَاحْكُمْ بَيْنَ النَّاسِ بِالْحَقِّ • . والاستخدام القرآني للفظ جـاء مقروناً بلفظة (جعل) مما يعني عـلى ان الاستخلاف (أي جعل الشخص خليفة) هـو مـن مختصات اللـه سـبحانه وتعالى . وتحولت للفظة للدلالـة عـلى الجانب السياسي، وتحديداً للدلالـة عـلى راس السـلطة في الاسلام بعـد وفاة الرسـول، اذ اخذت تعنـي الجانب السياسي فقط .

وفي الواقع، فاذا كان الفكر الغربي المسيحي في العصور الوسطى قـد دار حـول مفهوم الصراع بين السلطتين، فان الفكر الاسلامي دار اساسـاً حـول مفهوم الخلافـة، التي تمثل الرمز المشخص للترابط بين السلطتين . والخلافة يقصد بها سلطة عامة في امور الدين والدنيا نيابة عن الرسول (ﷺ)، فكانت تعبر عن رأس الدولة الـذي عليه تدبير شؤونها - أي سياسة الدنيا - كما عليه ايضاً تدبير ما يتعلق بالأمور الدينيـة - أي حراسة الدين . وكما كان الرسول لمباشراً بالدين الاسلامي ورئيساً للدولـة الاسلامية . فأن الخليفة او الامام هو رئيس الدولة الاسلامية او حارس الدين الاسلامي من الرسول (ﷺ) .

وقد أورد الماوردي في الاحكام السلطانية تعريفاً للخلافة بأنها ((حمل الكافة على مقتضى النظر الشرعي في مصالحهم الاخروية والدنيوية الراجعة اليها .. فهي خلافة عن صاحب الشرع في حراسة الدين وسياسة الدنيا)) . وقد اخذت الخلافة معنى مترادف مع الأمة وطرق اختيار الخليفة هي اما اختيار اهل الحل والعقد او النص من الامام (الخليفة) السابق على الخليفة اللاحق . واتفق علماء المسلمين على ضرورة السلطة ووجوبها سواء من اعتبر وجوبها شرعاً او من اعتبر وجوبها كحتمية اجتماعية . ويدلل ابن تيمية على ضرورة وجود السلطة في الاجتماع البشري بحديث الرسول (ﷺ) ((اذا خرج ثلاثة في سفر فليؤموا احدهم)) . ويعتقد ابن تيمية ان تعيين الامام يتم بالأختيار وليس بالنص ويؤكد ان الامامة تثبت (بموافقة اهل الشوكة عليها، ولا يصير الرجل اماماً حتى يوافق اهل الشوكة الذين يحصل بطاعتهم له مقصود الامامة) . ويرى بان ((المقصود بالأمامة انما يحصل بالقدرة والسلطان، فاذا بويع (الشخص) بيعة حصلت بها القدرة والسلطان صار اماماً)) ويبين ابن تيمية ان ((من صار له قدرة وسلطان يفعل بهما مقصود الولاية، فهو من اولي الأمر الذين امر الله بطاعتهم مالم يؤمروا بمعصية الله)) .

ويبين ابن سينا (37هـ - 980م) الخلافة وجوب طاعتها، وطرق الاستخلاف ومواصفات الخليفة، في انه يجب ((ان يفرض السان طاعة من يخلفه والا يكون الاستخلاف الا من جهته او باجماع من اهل السابقة على من يصححون علانية عند الجمهور، انه مستقل بالسياسة، وانه اصيل الفعل حاصل عنده الاخلاق الشريفة من الشجاعة والعفة وحسن التدبير، وانه عارف بالشريعة حتى لا اعرف منه، تصحيحاً وظهر ويستعلن ويتفق عليه الجمهور عند الجميع . ويضيف ابن سينا انه يسنن على الجمهور، لذا انهم اذا اخترقوا وتنازعوا للهوى والميل،او اجمعوا على غير من وجد الفضل فيه والاستحقاق له، فقد كفروا بالله)) حينما يقول بانه ((الاستخلاف بالنص اصوب، فان ذلك لا يؤدي الى التشاغب والاختلاف)).

وبموجب ابن سينا على كافة اهل المدينة مقاتلة وقتل ما يدعي الخلافة اعتماداً على القوة والمال (وهو الخارج على المستحق للخلافة) . ((فأن قدروا ولم يفعلوا فقد

عصوا الله وكفروا به، ويحل دم من قعد عن ذلك وهو يتمكن بعد ان يصبح على رأس الملأ ذلك منه)) . ويعتبر ابن سينا ((انه لا قربة عند الله تعالى بعد الايمان بالنبي، اعظم من اتلاف هذا المتغلب، أي مدعي الخلافة)) .

وفي الواقع فقد اختلف الفقهاء المسلمون ايضاً في طريقة اختيار الخليفة او الامام سواء كان بالنص والوصية وبالاختيار مثال ذلك فقهاء الامامية والشيعة الذين يرون ان الامامة من اصول الدين ولا يجوز تفويضها الى عامة الناس . وقد حصر الشيعة الامامة في علي والأئمة المعصومين وهناك من الفقهاء من ترك الخلافة للأمة ولم ينص على أحد بعينه، وان طريقة الاختيار غير مقيدة بطريقة معينة، وتختلف هذه الطرق حسب الزمان والمكان . وقد ثار جدل بينهم حول عدد الاشخاص المكلفين بالاختيار وهل ان البيعة عامة يشارك فيها جميع المسلمين ام انها خاصة يقوم بها اهل الحل والعقد وأصحاب الرأي في المجتمع . ويقول الماوردي بأن ((الامامة فرض كفاية اذا قام به البعض سقط على الكافة واذا لم يقم به احد خرج من الناس فريقان، احدهما اهل الاختيار حتى يختاروا امام الأمة، والثاني اهل الامامة حتى ينتصب احدهم للامامة وعلى هؤلاء تقع مسؤولية وجود الامام والشروط المعتبرة فيه . واذا كان اغلب الفقهاء قد حددوا شروط الخلافة في العلم، العدل، والكفاية، فانهم اختلفوا في تحديد شرط آخر الا وهو النسب القريشي . وقد ذهب الخوارج الى استثناء هذا الشرط اذا اعتقد جميع الخوارج ان الامامة تجوز في غير قريش، والامام يجوز ان يكون عبداً او حراً ا ونبطياً او قريشياً . وبذلك فأنه ((لا فرق في ذلك بين احد واحد لنسبه أو لجنسه او لونه)) ولذلك فأنهم خالفوا عموم المدارس الفقهية الاسلامية بما تضمنته من اشتراط القريشة في الامامة . والمعروف بأن هناك من الخوارج الذين آمنوا بوجوب الامامة ولا سيما في اختيار عبد الله بن وهب الراسبي الخليفة، وهناك من امن بجواز الامامة كما قال النجدات ((ان لا حاجة للناس الى امام قط وانما عليهم ان يتناصفوا فيما بينهم فان راوا ان ذلك لا يتم الا بالامامة يحملهم عليه فأقاموه جاز)) . وقد ظهر في معتقد الاباضية من الخوارج فكرة التمييز بين نوعين من الامامة (امامة الدفاع) و (امامة الظهور) . فحينما يتعرض الخوارج لمحن سياسية،

يختارون اماماً في الخفاء تكون مهمته جمع شمل الانصار وتيسير امورهم والفصل في قضاياهم واعداد العدة للظهور اذا ما واتت الظروف .

ويرى القاضي عبد الجبار المعتزلي (325هـ - 450هـ) ((وجوب الامامة شرعاً هو ما ورد في القرآن في اقامة الحدود ومسؤولية الحاكم الاعلى وواجباته ازاءها)) . وان الحاجة الى الامة حاجة شرعية . والوجه الاخر للمبدأ الشرعي الذي تقضي به الآية: • وَأَطِيعُوا اللـه والرَّسُولَ وَأُوْلِي الْأَمْرِ مِنْكُمْ • وتقضي هذه الطاعة بوجوب نصب الأمة واقامتهم بعد الرسول، وهو الأمر الذي تحقق في بيعة ابو بكر . كما رأى القاضي وجوب الامامة الواحدة في الامة ولا يجوز ((ان يكون للأمة امامان في وقت واحد، كما لا يجوز عقد الامامة لشخصين وقد وضع القاضي واجبات عديدة للامام من بينها اقامةالحد وتنفيذ الاحكام الشرعية .

اما الشريف المرتضى (355هـ - 436هـ) فقد اعتقد ان الامامة لطف واللطف هو كل ما يقرب المكلفين الى الطاعة ويبعدهم عن المعصية) . ويعتقد بأنه لما كانت الشريعة غير مستمدة وغير منقطعة، وان فيها المصلحة للمكلفين الى يوم القيامة، فأنه لا بد لها من حافظ . واذا كان الرسول هو الحافظ للشرع في حياته، فأنه لا بد لمن لم يشاهد زمن الرسول من طريق آخر لمعرفة الشرع غير الرسول . ويقصد بذلك الامام الذي بفسر مجمل الشرائع ويبين اغراضها . ويكون الملجأ اليه في حالة الاختلاف في الادلة الشرعية . وفي هذا فأن المرتضى ركز كثيراً على الامام، معارضاً في ذلك لرأي كثير من الفقهاء الذين آمنوا بان الامة هي الحافظ للشرع، بعد انقطاع الوحي . ويرى ان طريق انعقاد الامام هو النص على الامام، والنص قد يكون بالفعل او القول، وقد يكون بالقول فقط .

وفي الواقع، ليس هناك موضوعاً اثار خلافاً وجدلاً بين فقهاء المسلمين مثلما اثاره موضوع الخلافة (الامامة) في الفكر السياسي الاسلامي، وما زالت المسألة حتى الآن لم ينتهي النقاس حولها، حيث ليس هناك فقيه او مفكر اسلامي الا وعبر عن رأيه في هذه المسألة ومن خلال الزاوية التي تنسجم مع منطلقاته الفكرية والسياسية.

خيار الصفر : Le choix zero

يعد مفهوم خيار الصفر من المفاهيم الجديدة التي طرحت في لغة الاستراتيجية الدولية، الذي اقترحه الرئيس الامريكي رونالد ريغان كمشروع يقدم الحل لمشكلة تكديس الاسلحة النووية والصواريخ الاستراتيجية المتوسطة المدى في اوربا . ويتمثل مضمون مشروع خيار الصفر بان الولايات المتحدة مستعدة لان تصرف النظر عن نصب مجموعة صواريخ بيرشنغ2 وكروز في اراضي بعض دول حلف الناتو طبقاً للقرار الذي اتخذه مجلس الحلف في ديسمبر 1979، مقابل ان يقوم السوفيت بتفكيك عدد مماثل من صواريخهم من طراز اس اس 20، واس اس 5، واس اس 4 التي قام السوفيت بنصبها على تماس الحدود الغربية . أي ان عدد الصواريخ المتوسطة المدى المنصوبة على كلاالجانبين سوف تنخفض الى الصفر، ومن هنا كانت تسمية الاقتراح بخيار الصفر . وقد جاء هذا الخيار نتيجة لاحتجاجات الرأي العام الاوربي في مطلع الثمانينات ضد عملية نصب الصواريخ الامريكية في اوربا . وقد وضعت موسكو هذا الخيار في وقته بأنه مجرد تكتيك سياسي هدفه الاحراج والمناورة، وليس تغيير جذري في اهداف الستراتيجية العسكرية الامريكية في اوربا .

- د -

الدبلوماسية : Diplomatie

تعتبر الدبلوماسية ظاهرة قديمة قدم المجتمعات البشرية نفسها . ولذلك فهي انعكاس موضوعي لحركة الجماعات البشرية في تفاعلها معها وحاجاتها لتنظيم وضبط العلاقات فيما بينها، ورغم ذلك فأن الانسان بطبيعته الاجتماعية - السياسية اتجه الى تقنين وتنظيم كل حاجياته الداخلية والخارجية، وتسوية مشاكله ليس فقط مع الطبيعة نفسها اولاً،وانما مع اخيه الانسان من خلال مبدأ واحد يبقى ملازم له حتى في ارقى العصور ألا وهو : التفاوض، او ما يطلق عليه (الاسلوب الدبلوماسي) أي ان الوسيلة او الاداة التي يمكن من خلالها وضع حداً للحرب، او النزاع، وحتى في حالة السلم من اجل بناء علاقات ودية راسخة تعود بالنفع العام على الطرفين، أي انها بتحديد المعنى، فالدبلوماسية هي الرؤية والحكمة والهدوء والحيطة والبراعة، وهي المفردات التي اكتسبها الانسان من محيطه الاجتماعي سواء كان في الاطار الداخلي او الخارجي، بغية توفير الامان والاستقرار لعائلته، لمجتمعه، لدولته، ولامته .

وعلى الرغم من الاختلافات التي اصابت هذه المفردة، الأمر الذي جعلها تستند الى اسس وقواعد وممارسات مختلفة ايضاً بحسب مصادرها، وعصور تطورها، وقرارات المحاكم الوطنية التي منحتها التفوق على كل القوانين الأخرى، فأن الدبلوماسية بقيت علم وفن، وخصوصاً عندما يتصف من يتولى ممارستها بالذكاء والكياسة . وقد غدت ادارة لتنظيم العلاقة بين عدد من الاطراف سواء كان في وقت السلم او في حالة العداء، بغية الوصول الى وضع افضل وتجنب ما يحمد عقباه .

فالدبلوماسية هي مجموعة القواعد والاعراف والمبادئ التي ترسخت بمرور الزمن بهدف تنظيم وادارة العلاقات القائمة بين اطراف المحيط الدولي، منذ ان برزت دولة المدنية كوحدة هذه المحيط الفعالة، وحتى الدول القومية والإمبراطوريات الكبيرة، اذ سارت الحضارة الانسانية نحو مراحل تقدمها وهي تحمل معها تقاليد

واسس وقواعد عامة منظمة لعلاقات تغير الاوضاع القائمة في المحيط الـدولي وقننتها في اطار ما يسمى ((بالقانون الدبلوماسي))، والذي استمد اصوله وقواعده من القانون الدولي (ينظر ذلك) . الذي كـان ثمـرة مسـيرة تاريخيـة طويلـة مـن العلاقات السلمية والتصارعية بين الأمم والشعوب .

الدبلوماسية الوقائية : Diplomatie Préventive

لقد زاد من فاعلية الدبلوماسية كأداة للسياسة الخارجية تنوع انماطها وتعدد اشكالها، بحيث انها تطورت الى درجة استطاعت معها ان تواكب التطـورات السريعة في مجمل الاوضاع الدولية والاقليمية . فبعد ان كانت محصورة مـا بـين الدبلوماسية السرية والعلنية، واتسعت لتأخذ اشكالاً جديدة من دبلوماسية القمة، الى دبلوماسية المحالفات المحصورة بعقد التحالفات العسكرية والامنية، اخذت مظهراً جديداً، وهـو ما اطلق عليه اسم الدبلوماسية الوقائية التي تهـدف الى درء الازمـات قبـل وقوعهـا، ومحاولة حلها بدون ان تتفاقم الى نزاع مسلح، او حـرب شـاملة . وقـد اخذ مفهوم الدبلوماسية الوقائية يتبلور بعد العديد مـن الازمـات التـي نشبـت في مناطق عـدة وتحولت الى حروب مدمرة، الامر الذي استدعى اخذ كل الاحتياطات اللازمة للحيلولة دون تفاقم الازمـات، وذلـك اسـتناداً الى انشـاء اجهـزة مختصـة لجميـع المعلومـات والتقارير اللازمة لكي تضع المنظمة الدولية واجهزتها المختصة في حفظ الامن والسلم الدوليين، امام حقائق الوضع المتأزم ومعالجته بكـل هـدوء والحيلولـة دون تفاقمـه . فالدبلوماسية الوقائية تستند على عدد من العناصر الاساسية لانجاحها:

- وجود اجهزة مختصة بجمع المعلومـات والتقـارير وتقـديمها الى الأمم المتحـدة ومجلس امنها .

- التحرك الدبلوماسي السريع من خلال طاقم دبلوماسي يراعي في اختيـاره الخبـرة والكفاءة .

- إنجاز المهمة بعيداً عن مصالح القوى الكبرى، وحفظاً للأمن والسلم الدوليين .

- منح الطاقم الدبلوماسي صلاحيات واسعة في التفاوض .

وعليه، فأن الاضطلاع بمهمة الدبلوماسية الوقائية تقع بالدرجة على عاتق

مجلس الأمن الدولي باعتباره الجهاز الوحيد المختص في معالجـة قضايا الامـن والسلم الدوليين . ولذلك فأن الضرورة تقتضي منحه الصلاحية الكافية وعدم مصـادرة اختصاصه في تفادي اندلاع النزاعات المسلحة، ومناقشة الاوضاع والقضايا التـي تهـدد بالانفجار بعيداً عن الضغوط السياسية التي تمـارس عليه مـن قبـل القوة العظمـى واستخدامها لسلاح حق النقض الفيتو منسجماً مع مصالحها (الحيوية) . كما تتطلب الدبلوماسية الوقائية اعطاء دور اكبر للأمانة العامة للأمم المتحدة في اتخاذ الاجـراءات الوقائية، والقـدرة عـلى الانـذار السريع باحتمال وعـوق الازمـة والعمـل عـلى منـع تفاقمها، وعلى اساس النزاهة والحياد وبعيداً عن الاهداف السياسية .

دبلوماسية علم النفس : Diplomatie de psychologie

في خضم الصراع العربي الصهيوني الطويل بحروبه العديدة، ومسارات التفاوض التي دخل فيها عقب كل حرب في معركة مازالـت الى الان قائمـة، تولدت مـا يطلـق عليه لدى العديد من الدارسين بدبلوماسية علم النفس . اذ تقتضي هذه الدبلوماسية قبل كل شيء نفهم العقد النفسية في شخصية العـدو المفاوض قبـل الجلوس عـلى طاولة المفاوضات، والدراسة الكافية بعوامل الضعف والقوة في اوراق الطرف المفوض والتي من خلالها يستطيع المفاوض ان يعبث بهذه الاوراق ويحاول خلطها من جديد لكي يتمكن بالأخير من التحكم بمسارات التفاوض انـدفاعاً وتقدماً . وهذا الاسـلوب الجديد من الدبلوماسية قد اصبح من الصفة الاساسية لدبلوماسية الولايات المتحدة وتعاملها مع الازمات الدولية ابتـداء مـن حـرب عـام 1991 ضـد العـراق، وكذلك في التعامل مع الاحداث اليوغسلافية وضد بلغراد بالـذات عـام 1998-1999 وفي الازمـة الافغانية حيث الحرب التي نشأت ضـد افغانستان بعد احداث الحـادي عشرـ مـن ايلول . وقد مارست هـذه الدبلوماسية تـل ابيب في مفاوضاتها مـع بعـض الـدول العربية وكذلك مع الفلسطينيين وعلى المسارات كافة . ولذلك، فأنه من الضروري على الدبلوماسي ان يكون ملماً بعلم النفس واساليبه لان ذلك يجعله يحيط باستراتيجيات حـل الصراعات، ومـتفهماً لنفسـية الطرف الآخر الـذي يجلس امامه عـلى طاولـة المفاوضات .

الدستور : Constitution

ان دستور الدولة هو اذن مجموعة القواعد التي تحدد، او بصورة ادق، تبين الطريقة التي تمارس السلطة من قبل القيادة السياسية او القابضين على السلطة . وهذه القواعد يمكن ان تكون مكتوبة او عرفية تنظم طريقة ممارسة السلطة. والوثيقة الدستورية التي تتضمن هذه القواعد او المبادئ تبين او تحدد فلسفة النظام السياسي القائم . وكما للدستور طبيعة قانونية مستمدة من علويته على جميع القواعد القانونية التي يجب ان تنسجم مع روح ونص الدستور، فأنه له طبيعة سياسية. حيث ان الدساتير منذ نشأتها استخدمت كوسيلة لتكرس سلطة الفرد او فئة او حزب سياسي، او طبقة اجتماعية .

وتقسم الدساتير من حيث الشكل الى دساتير عرفية، ودساتير مكتوبة.فالدساتير العرفية (حيث الدستور الانكليزي النموذج) هي التي تتكون من مجموعة من القواعد العرفية التي انبثقت من مجموع التقاليد والعادات والمبادئ الاساسية، وتمتاز بالمرونة وبقابلية النمو والتطور دون الحاجة الى اجراءات خاصة بذلك . اما الدساتير المكتوبة وهي الدساتير المسطرة في وثيقة مكتوبة وتصدر دفعة واحدة (اول دستور امريكي مكتوب عام 1787) . واذا كانت لنشأة الدستور العرفي طريقة واحدة، فأن للدساتير المكتوبة عدة طرق، سواء من قبل فرد، او هيئة، او عن طريق مجلس . وينص الدستور المكتوب على طريقة تقليدية، سواء كان من خلال اجراءات مبسطة ويسمى عند ذلك بالدستور المرن، اما الاجراءات الخاصة بتعديل الدستور فيسمى عند ذلك الدستور الجامد . والتعديل اما ان يكون تعديلاً رسمياً ويتم من قبل الجهة التي يمنحها الدستور صلاحية التعديل، مثل الجمعية، او البرلمان، . ثم هناك التعديل العرفي الذي ينشأ من عرف آخر يضاف الى احكام الدستور . وقد تلجأ السلطة الى تعطيل الدستور، وقد يكون تعطيلاً رسمياً خلال ازمة، او انقلاب . والتعطيل الفعلي وذلك حسب اعلان رسمي او تطبيق حكم دستوري معين . وهناك حالات يتم فيها الغاء الدستور، وهذا يتم من خلال الجهة التي خولها الدستور حق تعديل احكامه، وقد يكون الالغاء عن طريق الثورة او الانقلاب، واصدار دستور آخر بدلاً من السابق.

الدعاية : Propagande

اذا كانت الحرب لم تكن في جوهرها غير تبادل منظم للعنف، والدعاية في

جوهرها عملية اقناع منظمة . واذا كانت الأولى تهاجم الجسد، فان الدعاية تنقض على العقل . وعليه، فأن الدعاية عملية اقناع مدبرة تستخدم وسائل الاتصال للتأثير على افكار وسلوك الافراد في دولة معينة في وقت معين ولغرض محدود . وقد عرف الدعاية عالم الاجتماع الامريكي كود لتر، قائلاً : بانها محاولة مدبرة يقوم بها شخص او جماعة وتستهدف السيطرة على موقف معين لشخص او جماعة عن طريق استخدام وسائل الاتصال بحيث تكون ردود فعل هؤلاء هي المتوخاة من قبل رجل الدعاية او حكومته .

وفي الواقع، فالدعاية بوصفها احد العلوم الاعلامية المدنية نسبياً نجحت على ايدي الاساتذة المتخصصين في تطوير مجموعة من الاصول او القواعد التي من خلالها يحاول التأثير على الجمهور المتلقي - أي الاقناع، انطلاقاً من كون الدعاية هي اساساً فن الاقناع . وتتلخص هذه القواعد او الاصول في :

- كسب مظهر الصدق وثقة الجمهور المتلقي .
- البساطة او التكرار للوصول الى اذهان ومشاعر الناس .
- استخدام الرموز او استدعاء الصور ذات الدلالات المرتبطة بمخزون الذاكرة الموروث او المكتسب .

واذا كانت الدعاية بوصفها اداة للاقناع السياسي / الأيديولوجي / النفسي وتعمل في اطار ظروف تاريخية اجتماعية وسياسية، وثقافية محددة، فأنها منصبة على مضمون الرسالة التي تحملها، وهو الذي تحدده وتحكمه الظروف التاريخية , والدعاية في دراستها يجب التفريق بين اساليبها المجردة عن مضمونها، في الرسالة التي تحملها . فهناك الدعاية الاستعمارية، والدعاية النازية، والدعاية الشيوعية، والدعاية الثورية . واذا كانت الدعاية بمعنى التربية او التعليم التربوي لم تكن مجرد استنفار للمشاعر ولا مجرد الهاب العواطف ولا مجرد تضخيم للاحساس بالذات الوطنية او الاجتماعية انما كانت عملاً تربوياً سياسياً بالدرجة الأولى، وهو ما لعبته من دور رئيسي في (توعية) الشعب الفيتنامي بخصائص ثقافته ضد الغزاة الامريكان .

واذا كانت الدعاية وسيلة لغاية، فقد تنوعت الاساليب المستخدمة تبعاً

للتكنولوجيا المتاحة، والتي اختلفت وتطورت من عصر الى آخر، لكنها انحصرت بالوسائل المكتوبة، والوسائل غير المكتوبة : المسموعة، المرئية، والمختلطة . ومـن هنا فأن الدعاية في زمن الحرب هـي عمليـة ترسـم خططها لاقناع النـاس بـان يخوضـوا القتال، في الوقت الـذي تكون فيه الحرب النفسية هـي الدعاية المخططة لاقناع الطرف المقابل الا يخوض القتال .

دكتاتورية البروليتاريا : Dictature du Proletariat

يعد هذا المصطلح من المصطلحات التي ادخلتها الادبيات الماركسية - اللينينية الى دائرة الاستعمال السياسي، والتي تتمثل بشكل من اشكال التنظيم السياسي للدولة اثناء التحـول الى الاشـتراكية، وتحت قيـادة الدكتاتوريـة الثوريـة للبروليتاريـا، وهـي الطبقة الوحيدة القادرة علـى قيـادة الجماهير . وتعتبر دكتاتورية البروليتاريا نمطاً جديداً للدولة، يختلف في جوهره عن اشكال الدولة الاخرى . التـي لم تكن الا في يـد الطبقات المستغلة، بيد ان دكتاتورية البروليتاريا هـي حكم طبقـة البروليتاريا التـي تعمل على تحطيم المجتمع الرأسمالي . ويقول لينيـن انـه لا يكفـي كي يكـون المرء ماركسياً ان يعترف بالصراع الطبقي، بل يجـب ان يمتـد اعترافه الى ضرورة دكتاتورية البروليتاريا، وهذا وحده، حسب رأي لينين، محك فهم الماركسية علـى نحـو صـحيح . وانها تتخذ اشكالاً مختلفة باختلاف البلدان، وتتميز بثلاثة مظاهر : استخدام القوة في قمـع المسـتغلين، استخدام قـوة البروليتاريا في تنظيـم الاشـتراكية، واسـتخدام قـوة البروليتاريا في إعادة تعليم وتثقيف الجماهير .

الدولة البسيطة : Etat Souverain

وهي الدولة التي تنفرد بادارة شـؤونها الخارجية هيئـة واحـدة، واغلبيـة دول العالم دول بسيطة كالعراق، مصر، فرنسا، ايطاليا، لبنان، وغيرها .

الدول التابعة : Etat Vassal

تعد الدول التابعة هي تلك التي تربطها بدولة اخرى رابطـة خضـوع وولاء، ولحالة التبعية درجات متفاوتة على انها تفترض بصفة عامة حرمـان الدولـة التابعـة من

ممارسـة سـيادتهـا في الخـارج مـع احتفاظهـا بتصرـيف كـل او بعـض شؤونهـا الداخلية . وان الدول التابعة لا تشغل مركزاً في الجماعة الدولية اى عن طريق الـدول المتبوعة،ـ التي تتولى تمثيلها وتقوم بتصريف شؤونها الخارجية (تبعيـة كوريـا لليابـان عام 1910) .

دول المحور : Etats de L'Axe

وهـو التعبيـر السـياسي والعسـكري الـذي بـرز الى الوجـود مـا بـين الحـربين العالميتين، حيث اطلق اول الأمر على المحور الذي عقدته المانيـا وايطاليـا عـام 1936، وانضمت اليه اليابان عام 1940 . اذ عرف اولاً بمحور برلين - رومـا، ثـم محـور بـرلين، روما، طوكيو . وقد انهار هذا المحور بسقوط موسوليني عام 1943 واستسلام ايطاليـا، والمانيا واليابان في عام 1945 .

الدول المحمية : Protectorat

. وهي الدول التي تضع نفسها تحت كنف او حماية دولـة اخـرى اقـوى منهـا . ويختلف مركز الدولة المحمية بعضها عن بعض اختلافاً كبيراً، حتى انه لا تكاد توجـد حماية مطابقة في شروطها وظروفها للأخرى ويرجـع ذلـك اولاً الى ان شروط الحمايـة تحدد بالاتفاق بين الدول المحمية والدولة الحامية، وثانياً الى ان هـذه الشرـوط تتـأثر بمركز الدولة المحمية ومستواها الاجتماعـي والسياسي ومـدى قـدرتهـا عـلى تصرـيف مختلف شؤونها . ويترتب على ذلك حرمان الدولة المحميـة مـن ممارسـة سيـادتها في الخارج مع احتفاظها بحرية التصرف في شؤونها الداخليـة كلهـا او بعضـها . والحمايـة نوعان : الحماية الاختيارية وتكن باتفاق دولة مـع دولـة اخـرى اقـوى منهـا عـلى ان تضع الأولى نفسها تحت حماية الثانية لتتولى الدفاع ضـد أي عـدوان خـارجي وتقـوم برعاية مصالحها الدولية . أي انها تستند الى معاهدة تـبرم بـين الطرفين مثـل مـا هـو معقود بين فرنسا وامارة موناكو . والحماية الاستعمارية التـي تفـرض بـالقوة ويكـون هدفها استعمار الدولة المحمية مثلما فرضت بريطانيا عـلى امارات الخليج العربي (الكويت، الامارات، قطر، والبحرين) .

الدول المركبة : L'etat Complexe

وهي الدولة التي تتكون من اجتماع اكثر من دولة او ولاية قائمة بذاتها تحت سلطة حكومة مشتركة او تحت حكم رئيس اعلى واحد، وهذا هو ما تعبر عنه دول الاتحاد الشخصي، ودول الاتحاد الفعلي، ودول الاتحاد التعاهدي (ينظر ذلك) .

الدولة : L'Etat

لقد تعددت التعريفات الخاصة بالدولة بقدر تعدد المدارس الفكرية والسياسية التي تناولت هذا المفهوم بالتحليل والدراسة اضافة الى ما افضى به مفكروا الفقه الدستوري القديم والحديث حول نظرية الدولة واصل نشأتها، واركانها، وخصائصها، ووظائفها ودرجة خضوعها للقانون . اذ ان هناك من يعتقد بأن الدولة جماعة من الناس يعيشون بصورة دائمة فوق اقليم جغرافي محدد، ويخضعون لسلطة سياسية معينة . وبالنسبة للاستاذ علي صادق ابو هيف فان الدولة هي مجموعة من الافراد يقيمون بصفة دائمة في اقليم معين وتسيطر عليهم هيئة حاكمة ذات سيادة . وبناءاً على ذلك، فلا بد توفر ثلاثة شروط او اركان اساسية لوجود الدولة : الشعب، الاقليم، والسلطة ذات السيادة . ويترتب على قيام الدولة بكامل اركانها وتمتعها بالشخصية القانونية المعنوية (ينظر السيادة) . وبصدد اصل نشأة الدولة، فقد تعددت النظريات وتنوعت يتنوع وجهات النظر التي تطرقت لهذه المسألة . الاان جميع هذه النظريات تشترك في ركن واحد هو ركن السلطة السياسية (ينظر السلطة السياسية). فهناك نظرية القوة التي تفسر اصل الدولة من خلال الصراع الدائم المستمر بين الجماعات الاولية مما ادى الى انتصار جماعة على غيرها . ونظرية التطور الاسري او العائلي الذي يعود مضمونها الى الاسرة التي هي الصورة المصغرة للدولة . وهناك النظريات الماركسية التي تفسر اصل الدولة من خلال التطور المادي للتاريخ، حيث ان تاريخ البشرية عبارة عن صراع بين الطبقات وعبر مراحل تاريخية، وهناك نظرية التطور التاريخي حيث مضمونها في ان الدولة ظاهرة طبيعية نتجت من تفاعل عوامل مختلفة عبر فترات من التطور التاريخي . واخيراص نظرية العقد الاجتماعي التي جاء بها توماس هويز وجون لوك، وجان جاك روسو، هؤلاء الذين اتفقوا على حالة

الفطرة التي كـان يعشـيها الافـراد، لكـنهم اختلفـوا في تكيـيف حالـة الفطـرة، واطراف العقد، ومضمون العقد وآثاره، (ينظر العقد الاجتماعي وفلاسفته).

دولة العسكر : Etat militaires

لقد شاء نمط هذا النوع من الانظمة السياسية في فترة ما بعد الحرب العالميـة الثانية وخصوصاً في الدول التي حصلت على اسـتقلالها مـن السـيطرة الاسـتعمارية في آسـيا وافريقيـا وامريكـا اللاتينيـة، وبشـكل خـاص في الـوطن العـربي، حيـث ظاهـرة الانقلابات العسكرية التي اطاحت بالأنظمة السياسية التقليدية الملكية او الجمهورية . فحركات الضباط الاحرار في سوريا، والعراق، وقبلها في مصر افضت الى قيـام انظمـة سياسية يتحكم العسكر بكل مؤسساتها السياسية والدستورية، على الرغم مـن وجـود بعض التنظيمات السياسية التي وقفت الى جانب العسـكر في انقلابهـم . وقد املت الظروف الداخلية بروز مثل هذه الأنماط مـن الانظمـة السياسـية، سـيما في مواجهة الاستعمار والاسراع بالتنمية، وتصفية الاقطاع والهياكل الاجتماعية والسياسية القدمية . وقد برزت دولة العسكر بأعتبارها القوة الوحيدة القادرة على حرق المراحل وانجـاز مرحلة التحرر الوطني وبناء الدولة الحديثة . وقد واجه هذا النمط تحديات عديـدة افضت في بعض الدول اللاتينية، والافريقية، وكذلك العربيـة والآسـيوية، الى الخسـارة، وتخلي العديد من ادلول عن هذه الانماط والدخول في اطر المجتمع المدني القائم على المؤسسات الديمقراطية والبرلمانية .

دوما (دوما الدولة) : Doma

مؤسسة تمثيليـة وجـدت في روسـيا القيصرـية، وتمثـل هيئـة تشريعيـة الا انهـا مجردة من السلطة الفعلية نتيجة قوة سلطة القيصر . وكان يجري انتخابها بالاقتراع غير المتساوي، وغير المباشر، وغير العام، وقد حلت الحكومـة القيصريـة دوما الدولة الأول (نيسان - تموز 1906) ودوما الدولة الثاني (شباط - حزيران 1907)، وفي حصـول ثورة اكتوبر 1917 استعيض عـن الـدوما بمجلـس السـوفيت الـذي بقـي قائمـاً كأعـلى سلطة تشريعية في الاتحاد السـوفيتي حتـى الغـاءه في كانون الثاني مـن عـام 1991، حيث تم احياء الدوما من جديد الـذي يتم الانتخابـات اليـه بـالاقتراع العـام المبـاشر والسري وتمثل فيه مختلف الاحزاب والتيارات السياسية .

ديالكتيك : Dialectique

يقصد بالديالكتيك الجدل الحوار الذي يقوم بين المتنازعين حول راي من الآراء وهو مشتق من اللفظة اليونانية dialegestia، التي تعني التقاء الناس للمحاورة . ولما كانت الغاية من الحوار هي الاقتناع، ولا اقتناع بدون برهان، لذلك اعتبر الديالكتيك فن البرهان . وقد عد من قبل الفلاسفة القدماء بأنه مرحلة من المراحل المتدرجة للوصول الى المعرفة . واذا كان منطق آرسطو يقوم اساساً على دراسة اشكال الفكر وقواعد استخلاص النتائج من المقدمات، فأن الديالكتيك هو دراسة محتوى الفكر نفسه لا شكله، وهو وكذلك دراسة القوانين الاساسية للتغير والحركة والتداخل في الطبيعة والمجتمع على السواء . واذا كان منطق آرسطو يقول بان كل شيء هو نفسه ولا يمكن ان يكون نقيضه في الوقت نفسه، فأن الديالكتيك يقول بالتناقض اساساً في نسيج الاشياء، ان الاشياء في تحول وتغير دائمين، والتناقض هو قانون تحولها وتغيرها.

وقد بدأ المنطق الديالكتيكي عند هيغل، وهو اول منهج فلسفي لدراسة الظواهر الطبيعية والانسانية دراسة ديناميكية متطورة . كان جزء من فلسفته المثالية (او الروح) المطلقة الكلية جوهراً للوجود. والواقع ان الديالكتيك الهيجلي هو المنطق الذي كان يقتضي ان يحل محل المنطق الصوري والفلسفة الميتافيزيقية، القائم على نفس التناقض في الفكر والوجود، ذلك ان هناك الموضوع، ثم هناك نقيضه او نفيه، وهناك نقيض النقيض او نفي النفي . والأمر الواقع يثبت وجود التناقضات في كل شيء، ذلك ان كل شيء يحتوي في داخله على جانب ايجابي وآخر سلبي، ومن خلال منطق جديد، او مبدأ جديد هو مبدأ التناقض او الديالكتيك . ولقد تسلح كل من ماركس وانجلز بهذا الديالكتيك الهيغلي نفسه ولكنهما اقاماه على اساس مادي وهكذا نشأت المادية الجدلية التي هي علم القوانين العامة الاساسية للتطور في الطبيعة والمجتمع والفكر . اذ ان كل شيء يتطور، والمجتمع البشري يواصل تطوره هو الآخر . وعليه فان دراسة الصورة العامة لتطور العالم هي جانب هام من جوانب الديالكتيك المادي . وقد عرف انجلز الديالكتيك هو : ((علم القوانين العامة لحركة وتطور

الطبيعة، والمجتمع البشري والفكر)) . وان القوانين الاساسية للدیالكتیك المادي تعطي صورة عامة لتطور العالم ولادراكه وتحويله . ان قانون وحدة وصراع الاضداد يكشف عن مصادر القوى الدافعة على التطور، وقانون التحول من التغیرات الكمية الى التغیرات النوعية، وقانون نقض النقيض .

الديمقراطية : Dimocratie

تتألف كلمة الديمقراطية من مقطعين، حيث المقطع الأول ديموس (Demos) أي الشعب، وكراتس (Cratie) أي السلطة، او الحكومة وتعني على ضوء ذلك بأنها حكم الشعب لسلطته واذا كان للديمقراطية مصطلحات عديدة، حيث الديمقراطية الاجتماعية تتركز حـول العدالة وتكافؤ الفرص امام المواطنين، والديمقراطية الشعبية، الا ان لها مدلولاً سياسياً والذي شائع استعماله في كل الادبيات والفلسفات القديمة والحديثة، وانها مذهباً سياسياً محض تقوم على اساس تمكين الشعب من ممارسة السلطة السياسية في الدولة، اما مباشرة كما في الانظمة السياسية القديمة، حيث كان بامكان الشعب ان يجتمع في الساحات العامة لدولة المدينة ليختار من يمارسون السلطة، او بشكل غير مباشر كما هو عليه الآن في اغلبية النظم السياسية التي تأخذ باسلوب تداول السلطة سلمياً وعن طريق الانتخابات المباشرة وبالاقتراع العام السري، او غير المباشر . ولم تظهر الديمقراطية في المعنى الليبرالي الا في القرن الثامن عشر، حين بشر المفكرون الاوربيون بفكرة المساواة وطالبوا بحق الشعب في اختيار حكومته، وفي الاشراف عليها . وكان هذا المعنى مقترناً بالمطالبة بمساواة المواطنين في حـق الاقتراع السري - دون النظر الى اصـولهم او طبقـاتهم . واذا كانت هنـاك بعض الادبيـات السياسية قد اشارت الى الديمقراطية البرجوازية فأن هناك الديمقراطية الاشـتراكية، ولا سيما عندما لاحظ المفكرون الاشتراكيون بأن الطبقة المسيطرة على الدولة هـي التي تخضع الدولة لمصالحها . وحتى عندما يتساوى المواطنون جميعاً في حق الانتخاب السري، فأن هذه المساواة تنتهي في النهاية لمصلحة الطبقة الرأسمالية الحاكمة .

والديمقراطية في المفهوم الليبرالي تتطلب تعدد الاحزاب، وضمان حرية

التعبير، والمشاركة السياسية، وتداول السلطة سلمياً . وللديمقراطية ثلاثة صـور هي : الديمقراطية المباشرة، والديمقراطية النيابية، والديمقراطية شبه المباشرة .

الديمقراطية غير الحزبية : La democratie Sans Partis

حفلت بعض الدراسات السياسية المختصة بدراسة النظم السياسية بالأشارة الى مفاهيم عدة مثل الديمقراطية غير الحزبية والتي يقصد بها امكانيـة معيشـة الأفراد ضمن نطاق المجتمع الديمقراطي الخالي من نظام الأحزاب . وقد اشار الاسـتاذ لـؤي بحري في كتابه مبادئ علم السياسة 1966، الى ان جان جاك روسـو سـبق وان هـاجم في مؤلفاته السياسية الآحزاب السياسية، مؤكداً بـأن أي مجتمـع توجـد فيـه احـزاب سياسية لا يمكن ان تظهر فيه الارداة العامة على حقيقتها . ويرى مثل هـؤلاء الكتـاب ان المجتمع الديمقراطي الخالي من النظام الحزبي هو الوسيلة الوحيدة لجعل التمثيـل النيابي اكثر واقعية وتمثيلاً للناخبين ومصالحهم ولجعل الحياة العامة اكثر واقعية واقل ابتلاء بأمراض خدمة المصالح الخاصة . وقد سـبق وان عـبر رئيس الولايـات المتحـدة جورج واشنطن عن رأيه من ناحية الاحزاب السياسية، حيث انه حذر في آخر خطبـه الشعب الأمريكي ضد الروح الحزبية التي تعمل على تناحر الفئات في المجتمع وتقوي الواحدة منها على حساب الأخرى .

رأسمال : Capital

يتفـق معظـم الاقتصاديون عـلى ان راس المـال يقصد بـه مجموعـة الآلات والادوات والمعـدات والسـلع التي صـنعها الانسـان وتساعده في الانتـاج . ويقسـم الاقتصاديون راس المال الى راس المال الثابت الـذي يشمل الآلات والمعدات والمباني التي تسهم في العملية الانتاجية مرة بعد اخرى، رأس المال المتداول الذي لا يستخدم في الانتاج سوى مرة واحدة، من ذلك المـواد الاولية . وينقسـم راس المـال الى عينـي، وهو السلع المادية التي تدخل في عمليات الانتاج، ورأس المـال النقدي، ويقصـد بـه مجموع الاموال التي تستخدم في تحويل الانتاج، وهناك رأس المـال الاجتماعـي ورأس المال الخاص .

ويقسـم مـاركس راس المـال الـذي يستخدمه الرأسـمالي الى رأس مـال ثابـت ويتضمن المواد الأولية والآلات والمباني . ورأس المال المتغير هو الجزء الذي ينفق عـلى شراء قوة العمل . ويطلق على الأول ثابت لانه لا يغـير قيمتـه في عمليـة الانتـاج امـا الثاني فيغير من قيمته، فهو ينتج ما يعادله فضلاً عن فائض القيمة . ولا ريب ان رأس المال عامل هام في تحقيق التقدم والرفاهية الاقتصادية .

الرأسمالية : Capitalisme

اذا كانت الرأسمالية مرحلة متقدمة على البرجوازية في سلم التطـور التـاريخي للمجتمعات، فأنه تشير الى نوع من المجتمعات الصناعية التي تتميز :

- سيطرة القطاع الخاص على وسائل الانتاج الاقتصادية (راس المال) .

- اكتساب الثروة والمواد الأولية عن طريق عمليات السوق الحرة .

- بيع وشراء العمل في السوق الحرة .

- هدف النشاط الاقتصادي هو الحصول على اكبر كمية من الانتاج .

وقد جرت محاولات عدة من قبل الاقتصاديين وضع نظرية لتفسير نمو

الرأسمالية، ومن بينهم ماكس فيبر، وسبقه كارل ماركس الذي وضع نظرية لتحليل نمو الرأسمالية وقال ان النظام الرأسمالي نظام مغلق ومتناقض ومحكوم عليه بالانهيار . وقد تطورت الرأسمالية لانها لم تنشأ على الصورة المعاصرة، بل ظهرت الرأسمالية التجارية التي تعتمد على التبادل وبيع السلع، ثم تطورت الرأسمالية، بعد ظهور الصناعية والطاقة التجارية واستغلال الآلة لتصبح رأسمالية صناعية حيث كان الافراد يملكون الصناعات، ثم ظهرت الجمعيات الصناعية (الشركات)، حيث ان ظهورها مهد للمساهمة في التركيز، والاحتكارات التي اصبحت لها قوة التحكم في الانتاج والسوق، والاستهلاك . ثم تطور ت الرأسمالية لتصبح رأسمالية عالمية من خلال تملك الاموال، ومنح القروض عن طريق البنوك والاحتكارات، واصبح المال كذلك يباع بالفائدة .

والمارسكيون وضعوا النظرية القائلة بأن الاستعمار ليس سوى مرحلة اعلى من مراحل نحو الرأسمالية، من خلال السيطرة على الاسواق، والمواد الخام (ينظر الامبريالية) . وان اغلبية الدول الرأسمالية قد تخلت عن الرأسمالية الفردية الليبرالية التي كانت طابع القرن التاسع عشر، وانتقلت الى رأسمالية الدولة . حيث اتسع الجانب التدخلي للدولة في نظام التخطيط والضمان الاجتماعي، وتملك جزء من وسائل الانتاج .

الرأي العام : L'opionion Publique

يعد الرأي العام ظاهرة قديمة قدم وجود الجماعة الاجتماعية المنظمة ولم يظهر كنظرية سياسية الا خلال القرنين الثامن عشر والتاسع عشر، مع ظهور وتطور الدولة - الامة . وان بلورة المفهوم السياسي للرأي العام يعود الى حد كبير الى الجهود التي بذلها مفكروا البرجوازية الذين حاولوا ان يفسروا به اصل السلطة . واذا كان جون لوك يعتقد ان الرأي العام يحكم العالم فعلاً، فأن جان جاك روسو يرى ((ان الرأي العام صوت الله))، وانه ((الادراة العامة)) للشعب . وكذلك الرأي العام يتغير بتغيرات الظروف الاقتصادية والاجتماعية والايدلوجية والسياسية في المجتمع، الا انه يعتبر من العوامل الجوهرية في وجود وتبرير شرعية السلطة . ان اصل تعبير الرأي

العام، انكلوسكوني استعمل لأول مرة في انكلترا في مطلع القرن الثامن عشر، وقد كان له اهميته الكبيرة في الافكار السياسية التي طرحها ميكيافلي، وغيره من المفكرين وخصوصاً بالنسبة للدولة والسلطة . اذ ان جون لوك يعتبره بمنزلة القانون ويكّون مع القانون الآلهي والقانون المدني قاعدة سلوك للافراد وقاعدة حكم قسمه .

ان الرأي العام وفقاً للفلسفة السياسية المثالية هو التبرير الوحيد للسلطة . ولكن الرأي العام شأنه شأن كل المفاهيم المهمة الاخرى في التطبيق السياسي والاجتماعي، كالحرية والديمقراطية والمساواة والسيادة، هو جزء من الايدلوجية ووسيلة في السياسة العلمية، وشعار للبلاغة السياسية وظاهرة في الميثولوجيا السياسية .

وعليه، فان الرأي هو تعبير علني، معبراً عن وجهات النظر الحرة، وليست الا وجهات نظر طبقه او جماعة اجتماعية ا وسياسية او مهنية او دينية محدودة . انه يعرف ايضاً بانه موقفاً فعالاً ازاء القضايا الاساسية في الحياة والعمل والحكم في مجتمع منتظم في هيئة دولية .

ان الراي العام هو الرأي المشروط اجتماعياً لأكبر عدد ممكن من الافراد حول القضايا العامة، والذي يعبر عنه علناً، الموجه لا نحو التأثير على الشؤون العامة فحسب، وانما ايضاً نحو المشاركة، أي نحو تحويل هذا الرأي العام الى سياسة عملية، الى قانون .

رئيس الدولة : Le Chef d'Etat

يعتبر رئيس الدولة، ملكاً كان ام رئيس جمهورية، سلطاناً ام اميراً أمبراطوراً ام قيصراً رمز السلطة العامة في دولته، والذي يمثلها باعتبارها وحدة سياسة سواء في الداخل او في الخارج . ويحق لكل دولة وفق نظامها السياسي ودستورها ان تختار اللقب الذي تراه مناسباً لرئيسها . وان لقب رئيس الدولة ما هو الا رمز لشكلها السياسي ولتقاليدها او تعبير عن نزعتها واتجاهها، فرئس الدولة هو الرئيس المباشر لدولته ورمز سيادتها . وتحدد طريقة من يصل الى منصب رئيس الدولة حسب النظام السياسي والدستور الذي ينظم كيفية ممارسة السلطة . فأذا كان ملكاً، فعن طريق الوراثة، واذا كان جمهورياً فعن طريق الانتخاب . كما ان وظائف رئيس الدولة

ليست واحدة في جميع الدول، وانما تختلف من دولة الى أخرى، لا بل انه يختلف حتى في الانظمة الجمهورية، حيث النظام الرئاسي، ونظام الجمعية الوطنية، وهناك من يخلط بين الاثنين . فالوظائف السياسية، والتشريعية التي يقوم بها رئيس الدولة تعتمد على درجة تطور الحياة السياسية والبرلمانية في تلك الدولة، وليس لها علاقة فيما اذا كان النظام ملكياً او جمهورياً .

الراديكالية : Radicalisme

يقصد بهذه الكلمة التي تترجم الى اللغة العربية ((بالجذرية)) ويسمى اتباعها بالجذريون او الراديكاليون الذي يهدفون الى تغيير النظام الاجتماعي بشكل جذري . وقد اطلقت الكلمة ذات الاصل اللاتيني لاول مرة في بريطانيا من قبل جيمس نوكس عام 1797 عندما طالب باصلاح راديكالي أي جذري . وقد وصف بعض اعضاء حزب الهويج (الاحرار)، بالراديكاليين المتطرفين الذين طالبوا بأصلاحات دستورية، ومنح المواطنين حق الانتخاب .

وتطلق كلمة الراديكالية بالمعنى الفلسفي على الذين يؤمنون بفكرة المشاركة الاجتماعية، ومبدأ الليبرالية في الشؤون الاقتصادية والسياسية، ويمثلها الفلاسفة جريمي نيتشام، وهنري جيمس، وجون ستيوارت ميل . وقد ظهرت الراديكالية كاتجاه سياسي واجتماعي مع ظهور الطبقة الصناعية الجديدة في انكلترا لمعارضة قيود الاقطاع . وقيود النبلاء على السلطة السياسية، ودعا هذا الاتجاه الجديد الى حق الانتخاب للبرلمان ضد طبقة النبلاء، ولكن وفق شروط . وقد لعب الراديكاليون دوراً محركاً للاوساط الشعبية، وقيادتهم للمظاهرات، الامر الذي دفع البرلمان على الموافقة في حزيران 1832 على القانون الذي عرف باسم ((قانون الاصلاح العظيم)) . وقد تم تحقيق بعض الانتصارات ضد الاقطاع، حيث تم اقرار مبدأ حرية التجارة . وفي مطلع القرن العشرين حيث برزت الاحزاب السياسية العمالية التي تبنت شعارات وافكار الراديكالية، لتصبح صفة تطلق على أي سياسي،او حزب يطالب بالتغير الجذري . وكان للراديكالية، والراديكاليون دوراً في الحياة السياسية الفرنسية، وخصوصاً في النصف الثاني من القرن التاسع عشر، حيث كان هناك تياراً

قوياً يدعو الى احياء روح الثورة الفرنسية الاولى، والمطالبة بحق الانتخاب للمواطنين، وتحقيق الآخاء والمساواة والحرية، وباضعاف سلطة رجال الدين، علمانية الدولة، أي فصل الدين عن الدولة (ينظر العلمانية) . وقد تم تأسيس الحزب الراديكالي في عام 1901 الذي قدم الكثير من المشاريع الخاصة، ومنها مشروع التأميم، الامر الذي يجعله يقف مع اليسار في معاداته لرجال الدين، واشترك في اغلب الوزارات بين عامي 1902-1914 . لكن الحزب اخذ يبتعد عن الافكار الاشتراكية وجذب رجال المال الى صفوفه الامر الذي ابعده عن الحزب الاشتراكي، كما تكون الحزب الشيوعي عام 1920 . وبقي الحزب تجذبه التحالفات السياسية في الوسط السياسي الفرنسي- حتى الوقت الحاضر . وما زالت الراديكالية كلمة متداولة في الادبيات السياسية تطلق على المتطرفين وغالباً من اليسار، واليمين احياناً .

الرايخ : Rich

يقصد بكلمة الرايخ Reich في اللغة الالمانية ((الدولة)) بغض النظر عن نوع الحكم، واخذت تعني معنى اوسع من الدولة هو الامبراطورية الرومانية التي يرجع تاريخ إنشاءها الى منتصف القرن الثالث هي التي عرفت باسم الرايخ الأول . وكانت تشمل ما يطلق عليه الآن : المانيا، النمسا، غرب تشيكوسلوفاكيا، سويسرا، وشرق فرنسا، وبلجيكا، وهولندا، واجزاء من وسط وشمال ايطاليا . وبعد منتصف القرن الخامس عشر اصبحت هذه الاراضي تعرف بأسم الامبراطورية الرومانية المقدسة للامة الجرمانية . وبسبب الصراعات الدينية بين ملك جرمانيا وبابوات ايطاليا حول قيادة اوربا المسيحية ضعفت سلطة الرايخ الأول ثم ازداد ضعفها نتيجة لحركة الاصلاحات الدينية التي اجتاحت غرب ووسط اوربا التي ادت الى انشقاق الامبراطور الكاثوليكي والامراء الجرمانيون الذين اختاروا البروتستانتية أي حركة الاحتجاج . وهو الامر الذي اشعل نيران حرب الثلاثين عام 1618 الى 1648 فخربت المانيا وسقط الرايخ الأول . بعد قرنين ونيف من الزمن قامت الامبراطورية الثانية تحت اسم الرايخ الثاني وذلك تأكيد انتمائها الى التاريخ الجرماني القديم واستمر الرايخ الثاني (1871-1918) في جبروته وسيطرته على مناطق عديدة من اوربا لغاية اندلاع الحرب العالمية

الأولى، ثم صعد ادولف هتلر ليطلق على حكومة بلاده اسم حكومة بلاد الرايخ الثالث (1933-1945) التي سقط بانتهاء الحرب العالمية الثانية واستسلام المانيا، الا ان الرايخ الرابع ما زال يداعب مخيلة الكثير من الالمان .

الرد المرن (استراتيجية) : Riposte Fléxible

يعتبر الجنرال ماكوسيل تايلر رئيس هيئة الاركان المشتركة للقوات الامريكية السابق اول من دعى الى تبني استراتيجية الرد المرن كاساس لادارة الصراع مع الكتلة السوفيتية في عصر الحرب النووية المدمرة . وتقوم فكرة الرد المرن على ضرورة تطوير القدرات العسكرية بما يكفل للولايات المتحدة مواجهة أي تحد، والتصرف حيال أي موقف او ازمة تجد الولايات المتحدة نفسها طرفاً فعالاً فيها . وقد اوضح تيلور مقومات استراتيجية الرد المرن والتي تشتمل في :

- انشاء قوات مجهزة بالصواريخ الستراتيجية التي لا يمكن اصابتها او تدميرها .
- انشاء قوات خفيفة الحركة مزودة باحدث الاسلحة ويمكن استخدامها في الحرب ذات النطاق الضيق .
- انشاء هيكل قومي من التحالفات العسكرية .
- توفير الضمانات التي تكفل استخدام الوسائل والامكانيات المتاحة لبرنامج التسليح الامريكي .

وبعد هذه الاستراتيجية خرجت الى ساحة المواجهة مفاهيم عديدة مثل مفهوم الردع المتعدد الابعاد لمواجهة الاشكال المختلفة للصراع الدولي، ومفهوم استراتيجية القوة المضادة المقيدة التي اقترحها روبرت ماكنمارا وزير الدفاع الامريكي السابق، والتي تهدف الى تدمير العدو تدميراً كاملاً حتى لو جاء بعد استراتيجية الضربة الثانية . كما برز مفهوم استراتيجية التصدي الجديدة في عام 1980، وهي ما تعني الضربة الوقائية .

الردع الاستراتيجي : Dissuasion Strategique

يعد الردع من الوسائل الاستراتيجية لمواجهة الخصم قائم على تجنب الصراع العسكري، وتبني موقف استراتيجي قائم على الردع من خلال التهديد باستخدام السلاح النووي، في حالة الشعور بالخطر القادم، او في نوايا العدوان . والردع يستند

اساساً الى تقييم القوة العسكرية للطرف المقابل . وتعتبر استراتيجية الردع الشمال، او الانتقام الشامل، ومن الاستراتيجيات العسكرية التي تبناها حلف شمال الاطلسي في مواجهة الاتحاد السوفيتي خلال عقدي الخمسينات والستينات قبل الوصول الى حالة الوفاق الدولي التي توجت في التوصل الى اتفاقيات تخفيض الاسلحة الستراتيجية والنووية . وقد بقيت الاهمية الوحيدة لقيمة الردع، هو بقاءها في اطار الحدس والتخمين طالما لم يتفجر الموقف ويحدث أي صراع عسكري . اذ ان الخوف من اندلاع حرب نووية، وعدم توفر الثقة في ردود الفعل المحتلمة للعدو، شكلت من الكوابح الرادعة للطرفين، وابعدت شبح الحرب النووية الشاملة .

وقد برزت خلال المواجهة بين الاتحاد السوفيتي والولايات المتحدة في سنوات الحرب الباردة مفاهيم استراتيجية، من بينها استراتيجية الرد المرن، وهي الاستراتيجية القائمة على اساس ايجاد اطار متسلسل، مندرجة في الاستجابات العسكرية عبر التمييز والتفعيل بحيث يكون الرد متساوياً للتحدي القائم لتجنب المضاعفات الناتجة عن الاستعمال غير المميز العشوائي للسلاح النووي . أي ان حجم الاستجابة وقوة الرد على الهجوم السوفيتي يتوقفان على طبيعة ذلك التهديد لا على الاستخدام الشمال والفوري لكل ما هو متوفر من امكانيات نووية وتقليدية امريكية واطلسية .

الرقابة الدستورية : Censure Constitutionnalle

بهدف ان تكون هيئات الدولة ملتزمة في نشاطها بالقواعد الدستورية نصاً وروحاً، وان ما تشرعه من قوانين وما تتخذه من اجراءات، ومراسيم وما تقوم به من تنفيذ هذه القواعد القانونية، مطابقاً لنصوص الدستور وسمو مبادئه، فقد استوجب تنظيم الرقابة على دستورية القانونية .

وتختلف الرقابة على دستورية القوانين فيما اذا كان الدستور جامداً او مرناً (ينظر الدستور) . اذ ان القواعد القانونية المخالفة لنصوص الدستور الجامد تعتبر باطلة حتى في حالة عدم النص عليها . اما في حالة الدستور المرن الذي لا يتمتع باي سمو شكلي على القواعد القانونية العادية، فلو خالف القانون العادي نصاً دستورياً مرناً، فهذه المخافة تعتبر تعديلاً للنص الدستوري المرن . وبناءاً عليه، فأن الرقابة

على دستورية القوانين تثار فقط في حالة الدستور الجامد . وفي هذه الحالة تكون الرقابة سياسية ورقابة قضائية . اذ انه في حالة الرقابة السياسية (او اللاقضائية) فقد تم اناطة مهمة الرقابة الى هيئة سياسية من اجل التحقيق من مدى مطابقة احكام القانون للدستور . ويتم تشكيلها اما عن طريق التعين من قبل السلطة التنفيذية، او من قبل السلطة التشريعية واما عن طريق الانتخاب . وتعتبر الرقابة السياسية رقابة سابقة تفرض قبل صدور القانون، اي على مشروع اعداده، مما يصفها البعض بانها رقابة وقائية . ومن الدول التي اخذت بهذه الرقابة فرنسا التي شكلت المجلس الدستوري الذي يصادق على صحة انشطة هيئات الدولة، وحتى صحة الانتخابات الرئيسية . اما الرقابة القضائية فتتم اما بطريقة الدعوة المباشرة (رقابة الالغاء) والرقابة بطريقة الدفع بعدم الدستورية (رقابة الامتناع) من تطبيق القانون .

الرواقية (المدرسة) : Stoicisme

ان ما آلت اليه الاوضاع السياسية والفلسفية بعد ارسطو، وكذلك عجز دولة المدنية كوحدة سياسية رئيسية في اليونان القديمة ان تجد الحلول اللازمة للمشاكل التي واجهتها، اضافة الى بروز نجم الاسكندر الاكبر المقدوني وطموحاته الامبراطورية التي تعدت النطاق الاقليمي الضيق، واتجهت صوب (العالمية)، فأن ذلك قد ادى ليس فقط الى ظهور اتجاهات سياسية واسعة الافق، وانما على المستوى الفلسفي، والافكار السياسية التي انبثقت منسجمة مع هذا الواقع الجديد، او متشائمة منه . وقد تبلورت هذه الافكار والاتجاهات الفلسفية في الابيقورية (ينظر هذه المدرسة) وكذلك الرواقية Stoicism التي اسسها الفيلسوف زينون عام 308 ق.م . وقد استحدث اسمها من المكان الذي كان يقوم زينون بالتدريس فيه وهو (Stoa) الرواق المنقوش .

ان فتوحات الاسكندر الاكبر وما ترتب على ذلك من تغير شامل وظهور الفلسفة الرواقية بافكارها العالمية، ادى الى ان تترك الفكرة القائلة بان المدينة وحدة مستقرة قائمة بذاتها، المجال لفلسفة تبحث عن آفاق جديدة في الفكر حيث بدأ ينظر الى الانسان ليس على انه عضو في مجموعة محددة (دولة المدنية) بل على انه فرد يشارك غيره الحياة الانسانية في العالم . اذ ان فتوحات الاسكندر فتحت آفاق جديدة

اذ انها بقدر ما اظهرت قصور المدينة البونانية المستقلة المنعزلة عن ان تلعب دوراً سياسياً ذا شأن، فقد افسحت المجال لظهور فلسفة جديدة في مجال الفكر عرفت بأسم المدرسة الرواقية، وقد لعبت هذه المدرسة دوراً كبيراً في الفكر اليوناني وكذلك كان تأثيرها واضحاً في الفكر الروماني .

لقد اعتبر الرواقيون الفلسفة على انها علم الامور الآلهية والامور البشرية . وفي نظرتهم للعالم، فأنه يتكون من عنصرين : عنصر منفعل هو المادة، وعنصر فاعل يحرك المادة من داخلها ويقوم على نحوها . ولكن ما هو هذا العنصر ؟ يقول الرواقيون انه ((نار عاقلة تسير في اعمالها بحكمة))، وهي الروح التي تبعث الروح في الاشياء، وفي نظرتهم للأنسان، اكدوا على انه مكون من عنصرين : ((الجسم والروح . والروح جزء من هذه النار العاقلة المسيرة للعالم وعند الموت يعود الجسم الى المادة فيغنى فيها وتعود الروح الى النار فتمتزج بها)) . وتذهب الفلسفة الرواقية الى فكرة المساواة بين الافراد واينما كانوا، فيعيشوا في الدولة العالمية،الدولة المثالية، دونما امتياز بسبب الجنس والمكانة . أي انها اتخذت من مبدأ المساواة اساساً يعتمد عليه لرفع المستوى الاخلاقي، وضد افكار افلاطون وارسطو، هذه الافكار القائلة بأن الافراد يتفاوتون فيما بينهم يتفاوت الجنس او اللغة او الوطن . فالرواقية دعت لفكرة الاخوة الانسانية في العالم المشمولة بالعدل، ودعت الى المساواة بين الافراد رغم الاختلافات الموجودة بينهم .

فالرواقية، وخلال كل العصور التي انقسمت خلالها (الرواقية القديمة 322-204 ق.م، الرواقية الوسطى في القرنيين الثاني والأول ق.م، والرواقية الحديثة من القرن الأول الميلادي حتى عام 529م) فلسفة اخلاقية مثالية اهتمت بالحياة الداخلية للأنسان وان اخلاقياتها قامت على اصالة فكرة الحرية وسيطرة النفس على انفعالاتها . والسعادة في يد الفرد لنفسه وتحكمه في انفعالاته . وان كانت اوجه الطبيعة هي التعبير عن حكمة عالمية تقترب من مفهوم الآله الأوحد . انها نسيج فكري للعديد من المفكرين اليونانيين وغير اليونانيين، مترابط ومتكامل نادى بالمساواة العالمية بين البشر جميعاً . في اطار مدينة العالم comopolis .

- ز -

الزعامة : Leader

ان اول من اعطى مفهوماً متميزاً عن الزعامة هو الفيلسوف والمفكر اليوناني اكزنيفون الذي فرق بين الحاكم والزعيم، بين السلطة وشخصية القائد او الزعيم ذاته، ذلك ان السلطان هو القيادة، قيادة الاكثر اهلية لذلك .وان كان العالم على رأي اكزنيفون قد عرف العديد من الحكام ولكنه لم يشهد الاقلية من الزعماء . يقول اكزنيفون : ((الزعماء هم ليس اولئك الذين يحملون صولجان الحكم، وليس اولئك الذين اختيروا من قبل الناس او عينوا بواسطة القرعة، او اولئك الذين استحوذوا على السلطة بالعنف والقوة او الخديعة . الزعماء هم اولئك الذين يعرفون كيف يرأسون ويقودون)) . ويذهب اكزنيفون الى تحديد صفات الزعيم او القيادة التي تتطلب نوعاً من : التفوق الفني، الخطابة، العمل من اجل المصلحة العامة، الفضائل الخلقية، المقومة الجسدية، الانصراف عن الملذات . اذ يقول بهذا الصدد ان ((القائد الفذ يستطيع ان يدفع جنوده الى حب العمل واللهفة والامتياز والنبوغ امام قائدهم)).

ستار حديدي : Rideau de fer

وهو الاصطلاح الذي اطلق في الادبيات السياسية الغربية ضد السياسة التي اتبعها لينين وذلك طبقاً للمبدأ الذي رفعه ((الاشتراكية في بلد واحد)) . وقد امتد الستار الحديدي الى كل الكتل الشيوعية التي ضربت ستاراً شديداً ضد الافكار والتوجيهات السياسية الغربية ضدها، ومن خلال رقابة صارمة على الصحف ووسائل الاعلام، ومنع دخول السياح الغربيين . وقد انهار هذا الستار بعد ان طوت الحرب الباردة صفحاتها، وبأنهيار جدار برلين في كانون الأول / 1989 .

ستارت : START (سالت)

لقد دخل هذا المصطلح في الادبيات السياسية والعسكرية والستراتيجية باعتباره تلخيصاً للعبارات التالية : Stratric Arms Reduction Taks اي محادثات تقليص الاسلحة الاستراتيجية، وقد استخدمته ادارة الرئيس الامريكي السابق، رونالد ريغان لتميزه عن مصطلح سالت SALT المتكون من الاحرف الأولى للعبارة التالية : " Srategic Arms Limition Talks " وهي المفاوضات التي انطلقت للحد من الاسلحة الستراتيجية (سالت) والتي توجت في التوقيع على المعاهدة التي حملت اسم (سالت1) في عام 1972 والتي ادت الى ولادة سياسة الوفاق الدولي بين القوتين العظميين، واعقبها سالت2 التي ما زالت بدون مصادقة الكونغرس الامريكي والذي سبق ورفضها في عام 1979 .

وان معاهدة سالت (1) ويطلق عليها ABM وقعت في موسكو 26 مايو/ آيار 1972 من قبل رئيس الولايات المتحدة الامريكية، ريتشارد نيكسون ورئيس الاتحاد السوفيتي ليونيد بريجينيف . ويشمل نظام ABM الصواريخ البالستية المطلقة ومنصات الاطلاق والصواريخ المعترضة والرادارات . وقد تحللت الولايات المتحدة في عهد الرئيس الأمريكي جورج بوش الأبن الذي اعطى قراره في بناء الدرع الصاروخي الأمريكي المعترض للصواريخ العابرة للقارات .

السفير : L'ambassadeur

يعتبر السفير بناءاً على ما جاء في معجم الدبلوماسيين والشؤون الدولية للاستاذ سموحي فوق العادة، هو رئيس البعثة الدبلوماسية من الدرجة الأولى، حسب نظام فينا لعام 1815 ونظام فينا لعام 1961، وهو الشخص الذي يعتمده رئيس دولة لدى رئيس دولة المستقبلة بموجب كتاب اعتماد رسمي، بعد ترشيحه والموافقة على تعيينه، ويحق للسفير طلب مقابلة رئيس الدولة كلما اقتضت الضرورة لذلك، ويعتبر ممثلاً في الحفلات الرسمية التي يحضرها رئيس الدولة الذي اوفده . وهناك تسميات اخرى برزت في الممارسة الدبلوماسية من بينها السفير المتجول الذي تفده دولته للقيام بمهمة خاصة وسرية الى بلد معين، والسفير المعين لدى دولة من الدول الأخرى بعد حصول الموافقة على تعيينه .

سلطات الدولة : Les Autorités d'Etat

في أي دولة صغيرة ام كبيرة، توجد سلطات ثلاثة هي : السلطة التنفيذية، السلطة التشريعية، ومن ثم السلطة القضائية، وهناك من اعتبر الصحافة هي السلطة الرابعة في الدولة التي تمارس الرقابة على السلطات الثلاث . وتعتبر السلطة التنفيذية هي الجهاز الاساسي للسلطة لتحقيق السيطرة وتأدية الوظائف الرئيسية للدولة، ويختلف تكوين السلطة التنفيذية من دولة الى أخرى، حيث انها في النظام البرلماني الانكليزي تتكون من رئيس الوزراء ووزراءه، والوزراء بدون وزارة، والاجهزة الاخرى المرتبطة بها . وان الملكية وان كانت جزءاً من السلطة التنفيذية الا انه ليس لها دور يذكر . اما في النظام الرئاسي فتتكون من رئيس الجمهورية والوزراء الذين لا يعتبرون الا مساعدين للرئيس ولا يملكون الا صوتاً استشارياً . في انظمة الجمعية الوطنية فانها تتكون من رئيس الجمهورية ورئيس الوزراء والوزراء . واذا كانت للسلطة التشريعية حق تشريع القوانين فأنه يترك للسلطة التنفيذية امر اصدار اللوائح لتفعيل وتنفذ تلك الاحكام، وتدخل التنفيذية ميدان التشريع من خلال المراسيم التي يصدرها رئيس الدولة التي تعدل القوانين .

اما السلطة التشريعية، فأنها في اغلب الدول تتكون من البرلمان، الجمعية

الوطنية، او المجلس الوطني، والتي تعكس طبيعة النظام السياسي، وادارة الطبقة الحاكمة ويتألف البرلمان من مجلسين، وخصوصاً في انكلترا، حيث اللوردات والعموم، وفي الولايات المتحدة الشيوخ، والنواب، وكذلك في فرنسا، وفي الاتحاد السوفيتي السابق حيث مجلس السوفيت ومجلس القوميات، وفي العراق مجلس قيادة الثورة والمجلس الوطني. واضافة الى الوظيفة التشريعية التي يتمتع بها البرلمان، هناك الوظيفة المالية، والسياسية وذلك من خلال مراقبة نشاط السلطة التنفيذية وخصوصاً في الانظمة البرلمانية، اذ تنحصر ـ هذه الوظيفة في حق السؤال، الاستجواب والتحقيق البرلماني، اما السلطة الثالثة، القضائية فأنه يقع على عاتقها مهمة تطبيق القانون على الوقائع المعينة، وتتكون من القضاة والادعاء العام ونوابه، حيث الاستقلالية الكاملة التي تتمتع بها قياساً الى عمل السلطتين التشريعية والتنفيذية.

السلطة (في الفكر الاسلامي) : Le Pouvior

تشكل الامامة او قضية السلطة والصراع عليها من القضايا الجوهرية التي احتلت اهمية كبيرة في التاريخ والفقه الاسلامي. اذ ان هناك من يرى بضرورة السلطة او السلطات (نظرية وجوب الامامة)، في الوقت الذي اكدت فيه جماعة على ضرورة وحدة السلطات ويذكر المتكلمون ضرورة السلطة اوالامامة ادلة وبراهين بعضها عقلي والاخر شرعي تاريخي. وتأتي المسألة الثانية التي شغلت اغلبية المفكرين بعد وجوب الامامة، هي ضرورة وحدة السلطان، خصوصاً ما اكده الشافعي، اذ ان المفكرون المسلمون قد فهموا من مصطلح الامة الواحدة في القرآن، وسيرة السلف الصالح وحدة في السلطان، ووحدة في الارض، ووحدة في الجماعة. اما المسألة التالية فقد تعلقت بشرعية السلطان او حتى يكون الامام شرعياً، وحتى يكون متغلباً غير شرعي. فقد تمسك البعض بمبدأ الشورى بأعتباره الطريق الأوحد للوصول الى الاجماع حول رجل من قريش يتولى السلطة، بينما نظراً آخرون لشكل آخر فقالوا بالبيعة العامة هي التي تفرق بين الشرعي وغير الشرعي. وذهب فريق ثالث الى ان الحكم على شرعية أي سلطان ينبغي ان يستند الى مدى تحقيقه للاهداف العليا للامة (ينظر للمزيد عن ذلك المصطلح الامامة والخلافة).

السلطة السياسية : Le Pouvior Politque

عندما يكون الشعب توجد السلطة التي تمثل الهيئة المنظمة تتولى ممارسة السلطة بحكم الشعب، والاشراف عليه ورعاية مصالحه، وادارة الاقليم وحمايته وتعميره، وتنظم استغلال ثرواته . اذ هناك من يقصر- مفهوم السلطة على ممارسة نشاط ما على سلوك الناس. اذ يرى جيرهارد ليبهولتر في السلطة : ((القدرة على فرض ارادته، بطريقة مباشرة او غير مباشرة، على كائنات بشرية)) . وهناك اتجاه آخر يصر- على اخذ الوسائل بعين الاعتبار : وفي هذا المجال تتأرجح الافكار بين السلطة -الاكراه- أي التي تفرض ارادة الحاكمين على المحكومين وبين السلطة الصاعدة (المنبثقة عن ارادة المحكومين) أي التأثير على السلوك الانساني . وهناك كتاب يحتفظون بمفهوم السلطة فلا يستخدمونه الا للتعبير عن القدرة على التنظيم في ضوء الاوامر المصدرة .

ويؤكد علماء الاجتماع بان ممارسة السلطة هي من احد اشكال القوة التي توجه جهود الافراد العاملين في المؤسسات البيرقراطية نحو تحقيق الاهداف العامة والخاصة التي يصبو اليها المجتمع والفرد . فالسلطة اذن هي نوع من انواع القوة تنظم جهود وواجبات الآخرين من خلال الاوامر التي تصدرها لهم . اذ تعتبر هذه فعالة لكونها صادرة من اشخاص شرعيين حسب اعتقاد الاشخاص الخاضعين لمشيئتها. ان السلطة الشرعية هي السلطة التي تتأثر فعاليتها بالاجهزة التي تعتمدها كالفائدة والمصلحة المتبادلة المشتركة بين قادتها والاشخاص الذين يخضعون لاوامرها ومتطلباتها .

ويؤكد الاستاذ صادق الاسود بان السلطة واقعة اجتماعية سياسية يصعب تعريفها بسبب صفاتها المتعددة، وقد كانت منذ اقدم العصور موضوع عناية واهتمام المفكرين والفلاسفة . وهذه الصعوبة تكمن في ان تشخيص ماهيتها ووظائفها وطبيعة العلاقات التي تقدم عبرها وخلالها تختلف من باحث الى آخر، وبأختلاف منطلقاته النظرية والأيدلوجية . اضافة الى كونها ظاهرة كانت تتطور بأستمرار وتأخذ اشكالاً مختلفة . وقد امتزجت السلطة بكل اوجه العلاقات الانسانية في الحياة الاجتماعية المشتركة، وهي مرتبطة بكل تنظيم مؤسسي- . وهناك مشكلة تحديد العلاقة بين السلطة

وبين السياسة، فهل ان كل سلطة هي في التحليل الأخير سياسية نوعاً ما؟ ام يجب التفريق بين انواع عديدة من السلطة، ليست السلطة سياسية الا واحدة منها ؟ ومن ثم هل ان جوهر السلطة واحد رغم تنوع اشكالها ووظائفها ؟ ومن ثم علاقة السلطة بالبيئة الاجتماعية ؟ وبالنظم السياسية، وغير ذلك من الجوانب المختلفة للنشاط السياسي، اضافة الى الجهود التي بذلت لتحديد مدلول تعبير ((سلطة))، Power او في اللغة الفرنسية Pouvoir .

اذ ان برتراند رسل يعرفها : يمكن تعريف السلطة بكونها، احداث تأثير مقصودة،اما روبرت دال فأنه يربط ايضاً ما بين السلطة وبين التأثير عبر العلاقات التي تقوم بين الافراد وجماعات المجتمع، اذ يعرف السلطة بأنها قدرة شخص على التحكم في ردود فعل شخص آخر . فالسلطة لديه هي ظاهرة تنطوي على مفهوم علائقي مبني على عملية تأثير وتأثير تحدث بين الاشخاص . اما الاستاذ أميتاي اثزيوني فالسلطة لديه هي القدرة على التغلب على المقاومة كاملاً او جزءاً لغرض اجراء تغييرات يومية معارضة لها . ويعرفها فليكس اوينهايم بأنه ((... كل من يقوم بعمل سلطة فأنه يقوم به عن قصد ... وهو قصد التحكم في نشاطات الآخرين لغرض تحقيق غرضه هو الخاص به)) .

ويبين هارولد لاسويل مفهومه عن السلطة على اساس (علاقات السلطة) ايضاً، اذ يعرفها بكونها ((واقعة المساهمة في اتخاذ القرارات)) أي ان السلطة هي عملية التأثير في سياسة الآخرين، وذلك بغرض الحرمان الشديد عليهم فعلاً، او التهديد به لغرض امتثالهم الى السياسة المعروضة للتنفيذ . اذ يرى لا سويل في السلطة علاقات قائمة بين الافراد : ((ان السلطة هي وضع علاقات قائمة بين اشخاص والذين يمسكون بالسلطة فوضوا بذلك وهم يعتمدون في تمسكهم، بالسلطة ويستمرون في ذلك ما دام هناك تيار مستمر من استجابات الافراد لتفويض السلطة . ومن ثم فأن العلاقات الانسانية العارضة تقنع أي مراقب مختص بان السلطة ليست حجارة يمكن نقلها من مكان الى آخر، وانما هي عملية تختفي عندما لا تعود هناك استجابات تدعمها)) . فالسلطة السياسية حسب مفهوم لا سويل قائم على اساس

انها رابطة .

وان تعريف هرمان هيللر يذهب الى ((ان السلطة الاجتماعية المنظمة .. هي ذلك النوع الذي يولده ويحافظ عليه نشاط انساني مشترك تقوده مجموعة من القواعد المتفق عليها صراحة على نحو آخر ... والسلطة السياسية تتميز عن كل الاشكال الأخرى من السلطة الاجتماعية بسبب الوظيفة التي تؤديها في تنظيم ودمج النشاطات المترابطة فيما بينها التي يقوم بها سكان منطقة اقليمية .

واذا كان تالكوت بارسونز ربط مفهوم السلطة بالبينة، وعرفها بأنها ((القدرة على ممارسة بعض الوظائف لفائدة نظام اجتماعي مأخوذاً بكليته)) مضيفاً بان السلطة هي قدرة وحدة اجتماعية في تنظيم جماعي على ضمان تنفيذ الالتزامات عندما تكون هذه الالتزامات قد اكتسبت صفة الشرعية، بكونها تعبر عن اهدافه جمعية بحيث يعاقب من يمتنع عن القيام بها، وبغض النظر عن الهيئة التي توقع العقاب، فان ماكس فيبر يعرف الشيء السياسي : المجموعة السياسية هي مجموعة سيطرة تطبق اوامرها على اقليم معين بواسطة تنظيم اداري تستخدم التهديد واللجوء الى الاجبار المادي . والسلطة ايضاً عند ماكس فيبر انواع : السلطة التقليدية المشروعة التي تقوم على التقاليد، الاعراف وحكم العادة والمعتقدات . والسلطة الملهمة التي تتقيد بالوضع القائم وتستوحي مسيرة التاريخ بوعي مكثف وادارة قومية، وان الاساس الذي تقوم عليه السلطة الملهمة هو مزايا تفوق شخصية لدى الزعيم الذي يرتبط به سلطان النظام السياسي وشرعيته . ثم هناك السلطة العقلانية - القانونية، التي تقوم على مجموعة من القواعد القانونية المبنية على اسس المنطق، وكل من له سلطان يستمد صلاحيته من القواعد الدستورية والقانونية، ومصدر السلطات قائم اساساً في طبيعته النظام الشرعي ذاته .

ومن ناحية التطرق الى مفهوم السلطة في الماركسية، فأنه يجب التمييز بين البنى والروابط الاجتماعية . وميدان مفهوم السلطة هو الممارسات التطبيقية حيث يتشكل فيها . اذ ان ماركس وانجلز كلما كان يشيران الى مفهومي السلطان او السلطة او الى المفاهيم الاخرى القريبة منها، كمفهوم السيطرة كانا يضعانها في ميدان الروابط

الطبقية : ويبدو ذلك اكثر وضوحاً لـدى لينـين الـذي يـرى : ((ان ميـدان عمـل القوى الاجتماعية (روابط القوة)، او (روابط السلطة)، هو ميدان صراع الطبقـات . اذ عندما يتم التكلم عن سلطة الدولة، فأنما يدل ذلك على سلطة طبقية تنسجم الدولة مع مصالحها ضد طبقات اجتماعية اخرى .

سوفيت : Soviet

يرجع اصل هذه الكلمة الى اللغة الروسية التي تعني (مجلس) وشاع استعمال هذه الكلمة في الادبيات السياسية بعد ثورة اكتوبر، حيث قام اول سوفيت في مدينة بتروغراد او لينينجراد، وتشكلت سوفيتات في كل المدن التي اجتمعـت في عـام 1917 وطالبت الاشتراك في الحكومة . وقد استطاع البلاشفة قيادة هذه المجالس . وقد قـال لينين ((ان السوفيتات تحقق نمطاً جديداً مـن النظم السياسية)) . وخصوصاً بعـد تشكيل اتحاد الجمهوريات الاشتراكية السوفيتية، حيث مجلس السوفيت الاعلى الذي يعتبر اعلى سلطة تشريعية . وبانحلال الاتحـاد السـوفيتي اختفت كلمـة السـوفيت، ومجلس السوفيت الاعلى، لتعود التسمية القديمة مجلس الدوما الذي كان قائماً خلال الامبراطورية القيصرية قبل ثورة 1905 .

السيادة : Souveraineté

تعد السلطة السياسية ركناً اساسياً من اركان وجود الدولة الى جانـب الشـعب والاقليم جيث انها الهيئة المنظمة التي تقوم بالاشراف علـى ذلـك، وهـي التـي تنفـرد بالسيادة او السلطان في فرض سلطاتها على الاقليم وعلى الاشخاص الموجودين فيه . فالسلطة السياسية لها طبيعة خاصة، تتمثـل في انهـا سـلطة اصيلة وسـامية، ودائمـة وموحدة ولا تقبل التجزئة . فسلطة الدولة أصيلة لانها لا تستمد مـن سـلطة اخـرى، ولهذا فهي سلطة سامية تعلو على جميع السلطات باعتبارها الامرة العليا التي تفرض ارادتها على الجميع داخل حدود الدولة . كما ان سلطة الدولة دائمة ومستمرة الى مـا بعد زوال الاشخاص الحكام الذين يمارسونها، ولا تقبل التجزئة لانها سـلطة واحـدة لا تتعدد بتعدد الهيئات الحاكمة في الدولة، لان هذه الهيئات لا تتقاسم السلطة العامـة فيما بينها، وانما تتقاسم الاختصاصات فقط . وفي لغة القانون الدولي،

فلسيادة اذن تمثل ما للدولة من سلطان على الاقليم الذي تختص به بما يوجد فيه من اشخاص واموال، وهي تثبت للدولة نتيجة ملكيتها للاقليم ذاته، بـل هـي المظهر الرئيس لهذه الملكية . وان الفقه التقليدي وصف سيادة الدولة بانها مطلقة، بمعنى عدم خضوع الدولة سواء في الداخل او الخارج - لأية قيـود تحد مـن سيادتها سوى ارادتها . ولكن هناك من يعتقد من خلال الواقع الـدولي بـان سيادة الدولة لم تكن مطلقة، وانما مقيدة بمجموعة من القواعد القانونية الدولية والاخلاق الانسانية، والتقيـد والالتزامـات والتعهدات الدوليـة في الخارج ومراعاة القانون في الـداخل . وهناك السيادة الداخلية والتي تعني ان سلطة الدولة لها سيادة على سكان اقليمها سامية وشاملة ولا تستطيع أية سلطة ان تعلو عليها او تنافسها . وسيادة خارجيـة في عدم خضوع الدولة لاية دولة او سلطة اجنبية وتمتعها بالاستقلال الكامل ازاء الـدول الاخرى، والتمتع بـالحقوق والالتزامـات الدوليـة واليتي يجعل منها دولة كاملـة السيادة، اما اذا فقدت احد هذه الحقوق كان تتولى احدى الدول شـؤونها الخارجيـة، فتصبح دول ناقصة السيادة كالوصاية، والانتداب، الحماية، . وان نقصان السـيادة لا يؤثر على الوضع القانوني للدولة . والذي يطرح بهذا الصدد من هو الصاحب الفعـلي للسيادة في الدولة ؟ أي من يكون له ممارسة السلطة في الدولة ؟

لقد طرحت بهذا الصدد العديد مـن النظريـات والافكـار، فهناك النظريـات الثيوقراطية التي تتفق على اساس ان السيادة لله وحده - الا انها اختلفت في تفسير ذلك، فهناك نظرية الطبيعة الآلهية للحكام والتي تذهب الى خلع صفة الألوهية على الحكام كما في مصر القديمة والصين، ثم نظرية الحق الالهي المباشر، حيث ان الحـاكم له صفة بشر وليس له طبيعة ألهية ويصطفى من الله . وكذلك نظرية الحق الآلهي غير المباشر التي ترى ان الشعب هو الذي يختار الحـاكم ولكن بارشاد وتوجيه مـن الارادة الالهية . اما النظريـات الديمقراطيـة التي حـددت مـن يمـارس السيادة فقـد توزعت : نظرية سيادة الامة التي تنسب الى جان جـاك روسو في كتابه العقد الاجتماعي الذي قال بان السيادة عبارة عن ممارسة للارادة العامة، وانها ملك للامـة جمعاء باعتبارها وحدة مستقلة عن الافراد المكونين لها - وليس ملكاً للحـاكم . انهـا وحدة غير قابلة

للتجزئة ولا يمكن التصرف فيها او التنازل عنها، والامة وحدها هي المالكة لها . اما نظرية سيادة الشعب . وان كانت تتفق مع النظرية السابقة في كون السيادة مملوكة لجميع افراد الشعب، الا انها لا تنظر الى هذا المجموع كوحدة لا تقبل التجزئة وانها مستقلة عن الافراد، وانما تنظر الى الافراد ذاتهم وتقرر اشتراكهم في السيادة، بحيث تقسم بينهم بحسب عددهم، ويكون لكل فرد منهم جزء من هذه السيادة، وهو ما يطلق عليه بالسيادة الشعبية، في تجزئة السيادة على افراد الشعب السياسي في الدولة أي جمهور الناخبين وبالتساوي بينهم .

السياسيات المقارنة : Les Politiques Comparatives

تعد السياسية المقارنة فرعاً من فروع علم السياسة الذي شهد وما زال يشهد تطورت مهمة سواء في الميادين التي يغطيها او المصادر التي يستخدمها، وهو بالتأكيد انعكاساً للتطور الذي شهده علم السياسة منذ مطلع القرن العشرين . واذا كان علم السياسة قد شهد تطوراً في نظريته ومنهجيته، فانه لم تنتقل بالقدر نفسه الى ميدان ((السياسات المقارنة)) الا بعد الحرب العالمية الثانية حيث ظلت ادبيات السياسات المقارنة تعاني من بعض القصور، اجملها الاستاذ غابريل الموند وباول في ثلاثة مظاهر:

- المحدودية، أي ان هذه الادبيات اقتصرت في اهتمامها على العالم الاوربي في الوقت الذي لم تهتم الا بشكل قليل جداً في المناطق الاخرى .
- التجزيئية، أي ان ادبيات السياسات المقارنة كانت تهتم بالقاء الضوء عل الخواص المميزة للنظم السياسية المنفردة بدون محاولة تقديم تحليل منهجي مقارن او فحص للعلاقات او الارتباطات السببية بين الظاهرة السياسية والظاهرة الاجتماعية .
- الشكلية، اذ اتسمت هذه الادبيات بالتركيز على المؤسسات (الحكومية) والمعايير القانونية والقواعد والاجراءات، او على الافكار السياسية والايدلوجيات اكثر مما هو على الاداء المتفاعل والسلوك .

الا ان التطورات الجيدة بعد الحرب العالمية الثانية كان لا بد ان تثير الاهتمام

بالسياسة المقارنة، مما ادى الى ان تقوم السياسات المقارنة الى نبذ الشكلية والانتقال من مجرد الاهتمام بالقانون والأيديولوجية والمؤسسات الحكومية الى دراسة الهياكل والعمليات المتضمنة في السياسيات، وصنع السياسة، مثل العمليات السياسية، والاحزاب السياسية، وجماعات المصالح، والعمليات الانتخابية والاتصال السياسي والتنشئة السياسية، ومن خلال المنهج السلوكي، الذي اضحى دراسة السلوك الفعلي لاصحاب الادوار السياسية اكثر من مجرد محتوى القواعد القانونية او الانماط الأيديولوجية .

السياسة : La Politique

لقد وصفت السياسة بأنها ثاني اقدم حرفة عرفها الانسان . فمن البداية كانت السياسة لا تنفصل عن القوة وكانت الحرب، كما قال كلاوز فيتز عنها : ((بانه امتداد للسياسة بوسائل مختلفة))، (ينظر الحرب) . ومن هنا فان السياسة هي علم الحكومة، وفن علاقة الحكم، ومجموعة الشؤون التي تهم الدولة في اطارها الوطني (السياسة الداخلية)، وفي علاقاتها الخارجية (السياسية الخارجية) . ومن اقدم المؤلفات التي تناولت السياسة كتاب الفيلسوف اليوناني ارسطو عندما قال ان السعادة كامنة في المجتمع، وليست غريبة عليه او طارئة، وان هذه السعادة تكن في الفضيلة . ويفرق ارسطو بين انواع ثلاثة : الملكية، والأرستقراطية، والديمقراطية . ويقول ان الملكية التي تنحرف وتصبح استبدادية، والارستقراطية حين تنحرف تبح اوليغاريشية، والديمقراطية حين تنحرف تصبح غوغائية، وان افضل وسيلة لاصلاح الحاكم والمحكومين هي المعرفة .

فالسياسة، كما يراها العديد من الكتاب . بانها علم وفن معاً . فهي علم لأن في السياسة قواعد متواترة ومنتظمة، يمكن إرساؤها او يمكن التنبؤ بها . وهذه القواعد تختلف بالطبع عن تلك القواعد العلمية التي تستنبط في العلوم الطبيعية،لان علم السياسة علم انساني، تختلف قواعده عن علوم الطبيعة والكيمياء . ولكن هذا الاختلاف، وتلك الصعوبة في استنتاج تلك القواعد لا ينفي صفة العلم عن السياسة . وعلى الرغم من ان السياسة علم انساني واجتماعي، فإنها ايضاً فن، لانها تتوقف

على الاختيار والتوقيت والتقدير . فالسياسة هي لغة تدبير شؤون الناس وتحليل امورهم، والرياسة عليهم، ونفاذ الامر بينهم،اذ جاء في اللسان : الرياسة يقال ساسهم اذا رأسهم : ويقال سوسوه واساسوه إذا رأسوه، وساس الامر سياسة والجمع ساسة وسواس . وفي الحديث الشريف للرسول محمد (ﷺ) : ((ان بني اسرائيل كانت تسوسهم الانبياء، كلما هلك نبي خلفه نبي، وانه لا نبي من بعدي)) . وقد عرف تراثنا العربي الاسلامي فن التأليف في السياسة . مستخدماً هذا المصطلح منذ القرن الثاني الهجري . ومن امثلة ذلك كتاب السياسة لقسطا بن لوقا البعلبكي وللكندي الفيلسوف رسائل عدة في ((السياسة)) ((سياسة العامة)) وللماوردي كتاب ((سياسة الملك)) ولابن الازرق ((بدائع السلك في طبائع الملك)) . وهذه المعاني وما تدل عليه كلمة Policy في اللغة الانكليزية فهي التدبير وطريقة الحكم واشكاله في قطر من الاقطار .

السياسة الخارجية : La Politique Etrangere

لقد خلطت الكثير من الدراسات ما بين السياسة الخارجية والعلاقات الدولية، وهما مفردتان مترادفتان، حتى انها عرفت بالعلاقات الدولية بأنها المجموع الاجمالي للسياسة الخارجية لكل الدول او على الاقل لدول التي تعنيهم من الناحية العملية . وبالمقابل فأن جيمس دورتي وروبرت بالستغراف رأيا في كتابهما النظريات المتضاربة في العلاقات الدولية ((بأن العلاقات الدولية ليست هي مجرد السياسات الخارجية لمجموعة من الدول، اذ ان مفهوم السياسة الخارجية، يشير الى تنفيذ وتشكيل وتقويم الاختبارات السياسية الخارجية في دولة واحدة وعلى اساس مصالح او وجهة نظر هذه الدولة فقط . وان السياسة الخارجية لهذه الدولة او تلك لها جذورها الداخلية بغض النظر عن مدى البعد الدولي لهذه السياسة . اذ ان السياسة الخارجية تصنع في داخل الدولة بينما العلاقات الدولية تجري في الخارج في مكان ما)) بين دولتين او اكثر دون ان يعني اغفالنا للعلاقة بين العلاقات الدولية والسياسات الداخلية، وفي الوقت الذي يمكن القول بأن السياسة الخارجية موضوع يضعه الى حد كبير صنّاع القرار السياسي، فأن العلاقات الدولية تتضمن حصيلة قوى متعددة وشبكة من النتائج المترتبة على

سلسلة من عمليات التفاعل التي قد لا يتحسسها صانع القرار . واذا كانت العلاقات الدولية تركز بشكل رئيسي على التفاعل الاوسع لا على الكيفية التي تنظر منها الدول المشاركة الى عملية التفاعل، بمعنى ان العلاقات الدولية تأخذ التفاعل من زاوية شمولية في حين تعني السياسة الخارجية بالتفاعل من زاوية مصلحة ووجهة نظر الاطراف المشاركة في هذا التفاعل. فالسياسة الخارجية هي الخطة التي ترسم العلاقات الخارجية لدولة معينة مع غيرها من الدول الاخرى . والتخطيط للسياسة الخارجية امر ضروري بالنسبة للدولة الحديثة باعتبارها عضواً في المجتمع الدولي لا تستطيع العيش دون المشاركة فيه اولاً، وباعتبارها القوة السياسية في المجتمع الدولي ثانياً . فالسياسة الخارجية لاي دولة تنطلق من فلسفة نظامها السياسي الداخلي ومصالحها. ومن هنا يعتبر السلوك السياسي لاي دولة موجهاً لتحقيق غايات سياسية، أي اهداف سياسية معينة للدول تجاه غيرها من الدول في اطار العلاقات الدولية .

وبناءاً عليه، فاذا كان الأستاذ سموحي فوق العادة قد عرف السياسة الخارجية، ((بأنها الخطط السياسية التي تقرر الدول اتباعها على المدى القريب والبعيد في علاقاتها مع الدول الاخرى، بالاستناد الى مصالحها المشركة في ضوء الظروف الدولية))، فان الاستاذ فاضل زكي محمد فقد عرف السياسة الخارجية بأنها ((الخطة التي ترسم العلاقات الخارجية لدولة معينة مع غيرها من الدول)) . وان والترليبمان قد اشار الى ((ان السياسة الخارجية هي العمل على ايجاد القوانين بين الالتزام الخارجي لدولة ما والقوة التي تلتزم لتنفيذ هذا الالتزام))، ثم يعرف الالتزام الخارجي بأنه ((كل تعاقد ترتبط بموجبه الدولة خارج حدودها، وقد يستلزم تنفيذه استعمال القوة أما تلك القوة فتتضمن الجيش والمواد الأولية والروح المعنوية للشعب)).

الشارتية : Chartism

تعد الشراتية اول حركة جماهيرية ثورية للطبقة العاملة جرت في انكلترا في العقدين الرابع والخامس من القرن التاسع عشر. وقد نشر ـ اعضاء هذه الحركة ((الشرعية الشعبية)) ومنها كانت تسميتهم (Charter) شارتر تعني الشرعية، وناضلت الحركة في سبيل لتحقيق المطالب الواردة في هذه الشرعة، ومنها حق الاقتراع العام، وتحسين اجور العمال والحرفيين . ورغم قدرة الحكومة في القضاء على هذه الحركة، ولكن تأثيرها كان واضحاً في تطور الحركة العمالية الانكليزية بشكل خاص .

شخص غير مرغوب فيه : Persona non grata

كثيراً ما يجري استخدام هذه العبارة عندما تقرر دولة من الدول ابعاد احد الدبلوماسيين المعتمدين لديها نتيجة لقيامه ببعض المهمات والتصرفات التي تعتبرها الدولة المعتمد لديها بأنها تمثل تدخلاً في شؤونها الداخلية . والعبارة لاتينية الاصل معناها (شخص لا يرحب بقدومه) . كما انها تطلق في العرف الدبلوماسي على السفراء الذين ترشحهم حكوماتهم وترفضهم الحكومة التي يجب استمزاجها لاسباب سياسية على الغالب، اوان هذه الشخصية المرشحة سبق وان اتخذت مواقف مناهضة للدولة التي يجب ان يعتمد لديها .

شخصنه السلطة : Personalisation de Pouvoir

يعد هذا المفهوم من المفاهيم الحديثة التي شاع تداولها في الادبيات السياسية، وخصوصاً في علم الاجتماع السياسي، على الرغم من ان المجتمعات القديمة عرفت هذا النوع من النظم السياسية التي تتركز فيها السلطة في شخص واحد . وهذا المفهوم يطلق على مجموع المظاهر التي تعزز ظاهرياً او فعلياً سلطة شخص، على نحو تتدرج فيه السلطة يشخص من يمارسها بحيث يصعب بعد ذلك التمييز بين ما هو مجرد مركز

قانوني وضعي وبين ما هو طبائع شخصية للرئيس او الزعيم . وغالباً ما يطلق ذلك على شخصيات سياسية قامت بادوار بارزة في مراحل تاريخية من حياة شعوب الامم . واذا كانت السلطة الشخصية التي تتركز بين ايدي شخص واحد (دكتاتور) هي الاساس للمؤسسات القائمة، وهي التي تبرر شرعيتها، فأن السلطة المشخصنة لها طبيعة خاصة، فهي توجد في اطار المؤسسات التي لها اسسها الخاصة بها وتقوم على نظم من الشرعية . اذ يقول موريس ديفرجيه في كتابه المؤسسات السياسية وشخصنة الدولة، ((ان السلطة مشخصنة في كل النظم السياسية تقريباً، لان سلطان الرؤساء لا يتأتى من الوظيفة التي يؤدونها فحسب)) وانما من الشعبية التي تحيط بأشخاصهم . مثلاً ان الوظيفة التي يقوم بها الرؤساء هي العنصر الجوهري للسلطة، وهي اساس الشرعية لمراكزهم، غير ان رصيد الثقة بهم وشعبيتهم هما اللذان يعطيان للسلطة صفتها الشخصية)) . وقد يحدث تشخصن السلطة دون ان تكون هناك سلطة (مثال ذلك ونستون تشرشل و ديغول ...) من قد يحدث العكس اذ توجد سلطة شخصية دون ان تشخصن كما في اغلب الديكتاتوريات في العالم الثالث . ولكن في اغلب الاحيان توجد الظاهرتان معاً في وقت واحد . وعلى وجه عام، ان الجمع بين السلطة الشخصية وبين تشخصن الدولة هو حقيقة متواترة الوقوع في العالم الثالث . وان عملية شخصنة السلطة تقوم عل عنصرين، الأول موضوعي ويتعلق بكيفية ممارسة السلطة بيد شخص معين (رئيس دولة، رئيس وزراء)، والعنصرـ الثاني يتعلق بتمثيل السلطة ويطلق عليه عادة تعبير تجسيد السلطة .

الشراكة المغاربية - الامريكية : Partanariat Magrab- Americain

اذا كانت الاورو - متوسطية مشروعاً اوربياً مضاداً للشرق اوسطية التي لم تكن الا هندسة معمارية جديدة للمنطقة العربية، فأن الشراكة المغاربية - الامريكية تعد مشروعاً امريكياً صرفاً موجهاً لتقويض اسس الشراكة المتوسطية . وفي الواقع، فأن عقد التسعينات تميز ببروز ظاهرة جديدة في محيط العلاقات العربية الدولية، الا وهي كثافة المشاريع والترتيبات الاقليمية (السياسية، الامنية، الاقتصادية) ومن بينها هذه الشراكة التي ولدت افكارها في صيف عام 1998 من قبل مساعد وزير

الاقتصاد الامريكي ستيوارت ايزنستات التي انصبت على ((تشكيل كيان اقتصادي يضم دول شمال افريقيا الثلاث : المغرب جزائر ، تونس)) التي طالبت بضم ليبيا وموريتانيا . ويهدف هذا المشروع :

- تحويل دول المغرب العربي الى منطقة اقتصادية تحت الرعاية الامريكية .

- الغاء الحواجز الكمركية على البضائع الغربية نحو الاسواق الاوربية .

- فتح الاسواق والصناعات الانتاجية والاستراتيجية امام الاستثمارات الامريكية .

وفي الذكرى العاشرة لتأسيس اتحاد المغرب العربي 1999 صرحت السفيرة الامريكية لين روبين رافائيل (في تونس) بأن ((هذه المبادة تؤكد الاهمية الستراتيجية الرئيسية للمغرب العربي في المصالح الامريكية وتهدف الى تعزيز الامن والازدهار الاقتصادي والديمقراطي . وقد رأى السفير الامريكي في الرباط (1999) ادوار غابرييل بأن من شأن مشروع ستيوارت ايزنستات الهادف الى رفع مستوى المبادلات والاستثمارات بين الولايات المتحدة وبلدان المغرب ((تقوية العلاقات الامريكية - المغاربية لكونه سيفتح المجال امام الشركات الكبرى الامريكية . واذا كان هذا المشروع الذي لم يتبلور بعد الى اطار مؤسسي ومنظم في مؤتمرات سنوية، غير اللقاءات الثنائية، والمشاورات الامنية والعسكرية، والمساعدات التي تقدمها الولايات المتحدة الى دول المنطقة، فأنه يعبر عن ازدياد الاهتمام الامريكي بهذه المناطق ذات النفوذ الفرنسي - الاوربي التقليدي، ويفتح لها بوابة للتوغل نحو العمق الافريقي .

شرط الدولة الاكثر رعاية : Clause de la nation la plus favorisée

وهو النص الذي يضاف الى المعاهدات والاتفاقيات الاقتصادية والمالية والجوية والبحرية وما شاكلها، والذي تتعهد بموجبه كل من الدولتين بأن تمنح الاخرى نفس الامتيازات او التسهيلات او الاعفاءات التي سبق ان منحتها او قد تمنحها في المستقبل لدولة ثالثة .

شرعية السلطة : Légitimité de Pouvoir

طالما ان سلطة الحكام هي في الجوهر قوة قهر مادية لها مظاهرها المختلفة، وان

ممارسة هذه السلطة تتم بواسطة القواعد القانونية، فان الحكام يبحثون عن كل الوسائل التي يتم من خلالها ان تكون سلطتهم مقبولة من قبل الافراد، لان رضاء المجتمع على سلطة ما يؤدي الى اضفاء الثبات والاستقرار عليها واطاعتها من قبل المواطنين، مما يمنحها شرعية ممارسة السلطة، فالشرعية هي الاعتقاد بصحة ممارسة ومصدر السلطة، أي ان ما يقوم به الحاكم ياتي مطابقاً للقانون شأنهم شأن الافراد . والشرعية كمصدر للسلطة وانتقالها وممارستها تكون : الشرعية التيوقراطية التي سادت في المجتمعات القديمة والتي على اساسها قدست المجتمعات حكامها لاعتقادهم بأنهم ليسوا من البشر، اما هم آلهة كما حصل في مصر القديمة، ام انهم تكفلوا بمهمات ألهية على الارض كما في العراق القديم، وهذا ما يطلق عليه((الطبيعة الآلهية للحكام))، وان تصرفاتهم معصومة من الخطأ . ولكن بعد ان اشتد الصراع الفكري والسياسي طرأ تغير على مصدر الشرعية المقيدة بارادة الاله والتي من خلالها يختار الشعب الحاكم، أي ان الاله هو الذي يختار الحاكم بصورة غير مباشرة , ومن هنا ساد الاعتقاد بان السلطة لا تكون شرعية الا اذا كان مصدرها خارج المجتمع ومرتبطة بمشيئة الالهة، الامر الذي دعى الاغريق الى اطلاق مصطلح التيمقراطية، وتعني ان الله مصدر السلطة (ينظر الثيوقراطية) . السلطة اذن شرعية لان مصدرها الله.

اما النوع الثاني فهي الشرعية الليبرالية التي انبثقت مع انبثاق فكرة الديمقراطية البرجوازية، والتي اكدت على ان الشعب مصدر السلطة، وكل حكومة لا تستمد سلطتها من الشعب فهي حكومة لا شرعية . وقد اكد جان جاك روسو في العقد الاجتماعي على ان الشعب صاحب السيادة (الشعب) . كما ان هناك الشرعية الاشتراكية التي تتفق مع الشرعية الديمقراطية الليبرالية في ان الشعب مصدر السلطة، الا انها اختلفت عنها في تفسير موضوع الشعب، حيث انه في النظرية الاشتراكية هو البرولتاريا، أي الطبقة العاملة او الافراد الذين يشكلون الاكثرية الساحقة في المجتمع . ولكن تكون السلطة شرعية يجب ان تعود الى الطبقات الكادحة التي هي مصدر السلطة وهي وحدها التي تختار من ينوب عنها في ممارستها .

الشرق الأوسط : Le Proche- Orient

كثرت في الآونة الاخيرة استخدام تعبير ((الشرق الأوسط)) في الادبيات السياسية الاقتصادية والاستراتيجية، بحيث لم يعد هناك مجال لذكر (الوطن العربي) او المنطقة العربية الا في عدد محدود من الدراسات والابحاث الخاصة في المنطقة، لا بل ان الشرق الاوسط اصبح المصطلح الشائع في الاستعمال وحتى من اطراف عربية رغم معرفتها وادراكها الكبير بخطر رسوخ وثبات هذه التسمية . ومن هنا فأن هذا المصطلح يدل على تعبير سياسي هدفه ادخال دول غير عربية في اطاره الجغرافي، وطمس أي وجود متميز للامة العربية واعتبار هذه المنطقة تضم خليطاً من القوميات والسلالات والاديان والشعوب واللغات، وليس هناك قومية واحدة تجمعها لغة قومية تمثل اصالتها وتميزها عن بقية الامم الاخرى . وان هذا التعبير اول ما يرتبط بالفكر الاستعماري الاستراتيجي الانكليزي حيث الدراسات التي انطلقت في تحديد المنطقة التي تقع شرق السويس : المسألة الشرق اوسطية، مشاكل الشرق الاوسط، في عام 1921 انشأ ونستون تشرشل وزير المستعمرات البريطاني ادارة الشرق الاوسط، ومن ثمة انشاء مركز تموين الشرق الاوسط وقيادة الشرق الاوسط . وقد ذاع استخدام هذا المصلح بعد الحرب العالمية الثانية ليشمل المنطقة الممتدة من غرب مصر الى شرق ايران . اما معهد الشرق الاوسط في واشنطن فانه يحددها بشكل يجعلها تتطابق مع العالم الاسلامي أي من المغرب الى اندونوسيا ومن السودان الى اوزبكستان . وفي حين ان المعهد البريطاني الملكي للعلاقات الدولية يعرفها بأن تشمل ايران، وتركيا، وشبه الجزيرة العربية ومنطقة الهلال الخصيب ومصر۔ والسودان وقبرص . كما ان لاسرائيل تحديدها الذي يحدد المناطق المحيطة والدائرة الاخرى المحيطة بالدول العربية التي تثير اهتماماتها الاستراتيجية مثل تركيا، ايران، واثيوبيا .

اما المفكر الامريكي برنارد لويس، وفي اطار ما يطرحه من افكار جديدة، فقد وضع تصوراً جيوسياسياً جديداً للشرق الاوسط، عندما نشر۔ مقالاً في مجلة الشؤون الخارجية الامريكية في عددها الصادر كانون الثاني / 1990 تحت عنوان : إعادة التفكير في الشرق الاوسط، حيث الصياغة الجديدة لهذا المفهوم الذي توسع في جميع

الاتجاهات ما عدا الشمال الذي سقط بتفكيك الاتحاد السوفيتي، حيث ان هذه الدول والمناطق التي برزت عادت الى مجالاها الطبيعي الذي تنتمي اليه من الناحية العرقية والتاريخية واللغوية والدينية . وهي النقطة التي اثارت حساسية برنارد لويس من ان العالم الاسلامي اخذ مداه الاوسع في هذا الامتداد الجغرافي الجديد حتى جمهوريات القوقاز .

ومن كل ما تقدم، فأن هذه التسمية المتداولة حالياً لم يكن لها غير تمزيق اوصال الوطن العربي، وعدم اعتباره وحدة جغرافية واحدة، ولا امة واحدة، وانما ادخال دول غير عربية في تركيبته السياسية والاقتصادية والاجتماعية، الامر الذي طرح مشروع الشرق اوسطية .

الشرق اوسطية (مشروع) : Le Projet de Proche-oriental

منذ بداية النصف الثاني من القرن العشرين والمنطقة العربية بشرقها وغربها، تحولت الى ساحة صراع مكشوفة، ومختبراً لطرح المشاريع والتحالفات العسكرية والاقتصادية والامنية والسياسية، وبالشكل الذي يتوافق، او يلبي الخيارات السياسية للاستراتيجيات الكونية للقوى الكبرى الامبريالية، وخصوصاً من قبل الولايات المتحدة التي تبنت تصورات وافكاراً هدفها تطويق المنطقة واحتوائها ادماجها في نظامها وسياستها الامبريالية، وجعل اسرائيل الدولة الآمنة، والقطب الذي تدور حوله الافلاك العربية، فقد كانت هناك فكرة منظمة الدفاع عن الشرق الاوسط في عام 1950، ومشروع حلف بغداد عام 1955، والدعوة الى التوافق الاستراتيجي بين دول الشرق الاوسط عام 1980 بعد توقيع اتفاقية كامب ديفد بين مصر ـ واسرائيل . واذا كانت هذه الافكار والمشاريع التي يتم طرحها وتنفيذها مع طبيعة المتغيرات الدولية والاقليمية، وحسب استجابة ورفض الاطراف الفاعلة الرئيسية في المنطقة، فأن مشروع الشرق اوسطي طرح في وضع دولي واقليمي لم يسبق له مثيل، وخصوصاً انه جاء بعد الحرب التي شنت ضد العراق عام 1991، ومع انعقاد مؤتمر مدريد تشرين الأول / 1991، حيث توفرت كل الفرص امام الولايات المتحدة في العمل على إعادة ترتيب الاوضاع في المنطقة، وبشكل خاص منح الشرعية

((للوجود السياسي لاسرائيل)) واعتبارها حقيقة ((ثابتة)) في الاطار الاقليمي في المنطقة بعد ان يتم تقويض كل اسس ومقومات النظام الاقليمي العربي المتمثلة في جامعة الدول العربية .

ولقد رسم شمعون بيريز في الكتاب الذي اصدره تحت عنوان : (الشرق الأوسط الجديد 1996) معالم هذا النظام والاسس التي ترتكز عليه، محدداً بذلك العلاقات التعاهدية بين دول المنطقة اساسها الاقتصاد، وحيث الدور الاساسي في ذلك ما يسند لاسرائيل من دور فعال في الهيمنة والتفوق على دول المنطقة من خلال ((قيام هيكل اقليمي منظم))، في الوقت الذي حدد فيه بيريز اسس الامن الاقليمي للشرق الاوسط الجديد من خلال : تفكيك هياكل القوة العربية، وفرض الرقابة على التسلح ونزع اسلحة التدمير الشمل، وجمع المعلومات عن النشاطات العسكرية لدول المنطقة، ولكن بأستثناء اسرائيل لان ((الوقت لم يحن لتفكيك اسلحتنا واعادة جنودنا الى بيوتهم)) . وفي الواقع، فأنه مهما قيل او كتب عن الشرق الاوسط كمشروع اقتصادي، او صيغة امنية وعغسكرية، وما حدد له من مرتكزات حيث القوة العسكرية الامريكية الدائمة، فأنه لم يكن الا من وحي الفكر السياسي الامريكي الصهيوني، حيث تتجسد الابعاد السياسية لهذا المشروع في : الالحاق، الافتراق، الاختناق، الانسحاق، والانشقاق في الجسم العربي المتشظي . وقد توقفت القمم الاقتصادية لهذا المشروع عند مؤتمر الدوحة الذي عقد في عام 1997، ولم تستطع الاطراف الراعية له ان تعقد مؤتمر له عام 1998، ومنذ تلك اللحظة لم يبق منه غير وثائق مؤتمراته .

شعار الدولة : Armoiries

يوضع شعار الدولة على مدخل مقر السفارة وسكن السفير ذلك حسب المادة 20 من اتفاقية فينا حول العلاقات الدبلوماسية لعام 1961، وكذلك على مدخل مقر القنصليات وسكن رئيس البعثة القنصلية، وذلك حسب المادة 39 من اتفاقية فينا حول العلاقات القنصلية لعام 1963، وكذلك حسب المادة 58 من الاتفاقية فيما يتعلق بالقنصل الفخري .

الشعب : Le Peuple

هو مجموعة من الافراد الذين يقيمون على اقليم معين مكونين دولة يحملون صفة رعايا الدولة، بصرف النظر عن اصلهم، لغتهم، وديانتهم او معتقداتهم . والرابطة التي تربط بين الافراد والمكونين لهذا الشعب هي رابطة الجنسية او الرعوية، ويدينون لها بالولاء ويتمتعون بحمايتها . ويجب عدم الخلط بين مجموعة من الافراد المكونة للدولة وبين الامة، (ينظر الامة) . فالرابطة التي تجمع بين افراد الامة الواحدة هي رابطة طبيعية معنوية تستند الى وحدة الاصل او اللغة او الدين، وقد يتبعها تشابه العادات والتقاليد، وتقارب الاماني القومية (الامة العربية، والامة العربية والاسلامية) . لكن لا يترتب عليها أي اثر قانوني مباشر . اما الرابطة التي تجمع افراد الدولة فأنها رابطة سياسية قانونية لها آثارها من حيث انها تفرض على افراد الدولة الولاء لها والخضوع لقوانينها . كما تفرض على الدولة حماية ارواحهم واموالهم وكافة حقوقهم التي يقرها لهم القانون الطبيعي والقوانين الوضعية . وليس هناك ما يمنع من ان تتألف المجموعة المكونة للدولة (الشعب) من افارد ينتسبون الى امم مختلفة . وقد توجد الامة دون ان يقابل ذلك وجودها كدولة . وليس الامم كالدول من اشخاص القانون الدولي العام . ولكن الواقع الدولي لم يمنع من ان تكون هناك امة دولة مثل الامة اليونانية، والامة البلغارية، والمستقبل ينتظر ولادة دولة الامة العربية .

الشعب السياسي : Le Peuple Politique

اذا كان مفهوم الشعب الاجتماعي يتحدد في سكان الدولة التي يقيمون على ارضها ويتمتعون بجنسيتها، فأن مفهوم الشعب السياسي يقصد به الافراد الذين يتمتعون بحق ممارسة الحقوق السياسية، وخصوصاً حق الترشيح والاشتراك في الانتخابات الرئاسية او التشريعية، ويختلف نطاق الشعب السياسي ضيقاً واتساعاً تبعاً لمدى التمتع بالحقوق السياسية . اذ ان اتساع هذا الحق يتمثل عند الاخذ بمبدأ الاقتراع العام الذي لا يقيد حق الانتخاب الا بشروط تنظيمية تتعلق بالجنسية او السن او الجنس . اذ ان هناك العديد من الدول التي تضع قيوداً في تحديد سن الاشتراك في الانتخابات، وحق الترشيح للمقاعد البرلمانية، وكذلك قيود منع اشتراك النساء، او

الحد من مشاركة الشباب في النشاطات السياسية .

الشورى : Shura- Conseil

تعتبر الشورى فريضة اسلامية يقراها المسلمون في قولهم تعالى : • وَأَمْرُهُمْ شُورَى بَيْنَهُمْ •، وقوله سبحانه لنبيه : • وَشَاوِرْهُمْ فِي الْأَمْرِ• . ورغم ذلك فقد تعددت التعريفات اللغوية والاصطلاحية لكلمة شورى نظراً لتنوع اشتقاقها اللغوي . وفي معناها اللغوي، فأن كلمة شورى مشتقة من الفعل (شور) ومادة شور، شار، وشاوره مشاورة، أي اطلب منه المشورة، وتأتي في معان عديدة أيضاً . كما ان لمعناها الاصطلاحي تعريفات مختلفة نظراً لاختلاف رؤى الباحثين، وتعدد استعمالات الكلمة، حيث هناك شورى سياسية، واجتماعية، وعسكرية .

وان الطبري يعرف الشورى بأنها (المفاوضة في الكلام، يظهر الحق)) . ويرى الانصاري الشورى بأنها (استطلاع لرأي الامة او من ينوب عنها في الامور العامة المتعلقة بها . كما ظهرت تعريفات للشورى في اطارها القانوني مثل متشاور، والعسكري مشير . واذا كانت الاستشارة او المشاورة قد عرفت قبل الاسلام، فأن مصطلح الشورى ذا خصوصية اسلامية، وخاصة باهل الحل والعقد أي برؤساء القوم واكابرهم . فالشيخ محمد عبده يكتفي بالقول بانها تعني غياب الاستبداد المطلق، أي ((تصرف الواحد في الكل على وجه الإرادة، ان شاء وافق الشرع والقانون وان شاء خالفهما ...))، هذا في حين ان (الاستبداد المقيد) وهو ((استقلال الحاكم في تنفيذ القانون المرسوم والشرع المسنون)) ولا يتعارض في نظره مع (الشورى) . وفي جميع الاحوال فـ (الشورى) لا تعني عنده اكثر من (مناصحة الامراء)، اما حقيقة اجراءها فهي ((محصورة في طريق معين، فأختيار الطريق المعين باقٍ على الاصل من الاباحة والجواز)) . والشورى في تصور الفكر الاسلامي حسن الترابي لها تأصيلها الشرعي والتي اصبحت بموجبه التزاماً واعياً بحكم الشرع من قبل الجامعة الذي تقتضي- اجراء الشورى وجوباً باوسع ما يسع الجماعة دون المساس بسائر حقوقها المعتبرة والالتزام بنتائجها ما دامت قرار جماعة تعلو على الفرد . اما راشد الغنوشي المفكر الاسلامي التونسي فأنه يمزج ما بين الشورى والديمقراطية،

مؤكداً على ان الديمقراطية ليس بضاعة غربية، وانما بضاعتنا ردت الينا، وان اهم فشل عاناه تارخينا هو ان الشورى ضلت قيمة اخلاقية عليا ولم تتحرك الى مؤسسة سياسية . فالغرب هو الذي حول الشورى الى نظام للدولة ليس مجرد قيمة سياسية .

الشوفينية : Chauvinisme

تيار تعصبي قومي يضع مصالح امة واحدة فوق وضع مصالح جميع الامم الاخرى . وقد جاءت هذه التسمية نسبة الى الجندي الفرنسي شوفين (Chavin) نصير سياسة الغزو والفتح التي انتهجها نابليون الأول . ويعمل هذا التيار لتسعير نيران العداوة القومية والكره القومي، ويتصاعد قوة وحماسة هذا التيار خلال الحروب والازمات، وخصوصاً ضد الاجانب .

- ص -

صراع الحضارات : Choc de Civilisation

من الاطروحات الجديدة التي احتلت مساحة واسعة في الادبيات السياسية الغربية ولا سيما بعد انتهاء الحرب الباردة واختفاء الاتحاد السوفيتي كعدو تقليدي للغرب الرأسمالي لاكثر من سبعين عاماً، اطروحة صراع الحضارات للمفكر والسياسي الامريكي صموئيل هنتنغتون، التي حملت عنواناً للدراسة التي نشرها استاذ العلوم السياسية في مجلة الشؤون الخارجية الامريكية في عددها (3) الصادر في صيف عام 1993 حيث انها انصبت على فكرة ان الفترة التي الحالية تميزت بتغير طبيعة الصراعات في العالم وجعلها تقوم على الدين والثقافة، وانها تطرح هذه الخيارات الستراتيجية المرجحة في الولايات المتحدة الامريكية للتفاعل مع العالم وتحديد مساره ومستقبله . واذا كانت الصراعات السابقة قد حدثت داخل اطار الحضارة الغربية المسيحية، فان الصراعات القادمة ستكون ما بين الحضارة الغربية والحضارات الاخرى . وان اهم صراعات المستقبل ستقع على طول خطوط الصراع الثقافي (او التمايز) التي تفصل بين هذه الحضارات، وخصوصاً بين الحضارات المتناقضة التي لا يمكن ان تلتقي. ومن خلال هذا التنظير يتوصل هنتغتون الى الاستنتاج بأن الحضارة الغربية متجهة للصراع مع الحضارات الاسلامية الكونفوشيوسية حيث سيتخذ الصراع طبيعة حروب اقليمية قد تؤدي الى حرب عالمية.

اذ ينطلق هنتنغتون في فرضيته من ((ان المصدر الجوهري للصراعات في هذا العالم الجديد لن يكون بالدرجة الاولى ايدلوجياً او اقتصادياً . فالانقسامات الكبيرة بين الجنس البشري والمصدر المهيمن للصراعات سيكون ثقافياً وستبقى الدولة القومية صاحبة اقوى دور في الشؤون العالمية)) . ويتساءل هنتنغتون : لماذا سيحدث هذا الصدام ؟ ويجيب على ذلك من خلال الفروق بين الحضارات، حيث يجعل الدين اهم هذه الفروقات او التناقضات التي هي، وحسب رأيه إنتاج قرون خلت ولن تختفي سريعاً، وهي اكثر جوهرية من الفروق بين الأيدلوجيات السياسية والانظمة

السياسية)) . وبعد ان اصبح العالم قرية بفصل التطور التكنولوجي والثورة والمعلوماتية، فأنه ستزداد (التفاعلات بين الشعوب التي تنتمي لحضارات مختلفة . هذه التفاعلات المتزايدة تعمق الوعي الحضاري والاحساس بالفروق بين الحضارات والصفات المشتركة ضمن هذه الحضارات)) . ويؤكد هنتنغتون ضعف الدولة القومية كمصدر للهوية، يدفع بالدين ان يتحرك الى الامام لسد هذه الثغرة من خلال ظهور حركات وجمعيات اصولية في كل الاديان . اذ يؤكد جيل كيبل ((ان احياء الدين يقم اساساً للهوية الذاتية والتزاماً يتجاوز الحدود القومية ويعمل على توحيد الحضارات)).

ومن خلال هذه الفروق والتمايزات التي يسوقها هنشنغتون في اطروحته صراع الحضارات يصل في النهاية الى حقيقة الصدام في مستويين . المستوى الاضيق، تكافح المجاميع المتجاورة على طول خطوط الصراع الفاصلة بين الحضارات، وغالباً اسلوب عنيف، لغرض السيطرة على اقليم او آخر او انها تكافح في ما بينها . وعلى المستوى الاوسع، فأن دولاً من مختلف الحضارات تتنافس على السلطة العسكرية والاقتصادية، وتكافح بغية السيطرة على المؤسسات الدولية والاطراف الثالثة، وتعمل باسلوب تنافسي، على ترويج مبادئها السياسية والدينية)) . ويضيف هنشنغتون لتكملة المشوار الذي اختطه منذ البداية، بأن خط الصدع بين الحضارات الغربية والاسلامية يعود الى ما قبل الف وثلثمائة عام . وان فتور هذا الصراع العسكري البالغ القدم بين الغرب والاسلام امر بعيد الاحتمال، بل ان قد يصبح اكثر شراسة، خصوصاً ان ما حصل في عقد التسعينات من تطورات واحداث وانقسامات سياسية كان المستفيد الرئيس منها هي الحركات الاسلامية في العالم العربي . هذا الصراع القائم بين الاسلام والغرب من كلا الطرفين بمثابة صدام بين الحضارات . وقد توصل برنارد لويس الى الاستنتاج نفسه اذ يقول : ((نحن نواجه حالة وحركة تفوق مستوى القضايا والسياسات والحكومات التي تنتهجها . وهذا لا يختلف عن صدام الحضارات، وربما كان رد الفعل غير منطقي، ولكنه بالتأكيد رد الفعل التاريخي ضد ميراثنا المسيحي - اليهودي ووجودنا الدنيوي)) .

الصراع السياسي : Conflit Politique

اذا كان الفكر الاجتماعي غالباً ما يؤكد على اهمية الصراع الاجتماعي، فأن الصراع هو العنصر الاساسي في السياسة، وانه موجود دائماً ولا حياة بدونه، ولذلك فأن اغلبية المفكرين يسعون للتخفيف من حدته لتحقيق التكامل والانسجام الاجتماعي . والصراع كونه ظاهرة اجتماعية وسياسية له مفاهيمه وعوامله التي تبدو عديدة ومتنوعة . فهناك الصراع ما بين النخبة الحاكمة والجماهير، وهناك الصراع السياسي الذي يتصوره الليبراليون على شاكلة التنافس الاقتصادي . وان الانسان السياسي لا يختلف طبقاً لذلك عن الانسان الاقتصادي . فالصراع السياسي ليس الا صورة مطابقة للصراع الاقتصادي، ويعتبر كلاهما من اشكال الصراع من اجل البقاء كما قال به داروين، والذي بموجبه تتصارع الانواع من اجل البقاء وللاقوى . ونظرية داروين استمدت افكارها من نظرية هويز حول حالة الصراع والحرب المستمرة، صراع القوي ضد الضعيف، وهكذا .

اما ماركس فقد ارسى جوهر الصراع من خلال التضارب والتناقض بين مصالح الطبقات الاجتماعية التي تقررها طبيعة العلاقات الانتاجية التي يكونها الانسان مع وسائل الانتاج التي تعود الى الصراع الطبقي الدائم، حيث تستخدم طبقة المالكين الدولة (وجهازها القمعي السلطة) من اجل الحفاظ على سيطرتها على الطبقة التي لا تملك، التي تقاوم بشكل طبيعي هذه السيطرة . وهكذا يتولد الصراع السياسي من صراع الطبقات . ويضع المذهب الماركسي الصراعات السياسية بين الفئات الاجتماعية الاخرى في المرتبة الثانية من حيث الاهمية . وهو لايرى فيها الا انعكاساً لصراع الطبقات . ولنظريات التحليل النفسي وجهة نظرها في الصراع السياسي، ومن خلال بروز الصراعات الداخلية التي تولد الحرمان والتي يؤدي بدوره الى بروز اتجاهات سلوكية عدوانية وتدميرية . وعوامل الصراع السياسي عديدة قد تبرز على مستوى الافراد، حيث العوامل النفسية، والثانية على اساس الطابع الجماعي، حيث العوامل العرفية، الاجتماعية، والدينية .

الصهيونية : Sionisme

تتفق اغلب الدراسات بأن اول ظهور لكلمة الصهيونية اخذت مجالها في كتابات الكاتب اليهودي النمساوي ((ناثان بيربتاوم))، حيث استخدم كلمة صهيونية ليدل به على الاتجاه السياسي الجديد بين صفوف اليهود وغيرهم . هذا الاتجاه الجديد الذي حول الاتجاهات او النزاعات الماشيحانية القديمة اليهودية التي بدأ ظهورها خلال القرن السادس عشر- وذلك تعبيراً عن بؤس اليهود وشقائهم في المجتمعات التي يعيشون فيها، ولا سيما بعد سقوط غرناطة في عام 1492، وتفرقهم الى جهات متعددة بسبب الاضطهاد الاسباني، بعد ان كان ينعمون بحياة هادئة وسلام آمن في ظل الحكم العربي الاسلامي في الاندلس ولمدة ثمانية قرون .

ويشير الاستاذ عبد الوهاب المسيري في موسعته اليهود واليهودية والصهيونية الجزء السادس ص13، الى ان الصهيونية تمثل ((الحركة الرامية الى عودة اليهود الى وطن اجدادهم إرتس اسرائيل حسبما جاء في الوعد الآلهي والآمال الشيحانية لليهود)) . وهو ماكان يهدف اليه بربناوم من بناء حركة سياسية ومن خلال تحويل الحركات الماشيحانية التقليدية الى نوع من البرامج السياسية ولتطبيق الايدلوجية الصهيونية بصورة علمية وواقعية . واذا كانت الصهيونية قد انطلقت من فكرة (تحقيق الآمال الشيحانية) فأنها لم تكن في حقيقتها الا مخطط استعماري استيطاني اخذ ينمو مع نمو السياسات الاستعمارية وتطورها ما بعد مرحلة الاستكشافات الجغرافية والثورة الصناعية .

وفي التراث الديني اليهودي، فأن كلمة صهيون تشير الى جبل صهيون في القدس، بل الى الارض المقدسة ككل، ويشير اليهود الى انفسهم باعتبارهم (بنت صهيون) . كما تستخدم الكلمة للاشارة الى اليهود كجماعة دينية . ويؤكد المسيري بأن العودة الى صهيون فكرة محورية في نسق الديني اليهودي، اذ ان اتباع هذه العقيدة يؤمنون بأن (الماشيح) المخلّص سيأتي في آخر الايام ليقود شعبه الى صهيون (الارض العاصمة) . ولكلمة صهيون ايحاءات شعرية دينية في الوجدان اليهودي الديني، حيث جاء في المزمور رقم 1/137 على لسان جماعة اسرائيل بعد تهجيرهم الى بابل، :

((جلسنا على ضفاف انهار بابل وذرفنا الدمع حينما تذكرنا صهيون)) . وعلى ضوء ذلك فقد برز اتجاه الصهيونية، اطلق على الصهيونية الدينية التي تنطلق من فكرة ان العودة الى ارض الميعاد ستتم في الوقت الذي يحدده الرب، ولا علاقة لها بالاستيطان الصهيوني الفعلي والمادي في فلسطين، ولا حتى بما يسمى (الصهيونية الدينية) في الوقت الحاضر .

وقد اطلق مصطلح الصهيونية على النظرة المحددة لليهود التي ظهرت في اوربا، في الاوساط البروتستانتية في انكلترا، وترى ان اليهود ليسوا جزءاً عضوياً من التشكيل الحضاري الغربي، وانما ينظر اليهم بأعتبارهم شعباً عضوياً مختاراً وطنه القدس وفلسطين . وقد برزت اتجاهات فكرية بين اوساط الفلاسفة والمفكرين تنادي باعادة توطين اليهود في فلسطين بعد ان أضحوا من المشاكل الاجتماعية التي تقلق المجتمعات الاوربية باعتبارهم (شعب عضوي منبوذ) ويطلق على هذا الضرب من الصهيونية (صهيونية غير اليهود او صهيونية الاغيار) .

وقد اخذ مفهوم الصهيونية بعداً سياسياً اوسعاً مع تبلور الهجمة الامبريالية الغربية على الشرق الاسلامي . وكان اول من تبنى المشروع الصهيوني نابليون بونابرت المعادي لليهود في بلاده، دعا الى إعادة الصهاينة الى (بلاد اجدادهم) . ثم اخذ مفهوم الصهيونية مفهوماً اساسياً في الخطاب السياسي الغربي متزامناً مع قمة اتساع المشروع الاستعماري نفسه ضد العالم العربي والاسلامي، ولا سيما بعد منتصف القرن التاسع عشر ضد مشروع محمد علي، وضد الدولة العثمانية، حيث المسألة الشرقية، التي استندت الى قضيتين محوريتين في السياسة الاستعمارية : تصفية ممتلكات الرجل المريض في البلقان، وفي بقية المناطق الاخرى التي يجب ان تضع تحت الهيمنة الاستعمارية، وحل المسألة اليهودية من خلال المشروع الصهيوني الذي اخذت تتبلور ملامحه واسسه الفكرية والسياسية على يد المفكرين الصهاينة غير اليهود امثال لوردشافسوي ولورانس أوليفانت، حيث عرفوا الصهيونية في عبارة ((ارض بلا شعب، الشعب بلا ارض)) . ثم اخذ مفهوم الصهيونية الى الكتابات التي قدمها اليهود انفسهم وخصوصاً بيرنباوم الذي ذكر في مجلة (الانعتاق الذاتي) عام 1890

تعريف مصطلح (الشعب اليهودي) من خلال ان القومية والعرق والشعب شيء واحد . واستبعد الجانب الديني، ليجعل من الصهيونية دعوة القومية اليهودية . واذا كان ثيودور هرتزل قد وضع الاساس للأيدلوجية الصهيونية في كتابه (الدولة اليهودية) 1895 على المستوى السياسي ليحددها بأنها ((حركة سياسية ظهرت كنتيجة مباشرة للنزاعات غير السامية))، لإان مؤتمر بازل الذي عقد برئاسة هرتزل في عام 1897 قد وضع البرامج العلمية لتحقيق كل ما جسدته الحركة الصهيونية من معاني، سواء كانت سياسية، اوتوفيقية، او ديمقراطية، دينية، تصحيحية، عمالية، راديكالية، ثقافية، الا ان جوهرها واحد، هو القيام باستيطان فلسطين وطرد شعبها واغتصابها بالقوة بكل الوسائل الممكنة، وهو الامر الذي اتضح بعد وعد بلفور عام 1917 الذي بلور المفهوم الغربي للصهيونية تماماً . من خلال نصه على (الشعب اليهودي) بدلاً من العرق اليهودي، في حين أسقطت كلمة الشعب العربي من الخطاب السياسي الغربي الاستعماري، ليحل محلها ((العرق العربي))، وخصوصاً في اتفاقيات سايكس - بيكو السرية، ومخاطبات حسين - مكماهون اضافة الى صكوك (الانتداب) التي صنعت في مؤتمر السلام في باريس عام 1919 - 1920 قد اكد على (ضرورة انشاء وطن قومي لليهود) في الوقت الذي تنكرت فيه القوى الاستعمارية لاي من الوعود التي قطعت للعرب خلال ثورتهم ضد العثمانيين . وعليه، فأن الصهيونية كما وصفها مؤسسها الأول هرتزل . بأنها فكرة استعمارية تدين كلية بفكرها وأيدلوجياتها، وسياستها، وقوتها وتحولها الى الاستعمار والامبريالية الغربية . والصهيونية تشارك الامبرالية في كل سماتها العامة والخاصة . انها على حد تعبير الكاتب السوفيتي يروي ايفانونف مؤلف كتاب : احذروا الصهيوينة، حركة شوفينية، ذات النزعة الحربية، وكأيديولوجية، ومجموع منظمات، ومساهمة سياسية للبرجوازية اليهودية الكبيرة، التي اندمجت مع الاوساط الاحتكارية في الولايات المتحدة وغيرها من الدول الامبريالية . واضاف ايضاً ايفانونف بأن المصير اللاحق وموت الصهيونية مرتبط ارتباطاً مباشراً بمصير وموت الامبريالية .

- ض -

ضغط دولي : Pression internationale

يقصد بالضغط الدولي هو محاولة قيام دولة او عدة دول التأثير على السياسة الخارجية لهذه الدولة او تلك بغية تغيير موقفها حول قضية من القضايا الحساسة، ومن خلال وسائل غير حربية، قد تكون دبلوماسية، اقتصادية، وسياسية، حيث ايقاف المساعدات المالية، اغلاق الحدود، التوقف عن منح القروض، عدم دعوتها للاشتراك في المؤتمرات، منع مرور الطائرات، حضر- استيراد منتجات الصناعية والزراعية منع دخول مواطنيها، القيام بالحملات الصحفية، تدخل في شؤونها الداخلية، ايقاف العمل بالاتفاقيات الثنائية او الجماعية . وكثيراً ما تلجأ الدول الكبرى لممارسة الضغط الدولي على الدول الأخرى التي تخرج عن سياستها، اذ ان مواقفها السياسية الاقليمية والدولية لا تنسجم مع خياراتها الاستراتيجية .

- ط -

الطبقات الاجتماعية : Les Classes Sociales

تتميز الطبقة الاجتماعية عن غيرها باختلاف المستوى الاجتماعي الذي يتحدد بعوامل شتى . ومن الفوارق التي توجد في المجتمع، وهي بخلاف الطائفة او العرق التي تتميز بالدين او باللون . وتوجد مرونة اجتماعية بين الطبقات الاجتماعية تساعد على وجودها التغييرات السريعة في المجتمع . وفي المجتمعات البدائية القديمة كان نظام الطبقات جامداً حيث سكان القرية ينقسمون الى : فقراء واغنياء، ثم في العصور الوسطى انقسمت الطبقات الى اغنياء، وعوام وفقراء، ثم تطور النظام مع التطور الاقتصادي والسياسي الذي صاحب المجتمعات الصناعية في انكلترا وامريكا، حيث وجد الانتقال الاجتماعي الذي غير من ترتيبة الطبقات الاجتماعية وغيرها .

وكان كارل ماركس اول من اكد على اهمية دراسة الطبقات الاجتماعية اذ قال بان تاريخ البشرية هو تاريخ الصراع الطبقي . فهناك طبقات اجتماعية في جميع المجتمعات الانسانية مهما كانت المرحلة الحضارية التي تميزها . فالطبقات الاجتماعية توجد في المجتمع القديم والمجتمع الاقطاعي والمجتمع الرأسمالي، هذه المجتمعات التي شهدت مشكلة الصراع الطبقي الذي كان قائماً بين طبقاتها الاجتماعية المتناقضة والمتصارعة . ويعتقد ماركس بأن العامل المادي هو سبب وجود الصراع الطبقي الاجتماعي في المجتمع .

واذا كان كارل ماركس ركز على العامل المادي في ظهور الطبقات الاجتماعية، فأن ماكس فيبر قد اكد على العامل الأيديولوجي الذي يتجسد في الحقل الديني او السياسي العلمي، في ذلك العامل الذي يسبب انقسام المجتمع الى طبقات مختلفة لها درجات متفاوتة من المنزلة او السمعة الاجتماعية . فالعامل الإيديولوجي، حسب فيبر، تفوق اهمية العامل المادي في تحديد الطبقة والمكانة الاجتماعية، في حين ان بارثيو يؤكد على اهمية القوة والنفوذ السياسي في التأثير على الطبقات الاجتماعية .

الطريق الثالث : Le Troisieme voie

ان الزلـزال الـذي هـز الشرق الاوربي بكـل تكويناتـه السياسـية، الاجتماعيـة والاقتصادية، العسكرية، وحتى الثقافية لم يؤد فقط الى اختفاء الكتلة الاشتراكية وانهيار الانظمة السياسية التي اطلق عليها (بالشمولية)، ومن ثم تفكك الاتحاد السوفيتي واستقلال جمهورياته المتحدة، وانما فتح المجال الى طرح الاطروحات والتصورات الجديدة ليس فقط ايضاً في اطارها الفكري والإيديولوجي، وانما في اطار الصراع الدولي ما بين الاشتراكية والرأسمالية . فقد طفت على سطح الاحداث اطروحات (نهاية التاريخ)، و (نهاية الأيدلوجية)، ولا سيما في اشارة عالم الاجتماع الامريكي دانييل بل في الاوساط الاكاديمية والسياسية بكتاباته المشهورة عن ذلك، ومن ثم اطروحة صراع الحضارات لاستاذ العلوم السياسية في جامعة هارفرد الامريكية صمؤيل هنتغتون، الى آخر القائمة التي اعلن عنها في (الطريق الثالث)، الذي لم يكن في حقيقته الا طريقاً وسطاً، او توفيقياً بين العديد من الطرق التي خبرتها الانسانية في مراحل تطورها، وخصوصاً ما بين الاشتراكية والرأسمالية، بعد ان اكدت احداث التسعينات بأنه بات من الضروري إعادة التفكير في تنمية المجتمعات المعاصرة من خلال نظرة جديدة تأخذ بنظر الاعتبار كل التغيرات الاجتماعية والسياسية والتكنولوجية .

وفي الواقع، فأن سقوط الاتحاد السوفيتي والكتلة الاشتراكية واختفاء المواجهة ما بين الشرق والغرب في ظل الحرب الباردة، قد ادى في نظر البعض الى صعود أيديولوجيات جديدة زعمت انتصار الرأسمالية التي شكلت نهاية المطاف او التاريخ على حد تعبير الامريكي - الياباني الاصل فرانسيس فوكوياما، ومن ثم بروز الطريق الثالث، وهي النظرية ان صح التعبير الرؤية التي تحاول التأليف، او الامساك بايجابيات الاشتراكية وحسنات الرأسمالية .

وان التطور الحاصل في الثورة المعلوماتية بأنتشار شبكة الانترنيت والبث الفضائي التلفزيوني سمح لكل العالم ان يتعرف افكار هذا الطريق الثالث من خلال الندوة التي نظمتها كلية الحقوق بجامعة نيويورك عام 1998، والتي شارك فيها

الرئيس الامريكي بيل كلنتون ورئيس الوزراء البريطاني توني بلير ومجموعة من وزراء الحكومات الاوربية في ايطاليا (برودي) والبرتغال وغيرها، حيث اكد المناقشون على ان (الطريق الثالث) باعتباره أيديولوجية المستقبل، حيث ان منظرها الأول هو عالم الاجتماع البريطاني انتوني جيدنجر الذي سبق وان اصدر كتاباً يحمل عنوان (الطريق الثالث : تحديد الديمقراطية الاشتراكية اعقبه توني بلير باصدار كتاب تحت عنوان : الطريق الثالث، سياسات جديدة للقرن العشرين) نشر في عام 1981 من قبل الجمعية الفابية . وقد كان الحزب الديمقراطي الامريكي في حلته الجديدة، وفي ولاية كلنتون الثانية قد دعى الى الطريق الثالث من خلال صياغة افكاره في شكل برنامج سياسي ركز على الرعاية الاجتماعية والصحية والتعليمية، ورفع التقدم الاقتصادي في الولايات المتحدة . كما ان عالم السياسة الامريكي سيمور مارتن قد اصدر كتاباً عام 1990 تحدث فيه عن تحولات اليسار العالمي من خلال منظور تعاوني وهو بعنوان (التجديد السياسي في اليسار، حيث اشر فيه بروز الطريق الثالث كأيديولوجية سياسية جديدة، وانتشارها في العديد من الدول الاوربية ودول امريكا اللاتينية، وحتى في القارة الاسيوية) . وقد وصف رئيس الوزراء البريطاني توني بلير الطريق الثالث بأنه ((يعتبر الطريق الى التجديد والنجاح للديمقراطية الاجتماعية الحديثة ببساطة انه ليس حلاً وسطاً بين اليسار واليمين، وانه يسعى لتبني القيم الاساسية للوسط والوسط اليساري، وتعمل على تطبيقها في عالم يشهد تغيرات اجتماعية واقتصادية اساسية ...)) . وفي الواقع فبقدر ما ينظر البعض الى الطريق الثالث بأعتباره نظرية جديدة، او محاولة جسورة للخلاص من جمود الاشتراكية ووحشية الرأسمالية،او انه حركة سياسية تقوم بالدور الفاعل فيها حركات غربية، واحزاب يسارية شيوعية وصلت الى قمة السلطة عن طريق الانتخابات، فأن جذور هذا الطريق الثالث اقدم من مرحلة رؤساء الاحزاب الاشتراكية والعمالية في الدول الغربية . واذا كان الاسلام (والاقتصاد الاسلامي) بحد ذاته يمثل الطريق الثالث بين اليهودية والمسيحية، ولا دين من بعده، في نظرته الكونية، فأن هذه المناقشة التاريخية التي جرت في عقد التسعينات من القرن العشرين حول الطريق الثالث قد تم تداولها من

قبل البابابيوس الثاني عشر في اواخر القرن التاسع عشر- حينما دعا الى طريق بين الاشتراكية والرأسمالية . ثم طرح رئيس الوزراء البريطاني هارولد ماكميلان، الطريق الوسط . وقد توزعت بعد ذلك منابع فلسفة الطريق الثالث ما بين اوربا والولايات المتحدة، وخصوصاً في الافكار السياسة للاحزاب الاشتراكية الاوربية التي انضوت تحت مظلة (الاممية الرابعة) التي تأسست قبل الحرب العالمية الثانية على اثر حل الاممية الثالثة . كما ان هناك الطريق الثالث الذي طرحه العقيد معمر القذافي في كتابه (الكتاب الاخضر)، حيث وصف الاشتراكية والرأسمالية لم يكونا الا وجهان لعملة واحدة، ولا يمكن للشعب ان يتحرر الا بالطريق الثالث والاخير، وهو وقيام سلطة الشعب التي تكتمل من خلال تحرر الجميع من كل القيود ويتساوا قيمياً ومادياً، وبعد ذلك يشيد (المجتمع الاشتراكي الجماهيري) .

وفي الواقع، فأنه على الرغم من المعاني العديدة التي اكتسبها (الطريق الثالث) وذلك من خلال الدراسات والبحوث التي انصبت على دراسة هذا الموضوع ومن زوايا مختلفة، والحلقات النقاشية التي عقدت لتدارسه، ومدى مطابقة النظرية مع التطبيقات، فأن فلسفة الطريق الثالث تتمثل في إعادة صياغة النسق الاقتصادي وفق مبادئ جديدة مضادة للاتجاهات السائدة في الممارسة الاقتصادية والسياسية العالمية . واذا كانت الحريات السياسية التي هي معلم من معالم الديمقراطية الرأسمالية، فأنها لا يمكن ان تغني الانسان عن طروحات عدالة التوزيع في الاشتراكية، وهذا ما امسك بهما الطريق الثالث .

الطوطم (الطوطمية) : Totemisme

اذا كان الطوطم Totem كائن حي على شكل حيوان او نبات او يشكل جزءاً من حيوان او نبات، وهو كائن طبيعي او ظاهرة طبيعية او رمز لهذا الاشياء يمثل الصفات المميزة لجماعة بشرية ا وجماعات بشرية تعيش في مجتمع معين، فأن الطوطمية Totemism تنظيم اجتماعي، ونسق من المعتقدات والتطبيقات السحرية والدينية، يدور حول الربط ربطاً روحياً بين جماعة قرابية، كالعشيرة والقبيلة، وبين فصائل من اشياء، وهي في الاغلب من الحيوان او النبات تدعى الطوطم، لانه يعتبر

سلفة المقدس . وترتبط الطوطمية بالتزاوج الخارجي Exogamy . لان افراد الجماعة الطوطمية لا تتزاوج داخلياً، كما ترتبط بـ (التابو) لانه الجماعة الطوطمية تحرم امور معينة تتعلق بالطوطم . وهناك من يعتقد ان اول من ادخل اصطلاح طوطم وطوطمية الى اللغة الانكليزية الراحل جي لونك في عام 1791 اذ استعمله بكثرة في كتابه (رحلات واسفار مترجم هندي) . واول من ادخل كلمة طوطمية الى الكتابات الأنثروبولوجية هو (ماكلينان) عام 1876 في كتابه الطوطمية في الموسوعة جيمبرز البريطانية . ولم يعرف الأنثروبولوجيون على وجه الدقة لحد الآن، السر في هذه الظاهرة الحضارية . ومن اكثر الذين ركزوا على دراستها هي ليفي شتراوس . وكانت الطوطمية شائعة بين الهنود الامريكيين القاطنين على الساحل الشمالي الغربي للولايات المتحدة الامريكية، وما تزال موجودة بين هنود جزيرة فانكوفر الكندية، وجزر الملكة شارلوت والقبائل الاسترالية الاصيلة . وان الجماعات او القبائل الطوطمية تحرم قتل واكل طوطم الجماعة أي الوثن الذي تعبده الجماعة وتتخذه رمزاً لها . الا ان ليفي شتراوس يقول بأن الطوطمية بمعناها الكلاسيكي هي وهم وخرافة تبعد كل البعد عن الحقيقة والواقع، اذ ان المشكلة التي تواجه الطوطمية هي مشكلة تواجه تركيب الفكر البشري .

ورغم ذلك، فأنه في المجتمعات البدائية فأن لكل عشيرة او قبيلة طوطمها الخاص يميزها عن بقية القبائل ويسمى افردها بأسمه لاعتقادهم بأنه جدهم المقدس وحاميهم، ويشعرون انهم يرتبطون به برباط خاص غامض وتقوم عقائد العشيرة او القبيلة وطقوسها الدينية جميعها على تقديس الطوطم وحين يكون الطوطم حيواناً فأنه يحرم اصطياده واكله، وقد يكون للجماعة اكثر من طوطم، وتقام للطوطم احتفالات وطقوس مختلفة وتصنع له التماثيل وتقام له اعمدة طوطمية، ويرسم او ينقش رسمه على الجسم او الملابس او الاسلحة.

العائلة : Famille

تعد العائلة الوحدة الاجتماعية الرئيسية في كل مجتمع، حيث أن الـزواج يمثـل الأساس القانوني لها . وتتكون العائلة في شكلها الأولي من الزوجين وأطفالهما . ويدعى هذا النوع من العائلة على الأغلب ((العائلة النواة)) أو ((العائلة الأولية)) .

وقد قسم عالم الانثروبولوجيا (أيفنس - برجرد) العائلة، إلى عـدة أنـواع، منهـا العائلة الطبيعية التي تتكون من الأبوين بغض النظر عن كـونهما متـزوجين، وخـلاف ذلك، وأطفالهما، والعائلة القانونية البسيطة تتكون من الزوجين وأطفالهما، والعائلة المتعددة الزوجات، حيث أنها عائلة قانونية معقدة، والعائلة الشبح، أي التي تتكون من الأب الشبح القانوني .

ويعرف برجس ولوك العائلة في كتابهما الذي يحمل الاسم نفسـه ((العائلـة)) على أنها جماعة من الأفراد تربطهم روابط قوية ناتجة من صلات الـزواج، والدم والتبني وهذه الجماعة تعيش في دائرة واحدة وتربط أعضاءها علاقات اجتماعيـة متماسكة أساسها المصالح والأهداف المشتركة .

وحسب فردريك أنجلز في مؤلفه (أصل العائلـة الملكيـة الخاصـة 1884) فقـد شهدت العائلة في تطورها التاريخي شكل الـزواج الأحـادي، وشـكل تعـدد الزوجـات الشرقي، وشكل تعدد الأزواج التيبتي (نسبة إلى هضبة التيبـت في الصـين)، وهـي المراحل التي جاءت لاحقة على انتشار علاقات جنسية غـير محـددة والتي كـان مـن الممكن تقرير النسب حسب خط الأم، أو خط الأب، أي الصراع مـا بـين حـق الأم الهالك وحق الأب المنتصر عبر التطور التاريخي .إذ يقول باهوفن في مؤلفه ((حق الأم 1861)، ((ليس تطور الظروف الفعلية لحيـاة النـاس، بـل الانعكـاس الـديني لهـذه الظروف في رؤوس هؤلاء الناس بالذات هو الـذي أفضىـ بـرأي بـاهوفن إلى التغـيرات التاريخية في وضع الرجل والمرأة الاجتماعي المتبادل .

ويقول لويس مورغان بأن ((العائلة عنصر فعال ونشيط، فهي لا تبقى أبداً كما هي عليه بدون أي تغيير، بل تنتقل من شكل أدنى إلى شكل أعلى بقدر ما يتطور المجتمع من درجة دنيا إلى درجة عليا .

وحسب لويس مورغان فقد مرت العائلة بأطوار تاريخية، ابتدأت بعائلة قربى الدم، والعائلة البونالوانية، والعائلة الثنائية، وأخيراً العائلة الأحادية، وهي أحد العلائم على بداية عصر الحضارة . أن هذه العائلة تقوم على سيادة الزوج مع الرغبة الصريحة في ولادة أولاد تكون أبوتهم ثابتة لا جدال فيها، وثبوت الأبوة هذا ضروري لأن الأولاد سيملكون أموال والدهم ذات يوم بوصفهم ورثته المباشرين . وتكون في هذه العائلة عرى الزواج أمتن . وبأنه لم يعد من الممكن فسخ هذه العرى بشكل غير قانوني، والزوج على العموم، هو الذي يملك حق فسخ هذه العرى ويطلق امرأته . وقد تطور الوضع الذي مرت به العائلة، إلى مرحلة كرست فيها حق المساواة بين الرجل والمرأة، وبالشكل الذي ينسجم مع التطور الفكري والسياسي والاجتماعي والاقتصادي في أي مجتمع من المجتمعات، وبعد أن انتشرت حالات الزواج الخارجي Exogamy، أي الاقتران بزوجات من خارج العائلة أو القبيلة .

العالم الثالث : Le tiers- Monde

لقد حفلت فترة ما بعد الحرب العالمية الثانية بظهور العديد من المفاهيم والمصطلحات السياسية في الأدبيات والدراسات التي تناولت موضوع السياسات الدولية، والعلاقات الدبلوماسية التي رافقت تطور العلاقات الدولية في هذه الفترة التي شهدت أيضاً بروز دول جديدة كانت حتى الأمس مستعمرات، وأشباه مستعمرات، ودول واقعة تحت الانتداب أو الوصاية . ومن بين هذه المصطلحات العالم الثالث الذي لم يتبلور إلاّ بعد مؤتمر باندونغ في عام 1955 . إلاّ أن المرجع الرئيس لهذه التسمية هو أصلها الفرنسي استناداً إلى الكتاب الذي أصدره جورج بلاندية والذي حمل عنوان : العالم الثالث، التخلف والتنمية (Le tiers- Monde, Sous - developpement et developpement) . ولهذا المصطلح معنى تاريخي يتحدد من مجموعة من الدول التي ظهرت بعد الحرب العالمية

الثانية، وتمييزاً للعالمين : الرأسمالي، وحتى الاشتراكي الذي برز على اثر تغير الأنظمة السياسية في أوروبا الشرقية والوسطى إلى أنظمة اشتراكية . وفيما يتعلق بالمفهوم السياسي لهذا المصطلح، فإنه يقصد به الأنظمة السياسية الحديثة الاستقلال في أفريقيا وآسيا وأمريكا اللاتينية التي تحررت من النير الاستعماري واختارت طريق الحياد ضمن إطار مجموعة عدم الانحياز التي انبثقت عن مؤتمر باندونغ الذي وقف منه الغرب موقفاً عدائياً، في الوقت الذي حظي بدعم الكتلة الاشتراكية بزعامة الاتحاد السوفيتي .

أما من الناحية الاقتصادية، فإنه يقصد به تلك البلدان النامية (المتخلفة) التي لم تصل بعد إلى مرحلة التطور الاقتصادي وفق المعايير الغربية، حتى أن الانسكلوبيديا البريطانية وصفت العالم الثالث، بأنه ((كتلة ثالثة تتميز عن البلدان الشيوعية والغربية)) .

العالم الموحد : un monde uni

في أعقاب التحولات الجذرية التي شهدها الاتحاد السوفيتي السابق في نهاية عام 1989، وما لهذه التحولات من تغيرات حاسمة على الكتلة الاشتراكية وتغيرها لطبيعة التوازن الدولي بالدرجة الأولى، ظهر شعار جديد تردد في البريسترويكا، والدراسات الداعمة لها، هو العالم الموحد والمترابط الذي يختزل فكرة توحد المشروع والنموذج الاقتصادي والسياسي بمقولة وحدة العالم، كما أنه يعكس التصور الجديد للعلاقات الدولية لدى البريسترويكا (ينظر هذا المصطلح)، والتي أصبحت تبحث عن علاقة ترابط بينها وبين دول الغرب ليتلاءم مع تصوراتها الجديدة في إعادة هيكلية وتحويل طبيعة اقتصادها وبناء التعددية السياسية . وبذلك استحدث هذا الشعار مكان شعار ((التعايش السلمي)) مع المعسكر الرأسمالي الذي تم التخلي عنه بانتهاء الحرب الباردة بين المعسكرين .

العبودية (الرق) : Servitude

يقصد بالعبودية هي ملكية إنسان لإنسان آخر، وتشمل حق التصرف فيه، وحق إزهاق روحه للتخلص منه، إضافة ما يفرض عليه من أعمال . وقد عرف

المجتمع الإنساني العبودية، في المرحلة الأخيرة لنمو وتطور الجماعات البدائية عندما بلغت القوى الإنتاجية درجة من الارتقاء سمحت للفرد بأن ينال من عمله، سواء في الزراعة أو تربية الماشية أو الحرفة ما يزيد على ما يحتاج إليه من وسائل المعيشة الضرورية التي تكفل الحفاظ على حياته . ومنذ هذا الوقت أصبح من الممكن أن يعيش إنسان على ثمار عمل غيره دون حاجة أو ضرورة كي يعمل.

لقد أدى ازدياد تقسيم العمل والتبادل، إلى نشوء التجارة، وطبقة التجار الذين يشترون البضائع ويبيعونها، فكانوا بهذا الشكل يستثمرون المنتجين والمستهلكين في وقت واحد . ثم كان من نتيجة نمو الإنتاج السلعي والتبادل النقدي من جهة أخرى أن جاءت القروض بعد شراء السلع بالمال وجاءت معها الفوائد والمراباة . الأمر الذي أدى بمرور الزمن إلى تكبيل المنتجين الصغار، والفلاحين والحرفيين واستعبادهم عن طريق الديون، وادى ذلك حيث في أغلب الأحيان، وخصوصاً في روما القديمة إلى خراب المدين وتحوله إلى عبد، بعد أن كانت هذه العبودية مقصورة على أسرى الحرب . وهكذا فإن خراب المنتجين الصغار والحرفيين أن أحدث ذلك تغيراً جذرياً في ظروف الإنتاج، وأدى إلى تحلل الجماعات وظهور المجتمعات العبودية . وقد عرفت بلدان الشرق النظام العبودي في آشور وبابل، ومصر والهند، وبلغ ذروته في اليونان القديم، وروما، حيث كان السكان ينقسمون إلى أحرار وعبيد الذين جردوا من كل حقوقهم المدنية والسياسية . وأدى التوسع في الإنتاج والمبادلات إلى تركيز الملكية العقارية والنقود والعبيد بين الملاك الأغنياء، الأمر الذي أدى إلى أن عدد العبيد يفوق عدد السكان الأحرار، وأن عمل العبيد الإجباري يمثل القاعدة، التي يقوم عليها التركيب الاجتماعي الأعلى كله .

كان العبد ملكاً مطلقاً لسيده الذي كان يستطيع التصرف به تصرفه بأي شيء . فكان استثمار العبيد سبب تهدم قواهم السريع، فإذا عجزوا عن العمل قتلوا، وهذا الاستثمار الحاد أدى إلى بروز ثورات عديدة من بينها ثورة سبارتكوس في 73-71 قبل الميلاد . لقد أوجدت هذه المرحلة بأن التناقض بين السادة والعبيد هو التناقض الجوهري في المجتمع . ونتيجة للتوسع في الإنتاج فكان لابد أن يكون هناك تعويض في

عدد العبيد الذين يقتلون، وأن تدارك هذا الأمر لا يمكن أن يغير الحرب التي كانت تشنها الدول النخاسة على الدوام تقريباً . لقد كان نطاق الرق (العبودية) شكلاً اجتماعياً ضرورياً من أشكال تطور القوى المنتجة، في مرحلة معينة من مراحل التاريخ، ولكن هذا التطور بدورة كان سبباً لانحطاط هذا النظام بعد أن فقد مبرر وجوده في الإنتاج الاجتماعي ليبرز النظام الإقطاعي الجديد وذلك نتيجة لكثرة ثورات العبيد والفلاحين، حيث تقوضت سلطات المجتمعات العبودية حربياً وسياسياً لتقام المجتمعات الإقطاعية التي لم تختفِ معها العبودية فقد ظلت موجودة في أوروبا وإن لم تعد أساساً لعلاقات الإنتاج، وقد نشأت في أوروبا تجارة العبيد من خلال صيد الزنوج ونقلهم إلى المستعمرات في بداية القرن السادس عشر، وخصوصاً نحو الولايات المتحدة، حيث الزنوج شكلوا اليد العاملة التي على اكتافها شيدت اسس الاقتصاد الامريكي .

العدالة : La Justice

تعد كلمة العدالة من الكلمات التي لا يمكن إدراك معناها إلاّ من خلال الإطار العام للمجتمع الإنساني ومن خلال ظروف الإنتاج وعلاقاته التي تشكل بناءه الاقتصادي والتي لا تعدو أن تكون القاعدة الحقيقية التي يقوم عليها بناؤه الأخلاقي والقانوني .

ومن هنا، فكل مجتمع يتبنى مفهوماً للعدالة يعكس ظروفه الاجتماعية، السياسية، الاقتصادية والثقافية . ولهذا فإن ما هو غير عادل في مجتمع من المجتمعات وخلال مكان وزمان محدد، يبدو عادلاً في مجتمعات أخرى . وهذا ما يلاحظ في المجتمعات العبودية التي ارتكزت قاعدتها الاقتصادية على ملكية الإنسان للإنسان لم تكن عدالتها المؤطرة في المجموعة القانونية والأخلاقية التي تنظم حياتها، تستنكر الاستعباد وقتل العبد وإجباره قسراً على العمل، وإزهاق روحه إذا أخل بواجباته، أو طالب بحقوقه السياسية والمدنية . ولهذا فإن سقراط يعتبر العدالة هي الفضيلة الاجتماعية وأن وسيلة تحققها هي إطاعة قوانين الدولة التي تحمي العبودية. فالمواطن حسب رأيه لا يكون صالحاً إلاّ إذا رضخ للقوانين حتى وإن كانت سيئة . في حين أن

أفلاطون يرى في العدالة هي المثل الأعلى للمحبة والارتباط الاجتماعي، إلاّ أنه في جمهوريته دعم العبودية ورأى أن عمل العبيد هو الذي يتيح وسائل المعيشة التي تحتاج إليها طبقة الكادحين والمحاربين . أما أرسطو الذي يرى في العدالة هي ((خير الغير)) وينادي بالمساواة في الحقوق العامة، إلاّ أنه قصر هذه المساواة على الأحرار وتمسك بالاستعباد ودافع عنه بدعوى أنه تحقق خير المجتمع وصلاحه . وهكذا، فإن لكل عصر فلسفته، ونظريته الخاصة عن العدالة، وتعكس مصالح الطبقات المهيمنة على السلطة، حتى أن القديس توما الأكويني يرى أن الإنسان ككل شيء في الوجود ملزم بأن يظل في المكان الذي اختاره له الله منذ الأزل، وأن العدالة تتحقق بالخضوع للسلطة السياسية الكنسية والدينية على السواء . فالعدالة، سواء كانت في إطار القانون الإلهي، أو الوضعي، ما هي إلاّ إطاعة القوانين التي تحقق الصالح العام . وفي الأدبيات السياسية برزت مفاهيم مثل العدالة البرجوازية التي تؤكد ارتباط العدالة بالأسس الجوهرية للمجتمع الرأسمالي، والعدالة الاشتراكية التي لا تسمح باستغلال الإنسان للإنسان، وتدعم المبادئ الأخلاقية العليا للمجتمع .

العدوان : Agression

لقد عرف بعض فقهاء القانون العدوان، بأنه ((المبادرة الأولى التي تقوم بها إحدى الدول باستعمال قواتها المسلحة للاعتداء على أراضي دولة أخرى وغزو أراضيها بغير قصد الدفاع المشروع أو القيام بحملة تأديبية مهما كان السبب عن طريق الأمم المتحدة)) .

وهناك تعريفات أخرى قد صدرت بهذا الصدد، ومن بينها :

- الهجوم المتعارض مع الحق .
- أو خرق استغلال وسلامة أراضي الدولة المجاورة .

وقد عرفها مؤتمر نزع السلاح في عام 1933، بأنه الدولة التي تقترف قبل غيرها أحد الأعمال التالية :

1. إعلان الحرب على دولة أخرى .

2. غزو أراضي هذه الدولة بواسطة قواتها المسلحة ولو لم تعلن الحرب عليها .
3. استعمال قواتها البرية والبحرية والجوية للاعتداء على أراضي أو سفن أو طائرات دولة أخرى، ولو لم تعلن الحرب عليها .
4. إقامة الحصار البحري حول شواطئ أو موانئ دولة أخرى .
5. تسليح عصابات في أراضيها للاعتداء على أراضي دولة أخرى .

العرف : Coutume

يعد العرف تطبيق، أو ممارسة اجتماعية، يكتسبها الفرد باعتبارها عادة اجتماعية، ويمارسها أفراد المجتمع كافة بوصفها جزءاً من التقاليد، وتفرض عليهم برفض المجتمع لأي خروج عليها . وقد لجأت أغلبية دول العالم التي اعتبار العرف أحد مصادر تشريعاتها القانونية، سيما من المصادر الأساسية لدساتيرها . كما أصبح العرف من المصادر المهمة للقانون الدولي، والقانون الدبلوماسي، حيث الاتفاقيات (الثنائية) والمتعددة الأطراف قد ساهمت في إدراك هذه الأعراف التي تطورت في سياقات محددة، حتى أطلق عليه العرف الدبلوماسي الذي يتصف بخاصة الالتزام . وكان هذا العرف من بين المصادر التي اعتمد عليها مشرعو اتفاقيات فينا للعلاقات الدبلوماسية لعام 1961 حيث كان المصدر الأكثر أهمية فيما يتعلق بالعلاقات الدبلوماسية .

العرف الدولي: Coutume internationale

هو مجموعة العادات والسوابق المتكررة بشكل متماثل والتي تعترف معظم الدول ضمناً بأنها تؤلف قاعدة دولية إلزامية وثابتة تقتضيها مصلحة المجتمع الدولي لتنظيم العلاقات بين أعضائه . ولكي تتحول العادة أو السابقة إلى قاعدة عرفية يجب أن تكون ثابتة وعامة، وتجمع الدول على قبولها أو توافق عليها، والاقتناع بضرورة القاعدة العرفية المعنية . وقد أقر المعهد الأمريكي للقانون الدولي : ((أن القواعد الدولية يمكن أن تنشأ عن العرف الدولي أو القاري على أن يكون معمولاً به، ويعترف الرأي العام بصفته الإلزامية)) . ونصت المادة 38 (فقرة 3) من نظام محكمة

العدل الدولية على أنها تطبق أيضاً (العرف الدولي النافذ والمعتبر بمثابة قانون دل عليه تواتر الاستعمال) .

عصبة الأمم : Societe de Nations

تعد عصبة الأمم من المنظمات الدولية التي برزت في المرحلة الواقعة بين الحربين العالميتين الأولى والثانية . وقد أنشأت في عام 1919 في مؤتمر الصلح الذي عقد في قصر فرساي، وكانت جزءاً من معاهدة صلح فرساي عام 1919 ووقعته 44 دولة، هدفها تعزيز السلم والأمن الدوليين، إلاّ أن قادة عصبة الأمم شجعوا سباق التسلح والإعداد للحرب العالمية الثانية . ولم ينضم إليها الاتحاد السوفيتي السابق إلاّ في 1934، حيث أنها لم تضم في عضويتها إلاّ 34 دولة فقط من بينها الولايات المتحدة التي ترددت في الانتماء إليها إلاّ في وقت متأخر جداً . وقد توقف نشاط العصبة في نيسان 1946 حيث تم الإعلان عن حلها رسميا . وبالعكس عن الأمم المتحدة، فقد احتوى ميثاق العصبة على ستة وعشرين مادة ومقدمة، حيث ضمت الجمعية العامة، والمجلس، والأمانة العامة .

العقد الاجتماعي : L'Acte Sociale

يرجع مفهوم العقد الاجتماعي إلى أساس نشأة الدولة والنظريات التي استندت عليها، من نظريات غير عقدية تمثلت في نظرية القوة (ينظر الدولة)، ونظرية التطور الأسري، والنظرية الماركسية القائمة على التطور التاريخي، ومن ثم النظريات العقدية التي تدخل في نظرية العقد الاجتماعي التي جسدت أفكار عدد من الفلاسفة الذين أكدوا جميعاً على أن أصل الدولة هو العقد، وإن اختلفوا في تحديد صيغة هذا العقد وأطرافه .

فإذا كان أرسطو يرى بأن الإنسان يتميز بكونه اجتماعياً بالطبيعة، وهو بالتالي مواطن بالطبيعة، والمجتمع السياسي كان يمثل واقعة طبيعية، فإن فكرة العقد ترجع في أصولها إلى الفلسفة الأبيقورية، وربما ترجع إلى أبعد من ذلك، حيث أنها تمثل مظهراً من مظاهر التقصي العقلاني عن أصل السلطة . ويؤكد جون هرمان راندال في كتابه تكوين العقل الحديث أن فكرة العقد الذي تتركز على تخلي الناس عن الفوضى

وتكوين المجتمع، ترجع كذلك إلى الفكر الروماني وفكر العصور الوسطى، إلاّ أنه في الحقيقة ترجع إلى عصور سابقة، وخصوصاً في الشرق القديم .

وترجع فكرة العقد في نظر بعض الفلاسفة والمفكرين إلى اعتقادهم بأن الدولة لم تكن مؤسسة أزلية، وأن الإنسانية مرت بمرحلة سابقة كان الناس يعيشون فيها بلا قوانين، وبلا سلطة أو حكومة، وهي المرحلة التي بقيت افتراضاً، الأمر الذي جعل الأفكار التي أتت أفكاراً مثالية وإن كانت تستند إلى بعض حقائق التاريخ وأحداثه . فالحالة الطبيعية التي كان يعيشها الناس قد انتهت في وقت معين، وأن الناس اتفقوا فيما بينهم للتخلي عن حالة الفوضى، وفقاً لعقد يلتزم فيه الجميع لإقامة حياة اجتماعية جديدة، وأن يعيشوا بسلام، إلاّ أنهم انقسموا إلى فريقين تبعاً لموقفهم من سلطات الدولة .

فالفريق الأول يرى بأنه ما دام الناس اتفقوا على العقد اختاروا الحكومة التي تتولى السلطان، فإن الشعب يظل دائماً مصدر السلطة السياسية، ويكون من حقه أن ينتزعها منها خاصة إذا لم توفِ بما يوجبه عليها العقد في النزاعات .

أما الفريق الثاني، فيرى بأنه ما دام الناس تنازلوا بمحض إرادتهم بمقتضى ذلك العقد عن حريتهم وسلطانهم، وتخلوا عنها للحكومة، يصبح العقد مبرراً وحجة للسلطة الاستبدادية المطلقة .

وقد قامت نظرية الامبراطورية الرومانية على القول بأن كل سلطة وكل حق في وضع القوانين يعودان إلى الشعب الروماني غير أن الشعب تنازل بموجب قانون شهير Lex Regia عن هذه الحقوق للإمبراطور ((فجميع حقوق الشعب الروماني وجميع سلطاته انتقلت بموجب هذا القانون إلى الإمبراطور وله وحده حق وضع القوانين، وحق تفسيرها)) . وعندما تم إحياء القانون الروماني في العصور الوسطى انتبه الإمبراطور إلى هذه النظرية واتخذها سلاحاً ضد سيطرة الكنيسة، ثم تبعه بعد ذلك جميع الأمراء . وقد انسجمت هذه النظرية بصورة طبيعية مع المذاهب السياسية في العصور الوسطى، التي اعتبرت جميع العلاقات بين الحاكم والمحكوم واجبات متقابلة.

وفي الواقع، فإنه عند الإشارة إلى دراسة العقد الاجتماعي لا يمكن إلاّ وأن يتركز ذلك على الأعمدة الثلاثة لهذه النظرية التي بنيت بشكل واضح وجلي على يد توماس هوبز، وجون لوك، وجان جاك روسو، على الرغم من فلاسفة ومفكرو الغرب استمروا في دراسة موضوع العقد الاجتماعي دراسة نقدية ورائدة .

يؤكد توماس هوبز (1588-1660) على أهمية العقد في تفسير نشوء المجتمع والحقوق الطبيعية للإنسان . وقد بدأ هوبز بمفهوم مزدوج في رسالته ((اللفياثان)) عام 1651، عن حالة الطبيعة، وهي حالة من البؤس الكامل، وحرب الكل ضد الكل، والعقد الاجتماعي هو الطريق الوحيد للهرب من حالة الطبيعة، عقد يضع حداً لتلك الحالة ونهاية لها، ويحول كل قوى وسلطات المتعاقدين إلى حاكم مستبد مطلق، ويفقد فيها الإنسان كل حقوقه الطبيعية إلى الحاكم الأعلى الذي لا يخضع للقوانين .

أما جـون لوك (1632-1704) الذي ناقش موضوع طبيعة العقد الاجتماعي في كتابه ((حول الحكومة المدنية)) عام 1690، فقد اختلف في حالة الطبيعة التي لم تكن في حالة حرب، أنها حالة الإرادة الطبيعية، والعقد لم يعد في نظره تنازلاً مطلقاً من جانب الفرد عن سلطاته وملكاته إلى ملك مستبد وإنما مجرد اتفاق يقبل جميع الناس أن يتنازلوا بمقتضاه عن بعض سلطانهم وقوتهم بالقدر الذي يكفل أمن وسلامة أرواح وممتلكات الآخرين، إلاّ أن الفرد يظل دائماً سيد الموقف، وعند كل تحول يتنازل للدولة عن أقل قدر ممكن من حقوقه ويستبقي لنفسه أكبر قدر ممكن . وقد حاول لوك في ذلك إيجاد نظرية الحق الطبيعي للملكية التي كانت القاعدة الأساسية التي استندت إليها ثورة 1688 وكانت بمثابة نقطة البداية للفكر السياسي الحديث .

فالتنازل بموجب العقد، عند لوك، كان عن جزء من حقوق الناس في سبيل قيام السلطة، الحاكم بأعباء الحكم وحماية حقوق الجميع . أي أن الحاكم عند لوك، طرفاً في العقد على عكس ما تصوره هوبز، فإذا تحلل الحاكم من التزاماته وتخلص من قيوده وجنح إلى إطلاق سلطاته فيحق للأفراد مقاومته والخروج على طاعته

لإخلاله بشروط العقد الاجتماعي.

وعلى الرغم من الانتقادات التي وجهت إلى نظريات العقد الاجتماعي، إلاّ أنها عادت وانتعشت على يد الفيلسوف الفرنسي جان جاك روسو (1712-1778)، عندما وضع كتابه ((العقد الاجتماعي، الذي قال فيه : إن الانتقال من حالة الطبيعة إلى الحالة المدنية يخلق في الإنسان تغيراً ملحوظاً فتحل في سلوكه العدالة محل الغريزة .. يضطر الإنسان الذي لم يكن يرى إلاّ ذاته إلى أن يسير وفقاً لمبادئ أخرى، وأن يستشير عقد قبل أن ينصت إلى أهوائه)) . ويخلص روسو إلى أن العقد الاجتماعي هو الأساس الذي قام عليه المجتمع السياسي المنظم، وأن الهدف من هذا العقد هو انتقال الأفراد من حياة الفطرة التي كانوا يتمتعون فيه بالحرية والاستقلال، إلى حياة المجتمع السياسي المنظم وبذلك قامت الدولة . وقد تم إبرام العقد بين الأفراد على أساس أن لهم صفتين، صفتهم كأفراد طبيعيين، ثم كأعضاء في الجماعة السياسية الجديدة . ويرى روسو أن الأفراد بحثوا عن صيغة للمجتمع الذي يدافع ويحمي بكل قوته الجماعية عن ذات وأموال كل عضو في المجتمع . وبذلك تجتمع شروط العقد كلها في شرط واحد، هو التنازل الكامل كل عضو عن كل حقوقه للجماعة، ولأن كل واحد سيعطي كل حقوقه، فإن الجميع يصبحون في وضع متساو . ويلتزم أن يكون التنازل بدون تحفظ حتى يتم الاتحاد . والسيادة هنا حسب روسو يجب أن تعطى للشعب وليس للحاكم، إذ أن إرادة كل عضو منهم تعتبر عنصراً جوهرياً يخدم تحقيق الصالح العام، والعناصر المجتمعة تكون الإرادة العامة التي هي الإرادة الحرة في المجتمع .

العقلانية : Rationalisme

لقد صاحب بروز الطبقة البرجوازية وانهيار النظام الإقطاعي، تنامي تيار فكري تلا حركتي الإحياء والإصلاح في أوروبا جعل للعقل الاولوية في الوصول إلى المعرفة، وذلك مقابل التجريبية التي تجعل الحواس مصدر المعرفة الأول . أي أنها ذلك التفكير والسلوك الواعي الذي يتفق مع أحكام المنطق والمعرفة التجريبية والذي يتسم بأهدافه المتماسكة والمتزنة التي يمكن تحقيقها من خلال الواسطة الموضوعية العلمية . وكانت مهمة العقلانية الأساسية أن تبرز باسم العقل نشاط الطبقة

البرجوازية الصاعدة، وتدعم مصالحها الاقتصادية والسياسية، ورفض جمود النظام السابق، وأكدت على ضرورة تحويل العالم سواء في طابعه أو مضمونه على نحو يتقبله العقل . ومع نمو وتطور النظام الرأسمالي، الذي بدأ يخلع عن التقدم طابع المسلمات الأخلاقية، ويعطيه أساساً ومضموناً اقتصاديين، فقدت العقلانية إلى حد ما طابعها الروحي، واتجهت نحو المادية، وما أن حل القرن الثامن عشر ـ حتى بدأت العقلانية محاولاتها لإيجاد رابطة وثيقة بين الحياة الروحية الحقيقة المحسوسة وبين الإنسان وبيئته الطبيعية والاجتماعية .

وقد استعمل عالم الاجتماع البريطاني هوب هوسي مبدأ العقلانية في سياق نظريته للتقدم البشري واعتبره مبدأً عضوياً يمكن الاعتماد عليه في تحقيق التوازن بين نواحي الحياة الاجتماعية . أما العالم الاجتماعي الألماني ماكس فيبر فقد استعمل مصطلح العقلانية، من خلال تصنيفه الفعل إلى أربعة أقسام هي :

1. الفعل العقلي المعتمد، وهو الفعل الذي له واسطة تكفل تحقيق الهدف الذي يتوخاه الفعل .

2. الفعل العقلي القيمي، وهو الفعل الذي ينطبق مع المقاييس القيمية التي يتفق معها المجتمع.

3. الفعل الغريزي .

4. الفعل التقليدي .

وهذان الفعلان الأخيران بعيدان كل البعد عن المبدأ الفعلي والمنطقي الذي يقره الفعل السليم والفكر السوي . ويستعمل ماكس فيبر مبدأ العقلانية في تفسير نواحٍ متعددة من المجتمع كالنواحي المتعلقة بالسلطة والقيادة، والقوانين التي يقسمها إلى أنواع كثيرة كالقوانين التقليدية والقوانين الكرزماتيكية والقوانين الفعلية . ويعتقد أن مبدأ العقلانية هو المبدأ الوحيد الذي يستطيع إخضاع الحياة الاجتماعية إلى تنظيم ورقابة دقيقة، وتطبيق عمليات الإحصاء والرياضيات على الاقتصاد بصورة مضبوطة، واستعمال الطرق العلمية في الإنتاج، تلك السمات التي أخذت تميز المجتمع الغربي الصناعي . ولكن العقلانية فشلت لأنها كانت تتحرك في داخل إطار

النظام الرأسمالي .

علائق اجتماعية : Social Relations

يقصد بالعلائق الاجتماعية مجموعة الروابط المتبادلة بين أفراد وجماعات المجتمع التي تنشأ عن اتصال بعضهم ببعض، وتفاعل بعضهم عن بعض، مثل روابط القرابة، والروابط التي تقوم بين أعضاء الجمعيات السرية وأعضاء المؤسسات الاجتماعية، وأفراد الطبقات الاجتماعية والسياسية المختلفة في المجتمع . والمصطلح شديد القرب من مصطلح التفاعل الاجتماعي .

العلاقات الدبلوماسية : Relations diplomatiques

ترتبط الدول فيما بينها بعلاقات دبلوماسية تنظم علاقاتها الدولية، وتشكل مظهراً من مظاهر سيادة الدولة . ويشترط لإنشاء العلاقات الدبلوماسية توافر ثلاثة أمور :

- أن تتمتع كل من الدولتين المعنيتين بشخصية دولية .
- أن يكون الاعتراف قد تم بينهما صراحة أو ضمناً .
- أن يعقد اتفاق بهذا الشأن بين هاتين الدولتين .

وقد أوضحت اتفاقية فينا لعام 1961 للعلاقات الدبلوماسية في مادتها الثانية : ((يتم إنشاء العلاقات الدبلوماسية بين الدولتين وإيفاد البعثات الدبلوماسية الدائمة بالاتفاق المتبادل)) .

العلاقات الدولية : Les Relations Internationles

نتيجة للحقل الواسع الذي يتمتع به موضوع العلاقات الدولية واختلاطه بحقول أخرى ومن بينها حقل علم السياسة، فقد تعددت التعريفات الخاصة ((بعلم)) العلاقات الدولية التي روج لها جورج شوارزنبرج، إذ أن جيمس بيرس James Bryce قد أشار إلى أن العلاقات الدولية هو ((علاقات الدول والشعوب فيما بينها)) . وعلى الرغم من أن هناك العديد من الدراسات التي صدرت ما بين الحربين العالميتين، إلاّ أن لأفكار مورغنثاو وصداها الواسع عندما أكد ((أن جوهر العلاقات

الدولية هو السياسة الدولية .. وأن موضوع السياسة الدولية هو الصراع بين الدول المستقلة من أجل القوة)) . أما ستانلي هوفمان فقد أكد على أن ((حقل المعرفة للعلاقات الدولية يعني بالعوامل والنشاطات المؤثرة في السياسات الخارجية وفي قوة الوحدات الأساسية المكونة لعالمنا .

وهناك من يعرف العلاقات الدولية بأنها تدرس العلاقات المتفاعلة به تركيب معين في الوحدات الاجتماعية . أما كايلن فيرى أن العلاقات الدولية حقل من حقول المعرفة ((يتضمن علاقات متبادلة تجري ما بين الدول عبر الحدود)) . وقد ذكر دافيد فايتل أن الموضوع الأساسي في دراسة العلاقات الدولية هو دراسة الحكومات في علاقاتها الخارجية وتتميز العلاقات الدولية عن القانون الدولي الذي لم يكن إلاّ مجموعة من القواعد القانونية التي تحكم العلاقات بين أشخاص القانون الدولي وتحدد اختصاصات كل منهما والتزاماتها . كما تتميز العلاقات الدولية عن الدبلوماسية التي عرفها قاموس أكسفورد بأنها ((إدارة العلاقات الدولية عن طريق المفاوضات)) .

كما تتميز عن السياسة الخارجية التي يعرفها جوزيف فرانكل بأنها ((تتألف من قرارات وأفعال تضمن علاقات بين دولة وغيرها من الدول لحد ما)) . وإذا كان الفريد زيمرن أستاذ العلاقات الدولية عام 1935 في جامعة أكسفورد يقول ((أن دراسة العلاقات الدولية تمتد من العلوم الطبيعية من جهة إلى الفلسفة الأخلاقية من جهة ثانية))، فإن نيكولاس سبيكمان من بين أوائل الذين حاولوا تقديم تعريف لهذا الحقل من الدراسة الذي أطلق عليه مصطلح ((العلاقات بين الدول))، حيث أنها ((العلاقات بين أفراد ينتمون لدول مختلفة، والسلوك الدولي، هو السلوك الاجتماعي لأشخاص أو مجموعات تستهدف أو تتأثر بوجود سلوك أفراد وجماعات ينتمون إلى دولة أخرى)). إلاّ أن البعض يرى فيه تعريفاً فضفاضاً تجعل من العلاقات الدولية حقلاً يشمل نشاطات مختلفة ومتعددة . وقد حدث تطور كبير في دراسة نظرية العلاقات الدولية في فترة ما بعد الحرب العالمية الثانية، من ناحية كثرة البحوث الصادرة في إطار دراسة العلاقات الدولية، أو من ناحية المفاهيم الجديدة التي طرحت من نظرية التوازن، والسياسة الدولية في العصر النووي، أو آلية صناعة القرار

السياسي الخارجي، أو للتكامل الوظيفي، والإقليمي، أو طبيعة الاستقطاب الدولي ودبلوماسية التحالف .

العَلَمْ : Drapeau

لكل دولة من دول العالم، أو حتى لكل حزب سباسي، أو منظمة، علمها الخاص الذي يرمز لها وعنوان سيادتها . ويصنع من القماش بألوان وشارات محددة بقانون، والذي يحدد أيضاً الطول والعرض، كما أن الألوان والشارات المنقوشة عليه تمثل تجسيداً للخصائص الوطنية والقومية، ويعتبر مقدساً حيث يرفع على سارية من الخشب أو المعدن فوق أبنية المؤسسات الرسمية أيام الأعياد القومية والعطل الرسمية، وفي حالة رفعه وإنزاله طقوس خاصة تختلف من دولة إلى أخرى . ويعتبر إهانة علم الدولة بتمزيقه، أو حرقه إهانة الدولة وإساءة إلى كرامتها، مما تؤدي أحياناً إلى توتر أو قطع العلاقات الدبلوماسية، إذا لم يحصل الاعتذار .

علم السياسة (سياسة) : La Science Politique

بقدر ما أن هذا العلم يبدو حديث النشأة قياساً إلى بقية العلوم الاجتماعية الأخرى ولاسيما في موضوعه وأهدافه ومنهجه، فقد تعددت التعريفات التي صدرت بصدده، لا بل اختلفت وتباعدت في مفاهيمها وتصوراتها، بحيث غدت الصورة التي يمتلكها القارئ عن هذا العلم تبدو غير واضحة، ولاسيما عندما يتم الخلط ما بين السياسة وعلم السياسة، وتعددت المدارس التي تناولت هذا الموضوع، وخصوصاً الأوروبية والأمريكية والترجمات التي صدرت عنها، وما يتضح ذلك في اللغة العربية .

يشير الاستاذ لؤي بحري في كتابه ((مبادئ علم السياسة 1966)) الى ان كلمة سياسة Politique تنحدر من الاصول اليونانية القديمة . اذ ان كلمة Polis تنصرف الى الاشارة الى المدينة Lacite او جماعة المواطنين الذين يشكلون المدينة حسب المفهوم اليوناني لكلمة المدينة . ومن كلمة Polis اشتقت كلمة Politiea التي تعني اشياء عدة من بينها الدولة او الجمهورية او الدستور او النظام السياسي او صفة المواطنة، اضافة الى الكلمات الأخرى ومن بينها Le Politica وتعني فن السياسة . اما ارسطو فقد

كـان يـرى في الانسـان حيـوان سيـاسي Zoom Politikom، ذلك مـن خـلال معيشته داخل هيئة سياسية منتظمة ذات طابع سياسي هي المدينة، واصفاً خصائص الحياة السياسية عند الانسان فيقول ان هذه الحياة السياسية هي من طبع الانسان . اذ كتب ارسطو في كتابه ((السياسة)) يقول : ((فالطبع اذن يدفع الناس بغرائـزهم الى الاجتماع السياسي)) .

والسياسة عند العرب، اذ جاء في لسان العرب الجزء السـابع : ((وسـاس القـوم سياسة قائم به ... وسوسة القوم أي جعلوه بسيوسهم، ويقال سـوس فلان امـر بـين فلان أي كلف سياستهم ... والسياسة القيام على شيء بمـا يصـلحه . والسياسـة فصل السائس وهو يسوس الدواب)) . وجـاء في قاموس المحيـط ((سسـت الرعيـة سياسـة امرتها ونهيتها وفلان مجرب قد ساس وسيس عليه يعني أذب وأدب)) . ((اما المنجـد فقد عرف السياسة على اساس تدبير مشاكل القوم وتولي امرهم والقيام بـه)) . ومـن ناحية ابن خلدون فيرى بأن ((السياسة عبارة عن قوانين مفروضة يسـلمها الكـائن الى احكامها، واذا اخلت الدولة من هذه السياسة لم يستتب امرها ولم يتم استيلاوها)).

وإن أول من ابتكر علم السياسة هو هارولد لاسول Harold Lasswell، حيـث أنه حاول أن يحدد موضوع علم السياسـة انطلاقاً مـن تحديـد معنـى كلمـة سياسـة الواردة فيه . إذ يشير أن كلمة سياسة المستخدمة في هذا الاصطلاح بالمعنى المتداول لتشير إلى القرارات الأكثر أهمية التي تتخذ على مستوى الحياة العامة أو على مستوى الحياة الخاصة .

كما عرف معجم المجمع العلمي الفرنسي السياسـة بأنهـا ((معرفـة كـل مـا لـه علاقة يعني بفن حكم الدولة وتسيير دفة علاقاتهـا الخارجيـة)) . ويـرى البروفيسـور ريمون آرون ان علم السياسة هو دراسة كل ما يتصل بحكومة الجماعات، أي العلاقـة القائمة بين الحاكمين والمحكومين، أي انه دراسة لكل ما يتصل بتـدرج السـلطة داخـل الجماعة . أما الكاتب والسياسي الهندي آبا دوراي فأنه يعـرف السياسـة بأنهـا دراسـة تنظم الجماعة . وفي معجم اللغة الفرنسية Larousse فأن السياسة بالنسبة لـه هـو كل ما يتعلق بحكومات الدول . وفي الانسكلوبيديا الكبرى فأن السياسة هي فن حكم

دولة ما .

وتحاول مادلين كروفيتز Madeleine Grawitz أن تحدد كلمة سياسة فتقول أن الإنكلوسكسونيين يستخدمون كلمة سياسة التي يبدو من الصعب ترجمتها، وهذه الكلمة تغطي مجموعة القرارات العملية التي من شأنها أن تجعل كلمة سياسة ذات طبيعة تطبيقية . أما الأستاذ بوردو Burdeau فقد ذهب إلى أن علم السياسة هو مجموعة المعارف المتعلقة بالقرار السياسي ثم يضيف بوردو أن موضوع علم السياسة هو تجميع كل العناصر الإعلامية والإخبارية التي تسمع في لحظة معينة، وفي وضع معين باستخلاص القرار الأفضل . وبالنسب للكثير من الجامعات البريطانية فإنها التجأت إلى استعمال تعبير الدراسات السياسية بدلاً من علم السياسة . وهذا التشكك في علمية ((علم السياسة)) يرجع بالدرجة الأولى إلى مسألة تحديد موضوعه، حيث هناك المئات من الدراسات والكتب التي صدرت هدفها تحديد موضوع علم السياسة، من بينها نظرية القائمة النموذجية التي توزعت ما بين النظرية السياسية، تاريخ الأفكار السياسية النظم السياسية، الأحزاب والجماعات والرأي العام، ومن ثم العلاقات الدولية.

ويؤكد الأستاذ جان دابان بأن معنى السياسة هذا سيتحدد بالموضوع الذي تنصب عليه . وهذا الموضوع هو الشيء السياسي، في نظره يتحدد بقائمة من المواد التي تشمل كل أشكال الواقع، وكل المفاهيم والقيم التي يعبر عنها الشيء السياسي : علاقة سياسية، جماعات سياسية، سلطة سياسية، أفكار سياسية، قوى سياسية أحزاب سياسية حوادث سياسية، حياة سياسية ثورات سياسية (ينظر بشكل أكثر تفصيلاً لهذه المفاهيم في الموضع المحدد لها في الموسوعة).

أما بالنسبة للأستاذ جان مينو Jean MEYNAUD فقد أشار إلى أن ظاهرة الدولة (ينظر الدولة) تبدو لكثير من الكتاب، كأساس طبيعي لا بديل له لهذا العلم. ((ماذا يمكن أن يكون موضوع علم يلقب نفسه بعلم السياسة إن لم يكن الدولة ؟))، مؤكداً على أن روجيه سالتو قد حدد علم السياسة بأنه ((دراسة الدولة وأهدافها والمؤسسات التي تتسم بتحقيق هذه الأهداف والعلاقات القائمة بينها وبين

أفرادها الأعضاء، والعلاقات القائمة بينها وبين بقية الدول، وما اعتقده الناس وكتبوه وقالوه عن هذه المواضيع)) . كما أنه يشير في معرض دراسته إلى أن علم السياسة، علم السلطة، وخصوصاً ما ذهب إليه وليم روبسون في أن ((علم السياسة يقوم على دراسة السلطة في المجتمع وعلى دراسة أسسها وعملية ممارستها وأهدافها ونتائجها)). (ينظر السلطة). ويحدد جورج كاتلين بأن موضوع علم السياسة هو دراسة هذه المجموعة الغنية جداً بالظاهرات التي تؤلف جوهر الصراع لبلوغ السلطة بالذات . أما هارولد لوسويل فإنه يدعو إلى تحليل بواعث ودوافع أولئك الذين يصارعون في سبيل السلطة والتأثير، ودرس الأساليب التي تسعى النخبة السياسية، بواسطتها لإقامة وتدعيم وضعها الممتاز، بل ذهب إلى محاولة استقصاء منظم لجميع أشكال السلطة وجذورها النفسية المشتركة المرتبطة بلا شك بتوزيع القيم في المجتمع . وبهذا نصل إلى مفهوم لعلم السياسة واسع بقدر يكفي كي يشمل كل نشاط موجه إلى امتلاك القيم من استخدام السلطة أو التأثير . ويصبح علم السياسة، في النهاية، علماً كاملاً للسلطة يصبح موضوعه دراسة التأثير ودراسة من يمارس هذا التأثير . وهناك من الآراء التي تقصر علم السياسة على ممارسة السلطة في نطاق النظام الحكومي ذلك أن المسألة تصبح إذ ذاك عملية تعرف إلى المعايير التي تسمح بعزل السلطة السياسية وتمييزها عن السلطات الاجتماعية الأخرى . ويعتبر ريمون آرون وقد اعتنق نظرة واسعة عن علم السياسة، إن موضوع هذا العلم هو ((كل ما له علاقة بحكم المجتمعات أي كل ما له صلة بعلاقات النفوذ بين الأفراد والجماعات . إذ كتب: يستخلص علم السياسة استغلاله بقدر ما يعتبر أن بنية النفوذ أو تركيبه واقع السياسي)) أما الأستاذ ألبير بريمو فيرى في علم السياسية بأنه ((دراسة ظاهرات النفوذ ضمن إطار الدولة)) .

ويذهب احمد سويلم العمري في كتابه ((بحوث في السياسة 1953)) الى القول بأن علم السياسة هو دراسة تدبير شؤون الجماعة وتنظيم علاقاتها . فالسياسة حسب وجهة نظره، هي مجموعة الظواهر والحركات التي تتناول صلات الافراد بالجماعات وصلة الجماعات ببعضها، وفي قمتها الدولة . اما بالنسبة للاستاذ بطرس بطرس

غالي، فأنه في كتابه مدخل في علم السياسة، يحدد موضوعة في الدولة ودراسة السلطة التي هي مظهره، ثم يؤكد بأن علم السياسة هو علم الدولة وفن ادارتها، اما بالنسبة الى الشكل الذي يتمثل فيه هذا العلم فهو علم دراسة الظاهرة السياسة والصراع حول السلطة نفسها .

العَلمانية : Secularism / Séculairté

لقد أشار الأستاذ جان ريفيرد إلى أن العلمانية هي ((كلمة لها رائحة البارود لما تثير من استجابات متضاربة، متناقضة، والتناقض التي تحركه ليس تناقضاً طبيعياً كالذي يؤلف الآراء مع فكرة واضحة أو ضدها، بل هو تناقض ينال مضمون الفكرة، ومعنى الكلمة)) . وإذا كانت الفكرة العامة للعلمانية تقوم على أساس فصل الدين عن الدولة، فإن هذه المسألة، في الواقع، قد شغلت ليس فقط الأنظمة السياسية التي حاولت أن تشخص الحدود الفاصلة مع الدين أو أن صح التعبير مع الكنيسة، وإنما شغلت الإنسانية منذ نشأتها، وكانت موضوعاً دائم النقاش ومن اهتمامات السياسيين والفلاسفة، وعلماء الاجتماع واللاهوتيين . وفي كل فترة، أو عصر من العصور، كان هناك جهة منتصرة، وجهة خاسرة . فأحياناً كان فيها الدين منتصراً وتارة الدولة . لا بل أن الأمر وصل إلى حد أن هناك من جعل الدين عائقاً أم الوحدة القومية، وخصوصاً في عصر النهضة، حيث الأفكار والتصورات التي جاء بها مفكرو وفلاسفة العصر، ومن بينهم نيقولا ميكيافللي الذى دعا إلى ((إيطاليا الموحدة غير الكهنوتية)) . وترافق مع ذلك بزوغ عقليات جديدة بسبب نشأة علم جديد للكون عند كوبرنيكوس وغاليلو، ولاسيما عندما ألف الأول كتاباً في ((الحركات السماوية)) نشر في آخر حياته عام 1543، وفيه لم يعد الإنسان مركز الكون، ولم يعد الكون يدور حول الإنسان . ومنذ ذلك بذرت البذور الأولى لظهور العلمانية بأفكارها وفلسفتها الواضحة، وإن كان قد اختمرت قبل ذلك بفترة طويلة في عقول ومخيلة العديد من المفكرين والفلاسفة الذين انتفضوا ضد نظرية السيفين أو ازدواج السلطتين (الزمنية والدينية) ولاسيما من قبل دانتي (1265-1321) ومارسيليو بادو (1275-1343م) حيث طالبا باستقلال الدولة وهدم نظام

السيطرة البابوية وأسس القانون الكنسي .

وقد غذت هذه الأفكار وبلورت اتجاهات احتجاجية تمثلت في الصراع الذي دار منــــذ القرن التاسع عشر بين الكاثوليك والأطراف الإصلاحية الاحتجاجية والتي أطلــق عليهــا بالبروتستــانت، وامتــدت أيضــاً إلى ملــوك أوروبــا والكــرسي البابوي في الفاتيكان .

وقد ساد فترة الصراع هذه صدور العديد مــن الاتفاقات التساومية التوفيقيــة التي تنظم العلاقة ما بين هذه الأطراف المتصارعة، تــارة تعبر عن انتصار الحركات المحتجة وتكرس مبدأ الحرية الدينية والمساواة أمام الفانون، وتــارة أخرى التراجع عن ذلك، وبروز سطوة الكنيسة وتعاليمها عـلى الحياة السياسية والدينية في وقت واحد . إذ أنه يمكن اعتبار الثورة الفرنسية منعطفاً حاسماً في هذه المنازلة، حيث تم فيها مصادرة أملاك الكنيسة وإقرار مبدأ وجوب اختيــار الأساقفة من قبـل الشعب بدل تعيينهم من قبل البابا، ثم جاء إعلان حقوق الإنسان الذي لم يتم الإشارة فيه إلى الدين، بل أعلن الحرية والمساواة بين كل الناس، بما في ذلك المعتقد الـديني . ولم يقتصر ذلك على مجال معين، وإنما امتدت حركــة الإصلاح، وحرية الأفكار واعتناقها إلى كل مجالات الحياة اليومية، ولاسيما إلى حقل التربية والتعليم، حيث توقفت عملية بناء المدارس والجامعات الدينية وأنشئ مكانها مــدارس وكليــات وجامعات عيمانية .

وإزاء ذلـك، فإن الكـرسي الرسـولي بـدأ في إدراك حقـائق الأوضاع والتطورات الجديدة، وعمل على إعادة النظر بعقيدته المتعلقة بعلاقات الكنيسة والدولة، حيث أقـدم البابا لادون الثالـث عشر ـ في أواخـر القرن التاسع عشر ـ بإصـدار منشـور Encyclique immortale Dei وبموجبه أعلنت الكنيسة للمرة الأولى مبدأ التفريق بين السلطتين الدينية والزمنية، وميزت بين المجتمع الديني والمجتمع المدني .

ومن هنا، تميز الفكر الأوروبي بأنه كان صدى للتيار اللائيكي Laique الذي دعـا إلى فصل الدين عن المجتمع، وتستند اللائيكيـة إلى أربعة عناصر للحيـاة الإنسانية: الاقتصاد والعدالة، التعليم والسلطة السياسية . وإذا كانت العلمانية

المشـتقة مـن اللفـظ اللاتينـي Saeculum أي العـالم المتـزمن بالزمـان، أي أنـه تاريخ، فإنه ((تحديد الوجود الطبيعـي والإنسـان ببعـدين هـي الزمـان والتـاريخ)) . ولعل أوضح تعريـف أعطـي للعلمانية، هـو ذلك الـذي ورد في مناقشـات المجلـس الفرنسي لدستور 1946، مؤكداً فيه أن ((العلمانية هي حياد الدولة تجاه الـدين، كـل دين، فالعلمانية ليست عقيدة إيجابية أو فلسفية تعتمدها الدول تبشر بها وتعلمها وتقف بها بوجه المعتقدات الدينية، بل هو موقف سلبي . وبناء عليه فإن العلمانية :

- تقر بحرية المواطنين الدينية . وهذه الحرية تعني أن الدولة ترفض الـدعوة إلى انتحال أي دين، كما أنها ترفض الدعوة للإقلاع عن أي دين . فالقانون العـام أو الدستور خلو من أي دين أو معتقد ديني .

- إن الدولة لا تلزم نفسها بأي معتقد أو دين .

- كما أنها لا تخص أي دين باعتراف خاص به، أو بمساعدة امتيازية .

- وعلى الدولة أن تمكـن المـؤمن مـن ممارسـة شـعائره وعباداتـه، ولا تفرق بـين المواطنين على أسـاس انـتماءهم وترضى بـالواقع الـديني كمـا تحـدده وتنظمـه الأديان نفسها . ومقابل ذلك على الدين أن يعترف بأن الدولة مستقلة عنه وعن تعاليمه في حقول نشاطها وممارسة أعمالها.

وقد واجهت العلمانية موقفاً فكرياً وسياسياً رافضاً في العالم الإسلامي، لأنهـا تهدف إلى تأسيس نظام سـياسي ومنظومـة علاقـات اجتماعيـة وثقافيـة لا تستوحي الشريعة . وعلى الرغم من هـذا الـرفض والمقاومـة لفكرة العلمانيـة، إلاّ أنه ظهـرت بعض الاتجاهات الفكرية التي تزعمها العديد من المفكرين العرب والمسلمين، ومـن بينهم الشيخ علي عبد الرزاق في كتابه ((الإسلام وأصول الحكم)) الصادر عـام 1925 وفيه يـدعو الشيخ إلى العلمانية ونقد تسييس الإسـلام . اذ وصفت العديـد مـن الدراسات بأن الشيخ عبد الرزاق يمثل تياراً أكثر راديكاليـة في تأويل القيم الإسلامية من ((مدرسة محمد عبده)) التي اتبعت خطى بعض المفكرين العـرب أمثـال حسـن العطار وعبد الرحمن الجبرتي ورفاعة الطهطاوي الذين حاولوا إدماج الأفكار الليبرالية والعلمانية الغربية في البناء الفلسفي للإسلام، وحاولوا التقريب بين العلم

والدين، وتأويل علم الكلام بحيث يحرر المجتمع من قيود التراث، وقد حذا حذوهم محمد عبده وأتباعه . لكن هذه التيارات الراديكالية قد واجهت مواجهة عنيفة في العالم العربي - الإسلامي، الأمر الذي أفضى- إلى بروز منظمات إسلامية أصولية وجهت سهام نقدها إلى مفكري هذه التيارات الذين تراجعوا عن محاولاتهم لوضع أسس العلمانية في الإسلام . ولذلك جاءت كل الدساتير العربية منصوصة على أن الإسلام دين الدولة، ما عدا الدستور اللبناني الذي نص على أن ((حرية الاعتقاد مطلقة)) ودستور مصر لعام 1958 الذي نص في مادته السابعة : المواطنون لدى القانون سواء، وهم متساوون في الحقوق والواجبات العامة، لا تمييز بينهم في ذلك بسبب الجنس أو الأصل أو اللغة أو الدين أو العقيدة)) .

والماركسية ليست فكراً علمانياً، ولا تطالب بفصل الدين عن الدولة، بل بإلغاء الدين، وتخليص الدولة من سيطرة الدين، بل أيضاً تخليص الفرد من سيطرة الدين الذي لم يكن له وجود إلاّ في ضمير الإنسان على حد وصف لودفيج فويرباخ .

العملية السياسية : Le Process Politique

يُعرف البعض العملية السياسية بأنها : ((الأنشطة التي تعبر عن سعي الأفراد داخل جماعاتهم من أجل الحصول على القوة، أو التي تعبر عن ممارساتهم الفعلية لها من أجل تحقيق مصالحهم الشخصية ومصالح جماعاتهم . والعملية السياسية بهذا المعنى هي محصلة التفاعلات الرسمية وغير الرسمية التي تتم بين الفاعلين السياسيين في إطار الآيديولوجية والثقافة السياسية السائدة، ومن خلال مجموعة الأبنية والمؤسسات القائمة . ومن هنا، فإن من أبرز الموضوعات التي تثيرها دراسة العملية السياسية التساؤل عن الأيديولوجية السائدة ودرجة شعبيتها . أو في المقابل حجم ما تثيره من خلافات وصراعات . كما أن هناك التساؤل عمن هم الفاعلون السياسيون الذين يقومون بالتأثير في إدارة العملية السياسية . ومن ناحية أخرى، فإن أسس ممارسة القوة تختلف من نظام إلى آخر . ثم هناك التساؤل الخاص بأهم المؤسسات السياسية وطبيعة التفاعلات التي تتم داخلها في أثناء عمليات التنشئة والتكيف والتعلم والاتصال وصنع القرار . ومن جهة أخرى، فإن العملية السياسية تؤثر في

بيئتها الخارجية الإقليمية والدولية وتتأثر بها . ومن أهم عناصر العملية السياسية : الأيديولوجيات، النخب، والأحزاب السياسية، ومؤسسات المجتمع المدني .

عميد السلك الدبلوماسي : doyen du corps diplomatique

هو أقدم السفراء المعتمدين لدى دولة معينة، ويتمتع بالأسبقية عليهم في الحفلات الخاصة والرسمية، ويحق له التكلم باسم الهيئة الدبلوماسية . وعميد السلك الدبلوماسي هو أول شخص يزوره السفير الجديد بعد قدومه أو بعد تقديم كتاب اعتماده للاستئناس بآراءه والاطلاع منه على العادات والتقاليد والمراسم المتبعة في الدولة المعتمد لديها . ويعتبر همزة الوصل بين وزارة الخارجية ورؤساء البعثات الدبلوماسية . كما أن زوجة العميد تتمتع بأسبقية زوجها، ومرافقة زوجات السفراء .

العنف : Violance

لقد تناولت أغلب مباحث العلوم الاجتماعية هذه الظاهرة والمرافقة للوجود الإنساني من زوايا مختلفة، ومن خلال توظيفات متعددة . ورغم هذه التعدد والتنوع في المداخل التي انصبت على تحليل ظاهرة العنف، إلاّ أنها اتفقت على أنه التهديد الذي يلحق الضرر بالمجتمع في بنياته الصغرى والكبرى . فقد سبق وأن تحدث هوبس عن مفهوم الرغبة كمنطلق يمكن ((أن يؤدي إلى العنف))، وتحدث فرويد عن ((العنف الفطري)) . ثم جاء علماء النفس الاجتماعي بنظرية ((العنف المكتسب)) وركزوا على دور البيئة في إكساب الشخصية الفردية أو الجماعية صفة العدوانية، وقالوا أن الإنسان يتعلم ((نماذج العنف)) ويقلدها . وبالنسبة لعلماء الاجتماع فقد كرسوا دراساتهم الميدانية حول دور بعض الأدوات الثقافية والاجتماعية في نشر الظاهرة : التلفزيون وتأثيره السلبي، الأفلام الغربية التي تحولت إلى مدرسة لتلقين العنف . كما أن هناك من ربط ظاهرة العنف بالجوانب الاقتصادية، ودور النظام الاجتماعي، الاقتصادي القائم على الحيف واتساع الفوارق في إنتاج العنف . وتعتبر الحروب الأهلية مظهراً مضخماً للتوتر والانفعالات الاجتماعية . فالحروب تمثل قمة العنف المنظم، ثم هناك في الوقت الحاضر عنف النظام الدولي تجاه الدول النامية .

والعنف يتحول كسلوك وفعل إلى ظاهرة حينما يتسم بالعمومية والتوسع .

فسمة تكرار هذا السلوك المادي أساسية في بلورة الظاهرة . كما تتخذ الظاهرة طابعها مـن اللحظة التي يـهـدد معهـا العنف المجتمع، حيـنما يبـدأ الانقـلاب مـن الضوابط والقواعد التي قام عليها المجتمع نفسه، من التعايش إلى الاندماج والتشـارك القائم على التعددية والتنوع المنسجم .

وقد عرف أحد المختصين العنف بقوله : ((هو كل عمل من أعمال القوة، يخل بما للأشخاص من حرمة مصـونة لـذواتهم، أمـوالهم وأعراضهم))، وقد يتوسع حتى يستوجب المجتمع والجماعة .

العنف السياسي : La Violance Politique

إذا كانـت السياسـة تنطوي عـلى العنف بعنصرـية المـادي والمعنوي، ولأنها مقرونة دائماً بالاستيلاء على السلطة أو ممارستها، فإن كل إجبار هـو عنف . ويعرف نيبورغ العنف السياسي بأنه ((أعمال التمزيق، والتدمير، والأضرار التي يكون غرضها، واختيار أهدافها أو ضحاياها، والظروف المحيطة بها وإنجازها وآثارها ذات دلالات سياسية، أي تنحو إلى تغيير سلوك الآخرين في موقف تساومي لـه آثـار عـلى النظام الاجتماعي)) . وبالنسبة لعالم الاجتماع شالمرز جونسون فإن العنف هـو ((عمل يحول بصورة متعمدة، أو بطريقة غير مقصـودة، سلوك الآخرين .. والعنف أما أن يكون سلوكاً لا يمكن للآخرين أن يوجهوا أنفسهم نحوه، أو أن يكون سلوكاً مقصوداً بتعمد لمنع توجه وتطور أشياء متوقع حدوثها .. والعنف هـو عمل لا اجتماعي، وفي الوسط السياسي، هو كالثورة، مفهوم مشروط، إذ يتوقف عـلى وجـود تحسـين لنظام عمل اجتماعي يقع في نطاقه)) .

وإذا كان جونسون يضيف في معرض تعريفه للعنف بـأن اللجـوء إلى السـلاح، وأعـمال التمـرد، والإضرابـات العامـة، الاغتيـالات السياسية، العصيان والانقلابـات العسكرية هي كلها أشكال متعددة للعنف تنحو إلى تحويـل سـلوك الآخرين نحـو نظام اجتماعي مكروه، فإن للعنف السياسي صلة بالأيديولوجية السياسية السائدة في العمل السياسي، وخصوصاً بالنسبة للفوضويين، وحركات المقاومة ضد الاحتلال النازي، وعنف المقاومة المشروع ضد الاحتلال الصهيوني، والعنف السياسي لبعض

التنظيمات السياسية ضد عنف (أو قمع) السلطة أو الدولة، حيث لكل من هذه التشكيلات رؤى معينة فيما يتعلق بظاهرة العنف وإن أهم عنصر في العنف السياسي هو الشرعية التي يجب أن يحظى بها لدى الشعب الذي يعتبرها ((أعمالاً ثورية)) ضد العدو (السلطة) . في الوقت الذي تلجأ فيه الحكومة أو السلطة (أو قوات الاحتلال) إلى تشريع قوانين تعتبر مثل هذه ((الأعمال)) غير قانونية لكي تحتكر وحدها وسائل العنف الكبرى في المجتمع . وهنا يجب الإشارة إلى أن العنف يختلف عن وسيلة استخدام القوة بطريقة شرعية وضمن نظام اجتماعي معين . وإذا كان هناك من يميز ما بين القوة والعنف، فإن كراهام وكير لاحظا في كتابهما (تاريخ العنف في أمريكا 1969) بأن هناك ترابطاً وثيقاً بين القوة والعنف، فإذا كان العنف هو سلوك موجه نحو الآخرين، فإن القوة هي الاستخدام العقلي، أو التهديد باستخدام العنف ضد الآخرين . وهناك عوامل عديدة تدفع نحو بروز ظاهرة العنف السياسي، من بينها العوامل البنيوية، الاستلاب السياسي، الحرمان، عوامل عملية، أيديولوجية، عوامل مادية، تقاليد المجتمع، إضافة إلى أشكاله على المستوى الوطني، أو على المستوى الدولي الذي أطلق عليه فيما بعد بالإرهاب .

عودة المياه إلى مجاريها :

من العبارات أو المصطلحات التي أخذت تستخدم في مجال العلاقات الدولية والدبلوماسية، عبارة ((عودة المياه إلى مجاريها)) للإيحاء بأن العلاقات الدبلوماسية ما بين دولتين أو أكثر عادت إلى وضعها الطبيعي بعد التوصل إلى تسوية كل الخلافات، أو النزاعات الناشبة بين الطرفين . وأن عملية تطبيع العلاقات تتم بطرق مختلفة، ولكن ما هو شائع في ذلك الوقت هو الوساطة السرية أو العلنية التي تلعب دوراً في مد جسور التلاقي، وتقريب وجهات النظر حول القضايا والأمور التي سببت الجمود في العلاقات، أو حتى في قطعها، وأدت إلى نشوب أزمة بين الطرفين لم تتطور إلى حالة من الحرب .

العولمة : Globlization- Mondialisation

ليس هناك مفردة انشغل بها العالم مثلما انشغل بالعولمة التي كرست لها

عشرات المؤتمرات والندوات والحلقات النقاشية بغية تعريفها والوقوف على تداعياتها وتجلياتها في ميادين الحياة الإنسانية كافة، حتى أنه مع ولوج هذا المفهوم الجديد حدث قطع أيستمولوجي مع كل التصورات والأفكار والمعارف التي كانت سائدة، لا بل أن هناك من اعتبرها مثالاً للتحولات الكبرى في التاريخ، وبدأت على ضوءها تنهال الأسئلة العديدة عن مصير الدولة الوطنية، والاقتصاد الوطني والثقافة القومية، والاستقلال السياسي، وكل ما يتصل بالهوية الوطنية والقومية لأي مجتمع من المجتمعات القائمة على الأرض، وخصوصاً مجتمعات العالم الثالث . وقد انطلق المثقفون والمفكرون العرب، كغيرهم، في دراسة العولمة كظاهرة جديدة انشغلت بها مختلف الأبحاث ومراكزها المتعددة، الأمر الذي جعل البعض من المثقفين العرب يطلق عليها ((الكوكبة)) بدلاً من ((العولمة))، ولاسيما من قبل إسماعيل صبري عبد اللـه الذي يؤكد على عدد من الأبعاد :

1. ارتباطها بالتطور المتسارع في التقانة .
2. تمثل أحدث مرحلة وصل إليها قانون أساسي من قوانين الرأسمالية، وهو الاتجاه الثابت نحو المزيد من تركز رأس المال والسيطرة والقوة الاقتصادية .
3. استغناء الشركات متعددة الجنسية
4. تحول علاقات العرض والطلب من مجرد آلية اقتصادية إلى عقيدة ((أيديولوجية السوق)). أما الأستاذ صادق جلال العظم فيعرف العولمة، بأنها ((عملية انتقال نمط الإنتاج الرأسمالي من عالمية التبادل والتجارة إلى عالمية الإنتاج، أو عولمة قوى الإنتاج وعلاقات الإنتاج الرأسمالية)) .

وفي الواقع، فإن معنى العولمة يتلازم في مضمار الإنتاج والتبادل المادي والرمزي، مع معنى الانتقال من المجال الوطني أو القومي إلى المجال الكوني . إذ يرى انتوني ماكفرو من أن هناك أربع عمليات أساسية للعولمة ؛ وهي : المنافسة بين القوى العظمى، والابتكار الثقافي (التكنولوجي) وانتشار عولمة الإنتاج والتبادل والتحديث . ويبدو أن صياغة تعريف دقيق للعولمة تبدو لهم شاقة نظراً إلى تعدد تعريفاتها .

وهناك من يذهب إلى تعريف العولمة بأنها مجموعة من العمليات التي تغطي

أغلب الكوكب أو التي تشيع على مستوى العالم، أي أن لها بعد مكاني، وتتضمن تعميق مستويات التفاعل والاعتماد المتبادل، وبعد تعمق العمليات الكونية . أما جيمس روزناو، فإنه يعرف العولمة من خلال أن ((مفهوم العولمة يقيم علاقة بين مستويات متعددة للتحليل : الاقتصاد، السياسة، الثقافة، الأيديولوجيا، وتشمل إعادة تنظيم الإنتاج، تداخل الصناعات عبر الحدود، انتشار أسواق التمويل، تماثل السلع المستهلكة لمختلف الدول، نتائج الصراع بين المجموعات المهاجرة والمجموعات المقيمة))، وعلى ضوء ذلك فإن مهمة إيجاد صيغة محددة - حسب رأيه - تصف كل هذه الأنشطة تبدو عملية صعبة . ومن خلال ذلك يضع روزناو العديد من الأسئلة التي تكشف عن هذه الظاهرة بأبعاده المعقدة المتشابكة .

أما السيد يسن فيعرف العولمة من خلال ثلاث عمليات تكشف عن جوهرها :

1. انتشار المعلومات بحيث تصبح مشاعة لدى جميع الناس .
2. تتعلق بتذويب الحدود بين الدول .
3. زيادة معدلات التشابه بين الجماعات والمجتمعات والمؤسسات .

وعليه، فإن جوهر عملية العولمة يتمثل في سهولة حركة الناس والمعلومات والسلع بين الدول على النطاق الكوني . فالعولمة تقلل منن أهمية الحدود، وتوسعها، وانتقالاً للأفكار والمبادئ .

ولكن جلال العظم ينتهي إلى صياغة تعريف عام للعولمة بكونها ((هي حقبة التحول الرأسمالي العميق للإنسانية جمعاء في ظل هيمنة دول المركز وبقيادتها وتحت سيطرتها، وفي ظل سيادة نظام عالمي للتبادل غير متكافئ)) .

- غ -

غسل الدماغ : Lavage du cerveau

هو عملية معقدة مؤداها إعداد الأسرى والمعتقلين السياسيين في بعض البلاد لتقبل أفكار الدولة التي تحتجزهم، وذلك من خلال وسائل مبتكرة لهذا الغرض .

الغلاسنوست (الانفتاح) : Glasnossete

اتبع ميخائيل غورباتشوف في إطار سياسته الجديدة بعد استلامه للسلطة سياسة الانفتاح أو ما يطلق عليها بالغلاسنوست، والتي تم بموجبها منح وسائل الإعلام والرأي العام حرية واسعة في التعبير، كما تم السماح بتأسيس الصحف والمجلات بشكل مستقل وعلى أسس تجارية، وهي الأمور التي كانت ممنوعة في السابق، حيث أن السلطة كلها كانت للحزب الشيوعي . وفي إطار الغلاسنوست، أو الشفافية فقد قامت الصحافة والصحفيين والجمهور بشكل عام بحملة الكشف عن المعلومات والتعبير عن الآراء بحرية أكثر مما في الماضي، وعرضت أعمال الحزب والحكومة إلى تمحيص أكبر من قبل الشعب، حيث أن عملية التحول إلى الديمقراطية التي أطلقها غورباتشوف في العامين 1987 / 1988 لعبت دوراً في إضعاف سلطة الحزب وبيروقراطية الدولة . وفي دعوته إلى المزيد من الانفتاح حذر غورباتشوف وسائل الإعلام أن تتحرى الدقة والمسؤولية : على وسائل الإعلام دعم الانفتاح في البلد وإعلام شعبنا، إلاّ أنها يجب أن تقوم بذلك بمسؤولية . لقد منح غورباتشوف محرري الصحف والصحفيين والكتاب والعلماء والمواطنين العاديين حرية أكبر في التعبير عن أنفسهم، وحرك آلية من اضغط المتواصل على كل هياكل الدولة السوفياتية، من أجل الحصول على سلطات خاصة، إضافة إلى سلطاته الدستورية الواسعة التي عملت على إضعاف السلطة التشريعية لمجلس السوفيت الأعلى، وكذلك السلطة التنفيذية التي وضعت ضد إصلاحاته مما ادى إلى انهيار الرابطة الأممية بين الشعوب والأقليات والعروق والطوائف التي تتكون منها الدولة السوفياتية، لتحل محلها القوميات والأقليات الطائفية والعرقية التي دخلت في صراع

دامي كما حصل في عدد من الجمهوريات المستقلة، وحتى في إطار الاتحاد الروسي . لقد استخدم غورباتشوف وسائل غير ديمقراطية من أجل إشاعة الديمقراطية، ولكن مثلما تكون المقدمات خاطئة فإن النتائج هي أيضاً خاطئة، وهذه هي النتيجة في الانهيار والتدمير الذي آلت إليه الأحداث في البلقان، وآسيا الوسطى .

فائض القيمة : Plus Valeur

لقد اتفق أغلب المفكرون والاقتصاديون، ومن بينهم آدم سميث، دافيد ريكاردو، وكارل ماركس، على أن قيمة السلعة عبارة عن مقدار العمل المتجسد فيها ((وهذا العمل قد يكون مباشراً أو غير مباشر)) . ولكن إذا كان كل شيء يباع حسب قيمته، فكيف يفسر وجود الأرباح، وبعبارة أخرى : من ذا الذي يحصل على الزيادة غير المكتسبة ؟ أو فائض القيمة .

ولقد تم تعريف فائض القيمة بأنها الفرق بين قيمة العمل الذي يبذله العامل في إنتاج السلعة وقيمة الأجر الذي يحصل عليه العامل مقابل عمله . وأن ظهور فائض القيمة كان عنصراً رئيسياً من عناصر النظام الرأسمالي القائم على الملكية الخاصة لوسائل الإنتاج، حيث أن الرأسمالي الذي يحتكر ذلك يحصل على فائض القيمة من خلال إطالة يوم العمل، وخفض ذلك الجزء من يوم العمل والذي يمثل وقت العمل اللازم لعيش العامل، وإطالة الجزء المتجسد في فائض المنتج .

الفابية (الفابيون) : Fabisme

تعد هذه المنظمة من المنظمات الإصلاحية الإنجليزية التي تأسست في عام 1884 . وقد أطلق عليها اسم قائد من القادة العسكريين الرومانيين في القرن الثالث قبل الميلاد، وهو فابيوس مكسيم الملقب كونكتاتور ((المماطل)) الذي اشتهر بخطة الانتظار وتجنب المعارك الفاصلة في الحرب ضد هنيبعل . وكان أعضاء الجمعية الفابية في معظمهم من المثقفين البرجوازيين . وكانوا ينكرون ضرورة نضال الطبقة العاملة والثورة الاشتراكية، ويعلنون إمكانية الانتقال من الرأسمالية إلى الاشتراكية عن طريق الإصلاحات الطفيفة وتحويلات المجتمع التدريجية . في سنة 1900 انضمت الجمعية الفابية إلى حزب العمال البريطاني، الذي تأسس في هذه السنة باندماج النقابات والمنظمات والكتل الاشتراكية بغية تمثيل العمال في البرلمان ((لجنة تمثيل العمال)) . في عام 1906 غيرت هذه اللجنة اسمها واتخذت اسم حزب العمال الذي

ما زال قائماً حتى الوقت الحاضر، منافساً قوياً لحزب المحافظين، وتسلم العديد من الوزارات في التاريخ السياسي البريطاني، آخرها حكومة توني بلير .

الفاتيكان (الدولة البابوية) : L'Etat Pentificale

لقد كان البابا بما له من سيادة روحانية على العالم الكاثوليكي، يتمتع بسيادة سياسية على بعض الأقاليم التي تتكون منها الدولة البابوية القديمة، وتخضع لسلطانه المطلق وقد كانت هذه الدولة تضم مقاطعات إيطالية وفرنسية التي انتزعت من البابا في عهد نابليون، إلاّ أن مؤتمر فينا في عام 1815 أعادها إلى البابا واستمر البابا يمارس سيادته على دولته الصغيرة حتى عام 1870 حينما دخلت الجيوش الإيطالية وسلخت من البابا أملاكه الأمر الذي وضع نهاية للدولة البابوية وسيادته الزمنية . وقد صدر قانون الضمان في مايو/أيار 1871 الذي أعطى للبابا بعض الامتيازات الخاصة في الاحتفاظ بقصوره وعدد من المباني والريع السنوي الدائم، إلاّ أنه لم يعترف له بسيادة إقليمية على أي جزء من إقليم روما ولا على قصر الفاتيكان نفسه، ما عدا الإقامة فيها دون إمكانية التصرف . وعلى ضوء ذلك استمر الصراع بين البابا والحكومة الإيطالية إلى أن أفضى إلى عقد معاهدة لاتراف في شباط 1929 التي وضعت حداً للنزاع، معترفة للبابا بالسيادة الزمنية بالنسبة لإقليم الفاتيكان الذي أصبح مستقلاً عن بقية أجزاء المملكة الإيطالية وخاضعة لسلطان البابا كدولة قائمة بذاتها تحت اسم مدينة الفاتيكان التي تقع في قلب روما وتبلغ مساحتها 44 هكتاراً وعدد سكانها حوالي سبعمائة نسمة ولها في مظاهر السيادة الخارجية حق تبادل المبعوثين مع الدول الأخرى ومن بينها إيطاليا، وحق الصدارة والتقدم على الدول الكاثوليكية، وحق عقد المعاهدات والاتفاقيات الدولية خاصة بتنظيم ممارسة ممثل الكنيسة في البلاد الأجنبية . ويطلق على الاتفاقات لفظ Concordats تمييزاً لها عن المعاهدات الدولية العادية ذات الصبغة السياسية والاقتصادية التي تعقدها الدول الأخرى .

الفاشـية : Fachisme - Fascism

إذا كان للفاشية معناها السياسي والقانوني الذي يسبغ على النظام السياسي

الذي أقامه موسوليني في إيطاليا ما بين 1922 إلى انهياره في عام 1943، فإن لها الصفة السياسية التي أخذت تطلق على كل نظام سياسي يتميز بعناصر رئيسية مثل العنصرية، الدكتاتورية، وقمعه للحريات، والإرهاب، ومعسكرات الاعتقال . والفاشية في جوهرها قائمة على دكتاتورية الحزب الواحد وتمجيد الدولة حيث ((كل شيء للدولة، ولا شيء ضد الدولة، ولا شيء خارج إطار الدولة)) . وفي أساليبها الدعائية القائمة على إلهاب الشعور القومي، والميليشيا الشعبية ذات الألوان المميزة، كما أنها تعتبر أشد أعداء الشيوعية والديمقراطية النيابية كنظام سياسي, لقد ارتبطت الفاشية بنظرية عبادة الفرد، وهي تشترك في ذلك مع النازية التي شيدها هتلر في ألمانيا.

فرساي (معاهد صلح فرساي) : Traite de Varsaie

على أثر انتهاء الحرب العالمية الأولى 1914 - 1918 وقعت كل الولايات المتحدة الأمريكية وبريطانيا وفرنسا وإيطاليا، اليابان، والدول المتحالفة معها من جهة وألمانيا من جهة أخرى في 28/حزيران/1919 على معاهدة في قصر فرساي في ضواحي باريس . استهدفت معاهدة فرساي توطيد تقسيم العالم الرأسمالي في صالح الدول المنتصرة في الحرب، وإنشاء نظام دولي جديد ينسجم مع طموحات الدول الجديدة . وقد انبثق عن هذا المؤتمر (صلح فرساي) عصبة الأمم (ينظر عصبة الأمم)، التي انيط بها مهمة حماية الأمن والسلم الدوليين . الا انها فسلت بسبب ضعفها وعدم امكانياتها في مواجهة النزاعات الحربية الجديدة .

فرق تسد : Divise et Regne

يعتبر مصطلح فرق تسد من المصطلحات التي تكرر استعمالها في سياسات الدول الاستعمارية في سيطرتها على شعوب المستعمرات من خلال اتباعها سياسة فرق تسد . وهذه السياسة التي شاع استخدامها على النطاق الداخلي في الدولة الواحدة للتفرقة بين الفئات والطبقات الاجتماعية، فقد انسحب استعمالها نحو الإطار الدولي والإقليمي الأوسع . حيث بمقتضاها تلجأ الدول إلى هذه الطريقة أو السياسة كمحاولة منها للإبقاء على اضعاف منافسيها، أو لتمزيق صفوف مجتمع الدولة، أو تجمع الدول أو الحفاظ على التمزق القائم فيها . وإذا كانت بريطانيا من

الدول المعروفة في استخدامها لهذه السياسة في إطار مستعمراتها وتكويناتها الاجتماعية والسياسية، فإن لفرنسا استخدام آخر تجاه ألمانيا، حيث تركزت السياسة الخارجية الفرنسية منذ القرن السابع عشر حتى توحد ألمانيا، على مبدأ ثابت لا تحول عنه، وهو تأييد تجزئة ألمانيا إلى عدد من الدول الصغيرة المستقلة، أو الحيلولة دون اندماجها في دولة واحدة. وهذه السياسة بقدر ما تفرض على فرنسا حالة من الشعور بالخطر من جراء قيام دولة ألمانية قوية واحدة، فإنه يعبر عن حالة توازن القوى في أوروبا الذي انهار في الحرب العالمية الثانية ليبرز نظام جديد قائم على ثنائي القطبية.

الفصل بين السلطات : Separation des Pouvoirs

إذا كان أصحاب المذهب الفردي قد دعوا إلى ضغط وظائف الدولة إلى أقصى حد وترك كافة الشؤون الأخرى بأيدي الأفراد، وأن أصحاب المذهب الاجتماعي الذين دعوا إلى توسيع اختصاصات الدولة ضماناً للأشخاص والتخلي عن مبدأ عدم التدخل، فإن في الدولة هيئات مركزية تتولى كيفية ممارسة السلطة وإبراز اختصاصاتها، وأن الدولة تنفذ سيطرتها من خلال هذه الهيئات التي توزع عليها السلطة وتقسم الدولة وظائفها. ولكن السؤال الذي يطرح هو : كيف يتم الفصل بين سلطات الدولة الواحدة ؟ في الحقيقة أن الجذور التاريخية لنظرية الفصل بين السلطات تعود إلى الثورات البرجوازية التي جاءت ضد مبدأ تركيز السلطة في شخص الملك أو العاهل، ودعت إلى مبادئ جديدة لتنظيم سلطة الدولة بما ينسجم مع مصالحها التي تعارضت مع طبقة الإقطاع. فقد ظهرت في إنكلترا في القرن السابع عشر ـ محاولات مقاومة تركيز السلطة التشريعية والتنفيذية بيد هيئة واحدة، وبرزت مدارس فكرية عديدة تزعمت هذا الاتجاه، إلى أن ترسخت على يد جون لوك الذي طور الموضوعات الرئيسية لهذه النظرية بشكل ينسجم مع ميزان القوى الطبقية في نهاية القرن السابع عشر وتطورت هذه النظرية في فرنسا في نهاية القرن الثامن عشر، مع الثورة، على يد مونتسيكو الذي صاغ أحكامها على أساس التقسيم الثلاثي للسلطة لأن الذين سبقوه لم يفصلوا السلطة القضائية. والحقيقة رغم هذه الأفكار التي برزت في تلك الفترة، إلاّ أنها تمتد إلى العهد اليوناني القديم على يد أفلاطون

وأرسطو وزعا السلطة على ثلاث هيئات : تشريعية، تنفيذية وقضائية، وإن كان لم يقصد به فصلاً شاملاً، إلا أنهما بذرا البذور الأساسية لولادة هذه النظرية . وقد توالت على مدى هذه القرون محاولات فكرية لتطوير هذه النظرية رغم ما واجهته من تراجعات في أوروبا، إلاّ أنه يتم إحياءها في كل مرة يتصاعد فيها تيار معارضة الأنظمة الملكية .

وإضافة إلى لوك، فقد وضع روسو مفهومه الخاص عن مبدأ الفصل بين السلطات، حيث السيادة التي يحصرها في السلطة التشريعية التي هي من حق الشعب، حيث أن السلطة التنفيذية ليست مستقلة وإنما تابعة ومندوبة عن الشعب في تنفيذ القوانين، وأن السلطة القضائية جزء من السلطة التنفيذية . وقد احتلت هذه النظرية مكانة مهمة في فلسفة الثورتين الفرنسية والأمريكية، ودخلت دساتير الدول الليبرالية ضد الحكم المطلق . وفي الواقع أن التطورات السياسية التي حدثت جعلت من هذه النظرية مفهوماً دستورياً وليس هناك من حدود فاصلة بين هيئات الدولة، وإنما التنسيق والموازنة بين السلطات لوجود الدولة .

الفعل الاجتماعي : L'action Sociale

يعد اصطلاح الفعل أو السلوك، أو التصرف من أهم الاصطلاحات التي استعملها علماء النفس الذين اهتموا بهذا الموضوع، الأمر الذي أدى إلى انقسامهم إلى مدارس سيكلوجية عديدة كالمدرسة السلوكية . وقد تطور الأمر إلى أن يحظى هذا الفعل الاجتماعي باهتمام علماء النفس الاجتماعي وعلماء الاجتماع الذين أكدوا بأن الفعل يصبح اجتماعياً عندما يتصرف الفاعل بطريقة معينة تؤثر على تصرف الآخرين . والتصرف الاجتماعي هو أساس التفاعل الاجتماعي . ويعتبر ماكس فيبر أول من استعمل اصطلاح الفعل الاجتماعي في علم الاجتماع عندما أراد أن يكون هذا الاصطلاح القاعدة الأساسية للنظرية الاجتماعية . فقد قسم فيبر الفعل أو السلوك الاجتماعي إلى ثلاثة أنواع هي السلوك الاجتماعي الانفعالي، السلوك الاجتماعي التقليدي والسلوك الاجتماعي الفعلي . وأن هناك عدد من علماء الاجتماع يقف على رأسهم ماكس فيبر شكلوا مدرسة اجتماعية مستقلة سميت

بالمدرسة السلوكية الاجتماعية .

الفكر السياسي : La Pensé Politique

إذا كان فلاسفة الأنوار قد انطلقوا في تفسير تكون الأفكار عند البشر ـ بالعودة إلى الطبيعة الإنسانية، فالفكر ينبع من الطبيعة الإنسانية مثلما أن الطبيعة الإنسانية تنبع من الظروف التي تحيط بها، في الوقت الذي اعتقد الانسكلوبيديون بأن الأفكار هي تصورات ذهنية للواقع المعاشي، أما كونديكاك فيقول بأن الأفكار تصورات يمكن هدمها وإعادة بناءها . فالأفكار لا وجود لها في عالم منفصل عن الواقع . فعالم الأفكار هو نحن، وهو أذهان جميع البشر التي تنتج وتتداول الأفكار . أما فلاسفة المنهج المثالي فقد كانوا ينسجون الأفكار ويعتبرون أنها تأتي من عالم وهمي اسم عالم الأفكار حيث تكون الأفكار والتصورات مخزونة دائماً وأبداً . وهذا ما يتعارض مع فلاسفة الأنوار المادية حيث النزعة التجريبية على الصعيد الفلسفي وعلى صعيد الفكر الاجتماعي، وعلى الفكر السياسي للثورة الفرنسية التي عملت على إنزال السلطة، بما فيها سلطة الأفكار إلى المجال المادي والشعبي . ثم يأتي كارل ماركس وأنجلز ليحدد البعد الطبقي للأفكار السائدة، التي هي في كل عصر ـ أفكار الطبقة الماسكة بزمام الأمور الاقتصادية . فالبشر هم منتجو تصوراتهم وأفكارهم من خلال الوعي، الذي لا يمكن على الإطلاق أن يكون شيئاً آخر سوى الوجود الواعي، ووجود البشر هو تطور حياتهم الواقعية . وعلى هذا الأساس فإذا كان الفكر وعي الإنسان ووجوده، فإن الفكر السياسي الذي تبلور في عقلية هذا الإنسان والتصق بكيانه وحرياته وحقوقه يعد أعرق صور الفكر الإنساني والذي أثار اهتمام الفلاسفة والمفكرين الذين تناولوا هذا الجانب من النشاط الإنساني، في المكان والزمان، والظروف والأوضاع الاجتماعية التي عاشوا في كنفها . فالأفكار السياسية التي زخر بها الفكر الإنساني، لم تكن الا إنتاج عقل الفيلسوف السياسي أو المفكر السياسي، والمرآة التي تعكس الظروف والأوضاع التي عاشها والمؤسسات السياسية التي عاصرها . هي إنتاج لتفاعل عقله مع مجتمعه .

فالفكر السياسي يتناول التنظير والتفكير في السلوك البشري ـ السلوك السياسي ـ

في إطار الحياة السياسية التي يعيشها الفرد الإنسان ضمن مجتمع خاضع للسلطة . ومن هنا، فإن أول ما يهتم به الفكر السياسي هو دراسة الظاهرة السياسية، ظاهرة السلطة في الدولة وكيفية تحقيق الالتزام السياسي في إطارها . فالفكر السياسي يعبر عن نتاج عقلي لمفكر عن ظاهرة أو أوضاع سياسية سائدة في عصره، من خلال منهج اختطه لنفسه لتحليل ظاهرة السلطة في الواقع الاجتماعي القائم، ومن خلال أفكار مشخصة تعبر عن ذات المفكر السياسي، أو عن أفكار الطبقة الماسكة بزمان الأمور الاقتصادية والسياسية والتي وقف المفكر السياسي يدافع عن شرعية وجودها، أو تعزيز مركزها، الأمر الذي جعل لكل فترة تاريخية فيلسوفها أو مفكرها السياسي الذي جاءت تحليلاته السياسية لظاهرة السلطة منسجمة مع أوضاع وظروف العصر الذي عاشه أو متناقضة طارحة البديل الذي يتصوره، أو يبتدعه وعبر اتجاهات : أما مثالي أو واقعي فهناك الفكر السياسي القديم، والوسيط، الحديث، والمعاصر، أو الفكر السياسي المسيحي، أو الفكر السياسي الإسلامي وهكذا . ويتنازع المفكرين السياسيين منذ القدم منهجان أساسيان هما : المنهج الاستنباطي، والمنهج الاستقرائي .

الفكر السياسي العربي ـ الإسلامي : La Pensé Politique Arabo- Islamique

لقد تعددت التعاريف التي أعطيت لماهية الفكر العربي الإسلامي، وكيفية معالجة موضوعه . إذ أن هناك من استخدم التسمية للتركيز على أن هذا النوع من الفكر، وكما يؤكد الأستاذ جهاد الحسني في كتابه ((الفكر السياسي الاسلامي 1990))، يقوم على انصهار جميع الأقوام في بوتقة واحدة هي بوتقة الديانة الإسلامية، من هنا، فإن التسمية الإسلامية تشمل كل الأفكار التي أطلقها المسلمون عرباً كانوا أو غير عرب . وقد وجدت هذه التسمية في كتابات جمال الدين الإفغاني، وأحمد أمين، وبروكلمان وغيرهم . وذهب رأي آخر إلى أن تسمية الفكر العربي تنطلق من التأكيد على الصفة العربية لهذا النوع من الفكر الذي نشأ في بيئة عربية، ثم جاءت الرسالة الإسلامية باللغة العربية، وخاطبت العرب قبل غيرهم وهذا ما لوحظ في كتابات عمر فروخ، وساطع الحصري . كما أن إطلاق تسمية الفكر العربي – الإسلامي الهدف منه هو الجمع بين الصفة العربية والصفة الإسلامية لهذا النوع

من الفكر، وهو ما لوحظ في كتابات عباس محمود العقاد، وفاضـل زكي محمـد و محمد عابد الجابري .

والفكر بصورة عامة يعني الآراء والمبادئ والنظريات التي يطلقها أو يعتمدها العقل الإنساني في تحديده لوقـف أو لموقـف معينـة إزاء الكون والإنسان والحياة . وحينما يرتبط الفكر بمجموعة بشرية معينة فإنه يعبر عـن آراء تلك المجموعة ومبادئها ونظرياتها في اتخاذ موقف أو مواقف معينة في الكون والإنسان والحياة وقد يتحدد فكر الجماعة بفترة زمنية فتسمى باسم تلك المجموعة مثل : الفكر اليوناني، الفكر العربي الإسلامي، الفكر الأوربي .. الخ وحيـث أن السياسـة تشير عمومـاً إلى عملية تنظيم العلاقـة بيـن الفرد والسلطة بمـا يتفـق مـع القائمين بها، فإن الفكر السياسي يتضمن الآراء والمبادئ والنظريات التي تعرض للعلاقة بين الفرد والسلطة، وما يستلزم ذلك من دراسة تفسير ظاهرة السلطة في نشأتها، ووجوبهـا، أو جوازها، وتطورها، مؤسساتها، وظائفها . وعليه فإن الفكر العربي الإسلامي هو مجموعـة الآراء والمبادئ والنظريات التي أطلقتها المجموعة البشـرية العربية الإسلامية منـذ الفترة السابقة على ظهور الرسالة الإسلامية حتى العقود الأولى من القرن العشرين . ولهذا الفكر مصادره وخصائصه المميزة عن الأفكار السياسية الأخرى .

الفلسفة : La Philosophie

يقول الدكتور نجيب محمود أن في أفدح الكوارث التي يشقـى بها المشـتغلون بالفلسفة، أنها، في العصر الواحد، لا تستقر لنفسها على معنى واحد، حتى لقد ينظر الرأي فإذا هو أمام ضروب من النشاط الفعلي اختلف بعضها عـن بعـض، ومـع ذلك كلها ((فلسفة، على حد سواء، وأوشكت أن تبلغ حداً يستحيل معه الإجماع على رأي واحد فيما عسى أن يكون مجـال البحـث، عنـدما تسـمي هـذا البحـث ((فلسـفة)) والباحث ((فيلسوفاً)) . ورغم ذلك، فالفلسفة تعني مـن الناحيـة الاشتقاقية محبـة الحكمة، وتعني بالمعنى العام لها النظرة الشاملة إلى المجتمع والوجود، وبهذا المعنـى العام يمكن القول بأن لكل إنسـان فلسـفة وإذا كـان فلاسـفة عصرـ مـا قبـل سـقراط اتفقوا على مسألة واحدة، هي جوهر الوجود الذي يكمن وراء المتغيرات،

وما هو ذلك الجوهر الثابت الأصيل، فإن الفلسفة ليست مجرد نظرة فردية خالصة، بل هي خلاصة للخبرة الإنسانية في كل مرحلة من مراحل التاريخ البشري . ولهذا نجد أن لكل مرحلة من مراحل التاريخ، ولكل مجتمع من المجتمعات فلسفته الخاصة التي تلخص معارفه العملية، وتبلور قيمه الاجتماعية العامة . على أن الفلسفة لا تتنوع بتنوع مراحل التاريخ، وتنوع المجتمعات فحسب، بل تختلف باختلاف الأوضاع الاجتماعية في كل مرحلة تاريخية، وفي كل مجتمع . كذلك أنها تعبر عن الصراع الاجتماعي الدائر في مختلف المجتمعات ومراحل التاريخ، ولهذا فإن تاريخ الفلسفة هو التعبير الفكري عن التاريخ البشري نفسه، بكل ما يمتلئ به هذا الصراع من تناقضات وصراع .

وحيث أن الفلسفة هي ((البحث عن الحكمة))، فإن برتراند راسل يرى في أن الفلسفة تتكون من شقين ليسا متساويين في المزج : أنها ((نظرية حول طبيعة العالم))، وهي مبدأ أخلاقي أو سياسي يختص بأحسن وأفضل طريقة للزيادة . أن الفلسفة عموماً تعالج مشاكل يمكن استيعابها داخل إطار المعرفة الموجودة ولكنها تتخطى ذلك وتثير أسئلة ميتافيزيقية، وتحاول أن تعطي لها الإجابات سواء على أساس منطقي أو غير منطقي أسطوري . ومن هنا فإن تاريخ الفلسفة تنقسم كالتاريخ البشري إلى اتجاهين : الاتجاه المثالي (الميتافيزيقي)، والاتجاه العلمي، حيث يعتقد أنصار هذا الاتجاه بأن فلسفتهم تتناول واقع العالم تناولاً علمياً سليماً، وما يقصد بالعلمية، إنما هو المادية، أي أن المعرفة العلمية كلها مرهونة بما هو مادي وبما هو واقع في التجربة الحسية . إن تاريخ الفلسفة الحقيقية هو تاريخ الصراع الفكري عبر التاريخ بين قوى التقدم وقوى التخلف في المجتمعات البشرية .

فلسفة التاريخ : La Philosophie d'Histoire

إن ما يقصد بفلسفة التاريخ هو النظر إلى الوقائع التاريخية بنظرة فلسفية، ومحاولة معرفة العوامل الأساسية التي تتحكم في سير الوقائع التاريخية والعمل على استنباط القوانين العامة التي تتطور بموجبها الأمم والدول على مر القرون والأجيال . وهناك من يقول أن التاريخ يسير وفق مخطط معين وليس بطريقة عشوائية، وأن

فلسفة التاريخ هي محاولة معرفة هذا المخطط الذي يتبعه التاريخ في مساره، أو الاتجاه الذي يتجه إليه أو الغاية التي عليه في النهاية تحقيقها. وفي هذه الحالة تكون فلسفة التاريخ هي رؤية المفكر للتاريخ أو حكمة عليه. يقول لوران في كتابه عن فلسفة التاريخ: أن التاريخ لا يمكن أن يكون مجموعة أحداث تتوالى بدون هدف أو معنى. فهو لابد وأن يخضع لإرادة عليا تماماً كما أن الأحداث الطبيعية تخضع للقوانين التي تحكمها. أما الأستاذ الإنكليزي ولتش فقد أشار في كتابه مدخل إلى فلسفة التاريخ، بأن فلسفة التاريخ تشمل مجموعتين من المشكلات الفلسفية، المجموعة الأولى تمثل الجانب التأملي والمجموعة الثانية تمثل الجانب التحليلي. وما بين الحتمية التاريخية التي قال بها الماديين، ورأي المثاليون الذين قالوا أن الإنسان هو الذي يحرك التاريخ، فإن هناك من أنكر أساساً فلسفة التاريخ وخصوصاً الفرنسي ـ هنري غوييه الذي قال أن رفض فلسفة التاريخ نوع من فلسفة التاريخ في حقيقة الأمر. ويتفق أغلب المفكرين بأن ابن خلدون مؤسس فلسفة التاريخ، إذ يؤكد طه حسين أن ابن خلدون يدرس المجتمع ليفسرـ التاريخ، وكان هدفه دراسة قوانين التطور الإنساني عموماً. وكان ابن خلدون يهدف إلى دراسة الأحداث التاريخية بقصد استخراج القوانين العامة التي تحكم في سير هذه الأحداث عبر الزمان، وهو ما أطلق عليه ابن خلدون ((العمران البشري)). ويرى ماركس أن تاريخ أي مجتمع هو تاريخ الصراع الطبقي.

الفلسفة السياسية : La Philosophie Politique

مما يلفت الانتباه هو أن للفلسفة السياسية تعريفات عديدة بقدر عدد المفكرين والفلاسفة الذين درسوا الأنظمة السياسية والأفكار السياسية على مر التاريخ. فهذا المصطلح الذي ولد نتيجة للمزج بين الفلسفة والسياسة لا يبدو غريباً في الأدبيات السياسية وخصوصاً تلك التي اهتمت بالنظرية السياسية. ومن هنا لابد من التوقف عند تعريف الفلسفة، ومن ثم السياسة بغية الخروج بتعريف شامل للفلسفة السياسية والأسس التي ترتكز عليها والمضمون أو المرجعية التي استمد منها .

إذا كان معجم المجمع العلمي الفرنسي يشير في تعريفه للسياسة بأنها ((هي معرفة كل ما له علاقة بفن حكم الدولة وتسيير دفة علاقاتها الخارجية))، فإن ريمون

آرون يرى أن علم السياسة (ينظر علم السياسة) هو دراسة كل ما يتصل بحكومة الجماعات، أي العلاقة ما بين الحاكمين والمحكومين . ومهما اختلفت التعريفات وتعددت حول دراسة ظاهرة السياسة والصراع حول السلطة، والسلطة نفسها، فإنها لا تبتعد عن بعضها في أن السياسة هي فن، وعلم وفلسفة . فالفن الذي يمثل البعد الأول للسياسة يتجسد في المهارات التي تكتسب من خلال الخبرة العلمية، وعلم يمثل البعد الثاني من خلال حكم الثاني بواسطة المعرفة العلمية القائمة على الملاحظة، وتطبيق المنهج العلمي، فإن البعد الثالث للسياسة هو الفلسفة حكماً . وأفلاطون يهدف من قوله هذا هو أن السياسة لا يمكن فهمها بعيداً عن الأسس الفلسفية التي تنهض فيها . ومن هنا فإن الفلسفة السياسية تزودنا بالاستبصار الذي يمكننا من تقييم النظم والسياسات السائدة في العالم السياسي والواقعي . إذن فأهمية الفلسفة ترجع إلى كونها وسيلة الفكر النقدي . وبدون المنظور الفلسفي للسياسة لن تتكشف الأهداف التي يحققها السلوك السياسي .

وحيث أن الفلسفة هي ((البحث عن الحكمة)) أو عن المعرفة الشاملة من أجل المجتمع، إلاّ أن الفلسفة السياسية هي محاولة معرفة طبيعة الأشياء السياسية بصدق إلى جانب معرفة النظام السياسي الصحيح . فالفلسفة السياسية عند شتراوس هي ((محاولة استبدال رأي عن طبيعة الأشياء السياسية بمعرفة طبيعة تلك الأشياء))، وهي ((المحاولة الحقة لمعرفة كلاً من طبيعة الأشياء السياسية والنظام السياسي الصحيح)) .

ومن هنا، فإن الفلسفة تهتم أساساً بدراسة الأفكار السياسية مع التأكيد على بعدها الزمني، في الوقت الذي يدرس علم السياسة النظم السياسية كمية وكيفية . ومعنى ذلك أن الفلسفة تلجأ إلى دراسة وتأمل القيم السياسية كالعدالة، الحرية، الحق .

لقد عنى الفلاسفة بوضع نظرية في سياسة الدولة - ولا نجد فيلسوفاً واحداً ذو شأن إلاّ وتأمل الدولة وسياستها . فأفلاطون عالج القضايا السياسية في محاوراته : الجمهورية والسياسي، والقوانين، وأرسطو بعد أن خص السياسة بعدة مؤلفات أبرزها كتاب السياسة . وكتاب الفارابي في آراء أهل المدينة الفاضلة، وأوغسطين في مدينة الله، وتوماس هوبز في الأومياثان، وأسبنوزا في الرسالة اللاهوتية السياسية،

وجون لوك في الحكومة المدنية، وعمانوئيل كانت في مشروع للسلم الـدائم، وفشته في آراء في فلسفة تاريخ الإنسانية، وهيغل في فلسفة الـروح وفلسفة التاريخ، فإنه في كل ذلك فإن الفلسفة السياسية تندرج، من خلال المبادئ التي استنبطوها في نظرتهم الفلسفية، في إطار التفكير الفلسفي العام مـن حيث أنها محاولة لإدراك طبيعة الدولة وأسسها بـالنظر العقلي . فالفلسفة السياسية هـي نظرية السياسة وفهمها . إن فصل السياسة عن الفلسفة، أو فصل الفلسفة عـن السياسة يعني أن يصبح محكوماً أن تحرك وقائع دون أن تدرك معانيها أو نصل بأنه نتعامل مع وقائع مجردة من المعاني . أن تاريخ الفلسفة السياسية يظهر كيف تطورت معرفة المجتمع فلسفياً ويوضح العلاقة الوثيقة بـين الفلسفة السياسية والعلوم السياسية والعلـوم الاجتماعية الأخرى . وبفضل هذه العلاقة تكتسب الفلسفة السياسية أهمية في إغناء العقل الإنساني وتطويره .

الفوضوية : L'anarehisme

لقـد بـرزت في إطار الفكـر الإنساني بعـض الاتجاهـات أو التيارات الفكرية والسياسية التي نادت بالحرية المطلقة والتخلي عن سلطة الدولة أو أي سلطة قهريـة أخرى، وقد أطلق على هـذا التيار بالفوضوية . وقد مثلها العديد مـن المفكرين والفلاسفة سواء كان في إطارها الديني، أو المادي، ودعوا إلى استخدام الإرهاب والقوة لتغيير المجتمع . ويرجع سخط الفوضوية على الرأسمالية إلى أيام الثورة الفرنسية، حيث أن موسى هيبس أستاذ ماركس كتب عـن الثورة الفرنسية في كتابه ((فلسفة العمل)) قائلاً : أن الطغاة تغيروا والطغيان لم يتغير)) . ويعتبر ميخائيل بـاكونين آب النظرية الفوضوية لتحقيق الاشتراكية وخصم قـوي لكـارل مـاركس . وكـان بـاكونين يعـارض قيـام أي تنظيم ثوري رسمي ذي قواعـد تنظيميـة محـدودة، والتزامـات، وتوجهات مركزية . وقد تميز التيار الفوضوي على يد باكونين برفضه فكرة الدولة أيـاً كان نوعها، والمطالبة بالقضاء عليها منذ أول يوم من أيام الثورة الاشتراكية، وذلك على أساس أن الدولة أية دولة تتعارض مـع مبـدأ الحرية . كـما أن مـن أبـرز مـن مثل الفوضوية في فرنسا بيير جوزيف بردوت (1809-1864)، الذي قال بأن الدولة أيـاً كان نوعها رأسمالية أو اشتراكية هي سلطة عليا، وسلطة

قهرية ولذلك ((فحكم الإنسان للإنسان عبودية)) .

الفيتو (حق النقض الفيتو) : Veto

لقد نص ميثاق الأمم المتحدة صراحة وذكر بالاسم الدول الخمس التي يحق لها أن تشغل بصفة دائمة عضوية مجلس الأمن، في الوقت الذي حدد الأعضاء غير الدائميين تحديداً عددياً ثابتاً، بدون الأخذ بنظر الاعتبار العدد المتزايد للدول الأعضاء في الهيئة الدولية . ومن هنا، فإن مسألة التصويت في المجلس تعد من أدق المسائل التي واجهتها الأمم المتحدة . فقد اتفقت الدول الأربعة الكبرى - بريطانيا، الاتحاد السوفيتي والولايات المتحدة وفرنسا - في المشروع الذي وضعته في اجتماعها في يالطا عام 1945 ليكون أساساً للميثاق، على أن تصدر قرارات المجلس بأغلبية أصوات الأعضاء الخمسة الدائميين، إلاّ في المسائل الإجرائية البحتة فيكتفي بأصوات سبعة أصوات أياً كانت . وبزيادة عدد أعضاء مجلس الأمن إلى خمسة عشر عضواً بدلاً من أحد عشر تقرر رفع الأغلبية اللازمة لصدور قراراته من سبعة أصوات إلى تسعة على أن يكون من بينها أصوات الأعضاء الخمسة الدائميين، حيث أن كل واحد منها يتمتع بحق النقض الفيتو، يستطيع من خلال هذا ((الحق)) الاعتراض على أي مشروع قرار يقدم للتصويت عليه في مجلس الأمن وخصوصاً في المسائل الموضوعية التي تهدد الأمن والسلم الدوليين، وحتى التوصية التي تقدمها الجمعية العامة بقبول عضو جديد في الأمم المتحدة أو يوقف عضو عن مباشرة حقوق العضوية . ولا يعتبر امتناع أحد الأعضاء الدائميين عن التصويت أو تغيبه عن حضور جلسات المجلس، اعتراضاً على القرار وفي إطار حق النقض الفيتو . وقد أثيرت هذه المسألة عام 1950 عندما امتنع الاتحاد السوفيتي عن حضور جلسات مجلس الأمن الذي ناقش مسألة التدخل العسكري الأمريكي في كوريا . وقد تكررت الحالة عندما امتنعت الصين عن التصويت على القرار المرقم 1990/678 الصادر باستعمال القوة ضد العراق، وكذلك امتناع فرنسا وروسيا الاتحادية والصين على القرار المرقم 2000/1284 ضد العراق .

- ق -

القانون الداخلي الوطني : Droit National

مجموعة القواعد القانونية التي تنظم نشاط كل دولة داخل إقليمها الخاص . وهذا القانون الوطني ينقسم بدوره إلى قسمين : القانون الداخلي الخاص، والذي يشمل مجموعة القواعد القانونية المنظمة لعلاقة الأفراد فيما بينهم، ويدخل في إطاره القانون المدني والقانون التجاري وفروعهما .

أما القسم الثاني فيطلق عليه القانون العام، وهو مجموعة القواعد القانونية التي تنظم السلطات العامة للدولة في علاقاتها ببعضها وعلاقاتها بأفراد المجتمع، حيث يدخل في إطاره القانون الدستوري، والقانون الإداري، والقانون الجنائي، وما يتفرع عن هذه القوانين . ومن سمات القانون الوطني هو أن تطبيقه ينحصر في إطار إقليم الدولة ولا تلتزم بأحكامه الدول الأخرى .

القانون الدستوري : Loi Constitutionel

إذا كان الدستور يعني مجموعة القواعد التي تتعلق بتنظيم ممارسة السلطة في الدولة، فإن القانون الدستوري هو العلم الذي يهتم بدراسة القواعد التي تتعلق بتنظيم ممارسة السلطة . ويتفق أغلب الكتاب أن مصطلح ((القانون الدستوري)) يرجع إلى الأصل الإيطالي، حيث وجدت مادة تدرس باسم ((القانون الدستوري) في مدينة فيراره الإيطالية عام 1797، ثم انتقل إلى فرنسا حيث كلية الحقوق في باريس التي درست مادة ((القانون الدستوري Droit constitutional)) عام 1834، وترجم هذا المصطلح إلى اللغة العربية باسم القانون الدستوري . ومهما يكن الأصل النظري لموضوعات القانون الدستوري، فإنه مرتبط بالأنظمة الليبرالية التي سادت أوروبا في القرن الثامن عشر، حيث حققت البرجوازية برنامجها السياسي في إعادة تنظيم الدولة الاستبدادية الإقطاعية وتحويلها إلى دولة دستورية . وقد ساد

الاعتقاد بأن الدولة الليبرالية هي التي تملك دستوراً ينظم ممارسة السلطة من قبل القابضين عليها ويكرس الحريات العامة (ينظر الدستور) الليبرالية .

القانون (الدولي الخاص) :Droit International Privé

على الرغم من اشتراك كل من القانونين (الدولي العام والقانون الدولي الخاص) بالصفة الدولية، إلاّ أن هناك اختلاف واضح بين الاثنين . فإذا كان القانون الدولي العام يختص أساساً بالدول باعتبارها أشخاصاً دولية، وما يتصل بكيان الدولة السياسي وسلطانها الخارجي ومركزها في المجتمع الدولي، فإن القانون الدولي الخاص هو مجموعة القواعد القانونية التي تحدد القانون الواجب التطبيق من بين قوانين عدة دول تتزاحم فيما بينها . أي أنه ذلك الفرع من القانون الذي يبحث في تحديد النظام القانوني الذي يحكم العلاقات القانونية الخاصة ذات العنصر ـ الأجنبي . وهناك من الدول وحسب تشريعاتها لا تكتفي بذلك، وإنما تبحث في مدى اختصاص محاكم الدولة بالمنازعات ذات العنصر الأجنبي . وعلى ضوء ذلك فإنه يتحدد القانون الدولي الخاص بأنه ذلك الفرع من القانون الذي يبحث في فض تنازع القوانين (الاختصاص التشريعي) وتنازع الاختصاص القضائي الدولي بشأن علاقة خاصة ذات عنصر ـ أجنبي وتتكفل قواعده ببيان القانون الواجب التطبيق وولاية القضاء في الفصل في المنازعات فيها، وكذلك مسألة تنفيذ الأحكام الأجنبية . أي أن هذا الاتجاه يقضي ـ باستبعاد التوزيع الدولي للأفراد ومركز الأجانب من مباحث القانون الدولي الخاص .

وهناك اتجاه يصور القانون الدولي الخاص بتصوير أوسع، حيث يشمل تنازع القوانين والتوزيع الدولي للأفراد (الجنسية والموطن) ومركز الأجانب . وعلى ضوء ذلك فيمكن تعريفه بأنه ذلك الفرع من القانون الذي يبحث في التوزيع الدولي للأفراد (الجنسية والموطن) وتحديد مركز الأجانب في دولة ما . ويهتم بدراسة مشكلة تنازع القوانين لإيجاد حل بمقتضاه يتعين القانون الواجب التطبيق على العلاقة القانونية المشوبة بعنصر أجنبي، كما يتكفل بتحديد اختصاص محاكم الدولة في فض المنازعات التي تتضمن مثل هذه العلاقة وبيان كيفية تنفيذ الحكم الأجنبي . ومن

مصادره : التشريع، العرف، القضاء، الاتفاقات الدولية سواء كان الاتفاق على قواعد تشريعية مشتركة أو الاتفاق على قواعد موحدة موضوعها تعيين قانون أية دولة يجب تطبيقه .

القانون الدولي العام : Droit International Publique

مجموعة القواعد التي تنظم العلاقات بين الدول ذات السيادة ولا تعترف بأي سلطة أعلى منها . فقد أطلق على هذا القانون اسم القانون الدولي تمييزاً عن القانون الوطني . الذي يصدر داخل الدولة . فالأشخاص التابعون لهذا القانون يخضعون إلى سلطة تضع القانون وتفرض احترامه، في حين أن الدول وهي أشخاص القانون الدولي، تصدر معاً وبعد الاتفاق فيما بينها، الأنظمة التي تعبر عن مصلحتها المشتركة . وإذا كان القانون الوطني هو قانون طاعة، فإن القانون الدولي يعد قانون تنسيق يكتفي بتحبيذ التعاون بين الدول . وقد سبق وأن أطلق على القانون الدولي اسم قانون الأمم وكذلك قانون الشعوب . وقد أطلق غروشيوس اسم قانون الحرب والسلم، وسماه باسكال فيور قانون الجنسي البشري وسماه ميغل القانون السياسي الخارجي . وفي رأي روسو أن أدق تسمية للقانون الدولي العام باعتباره ينظم العلاقة بين الدول .

ومن هذا العدد في الأفكار والتصورات برزت تعاريف عديدة للقانون الدولي العام، ومن بينها أوبنهايم الذي عرفه : مجموعة القواعد العرفية والاتفاقية التي تعتبرها الدول المتمدنة ملزمة لها في تصرفاتها المتبادلة .

روسو : ذلك الفرع من القانون الذي يحكم الدول في علاقاتها المتبادلة .

شتروب : مجموعة القواعد القانونية التي تتضمن حقوق الدول وواجباتها وحقوق وواجبات غيرها من أشخاص القانون الدولي .

جورج سيل: أنه النظام القانوني الذي يحوي المبادئ المنشئة والمنظمة للمجتمع الدولي.

وقد كان لأساذة القانون الدولي السوفيت تعريفهم الخاص الذي عدوه بأنه ((مجموعة القواعد التي تعبر عن إرادة الطبقات الحاكمة والتي تهدف إلى تنظيم

العلاقات بين الدول خلال صراعاتها وخلال تعاونها)) .

القانون الطبيعي : Droit Natural

يفترق هذا القانون الطبيعي من كونه أسبق وأعلى من القانون الوضعي، حيث قواعده القانونية الثابتة، الخالدة، والصالحة لكل زمان ومكان . إلاّ أن هذا القانون الطبيعي قد تعددت تعريفاته والأساس الذي ولد فيه، إلاّ أن هناك الأكثرية التي تؤكد بأن ولد عند فلاسفة وفقهاء الرومان، إذ أن شيشرون (106-43 ق.م) قد ذكر في كتابه الجمهورية بأن ((هناك قانون حقيقي، هو العقل القويم مطابق للطبيعة، موجود فينا، ثابت، خالد .. وهو ذو أساس آلهي))، أما فقهاء الرومان فإنهم اختلفوا في تعريف القانون الطبيعي، وقانون الشعوب الذي اعتبروه هو القانون الطبيعي، الذي تخضع له الكائنات الحية من إنسان وحيوان . ولهذا فإن فكرة القانون الطبيعي انتظرت حتى القرن الثالث عشر لتجد أساسها الواضح عند القديس الأكويني ومن بعد كروشيوس .

إذ يقول الإكويني بما أن العقل المطلق أو العقل الآلهي أساس القانون الأزلي، فإن العقل التأملي الذي يأتي بعد العقل الآلهي سيكون أساس القانون الطبيعي . كما يميز الأكويني القانون البشري أو الوضعي الذي أساسه العقل العملي .

أما كروشيوس فقد اعتبر القانون الطبيعي بأنه القانون الذي يقدم الحلول، ويتم النظر إليه من خلال العقل الناقد، حيث أعطى أساساً لهذا القانون في الطبيعة البشرية . والقانون الطبيعي، حسب رأيه، هو القاعدة التي يمليها علينا العقل القويم الذي وفقاً له نقيم الأفعال وفقاً لتمشيها مع الطبيعة الاجتماعية العاقلة . وهذا القانون يعلو على القانون الوضعي الذي يمتد وجوده من سلطان الحاكم، في الوقت الذي يستمد القانون الطبيعي وجوده من سلطان العقل . وأن هناك طريقتان لمعرفة القانون الطبيعي هما : الاستنباطية التي تقوم على التدليل الفعلي، والاستقرائية التي تستقرئ من تطبيقات الشعوب القواعد التي يمكن اعتبارها طبيعة . وقد ظهرت مفاهيم جديدة للقانون الطبيعي في القرن العشرين .

القانون الوضعي : Droit Positif

إذا كان القانون ضروري لوجود السلطة، التي يفترض وجودها وجود المجتمع، وأن القانون هو الذي يرتب العلاقة ما بين السلطة والمجتمع، فإن أي قانون يفترض وجوده العقل خارج الدولة أو المجتمع هو ليس بقانون . إذ أن القانون لا وجدود له إلاّ في مجتمع تحكمه السلطة، فالقانون يعبر عن إرادة القابضين على السلطة، إذ أنه لا يمكن أن يكون غير القانون الوضعي، وعلى ضوء ذلك ولدت فكرة الوضعية القانونية كفلسفة أو كطريقة أو منهج لتفسير أساس القانون الوضعي، حتى أن الفقيه الإنكليزي جون أوستن يقول بأن القانون هو القانون الوضعي ولا يمكن أن يكون غير ذلك، مؤكداً في كتابه طبيعة مصدر القانون، بأن ((القانون ليس بمثل أعلى، هو شيء يوجد في الواقع . أما الفقيه الألماني رودولف فون أهرنك (1818-1892)، فيقول لا وجود للقانون إلاّ في القواعد التي تصدرها أو ((تضمنها)) الدولة .

وإذا كان القانون الطبيعي يجد أساسه في مبادئ خالدة وذات وجود موضوعي، يكشفها العقل البشري، والقانون الوضعي يجد أساسه في إرادة المشرع الدولة، السلطة، فإن مذهب القانون الاجتماعي يجد أساسه في المجتمع، وبناء عليه فإن القواعد القانونية ليست مدينة بوجودها لإرادة المشرع ولا للعقل، بل ينجبها المجتمع تلقائياً لمجرد أن هناك حياة جماعية مشتركة . وقد برز مذهب القانون الاجتماعي على يد العميد ليو دكي (1859-1929)، الذي توصل إلى أن القانون الاجتماعي مجموع من القواعد التي تحدد النشاط الواعي والإرادي للإنسان، والمجتمع لا يمكن أن يوجد إلاّ إذا كان الأفراد الذي يكونونه يخضعون لقانون الكائن الاجتماعي .

القبلية : Tribu

وهي المجموعة المتماسكة اجتماعياً وسياسياً، تنتسب إلى سلف واحد وتمتاز على مثيلاتها بحضارة متجانسة، وتنظيم اجتماعي خاص بها، وتقطن إقليماً معيناً وتتكلم لغة، أو لهجة خاصة بها، وتكون لها سلطة سياسية مركزية، وأحياناً سلطة

اجتماعية . والقبيلة تتزاوج داخلياً Endogamy، وتنقسم إذا كانت كبيرة إلى عشائر، تعيش سوية في أقاليم مختلفة، ويشعر أفرادها بروح الجماعة .

قبول الممثل الدبلوماسي : Agreation

هو موافقة حكومة ما على الاستمزاج الذي تقدمه حكومة أخرى بشأن تعين سفير جديد لديها، وبذلك يصبح السفير المرشح ((شخصاً مقبولاً)) . ويتم طلب الاستمزاج بإرسال نبذة عن تاريخ حياة السفير المرشح إلى الدولة التي سيعتمد لديها، وذلك أما عن طريق سفارة الدولة الأجنبية أو سفارة الدولة الطالبة المعتمدة لدى هذه الأخيرة، تبعاً؟ لظروف كل حالة . وقد جرت العادة بأن يرسل الجواب خلال أسبوعين أو ثلاثة، على الأكثر . كما يعتبر عدم الإجابة بمثابة رفض القبول، الأمر الذي تترتب عليه نتائج مختلفة أقلها المقابلة بالمثل .

قضية الأباما : Affaire d'APAMA

نزاع بين الولايات المتحدة الأمريكية وإنجلترا نشب بسبب العون العسكري الذي قدمته إنجلترا لولايات الاسترقاق الجنوبية إبان الحرب الأهلية الأميركية (1861-1865) . فإن الحكومة الإنجليزية، دفاعاً منها عن مصلحة أصحاب مصانع النسيج الإنجليز . وسعياً منها إلى الحيلولة دون تطور الصناعة في الولايات المتحدة، بنت وجهزت من أجل الولايات الجنوبية سفناً حربية ألحقت بعملياتها ضرراً كبيراً بتجارة الولايات الشمالية . وبين هذه السفن كانت سفينة القرصنة ((ألاباما)) التي أغرقت حوالي 7 سفن للشماليين . بعد انتهاء الحرب، طلبت الولايات المتحدة الأميركية من الحكومة الإنجليزية التعويض الكامل عن الخسائر التي ألحقتها ((الاباما)) وغيرها من سفن القرصنة بممتلكات المواطنين الأميركيين في 8 أيار (مايو) 1871، اتخذت اللجنة المجتمعة في واشنطن لدراسة هذه المسألة قراراً بتحويل قضية الاباما إلى المجلس التحكيمي في جنيف . بموجب حكم أصدره هذا المجلس في 14 أيلول (سبتمبر) 1872، تعين على إنجلترا أن تدفع للولايات المتحدة الأميركية مبلغ 15.5 مليون دولار سعياً لتأمين عدم تدخل الولايات المتحدة الأميركية في الشؤون الإيرلندية ولضمان امتناعها عن تأييد الثوريين الإيرلنديين، خضعت إنجلترا

للحكم الصادر .

قطع العلاقات الدبلوماسية : Rupture Des Relation Diplomatique

كثيراً ما تلجأ الدول إلى قطع علاقاتها الدبلوماسية مع هذه الدولة، أو مع عدد من الدول نتيجة للعديد من الأسباب والمبررات التي تسوق في هذا المجال، قد يكون نشوب الحرب بين دولتين، رغم أن هناك دول نشبت فيها حرب طاحنة وطويلة إلاّ أنها لم تؤد إلى قطع العلاقات الدبلوماسية (إيران، العراق)، أو إهانة رئيس الدولة والإساءة إليه، أو أسباب أخرى نتيجة للتدخل في الشؤون الداخلية .

ولا تعتبر العلاقات الدبلوماسية في حالة قطع إلاّ إذا تم تبليغ وزارة الخارجية بذلك، إذ أن استدعاء رئيس البعثة الدبلوماسية وطاقمها لا يعتبر انقطاعاً للعلاقات الدبلوماسية، وإنما توقفاً، أو تعليقاً مؤقتاً .

قنصل : Consul

يعتبر القناصل موظفون رسميون تعينهم الدول في بعض الدول الأجنبية ومرافئها العامة، بقصد رعاية مصالحها، ورعاياها المقيمين أو المسافرين والقيام ببعض المهام الإدارية والقضائية . وهم على أربع درجات وهم القنصل العام، والقنصل، ونائب القنصل، والممثل القنصلي، ويتم تعيينهم بموجب إجراءات قنصلية تحدد صفتهم . فالقنصل العام وهو أعلى موظف في السلك القنصلي، يرأس البعثات القنصلية ويمارس الاختصاصات القنصلية المنصوص عليها في اتفاقية فينا، والقنصل الفخري الذي يضطلع به إحدى الشخصيات التجارية أو الاجتماعية من رعايا الدولة الموفدة أو رعايا الدولة المضيفة، ويمارس نفس اختصاصات القنصل المسلكي . ثم القنصل المسلكي . وقد أفردت في اتفاقية فينا نصوص خاصة بالمهمات التي تناط بالقنصل ونائبه .

قوات التدخل السريع: Forces d'intervention Repide

إن الثورة التي حدثت في إيران عام 1979 قد أدت إلى حدوث نتائج مباشرة على منطقة الشرق الأوسط، حيث أن النتيجة الأولى كانت التدخل السوفيتي في

أفغانستان، والثانية هي إعلان مبدأ كارتر الذي صدر في كانون الأول - ديسمبر عام 1979 الذي يمثل في جوهره الأساسي تكثيف التواجد العسكري الأمريكي المباشر في المنطقة، وبالتحديد في الخليج العربي، وإعادة صياغة أوضاع المنطقة ومستقبلها بما ينسجم واحتياجات الأمن القومي الأمريكي وضمن متطلباته الاستراتيجية . ومن هنا فإن الدعوة إلى تشكيل قوة ضاربة للتدخل السريع هي من نتاج التفكير الاستراتيجي لمبدأ كارتر، بعد أن تحولت منطقة الخليج العربي بمثابة مركز الجذب الرئيسي- في حركة الصراع الدولي، وخصوصاً حول موارده النفطية وعائداته المالية . ومن هنا أيضاً، فإن الاستراتيجية الأمريكية على وفق هذا المبدأ قد عبرت عن تصميمها على أن تقاوم، وبكل الوسائل الممكنة، بما فيها استخدام القوة المسلحة، أي محاولة من جانب أي دولة خارجية للسيطرة على هذه المنطقة . وقد اقتنعت إدارة ريغان بفكرة قوات التدخل السريع وعملت على تنفيذها، بعد أن رفض الأوربيون المشاركة فيها، ولم يعطوا موافقتهم في تعديل معاهدة حلف الناتو ليتسع مجال عمله الجغرافي، إذ اتجهت الولايات المتحدة نحو البديل الأخير إلى تشكيل القوة من القوات المسلحة الأمريكية مع محاولات التنسيق مع بعض الدول الأوروبية، وخصوصاً بريطانيا . وكان أول اختبار عسكري لهذه القوة في غزو بنما نهاية عام 1989، وفي الحرب التي شنت ضد العراق عام 1991 .

قواعد قرار صنع السياسة: Regles de Prise de Décision

إذا كان صنع السياسة هو المرحلة المحورية في العملية السياسية التي تجرى في إطار النظام السياسي القائم، سواء كان في سن السياسات الرسمية، مشاريع القوانين واقتراحاتها في السلطة التشريعية، أو مراسيم تصدر عن مجلس حاكم، فإن عملية فهم طريقة صنع السياسات تتطلب التعرف على أحكام اتخاذ القرار، أي نوع من السلطات، فعال ومشروع في الأنظمة السياسية المختلفة، هل الأغلبية البسيطة أم مجرد موافقة بفارق صوت يعطيه مسؤول تنفيذي انتخب بشكل مستقل ؟ أم هو مرسوم صدر عن ملك، أو اتفاق وقع بالإجماع من قبل قادة عسكريين ميدانيين، أم هو دعم اللجنة المركزية الرسمي ؟، أم هو مجرد قرار من دكتاتور عسكري ؟ كما

يتطلب أيضاً تمييز المركز القيادي الذي تتمتع به الوكالات الحكومية في صنع السياسة .

وعليه لابد أن يكون لدى أية حكومة مجموعة من القواعد النافذة لاتخذا القرارات، كما يجب أن يكون لها دستوراً نافذاً . وتحاول كل الحكومات أن يكون لديها مجموعة من الترتيبات النافذة لاقتراح المراسيم ودراستها، وتبنيها، وقواعد القرار Les bases de desion، أو أحكام القرار هو القواعد الأساسية التي تحكم طريقة اتخاذ القرار، وتوضع أدوار صنع السياسة وتقسيمها إقليمياً ووظيفياً وما شابه ذلك . وتضع أحكام القرار شروط السياق السياسي، حيث يعطي الأفراد والجماعات للتأثير على السياسات بالعمل ضمن إطار تلك الأحكام . فإذا أرادت دولة ما أن تجعل سلطة صنع السياسة غير مركزية، كي تحافظ على البيئة مثلاً، فمن الضروري الحصول على أصوات الأغلبية في هيئات تشريعية لعدة ولايات . وسوف يتطلب ذلك جهوداً عظيمة من الجماعات كي تباشر إجراءات حماية جديدة . أما إذا كان الدستور النافذ يتطلب مرسوماً رسمياً من قائد القوات المسلحة، أو تصريحاً من اللجنة السياسية، فإننا نحتاج إلى طرق مختلفة للتأثير على صانعي السياسة المهمين فعلاً . وتصوغ أحكام القرار شكل النشاط السياسي لأنها تقرر أي مصدر سياسي يجب أن يسعى إليه - هل هو مقاعد في الهيئة التشريعية، أم دعم قادة عسكريين إقليميين - وكيف يمكن الحصول على ذلك الدعم وكيف يمكن استخدامه .

لقد أشار توماس جيفرسون الرئيس الأمريكي إلى أهمية ثبات أحكام القرار الأساسية للأمة، حين قال : أن مجموعة سيئة من القواعد أفضل من عدم وجود أية قواعد على الإطلاق)) . ففي غياب مجموعة شرعية من الترتيبات لبلورة القضايا، ودراستها، ومناقشتها، ثم اتخاذ قرار من بين عدد من وجهات النظر، فإن الحكومة قد تنهار، وقد تتخذ القرارات بالقوة .

القومية : Nationalisme

ليس هناك مفهوم اختلفت بصدده الآراء، وتنوعت إزاءه الدراسات والبحوث مثل مفهوم القومية، الذي يعتبر من المفاهيم التي برزت إلى الوجود مع عصر- النهضة، حيث أضحت الدول القومية هي الوحدات السياسية الفاعلة في المحيط

الدولي وعلاقاته التصارعية . وإزاء هذا المفهوم ظهرت نظريات عديدة كان أشهرها النظرية الألمانية، حيث تأثيراتها الفكرية والسياسية امتدت خارج النطاق الأوروبي، لا بل أنها صارت مرجعاً للعديد من المفكرين القوميين العرب . وإذا كانت النظرية الفرنسية التي من أبرز دعاتها المفكر الفرنسي آرنست رينان قد انصبت على أساس ((مشيئة العيش المشترك)) ويرفض أن تكون اللغة أساساً للقومية، ولا يعتبر الدين كركن من أركان القومية، فإن النظرية الألمانية تنطلق أساساً وأولاً من عامل اللغة، باعتبارها أداة الربط بين أبناء الأمة . فقد اعتبر الجنس النورديكي - الجرماني النخبة الممتازة في الجنس البشري، وأنه لابد أن يحكم الأجناس التي هي أدنى ويستغلها . وإذا كان للطليان (ايطاليا) وجهة نظرهم في المعنى العرقي الذي يرتكز في وحدة التاريخ، فإنه عند الألمان يرتكز على وحدة اللغة ووحدة العنصر (الجرماني) . وعلى أساس ذلك فإن دعاة القومية الألمانية ينظرون إلى الشعوب التي تتكلم اللغة الألمانية باعتبارها جزء من الأمة الألمانية، وهو ما تجذر في الوعي القومي الألماني، وما جسدته نظرية بيتشه عن التفوق الفريد للغة الألمانية، الأمر الذي جعل معيار الجنسية هو اللغة الألمانية . أما المفكر الألماني فيخته فقد أكد على أن ((اللغة يجب أن تكون أصيلة ونقية خالية من الشوائب الغربية، أي الكلمات الأجنبية وذلك بسبب اعتبارها هي الأداة التي تربط ما بين الأفراد)) .

والقومية في كل التعاريف التي جاءت متباينة في تحديدها وفقاً للزاوية التي ينطلق منها المفكر وحسب الأيديولوجية التي يتبناها، هي مجموعة من البشر تجمعهم رابطة اللغة والأرض والتاريخ، والعادات، والشعور الوجداني المشترك في تحقق الأهداف العليا . وهذا ما يذهب إليه ساطع الحصري في تعريفه للقومية في أنها ((الجماعة التي تربطهم وحدة اللغة ووحدة التاريخ)) . ويذهب عبد الوهاب الكيالي في الموسوعة السياسية التي تعريف القومية، بأنها ((بالانتماء إلى أمة محددة، والأمة هي الشعب ذو الهوية السياسية الخاصة التي تجمع بين أفراده روابط موضوعية وروحية متعددة تختلف من شعب إلى آخر مثل اللغة، العقيدة، المصلحة، التاريخ 000)) . أما قسطنطين زريق رأى أن عناصر القومية هي اللغة والتقاليد والمصالح

المادية المشتركة .

القوة : Force- Power

تذهب اغلب الدراسات السياسية في تناولها لمفهوم القوة الى الاستاذ هانز مورغنثاو مؤسس المدرسة الواقعية في علم السياسة، او نظرية القوة، اذ يعرف القوة بأنها سيطرة انسان على عقل وافعال انسان آخر، ويميز بينها وبين القوة العسكرية والانواع الاخرى من القوة . ويتفهم مورغنثاو القوة على انها قيام علاقة نفسية بين عقلين أي ان القوة تتسم في نظره بالتأثر النفسي- بينما القوة العسكرية تتسم بالعنف، أي علاقة مادية بين جسمين . بينما يذهب شارل مارليوم في كتابه ((سياسة الثورة 1948))، الى انها القوة على السيطرة او الاستعداد لمحاولة السيطرة، وليس وجود السيطرة ذاتها، بمعنى بذل عناية معينة بقصد السيطرة وليس تحقيق نتيجة قوامها السيطرة ذاتها . في الوقت الذي يرى فيه بعض الكتاب بان القوة هي المقدرة على التأثير دون ان يتأثر الساعي الى القوة بالمؤثر فيهم انفسهم . ويؤكد الاستاذ ابراهيم درويش في كتابه ((النظام السياسي 1968)) بأنه يفهم احياناً من القوة بمعنى النفوذ، والتأثر في سلوك الآخرين . والقوة على هذا النحو متعددة الصور ومختلفة في طبيعتها : فهناك القوة السياسية، القوة الاجتماعية، العسكرية، والقوة الاقتصادية، المالية وهكذا . والقوة في الاصل اتخذت مظهراً اجتماعياً وهي كظاهرة من ظواهر النظام السياسي ومن مكوناته تتشابك وتتداخل مع غيرها من الظواهر الأخرى . وللمفكر الايطالي نقولا ميكيافيلي وجهة نظره الخاصة بالقوة، حيث يؤكد بانه لو لا استخدام القوة الى حد القسوة سواء بمعرفة المحكومين او رغماً عنهم لما استطاع حاكم اقامة سلطته وتدعيمها، ولفسلت الحضارات الكبرى في ارساء دعائمها . لذا دعا اميره الى استخدام القوة في حالات اربع : انشاء دولة جديدة، المحافظة على بقاء نظام الحكم، والتبشير بدين جديد، وفرض القانون . ويقول ميكافيلي ناصحاً اميره من التجربة المرة التي تعرض لها الراهب سافونا رولا وادت الى اعدامه، قائلاً : ((الانبياء المسلحون ينتصرون، بينما يترف الانبياء غير المسلحين للدمار دائماً)) .

القوى العظمى : Les grandes puissances

لقد اختلف مفهوم القوى العظمى تبعاً للظروف التاريخية، السياسية، والاقتصادية، كما اختلفت المعايير التي على أساسها يتم تصنيف هذه الدولة أو تلك من القوى العظمى . وما قبل الحرب العالمية الثانية، فقد كانت الإمبراطوريات الاستعمارية تمثل القوى العظمى المهيمنة على العالم، إلاّ أن هذا المفهوم اختلف بعد الحرب العالمية الثانية التي كانت من نتائجها انهيار وتراجع أغلبية الدول الاستعمارية الكبرى، وبروز قوى جديدة تربعت على قمة الهرم الدولي . ومع ذلك فقد درجت الأدبيات السياسية والقانونية، بأن الدول العظمى هي تلك التي تمتلك العضوية الدائمة في مجلس الأمن الدولي ولها حق النقض الفيتو، أي بالتحديد : الولايات المتحدة، الاتحاد السوفيتي السابق، (روسيا حالياً)، فرنسا، بريطانيا، ثم الصين الشعبية . أما من الناحية العسكرية فإن القوى العظمى (الدول) هي تلك التي تمتلك الأسلحة النووية، والصواريخ العابرة للقارات، والتي ارتادت الفضاء الخارجي، وهناك من يصنف القوى العظمى تلك التي تحوز على قوة اقتصادية ومالية وتكنولوجية .

الكاريزماتية (السلطة) : Charisma / Charisme

في اصلها اللغوي يرجع المفهـوم الى الاصـل اليونـاني كاريزمـا Charisma الـذي يعني ((الموهبة)) الإلهية التي يتمتع بهـا اشـخاص محـددين بصـفاتهم وارتباطـاتهم بالقوى الحيوية المؤثرة . ويعد عـالم الاجتمـاع الفرنسي ـ مـاكس فبـير اول مـن اضـاف الصيغة السياسية على هذا المفهوم عندما قصد قوة التـأثير التـي يتمتـع بهـا شـخص معين على الافراد الآخرين في مجتمع معين، بحيث يتحول الى مركز القوة والتأثير عـلى الاخرين من خلال قدرات ادراكية غـير طبيعيـة ، ويتحلى بسـمو ورفعـة تعلـو عـلى الآخرين، أي انه محكوم بموهبة الهية مقدسة . واذا كان فبـير قـد قسـم السـلطة الى تقليدية التي تستمد شرعيتها من الاعـراف والعـادات والتقاليـد، والسـلطة القانونيـة العقلانية التي تستمد شرعيتها من ايمان الشعب بسلطة القانون في ممارسـة السـلطة وتطبيق القواعد والاجراءات المنظمة للمجتمع، فأنه اكد عـلى السـلطة الثالثـة التـي هي السلطة الكاريزماتية التي تستمد شرعيتها من ايمان الشـعب بالقـدرات الخارقـة للأمير او الرئيس او المستشار . ومـن خـلال هـذه السـلطة يمكـن ان تحـدث تغـيرات اجتماعية جذرية، لان الحـاكم الكـارزمي هـو الآمـر النـاهي وخـالق النظـام ومسـير المجتمع بعد ان حطم كل الانظمة السابقة، واقامة نظام سياسي اجتماعي جديد يلبي بعض طموحات واحلام المجتمع . ومـن خـلال هـذا السـياق فـأن الزعامـة الكارزميـة تتحول، وحسب تحليل مـاكس فبـير، الى زعامـة مؤسسـية، أي يصـبح المنصـب الـذي يتقلده الزعيم منصباً مجسداً للتاريخ السياسي والنظام الاجتماعي .

الكتب الزرقاء : Livres Bleuax

اسم جامع لمطبوعات مواد البرلمان البريطاني ووثائق وزارة الخارجية البريطانية، سميت بهذا الاسم نظراً لغلافها الأزرق، تصدر في بريطانيا منـذ القـرن السـابع عشرـ وهي المصدر الرسمي الأساسي لتاريخ هذا البلد السياسي والاقتصادي والدبلوماسي.

الكرملين : Le kremlin

في معناها اللغوي تعني الكرملين ((القلعة)) . وقد كان سـابقاً مقراً للقيـاصرة،
وتحول بعد ثورة أكتوبر في عام 1918 مقراً لرئاسـة الحكومـة السـوفيتية في موسكو
برئاسة لينين، ومقراً لاجتماعات الحزب الشيوعي، ومجلس السـوفيت الأعـلى، ويضم
الكرملين عدداً من القصور والأبنية والكاتدرائيات والمتاحف ومدافن الأسرة القيصرية،
وكذلك يحمل رفات قادة الاتحاد السوفيتي وأبطاله، إضافة إلى متحف لينين وجثمانه
الذي يطل على الساحة الحمراء . ويقصد بالكرملين سياسياً، بأنه المعبر عـن السياسـة
السوفيتية . وحتى بعد زوال الاتحاد السوفيتي، وإعلان دولة روسـيا الاتحاديـة، فإنه
بقي مقر القيادة السياسة والعسكرية الروسية .

الكلبيون (المدرسة الكلبية) : Cynisme

كغيرها من المدارس الفلسفية التي ظهرت مناهضـة لدولة المدنيـة اليونانيـة،
تعد المدرسة الكلبية من المدارس التي اعترضت على دولة المدينة ونظامهـا السـياسي،
وعلى تقسيم الطبقات الاجتماعية التي كانت ترتكز عليه . وقد سـميت بهذا الاسـم
لأن فلاسفتها ومؤسسيها أمثال انتستينس، وديوجينس وكراتيس اتخذوا الكلب شـعاراً
لهم ومن هنا أطلق عليهم الكلبيون، وهجرهم كل ما اعتاد الناس أن يسـموه خيرات
الحيـاة، ودعـوا إلى إزالـة جميـع الفـوارق الاجتماعيـة وفي طـرح مباهج الأوضاع
الاجتماعية . وكان الكلبيون من المعلمين المتجولين والفلاسفة الشعبيين الذين اتخذوا
حياة الفقر مذهباً، حتى أن جورج سباين في كتابه تطور الفكر السـياسي قـد أطلق
عليهم وصفاً بأنهم أقدم نموذج لفيلسوف الطبقة العاملة . وكان الأساس الفلسفي
لتعليمهم تلك النظرية القائلة بأن الحكيم ينبغـي أن يبلـغ كـمال الاستكفاء الـذاتي .
ويعد الكلبي من الأمور التي لا يكترث بها الملكية والزواج والأسرة والرعوية والـتعلم
والسمعة الطيبة، ولقد بغضوا الفوارق الاجتماعيـة، وتلمسـوا في الفلسـفة طريقـاً إلى
عالم روحي لا يعتد فيه بالأحقاد .

النتيجة، حسب جـورج سـباين، أن نظريـة الكلبيـين السياسـة كانت اليوتوبيـا
(الدولة المثالية) . والدولة التي تقتصر فيها الرعوية على الحكمة هي وحـدها الدولة
الحقيقية، وليس لهذه الدولة مكان ولا قانون . فجميع الحكماء فيما كانوا، يؤلفون

جماعة واحدة هي المدينة العالمية . والحكيم كما قال ديوجينس ((عالمي)) ؛ أي رعية عالمية . وقد تضمنت فكرة الرعوية نتائج هامة، وكانت لها تاريخ مميز في الرواقية (ينظر الرواقية)، ولكن ذلك يرجع أساساً إلى المعنى الإيجابي الذي خلعه عليها الرواقيون . أما ما أكده الكلبيون فكان الجانب السلبي منها، أي البدائية، وإلغاء الروابط المدنية والاجتماعية وإلغاء جميع القيود فيما عدا تلك التي تنبعث من شعور الحكيم بالواجب .

الكسموبولتية : Cosmopolitisme

مفهوم سياسي وأيديولوجي يتجاوز الحدود الوطنية والقومية، لا ينظر إلى الكيانات القومية والحضارية الأخرى إلاّ باعتبارها مجرد تجمعات ديموغرافية لا وحدة فيها ولا أهداف تجمعها سوى الاندماج حضارياً وثقافياً واقتصادياً داخل النظام الدولي . والكسمولولتية تفرض تصوراً أساسه فك جميع الروابط بين الفرد وأمته واستبداله برابط وحيد يصل بينه وبين العالم أو الكون مباشرة . وهذا النوع من السلوك والأفكار لا يعدو أن يكون ضرباً من ضروب التهيئة النفسية وتكييف للسلوك بما يسمح بقبول تدخل القوى الاستعمارية المهيمنة في الشؤون الداخلية للأمة أو القطر وإضفاء شرعية على ذلك التدخل الذي يتعارض مع مبادئ القانون الدولي العام المتعلقة بسيادة الدول واحترامها . وما يهدف إليه السلوك الكسموبوليتي هو القبول بوجود قوة دولية أو تحالف لقوى دولية لها من الصلاحيات ما يجعلها تتدخل في جميع أرجاء العالم بعد أن جعلت من الفرد مواطن العالم لا غير، ولو كان ذلك التدخل على حساب مبدأ الانتماء القومي والوطني . ومن هذا اتسمت أيديولوجية حقوق الإنسان والديمقراطية بالطابع الكسموبوليتي، التي امتطتها الولايات المتحدة صاحبة السلطة العليا في القرار السياسي الدولي . وهو ما حصل في البوسنة والهرسك 1995، وكوسوفو 1996، وفي أفغانستان 2001 .

الكنيست : Knesst

يعتبر الكنيست بمثابة برلمان، أو جمعية، شكل عام 1949 للاضطلاع بمهمة السلطة التشريعية في إسرائيل . ويتكون من 120 عضواً يتم انتخابهم وفقاً لنظام

التمثيل النسبي وبطريقة الاقتراع السري المباشر ولمدة أربع سنوات . وللكنيست رئيس يتم انتخابه من قبل أعضاءه وبأغلبية الأصوات والذي ينوب عن رئيس إسرائيل في حالة مرضه، أو غيابه أو وفاته أو سفره . ولرئيس الكنيست نواب يتم انتخابهم بنفس الطريقة ويتغير عدد هؤلاء النواب تبعاً للظروف وحسبما تقتضيه الحاجة . وأن جوهر الوظيفة التي يؤديها الكنيست باعتباره يمثل السلطة التشريعية، تتمثل في إعداد مشروعات القوانين أو النظر في المشروعات التي تتقدم بها الحكومة . وأن مشروعات القوانين لا تصبح نافذة المفعول إلاّ بعد أن يصادق عليها الكنيست بأغلبية الأصوات . كما أنه يصادق على ميزانية إسرائيل وإعدادها وفرض الضرائب ومراقبة كل ما له علاقة بالشؤون المالية . إضافة إلى ذلك فإن هناك الوظيفة السياسية التي يضطلع بها والمتمثلة في مراقبة أعمال الحكومة وحق استجواب الوزراء وكبار الموظفين . وتتشكل داخل الكنيست العديد من اللجان المختصة والتي تشبه إلى حد ما اللجان المشكلة في مجلس الشيوخ الأمريكي .

الكواليس : Coulisses

ويقصد بهذا المصطلح السياسي هو تلك الاجتماعات واللقاءات التي تعقد في الأماكن أو الصالات أو الغرف المجاورة لقاعة الاجتماعات أو المؤتمرات أو المفاوضات العلنية . وتضم بين جدرانها عادة المندوبون والممثلون والدبلوماسيون بصفة غير رسمية أو شبه رسمية، ويتناولون فيها بحث وتحليل القضايا المستعصية التي يعالجها المؤتمر، ويحاولون إيجاد تسوية لها عن طريق التسويات أو التنازلات أو المساومات أو الإغراءات . وكثراً ما يتم إلى حل أعقد القضايا في هذه الأماكن والتي على ضوء ما توصل في داخلها يتم الإعلان عنه علنياً في قاعة المؤتمر، أو الاجتماع . والكواليس هي اصلاً الاماكن التي تكون خلف خشبة المسرح التي يتم من خلالها تحضير المشاهد التي تعرض على الخشبة .

كومونة باريس عام 1871 : Commun de Paris

وهي أول تجربة في التاريخ لإنشاء ديكتاتورية البروليتاريا . دامت كومونة باريس من 18 آذار (مارس) إلى 28 أيار (مايو) عام 1871 . فصلت كومونة

باريس الكنيسة عن الدولة والمدرسة عن الكنيسة، واستعاضت عن الجيش الدائم بالتسليح العام للشعب، وأدخلت مبدأ انتخاب القضاة والموظفين من قبل الشعب، وأقرت أنه ينبغي ألاّ تزيد أجور الموظفين على أجور العمال، وطبقت جملة من التدابير لأجل تحسين الوضع الاقتصادي للعمال وفقراء المدن، 000 الخ . في 21 أيار (مايو) عام 1871، اقتحمت قوات حكومة تيير المعادية للثورة باريس ونكلت بعمالها بقساوة ووحشية : فقد تم قتل زهاء 30 ألف شخص واعتقال 50 ألفاً، وإرسال الكثيرين إلى الأشغال الشاقة .

الكومونولث : Commonwealth

تعبير سياسي يشار به إلى رابطة الشعوب البريطانية، وهي المجموعة الدولية التي نشأت بعد الحرب العالمية الثانية من الدول والمستعمرات التي كانت خاضعة للسيطرة البريطانية، وهو تجمع لا يدخل في تصنيف اتحادات الدول مهما كانت، وإنما تجمع اقيم على أساس الولاء المشترك للتاج البريطاني، والاشتراك في المؤتمرات السنوية لتنظيم العلاقة ما بين الأطراف والمركز، وبحث القضايا السياسية والعسكرية والاقتصادية المشتركة، وقد ضمت هذه الرابطة حوالي 50 دولة مستقلة من أفريقيا، وآسيا وأمريكا اللاتينية التي كانت خاضعة للإمبراطورية البريطانية . وما زالت رابطة الكومونولث قائمة حتى الآن من خلال عقد مؤتمراتها السنوية للتشاور والتعاون في المجالات المختلفة . وان هذه الرابطة الاختيارية ما بين مجموعة من الدول التي لا يجمعها أي نوع من الروابط الثقافية المشتركة ولا حتى تماثل في القيم والمعتقدات، ارتأت ان تجلس سنوياً على طاولة واحدة وتتحدث بلغة واحدة هي الانكليزية، ما عدا بعضا العلاقات الخاصة التي تحتفظ بها بعض دول الرابطة مع بريطانيا مثل كندا واستراليا، ونيوزليندا التي تبدو سياستها منسقة .

الكيرينال (قصر) : Quirinal

وهو أحد القصور الإيطالية التاريخية الذي شيد في روما عام 1574، ثم أصبح المقر الصيفي لقداسة البابا ثم ملوك إيطاليا ابتداءً من عام 1871 ثم مقر لرؤساء الجمهورية الإيطالية، وما زال حتى الآن .

- ل -

لاجئ سياسي : Refugie Politique

وهو الشخص الذي يضطر إلى ترك وطنه نتيجة لتغيير نظام الحكم، أو اندلاع انقلاب، أو اضطرابات داخلية، هرباً من الاضطهاد السياسي، أو العقائدي، ويلجأ إلى دولة أخرى للإقامة فيها كلاجئ سياسي، وفق قناعة الدولة التي التجأ إليها . وقد يضطر المواطن أحياناً اللجوء إلى البعثات الدبلوماسية وممثليات المنظمات الدولية العاملة في بلاده، فيما إذا لم يكن هناك مجال أو متسع من الوقت الهرب إلى خارج البلاد . ويمنح القانون الدولي اللاجئ السياسي المقيم في بلد أجنبي بعض الحصانات، بحيث لا يجوز تسليمه إلى سلطات بلده .

اللجوء الى القوة : Recours a'la Force

تعد سياسة اللجوء الى القوة من وسائل الضغط السياسي والعسكري التي تلجأ اليها احدى الدول ضد دولة اخرى بدون اعلان الحرب الفعلية، حيث تنطوي على حسد الجيوش واتخاذ اجراءات الحصار البري والبحري، واختراق الاجواء، والتصدي لسفنها وطائراتها التجارية، اضافة الى تجنيد الاعلام في حرب نفسية .

اللزوميون (المدرسة اللزومية) : Immanens

اتجاه ذاتي مثالي في الفلسفة البرجوازية ظهر في أواخر القرن التاسع عشر-وأوائل القرن العشرين، ومثل المدرسة اللزومية في الفلسفة (من الكلمة اللاتينيةimmanens أي اللزوم). وزعم ممثلو هذا الاتجاه أن الوجود ((ملازم)) للوعي، أي أن العالم الموضوعي لا وجود له بصورة مستقلة عن الوعي بل موجود داخل الوعي، أي أنه المضمون الداخلي للوعي.

لعبة توازن القوى : La Jue de Balance des Forces

لعبة توازن القوى من المفاهيم السياسية والعسكرية التي ترجمت إلى أرض واقع السياسات الدولية وانعكاساتها على الترتيبات الاجتماعية السائدة في المجتمع

الدولي، وتختلف وسائل أدائها باختلاف العصور ومقتضيات الوضع القائم بالشكل الذي يوفر خدمة أساسية أو ثانوية لمصالح القوى الكبرى . وأن القوى الكبرى المهيمنة على السياسات الدولية اعتبرت الحرب آلية طبيعية لابد منها لأنها تهدف إلى إعادة ترتيب الوضع القائم لصالحها بحرب ساخنة أو باردة، أو قد تتورط في نزاعات ثانوية محدودة هنا وهناك على شكل حروب بالنيابة بقصد خدمة مصالحها الأمنية والاقتصادية الحيوية في وضع دولي جديد وأن النظام الدولي يكون في حالة توازن عندما تقتنع الدول الأكثر قوة في النظام بالترتيبات الإقليمية والسياسية والاقتصادية الموجودة . فالتوازن هو تلك الحالة التي لا توجد فيها دولة أو مجموعة قوية تعتقد بأن التغير في النظام سيؤدي إلى منافع إضافية متكافئة مع التكاليف المتوقعة اللازمة لإحداث تغيير في النظام الدولي .

وفي اللغة التقليدية للعلاقات الدولية، يتم الإبقاء على الوضع الدولي القائم على أنه وضع شرعي على الأقل من قبل الدول الكبيرة في النظام . ويحدد كيسنجر معنى الشرعية كما يلي :

((تنطوي (الشرعية) على قبول كل القوى الكبرى إطار النظام الدولي . تقبله على الأقل إلى الحد الذي لا توجد فيه دولة غير مقتنعة بشكل تعبر فيه عن عدم قناعتها من خلال سياسة خارجية عنيفة، كما كانت الحال مع ألمانيا بعد معاهدة مرسيليا . فالنظام الشرعي لا يعني عدم إمكانية قيام نزاعات، لكنه يحدّ من نطاقها . فالحروب ربما تقوم، ولكنها ستخاض باسم البناء القائم في حين سيتم تبرير السلام الذي يليه على أنه أفضل عن الإجماع العام ((الشرعي)) . والدبلوماسية، حسب المعنى الكلاسيكي الذي يقضي بتسوية الخلافات عن طريق المفاوضات، تكون ممكنة فقط في ظل الأنظمة الدولية ((الشرعية)) . ومهما يكن، فأكثر العوامل زعزعة للاستقرار، هو اتجاه قوى الدول والاعضاء في النظام الدولي الى التغيير بمعدلات مختلفة نتيجة للتطورات السياسية والاقتصادية والتقنية . وعندها يؤدي النمو التبايني في قوة الدول المتعددة في النظام إلى حدوث إعادة توزيع جوهري للقوة في النظام .

ونتيجة للمصالح المتغيرة للدول، وعلى نحو خاص، بسبب النمو المتباين للقوة

بين الدول يتغير النظام الدولي من حالة التوازن إلى حالة عدم التوازن التي تنسجم فيها التطورات الاقتصادية والسياسية والتكنولوجية عن زيادة ملحوظة في المنافع الممكنة أو نقصان في التكاليف الممكنة لواحدة أو أكثر من الدول الساعية لتغيير النظام الدولي . وهكذا فإن لعبة توازن القوى تجري في البيئة الدولية عندما يختل التوزيع النسبي للقوة، ومصالح القوى المهيمنة على النظام الدولي، الأمر الذي يؤدي إلى نشوء أزمة في النظام الدولي، يمكن حلها عن طريق التسوية، إلاّ أن الأداة الرئيسية للحل عبر التاريخ، كانت هي الحرب ولا وسيلة غيرها : أي حرب الهيمنة، والتي من خلالها يتم إعادة توزيع القوة في النظام والمكونات الأخرى له . وقد شهد النظام الدولي منذ معاهدة وتسفاليه 1648، وحتى الأن لعبة التوازن وعدم التوازن، بعد الحرب العالمية الثانية، حيث نشأ نظام القطبية الثنائية الذي سيطرت من خلاله قوتين على التفاعلات الدولية ضمن مناطق نفوذها . ثم انهار هذا النظام بعد انتهاء الحرب الباردة وظهور القطب الواحد، مما جعل العالم يعيش في حالة عدم التوازن، وعدم الاستقرار، نتيجة لانفلات القوة الغاشمة، وتعسف الدولة المهيمنة الوحيدة، ومصادرتها للأعراف والمواثيق الدولية، الأمر الذي ينذر بتحولات أو تغيرات في النظام السياسي الدولي، وربما العودة إلى النظام المتعدد الأقطاب .

اللوجستيك (اللوجستية) : Logistique- Logistics

في ترجمة هذا المصطلح إلى اللغة العربية، فإنه يعني ((الشؤون الإدارية))، إلاّ أن هناك الكثير من الدراسات ذات الطابع العسكري – الاستراتيجي احتفظت بالمصطلح كما هو بعد أن اتسع معناه ومجال مهامها . واللوجستيك كان في العصور القديمة يتركز أساساً في حل مسألة إطعام الجنود وصيانة العربات وتأمين عسكرة الجنود . ونتيجة للتطور الذي حصل على مر العصور في وسائل الإنتاج، وأدوات وفنون القتال، فقد اتسع مجال ومهام اللوجستيك، حيث أدرك غوستاف أدولف ملك السويد (1594 – 1632)، أن الحركة التكتيكية ترتكز على الانضباط الجيد، بينما يقوم الانضباط الجيد على أساس وجود وإدارة كفوءة تثق بها القوات، فأقام نظاماً دائماً للصيانة وأمن للجيش الثياب والأحذية والخيام، والطعام الكافي وعلى

أساس حصص ثابتة . وبهذا أخذ اللوجستيك معنى جديداً يتناول مسائل التزويد والحركة للجيوش . وأن هذا التطور جاء وليداً للتطور الصناعي والتقني الذي حمل معه إنتاج المدفع والأسلحة النارية وتطوير العربات والطرقات والنقل، وما يتبعها من مسائل الإدارة والصيانة والتزويد . وقد ازدادت أهمية اللوجستيك في زمن نابليون، وكذلك في القرن التاسع عشر ـ عصر ـ التجنيد الإجباري ونمو كثافة النيران وزيادة قوة الحركة، أكسب اللوجستية أهمية حاسمة، بل أصبح هدف العمليات محاولة تعطيل نظام اللوجستيك في الجيش المقابل، وقطع امداداته وخطوط مواصلاته . وأصبح أي تحرك في العمليات الاستراتيجية يتطلب المحافظة على خطوط المواصلات الذي يعني أساساً المحافظة على الشريان اللوجستيكي . وقد كشفت الحربان العالميتان أهمية المقدرة الوجستية لدى الدول والجيوش في تقرير مصير الحرب . وفي الوقت الحاضر حيث التطور الهائل في كل المجالات، فقد أصبح للوجستيك يشمل تنظيم الاقتصاد القومي، وتعبئة كل المصادر الصناعية، الزراعية، الطاقة، والخدمات الطبية، والأبحاث العلمية والإنتاج المدني والعسكري، واحتل مساحة واسعة في التخطيط الاستراتيجي الشامل لأي دولة .

الليبرالية : Liberalisme

إذا كانت كلمة ليبرالية مشتقة من الكلمة اللاتينية Liberalis، أي ما يتفق مع الإنسان الحر، ويتوافق مع الحرية الفردية، فإنها تذهب إلى التأكيد بأن الإنسان هو، قبل كل شيء، معطية متملكة لذاتها، وهو يمتلك في ذاته القواعد المتعلقة بازدهاره وبهيمنة سلطته على العالم . إن الإنسان بصفته هذه، يجد سعادته في ذاته، وذلك عن طريق استخدام العالم . وإذا ما كان الإنسان يخضع للطبيعة ولقوانين الطبيعة، فإن ذلك يتم لغرض معرفتها من أجل أن تتوفر إمكانية خضوعها له، ليس خضوعاً سلبياً، وإنما خضوعاً إيجابياً، وذلك بقدر ما يتحقق مثل هذا الخضوع إمكانية استخدامها أو السيطرة عليها . وهكذا فإن المعرفة والخضوع يصبحان منهجية خاصة بالاقتدار والهيمنة، أي منهجية خاصة بتوطيد الإنسان . أن مثل هذا الإنسان يعرف أين تكمن مصلحته وهو يتبعها دائماً . أن الإنسان يحقق باستمرار ما دعاه (آدم

سميث) بالجهد الطبيعي من أجل تحسين شروطه . وقد عبر آدم سميث عـن الأبعاد التي يتخذها معنى الليبرالية عندما قال : وبعد أن تكون كل أنظمة التفضيل والتقييد قـد اسـتبعدت كليـاً بهـذا الشـكل، فـإن النظـام البـديهي والبسـيط للحريـة الطبيعية سوف ينشأ من ذاته .

أن كل إنسان طالما أنه لا يخرق قواعد العدالة، سوف يترك حراً بشـكل مطلـق في اتباعه لمصلحته الخاصة بالطريقة التي تروق له . وبكلمة موجزة يمكن القول بـأن معنى الليبرالية تجسده الصيغة اتي اقترحها الفزيوقراطيـون والقائلـة : ((دعـه يعمـل، دعه يمر)) .

وفي الواقع، فقد برزت خلافات عديدة حول تحديد الفترة الزمنيـة التي بـرزت فيها الأفكار الليبراليـة، أو التيـار الليبرالي . وإن كـان الخـلاف في تحديد الفترة التي يغطيها عصر الليبرالية يعكس في الحقيقة الخلاف حول تحديد مضمون الليبراليـة . والأغلب أنها ظهرت منذ بداية القرن التاسع عشـر وأطلقـت عـلى المهـن الحـرة، أي التـي لا تخضـع لسـلطة، وقـد أطلقـت الليبراليـة، وهـي تـترجم إلى التحرريـة عـلى الكاثوليكيين الليبراليـين عـام 1901 الـذي يتميـزون بنزعـة التحـرر . وظهرت أحـزاب سياسية تحمل اسم الحزب الليبرالي البريطاني عام 1860، وتطلق كلمة الليبراليـة عـلى التيار الفكري الذي يؤمن بالحرية الفردية . ويرى هارولد لاسكي أن الليبراليـة ظهـرت مع الطبقة الصناعية الجديدة، حيث أن الفرد هو العنصر الأساسي في الاقتصاد، ولابـد من توافر أقصى حد للحرية الفردية، وليس للدولة الحق في التدخل للحـد مـن حريـة الأفراد .

- م -

مؤتمر الأمن والتعاون الأوربي :

Conférence de Sécurite et la Cooperation Européenne

أثمرت سياسة الاتجاه شرقا ((Ostpolitik)) التي انتهجتها المستشارية الألمانية الاتحادية في توثيق علاقاتها السياسية وروابطها التجارية والاقتصادية مع الاتحاد السوفيتي خلال فترة الحرب الباردة، وخصوصاً في عقد الستينات إلى إشاعة مناخ من الوفاق الدولي بين المعسكرين أفضى إلى التوصل للعديد من الاتفاقيات والمعاهدات التي أدت إلى تخفيض حدة المواجهة بين الشرق والغرب، ودخول الألمانيتين (ألمانيا الديمقراطية - وألمانيا الغربية) إلى الأمم المتحدة، وتخفيض مخزونات الأسلحة الاستراتيجية، من خلال معاهدات سالت الأولى (Salt1)، كل الأحداث والتطورات الدولية، هيأت المناخ الأوروبي للتحضير لعقد مؤتمر الأمن والتعاون الأوروبي الذي عقد في العاصمة الفنلندية هلسنكي في تموز/1975، بحضور (33) دولة أوروبية إضافة إلى الولايات المتحدة وكندا، وعدد من الدول المتوسطية بصفة مراقب، والمنظمات الدولية والإقليمية . وخرج المؤتمر بوثيقة مشهورة أطلق عليها ((وثيقة هلسنكي)) التي تضمنت عدداً من المبادئ الأساسية التي على ضوءها يتأسس الأمن والتعاون الأوروبي . وقد عد هذا المؤتمر الأول من نوعه الذي يعقد في النصف الثاني من القرن العشرين . وقد اشتملت الوثيقة على خمسة أقسام هي : أعلان مبادئ، وثيقة إجراءات بناء الثقة، التعاون في المجالات الاقتصادية والعلمية والتكنولوجية والبيئية، ومجال التعاون الإنساني، والتأكيد على استمرارية عقد المؤتمر بشكل دوري والذي ما زال يعقد حتى الآن كان آخر مؤتمر له في اسطنبول عام 1999 . وفي المبادئ الأساسية التي أقرها المؤتمر وأصبحت من الأمور المقدسة في العلاقات الأوربية - الأوروبية هي : احترام حقوق السيادة الوطنية لكل الدول الأعضاء، عدم انتهاك حرمة الحدود أو تعديلها أو المطالبة بالسوابق التاريخية، التسوية السلمية للنزاعات والأزمات وتحرم اللجوء أو التهديد باستخدام العنف أو القوة، عدم التدخل

بالشؤون الإقليمية لكل دولة من دوله، احترام حقوق الإنسان والحريات السياسية، حق الشعوب في تقرير مصيرها، تنفيذ الالتزامات والتعهدات بحسن نية وطبقاً للقانون الدولي . ويعتبر مؤتمر باريس للأمن . والتعاون الاوربي الذي عقد 19-20 / تشرين الثاني 1990 من اهم مؤتمرات منظمة الأمن الذي عقد بعد سنة من طي صفحة الحرب الباردة وتفكك المعسكر الاشتراكي وتوحيد المانيا . لا بد انه اكد على عدد من المبادئ الجديدة في اطار ((ميثاق باريس)) من اجل اوربا جديدة، حيث المؤسسات الدائمة، ومركز منع الصراعات في فينا ومكتب الانتخابات الحرة في وارشو، ومتكب الديمقراطية وحقوق الانسان، وعمق من علاقات المتعاون السياسي، العسكري، والمني بين الشرق والغرب الاوربي .

مؤتمر المائدة المستديرة :Confférnce de la Table ronde

بغية تحقيق المساواة التامة بين الأطراف المتفاوضة، وتحشياً للنزاع الذي من الممكن أن يبرز في تحديد أسبقية طرف على طرف آخر وفقاً للاعتبارات، السياسية والعسكرية، فقد تم ابتكار الطاولة المستديرة التي يتم الجلوس عليها بدون أن تعطي لأي طرف رئاسة الجلسة أو المؤتمر . وقد كان يلجأ إلى هذا الأسلوب في العصور القديمة لجمع الأطراف على طاولة واحدة . وكان مؤتمر وتسلفاليا الذي عقد عام 1648 قد جرت أعماله على أساس المائدة المستديرة، لا بل أن قاعة المؤتمر وضعت فيها أبواب مساوية لعدد الأطراف التي حضرت المؤتمر لكي لا تثار مسألة الأسبقية في الدخول ورئاسة المؤتمر . وقبل وضع قواعد ثابتة للأسبقية بين رؤساء الدول أو الوزراء أو مندوبيهم الدبلوماسيين، كانت تثار خلافات دبلوماسية حادة شهدت بقطع العلاقات الدبلوماسية، وإعلان الحرب . وقد شهدت فترة ما بعد الحرب العالمية الثانية تنظيم مؤتمر المائدة المستديرة، وخصوصاً عندما يكون الهدف منها جمع الأطراف المتنازعة (عرقياً وطائفياً) ضمن الدولة الواحدة، مثل ذلك المؤتمر الذي عقد في بروكسل عام 1960 بين الحكومة البلجيكية وزعماء الكونغو وأسفر عن استقلال الكونغو كينشاسا .

مؤتمر باريس للسلام (1919 – 1920): Conference de Paris

وهو المؤتمر الدولي الذي عقد في باريس للفترة من 18 كانون الثاني 1919 – حتى 20 كانون الثاني 1920 لتقرير مستقبل الوضع الدولي ((الجديد)) الذي أعقب الحرب العالمية الأولى، مستنداً إلى معاهدات فرساي، وسيفر ومعاهدات دولية أخرى عقدها الحلفاء . إذ هيمن على المؤتمر النزعة الأمبريالية التي جسدتها أفكار وطروحات البريطاني لويد جورج ورئيس الوزراء الفرنسي- جورج كليمنصو، والرئيس الأمريكي وودرو ويلسون (1856-1924) الذي تنصل من بنوده الخاصة بحق تقرير المصير، والتي لم يكن هدفها إلاّ تهيأة المناخ الدولي لتنفيذ وعد بلفور، بدلاً من أن تكون نقاطه الأربعة عشرة أساساً للتسوية السلمية العادلة لشعوب المستعمرات عقب الحرب . إذ أوجدوا نظاماً دولياً قائماً على أساس نظام الانتداب وأنشأوا عصبة الأمم التي منحت الشرعية للدول الاستعمارية في فرض حمايتها ووصايتها على الأمم والشعوب التي خرجت من السيطرة الاستعمارية للإمبراطورية المنهزمة في الحرب، لتدخل تحت ظل هيمنة استعمارية إمبريالية جديدة . وقد استغرق المؤتمر هذه المدة الطويلة وذلك نتيجة للتنافس الامبرايلي الجديد على المستعمرات، ومستقبل بعض الأقاليم الأوربية، والخلافات التي نشبت بين هذه القوى على تقسيم الأراضي وضمها، وخصوصاً بالنسبة للولايات العربية التي كانت خاضعة للإمبراطورية العثمانية . إذ أن بريطانيا لم تتنصل فقط من وعودها التي أعطتها للشريف حسين في إنشاء الدولة العربية الكبرى وإنما قامت بتنفيذ مخطط تفتيتي ضد الأمة العربية التي وضعتها تحت أشكال جديدة من الهيمنة الاستعمارية سواء كانت بصيغة الانتداب، أو الحماية، والوصاية . ولم يكن هذا المؤتمر إلاّ مائدة لتقسيم الغنائم، ومؤتمراً صهيونياً بكل معنى الكلمة، حيث وظفت الحركة الصهيونية كل إمكانياتها . وقطفت كل الوعود التي قطعت إليها بمنحها ((أرض فلسطين)) لإقامة الكيان الصهيوني، ومن خلال سياسة هجرة واستيطان مكثفة .

المؤسسة الاجتماعية : Institution Social

وضع قاموس المورد تعريفاً للمؤسسة الاجتماعية التي عرفها بأنها نمط منظم

من سلوك الجماعة راسخ الجذور ومعدود جزءاً أساسياً مـن حضارة أو ثقافـة كالزواج أو الرق . وقد جاء تعريفها في علم الاجتماع بأنها مجموعة الأحكام والقوانين الثابتة التي تحدد السلوك والعلاقات الاجتماعية في المجتمـع . أما بالنسبة للعالـم الاجتماعي المشهور أوغست كونت فقد استعمل اصطلاح المؤسسة الاجتماعية في مجالات عدة خلال القرن التاسـع عشـر، فهنـاك : المؤسسة العائليـة، الاقتصادية، الثقافية، والمؤسسة التربوية . أما بالنسبة للعالم هربرت سبنسر في كتابه ((مبادئ علم الاجتماع))، فقال بأن المؤسسة يمكن أن تشبه بالعضو أو الجهاز الـذي ينجز وظائف مهمة للمجتمع . يقول دبليو هاملتن في موسوعة العلوم الاجتماعية بأن المؤسسات هي مجموعة القوانين والإجراءات التي يجب أن يتصرف الأفراد بموجبها . إذ أن عـدم الالتزام بها أو مخالفتها من قبل أشخاص معينين يعرضهم إلى العقاب والردع الـذي يكون بدرجات مختلفة من الشدة ويضيف قائلاً بأن المؤسسات هي أكثر تعقداً مـن السلوك الشعبي والأعراف حيث أنها تتجلى في الاقتصاد الـذي يستعمل النقـود في النظام الديمقراطي، أما كولدنر في كتابه علم الاجتماع الحديث، فيرى بأن المؤسسات هي الطرق المتبعة من قبل المجتمعات لحل المشاكل التي تواجهها مثل تشييع الموتى أو الزواج الذي يرافق النظام العائلي . ويقول مكايفر و بيج في كتابهما ((المجتمع)) بأن المؤسسة هي الإجراءات والأحكام المثبتة والمستقرة التي تميز وتحدد نشاطات الجماعة .

أما قاموس Littre (ليتره) الفرنسي فقد عرف المؤسسة بأنها ((كل ما يبتدعه أو يقيمه الإنسان، وذلك بمقابل مـا هـو موجـود في الطبيعـة)) . وبـذلك فإن مفهـوم المؤسسة يشتمل على كل التنظيمات القائمـة في المجتمـع : الـزواج، العائلـة، الملكيـة، المشـروع الاقتصـادي والهيئـات الدينيـة، كـما يشـتمل عـلى المؤسسـات القانونيـة والسياسية أيضاً . وإن العنـاصر التي تتكـون منهـا المؤسسـة حسـب رأي مـوريس ديفرجيه أنها : الأفكار والمعتقدات، والأعراف التي تشكل كلاً منسقاً ومنظماً . ويرى جاك وولف في كتابه: السوسـولوجيا الاقتصادية الصادر عـام 1971 في بـاريس بأن المؤسسة : ((تركيب من أفكار وأنماط في السلوك وأنماط من الـروابط بين النـاس، وفي أغلب الأحيان من عـدة ماديـة، وكل ذلك منظم حـول مركز مصلحة معترف بها اجتماعياً)) ومن هنا، فإن

الأستاذ صادق الأسود يرى بأن المؤسسة هي إذاً طراز مستمر في السلوك الاجتماعي، أو طريقة ثابتة للسلوك الجماعي .

المؤسسة السياسة : L'Institution Politique

إذا كانت المؤسسة هي مجموعة علاقات اجتماعية منظمة لاحتواء وتنظيم جهود الأفراد من أجل تحقيق الأهداف المشتركة، فإن المؤسسات السياسية هي نوع معين من المؤسسات مكرس للنشاط السياسي. أي أنها أنماط مستقرة من العمل السياسي ومن الرابطة السياسية، وتتضمن أدواراً وقواعد وجماعات ومناهج، قائمة في المجتمعات الإنسانية، وكل نمط منها يميل إلى أن يكون له أهمية سننية (مجموعة قواعد) في المجتمع الذي يوجد فيه . وتنقسم المؤسسات السياسية إلى : المؤسسات - الهيئات التي تخلقها الإرادة الإنسانية بصورة دائمة وتضم في أطرها مجمعات الأشخاص لممارسة النشاطات السياسية كالحكومة، البرلمان، الأحزاب السياسية . وأحياناً يطلق عليها مؤسسات - الأشخاص، حيث أن لها أيديولوجية معينة، وحاجات مشتركة وتخضع إلى سلطان معترف به، وإلى قواعد ثابتة ، ولها وجود متميز .

والمؤسسات - الآليات (Mecanismes) وهي التنظيمات التي تنصب على سير العمل في المؤسسات - الهيئات، أي القواعد التي تخضع لها الهيئات في تنظيم سير العمل فيها وكيفية أدائها وظائفها . وهناك تعبير لها حسب ما أورده الأستاذ صادق الأسود في كتابه (علم الاجتماع السياسي 1986) باسم المؤسسات - الأشياء، وذلك استناداً إلى ما طرحه مارسيل بريلو : أن (المؤسسة - شيء) ليس تركيباً إنسانياً، موحداً ومبنياً على نحو قانوني، وإنما هي أنظومة من القواعد القانونية . أي أنها بالتحديد الآليات التي تتحكم فيما بين الهيئتين الرئيسيتين . ويأتي في مقدمة المؤسسات السياسية الدولة، إذ أنها ليست ظاهرة طبيعية، وإنما هي تأسيس لوظائف معينة هي التي نطلق عليها الوظائف السياسية في المجتمع . أنها بنية أقامها العقل الإنساني على أسس عقلانية وقانونية لغرض تنظيم بنية المجتمع وتسيير النشاطات المختلفة فيه . وإذا كانت الدولة هي المؤسسة السياسية الرئيسة المجتمع فإن كل

الهيئات المنبثقة عنها أو المرتبطة بها هي مؤسسات سياسية : الهيئات التشريعية، التنفيذية، والقضائية .

وبنية هذه الهيئات وطبيعة العلاقات القائمة فيما بينها هي التي تعين شكل وطبيعة النظام السياسي القائم . والمؤسسات السياسية والعملية السياسية تشكل الإطار الذي يجري فيه الصراع السياسي ما بين القوى السياسية المؤثرة في عملية صنع القرار . وأن الملائمة بين المؤسسات السياسية وبين النشاطات السياسية المختلفة هي التي تحقق استقرار النظام السياسي.

المادية التاريخية : Le Matériatisme Historique

تعد المادية التاريخية : استناداً إلى أصول الفلسفة الماركسية بأنها النظرية العامة لطرق الإنتاج وأن الاقتصاد السياسي هو العلم الخاص بالقوانين الموضوعية التي تسيطر على علاقات الإنتاج بين الناس، وأن موضوع علم التاريخ هو العلاقات المتبادلة بين الطبقات التي تتمثل فيها هذه العلاقات للإنتاج ولاسيما علاقاتها السياسية .

وأن بليخانون يستشهد في كتابه فلسفة التاريخ بفقرة لماركس وردت في مقدمة مؤلفه نقد الاقتصاد السياسي لينطلق منها إلى عرض المفهوم الماركسي- للتاريخ حيث ورد : لقد أفضت أبحاثي إلى النتيجة التالية : لا يمكن تفسير العلاقات الحقوقية، وأشكال الدولة لا بذاتها ولا بالتطور العام المزعوم للفكر البشري، وإنما هي تستمد جذورها من شروط الحياة المادية التي كان يفهمها هيغل تحت اسم المجتمع المدني . وعلى هذا الأساس فإن الوضع الاقتصادي لشعب ما هو الذي يحدد وضعه الاجتماعي، والوضع الاجتماعي لهذا الشعب يحدد بدوره وضعه السياسي والديني وهكذا دواليك . أما سبب الوضع الاقتصادي فهو السبب الأساسي لمجموع التطور الاجتماعي وبالتالي لكل حركة تاريخية، وهو الصراع الذي يخوضه الإنسان مع الطبيعة في سبيل وجوده .

المادية الديالكتيكية : Le Matériatisme Dialactique

ارتبط ديالكتيك هيغل بالمطلق . فالمطلق في الديالكتيك الهيغلي هو المنطلق وهو المنتهى (ينظر الديالكتيك) . ولما كان المنطلق هو بحد ذاته معتقد Dogma، لذلك كانت ديالكتيكية هيغل منهجاً ومذهباً في آن واحد . وجاء كارل ماركس (1881-1883) فأخذ من ديالكتيك هيغل المنهج، واستبعد المذهب على أساس تصوري . ولكن هذا لا يعني أنه استبعد المطلق ذلك أن ماركس في الواقع استبعد المكلف كمطلق، ولكن في الوقت نفسه اعتبر المطلق منتهى على أساس أنه يمثل الارتقاء النهائي للإنسانية، وقد كتب ماركس في المقدمة الثانية لكتاب رأسمال عام 1873 : ((لا يختلف منهجي الديالكتيكي في الأساس عن منهج هيغل فحسب، بل هو نقيضه تماماً، ذلك أن هيغل يعتقد أن حركة الفكر التي يجسدها باسم الفكرة هي مبدعة الواقع، ليس إلاّ الصورة الظاهرية للفكرة، أما أنا فأعتقد على العكس أن حركة الفكرة ليست سوى انعكاس حركة الواقع، وقد انتقلت إلى ذهن الإنسان . وقد عرف ستالين في كتابه : المادية الديالكتيكية والمادية التاريخية، النزعة المادية عند ماركس موضحاً أن مادية ماركس تقوم على المبدأ القائل بأن العالم بطبيعته مادي وأن مختلف ظواهر الكون إنما هي جوانب مختلفة للمادة في حركتها وأن العلاقات والشروط المتبادلة بين الظواهر التي يكشف عنها المنهج الديالكتيكي هي القوانين الضرورية لنمو المادة المتحركة وأن العالم ينمو حسب قوانين حركة المادة، وهو ليس بحاجة لأي روح شامل .

الماركسية (الماركسية – اللينينية) : Le Marxisme- Léninsme

يقصد بالماركسية ذلك الاتجاه السياسي الاقتصادي والاجتماعي الذي يستند في مرجعيته إلى الفيلسوف والمفكر الألماني كارل ماركس (1818-1883)، حيث أفكاره السياسية التي تجلت في البيان الشيوعي 1848 الذي صاغه مع صديقه فردريك أنجلز بتوصية من عصبة الشيوعيين، ثم في كتابه رأس المال الذي نشر في عام 1869، وهما من الإنجازين الفكريين الرئيسيين في إنتاج كارل ماركس الفكري الزاخر بالعديد من الأبحاث والدراسات والمؤلفات في شؤون الفلسفة والاجتماع .

والبيان الشيوعي أو المانيفستو يحتوي على خلاصة فلسفتهما الاجتماعية، ويحددان فيه الطابع الطبقي الاستغلالي للنظام الرأسمالي، ويدعوان إلى الثورة التي تقودها الطليعة البروليتارية من أجل إقامة المجتمع الاشتراكي، وفق النظرية الاشتراكية العلمية، غير الاشتراكية المثالية الطوباوية، وقد أصدر ماركس في عام 1851 كتابه ((نقد الاقتصاد السياسي)) الذي يعد دراسة نقدية لتاريخ الفكر الاقتصادي وتحديد نظريته الخاصة، ثم قام في عام 1864 بتأسيس الأممية الأولى وهي الرابطة الدولية للعمال، وكان عقلها المفكر وقلبها النابض بالحركة والنشاط .

وفي عام 1867 أصدر الجزء الأول من كتابه رأس المال الذي يعرض فيه بالتحليل العلمي، ومن خلال دراسة استقرائية للنظم الاجتماعية والاقتصادية والسياسية التي كانت سائدة، قوانين الاستغلال الرأسمالي . ثم أصدر كتاب ((الحرب الأهلية في فرنسا)) حلل فيه كومونية باريس ويستخلص من إيجابيات هذه التجربة ومن نواقصها عناصر يستكمل بها نظرية دكتاتورية البروليتاريا، ثم كرس بقية سنوات حياته لاستكمال كتابه رأس المال فأنجز جزأين آخرين أصدرهما أنجلز بعد وفاته . ويرى ماركس أن تاريخ المجتمعات قائم على الصراع بين الطبقات التي تسعى كل منها إلى استغلال الأخرى، فنشأ الصراع فيما بينها إلى أن تنهار الطبقة المستغلة وتسود الطبقة الأخرى، ويستمر هذا الصراع إلى أن يظهر المجتمع اللاطبقي فينتهي بظهوره . وإذا كانت نظرته الفلسفية للحياة والكون قد تأثرت بفلسفة هيغل المثالية، ومنهجه الجدلي، فإن ماركس أقام هذا المنهج على قدميه، فبدلاً من أن يكون الواقع تعبيراً عن الفكرة كما يقول هيغل، أصبحت الفكرة تعبيراً عن الواقع وانعكاساً له، دون أن يقلل هذا في فاعلية الفكرة في الواقع . وهكذا، أقام ماركس أسس المادية الديالكتيكية التي تؤكد أن وجود المادة سابق على وجود الفكر، وأن العالم الخارجي مستقل عن الذهن البشري . وأن هذا العالم الخارجي قابل لأن يعرف بالذهن معرفة موضوعية يقينية، يزداد يقينها بازدياد التجربة البشرية وتطورها . كما طبق ماركس قواعد المنهج الجدلي من تغير وتداخل وتناقض وتحول من كم إلى

كيف، على مختلف مجالات النشاط البشري، وعلى التاريخ، وانتهى إلى إقامة المادية التاريخية التي هي علم قوانين التطور الاجتماعي والصراع الطبقي .

ومن الناحية السياسية، فإن الماركسية تعارض أنظمة الحكم البرلمانية القائمة على نظام اقتصادي برجوازي استغلالي، وتدعو إلى إقامة النظام السياسي، حيث دكتاتورية الطبقة العاملة طليعتها الثورية .

وقد أطلق فيما بعد مصطلح الماركسية – اللينينية ولاسيما بعد أن أضاف لينين (1870-1924) نظريات هامة في الفلسفة والاقتصاد والبناء السياسي الاشتراكي، التي تجسد أبعاد الفكر اللينيني في تكوين الحزب الماركسي العمالي، والنظرية الثورية التي تقود إلى الثورة، وخصوصاً في مؤلفاته : واجبات الاشتراكيين الديمقراطيين الذي صدر عام 1897، وكتاب ما العمل، وخطوة إلى الأمام وخطوتان إلى الخلف . وقد طور لينين مبادئ ماركس حول الدولة وشكلها وأغناها بمحتوى جديد في كتابه كومونة باريس . وإن استراتيجية الثورة ((ذات المراحل)) هي حصيلة لينين الشاملة المتعمقة للانقسام الحزبي، تلك الدراسة التي خرج لينين منها إلى نظرية تطور الثورة البرجوازية الديمقراطية إلى ثورة اشتراكية وذلك انطلاقاً من نظرية ماركس في الثورة الدائمة والظروف الجديدة التي عاشتها روسيا، وتبرز أهم إضافات لينين في نظرية الحزب والتحالف بين العمال والفلاحين وحل مشكلة القوميات ودكتاتورية البروليتاريا، فضلاً عن تحليلاته الفلسفية القيمة .

المالثوسية : Malthusianisme

مذهب يعود للاقتصادي البريطاني توماس روبرت مالتوس (1766-1834) الذي حاول أن يبرهن أن مشاكل الطبقة العاملة وبؤسها في ظل الرأسمالية هي نتيجة لنمو عدد السكان بسرعة خارقة، وليست عاقبة لاستثمار العمال الرأسمالي . وأسس نظرية تقول أن عدد سكان العالم يتزايد بنسبة تفوق نسبة الموارد الطبيعية وإن هذا الوضع يؤدي في المستقبل إلى المجاعة ما لم تحد الحروب أو الأمراض من هذا النمو السكاني .

كانت المالتوسية محاولة من أيديولوجيي البرجوازية لتبرير الرأسمالية وإثبات

حتمية آلام وبؤس الطبقة العاملة، أياً كان النظام الاجتماعي الـذي تعيـش في ظله، محاولة منهم لكي يحفوا عـن الجماهيـر الأسباب الحقيقيـة لوضعها الحقـير، ويصرفوها عن النضال ضد النظام الرأسمالي .

في السبعينات مـن القرن التاسـع عشرـ انتعشـت المالتوسية مـن جديـد في المالتوسية الجديدة التي حاولت أن تستر إملاق الكادحين المشتد بنظريـات علمية زائفة حول ((نبض السكان المطلق)) وحول تناقض خصب التربة، وما إلى ذلك . ترى المالتوسية الجديدة في تخفيض عـدد المواليـد عـن طريـق استعمال الوسائل المانعـة للحبل، وفي الحروب والأوبئة وسيلة لتوطيد الرأسمالية بتخفيف المصائب الناجمة عنها . وكثيرون من ممثلي المالتوسية الجديدة يروجون بالعنصرية .

الملكية المقيـدة : Manarachie Restrctif

قياساً بالأنظمة السياسية الجمهورية السائدة في أغلب دول العالم، فإن النظام السياسي الملكي لم يعد قائماً إلاّ في عدد قليل من الدول، ولكن بشكل مقيـد، حيـث أن الملك الذي هو ((فوق الميـول والاتجاهـات)) لم يعـد لـه سـلطة واسـعة كـما كـان في العقود الماضية، فقد بـرزت نتيجـة التطورات السياسـية والاقتصادية والاجتماعيـة الملكية الدستورية البرلمانية، ومن سماتها مسؤولية الحكومة أما البرلمان وليس أمـام الملك، وتوسعت حقوق البرلمان الذي لـه وحده إصدار القوانين وما عـلى الملك إلا المصادقة عليها . ولا يحق للملك بموجب الدستور والعرف الدسـتوري الامتنـاع عـن التصديق . أي أن الملك لا يملك في الواقع حق الاعتراض (الفيتو) . والملك ملزم بتعيـين رئيس الوزراء، وبناء على توصية الأخير يعين الوزراء من بين أعضاء الحزب أو الائتلاف الذي يملك غالبية المقاعد في البرلمان . وفي أغلبية الـدول يتطلب الأغلبيـة في مجلس النواب . كما أن الملك ملزم أيضاً بإقالة أية حكومة أو إعفاء أي وزير على انفراد إذا لم يحصلا على ثقة البرلمان أو سحب البرلمان الثقة من الـوزارة أو بعـض الـوزراء، ويقوم مجلس الوزراء بالإدارة الفعلية للدولة . وفي غالبة الدول يقوم الملك في حالات خاصة وبناء على طلب من الحكومة بحل البرلمان وإجراء انتخابات جديدة، إلاّ أنـه في بعـض الدول يوجد من الملوك الذين يلعبون دوراً سياسياً؟ مباشراً

ومؤثراً في الحياة السياسية البرلمانية حتى أن سلطاتهم تفوق سلطات رئيس الدولة في الأنظمة السياسية الجمهورية .

مبدأ التدخل الإنساني : Prinicipe d'intervention Hummentaire

نتيجة للمتغيرات الجذرية التي حدثت في محيط العلاقات الدولية في مطلع عقد التسعينات برزت في السياسة الدولية مفاهيم ومصطلحات جديدة تنسجم، أو تتوافق مع ما يسمى بالنظام الدولي الجديد، ومن بينها ((مبدأ التدخل الإنساني)) الذي يستند إلى منطلقات فكرية وسياسية غربية تجد في الديمقراطية وحقوق الإنسان مصادرها الأولى، ومتجاوزة للسيادة الوطنية للدولة باعتبارها الأشخاص الرئيسة للقانون الدولي . إذ أنه وحسب ما طرحه بطرس بطرس غالي كأمين عام للأمم المتحدة، فإن ((المبدأ السائد منذ قرون .. مبدأ السيادة المطلقة والخاصة لم يعد قائماً .. ومن المقتضيات الفكرية الرئيسة لزماننا أن نعيد التفكير في مسألة السيادة لا من أجل إضعاف جوهرها الذي له أهمية حاسمة في الأمن والتعاون الدوليين وإنما بقصد الإقرار بأنها يمكن أن تتخذ أكثر من شكل وأن تؤدي أكثر من وظيفة . وهذه الرؤية يمكن أن تساعد على حل المشاكل سواء داخل الدولة أو فيما بينها .. وحقوق الفرد وحقوق الشعوب تستند إلى أبعاد من السيادة العالمية التي تملكها البشرية قاطبة..))
.

وعلى أساس هذه التطورات لما يجب أن يكون عليه القانون الدولي والمبادئ الديمقراطية وحقوق الإنسان، فقد تم الترويج لمفهوم التدخل الإنساني بحجة حماية الأقليات القومية والاثنية، وكذلك الأفراد والجماعات التي تتعرض إلى انتهاكات حقوق الإنسان من قبل الأنظمة السياسية . وعلى ضوء ذلك فقد جاء التقرير السنوي الذي قدمه الأمين العام للأمم المتحدة في أيلول /1991 مؤكداً على أن ((حماية حقوق الإنسان أخذت الآن تشكل إحدى الدعامات الأساسية لقنطرة السلم، وأن هذه الحماية تقتضي ممارسة التأثير والضغط بشكل متظافر على الصعيد الدولي عن طريق المناشدة أو الاحتجاج أو الإدانة وكحل أخير إقامة وجود منظم للأمم المتحدة بأكثر مما كان جائزاً بموجب القانون الدولي التقليدي)) . وقد تبعه المؤتمر البرلماني الدولي في دورته التي انعقدت في الأرجنتين أكتوبر/1991 مؤكداً على ((أن مبدأ

عدم التدخل في الشؤون الداخلية التي تقع أساساً في نطاق اختصاص الدول يجب أن لا يمنع الأمم المتحدة من اتخاذ تدابير لكفالة احترام المبادئ الأساسية لحقوق الإنسان ومنع جريمة الإبادة الجماعية والمعاقبة عليها)) .

وإذا كان مبدأ التدخل الإنساني أو ((الحماية الدولية)) لحقوق الإنسان والأقليات قد أخذ مداه السياسي الواسع في الوقت الحاضر لتصاعد موجة الاضطرابات والصراعات العرقية والطائفية، حيث الأعداد الهائلة من اللاجئين، والهجرات غير الشرعية، فإنه قد اعتبر من السياسات القديمة التي مارستها العديد من الدول الأوروبية قبل الحرب العالمية الأولى التي كانت غالباً ما تلجأ إلى حماية مواطنيها، أو أقلياتها الدينية من حالات الاضطهاد الذي لحق بها، الأمر الذي أعقب الحروب الناشئة عن هذه السياسات التوصل إلى العديد من الاتفاقيات والمعاهدات التي تضمن حقوق الأقليات وحريتها، ابتداء من معاهدة وتسألفاليا عام 1648 وحتى اتفاقية فينا 1815، وغيرها من الاتفاقيات اللاحقة . كما أن الدول الاستعمارية استخدمت أسلوب ((حماية أقلياتها)) ذريعة لبسط سيطرتها الاستعمارية على العديد من الدول والمستعمرات، كما حصل في الجزائر عام 1830عندما احتلتها فرنسا، وبقية دول المغرب العربي، وكذلك التدخلات التي كانت تقوم بها الدول الأوروبية الاستعمارية في شؤون الدولة العثمانية ودويلاتها . وهكذا، فإن سياسة القوة في العلاقات الدولية كانت دائمة في حالة ابتكار لمفاهيم ومصطلحات جديدة تضيفها إلى قاموسها، بحيث أصبح ((حق التدخل)) بدلاً من مبدأ ((عدم التدخل)) من المظاهر الواضحة في السنوات التي أعقبت طي صفحة الحرب الباردة، حيث أن غزو بنما/1989 كان فاتحة لنمط جديد في السياسة الدولية، إضافة إلى ما حصل في شمال العراق بعد حرب /1991، وكذلك في الصومال تحت غطاء ((إعادة الأمل)) وفي حروب البلقان، في البوسنة والهرسك /1995، وكوسوفو/1999 ومقدونيا/2001 ,

وفي الواقع، فإن ((أجندا من أجل السلام)) التي طرحها الأمين العام السابق للأمم المتحدة بطرس بطرس غالي لعام 1992 كانت القاعدة الأساسية لمبدأ التدخل

الإنساني والذي وسع من صلاحيات الأمم المتحدة في هذا الميدان، من خلال دعوة الدول الأعضاء للعب دور أكبر وتخصيص وحدات عسكرية جاهزة للتدخل تحت علم الأمم المتحدة، وتم إقرارها من خلال اجتماع قمة مجلس الأمن في 31/كانون الثاني 1992 الذي حضره رؤساء دول وحكومات الدول الأعضاء الدائميين، حيث تم اعتبار الديمقراطية وحقوق الإنسان الأساس الأيديولوجي الوحيد في العلاقات الدولية، وتطبيق مبدأ الدبلوماسية الوقائية للتنبؤ بالأزمات ومحاولة احتواءها وحلها قبل تفاقمها إلى حروب .

كما أن الجمعية العامة سارت على نفس الطريق الذي رسمه مجلس الأمن وتبنت القرارات التي تبيح ((مبدأ التدخل الإنساني)) من خلال إنشاء منصب المفوض السامي لحقوق الإنسان لاستقبال شكاوى المواطنين والجماعات من انتهاكات الأنظمة السياسية لحقوق الإنسان، وهو المنصب الذي اعترضت عليه الصين، واعتبرته تدخلاً صريحاً في سيادة الدول وسلطانها الداخلي .

مبدأ سمو الدستور : Prinicipe de Supérorité de Constitution

يعد هذا المبدأ من المبادئ الجوهرية والمسلم بها في فقه القانون الدستوري . إذ يقصد بذلك هو علو القواعد الدستورية على غيرها من القواعد القانونية المطبقة في الدولة، وأن أي تشريع تصدره الدولة تشترط ألاّ يكون مخالفاً للمبادئ الدستورية، سواء كانت مكتوبة، أو عرفية . والهدف من إقرار هذا المبدأ والتنصيص عليه في مواد الدستور النافذ نفسه، هو أن النظام القانوني للدولة يجب أن يكون محكوماً بالقواعد الدستورية، وأن أي سلطة من سلطات الدولة لا تمارس اختصاصاتها إلاّ بموجب ما يخوله الدستور لها . وأن أغلبية الدساتير الحديثة، إن لم نقل كلها، قد نصت صراحة على مبدأ سمو الدستور، وأن جميع هيئات الدولة أن يكون نشاطها مطابقاً للقواعد الدستورية، وإذا جاءت مخالفة لهذه القواعد فإنها لا تتمتع بأي أثر قانوني لأنه يمس مبدأ المشروعية الذي يعني وجوب احترام القوانين العادية الصادرة عن السلطة التشريعية والالتزام بها وضرورة مطابقة تلك القوانين للنصوص الدستورية . وأن عملية التحقق من مبدأ سمو القواعد الدستورية يتم من خلال تنظيم الرقابة على

دستورية القوانين . وفي الظروف الطارئة غير الطبيعية تلجأ السلطة السياسية إلى تعليق الدستور، مما يؤدي بالنتيجة إلى فقدان مبدأ سمو الدستور مبرر وجوده، او تنفيذه وذلك استناداً الى نظرية الضرورة التي تمثل قيداً على هذا المبدأ، وذلك انطلاقاً من ((أن الدولة أو السلطة هي التي أوجدت القانون . وهي تخضع له لتحقيق مصالحها، وعلى ذلك فلا خضوع عليها إذا كان تحقيق صالحها هو في عدم الخضوع)) . وهنا من ينتقد هذه النظرية وخصوصاً في الفقه الفرنسي ـ الذي يخالف الفقه الألماني، مؤكداً بأن كل ما تقوم به الدولة أو السلطة ليس هو حق قانوني، وإنما حقوق سياسية ونظرية الضرورة نظرية سياسية .

مبدأ مونرو : doctrine de Monroe

يعد مبدأ مونرو الذي أعلنه الرئيس الأمريكي مونرو في عام 1823 من المبادئ المشهورة في السياسة الخارجية الأمريكية، محدداً ملامح هذه السياسة وتوجهاته على المستويين الإقليمي والدولي . إذ جاء هذا المبدأ في رسالة وجهها الرئيس الأمريكي مونرو إلى الكونغرس في الثاني من كانون الأول عام 1823، والذي أكد بأنه ((يجب بعد الآن ألاّ تعتبر القارة الأمريكية بما لها من كيان حر ومستقبل اكتسبته وستحافظ عليه، هدفاً للاستعمار من أي دولة من الدول الأوربية)، أي جعل أمريكا الوسطى والجنوبية صنيعة أمريكية لا يجوز التدخل في شؤونها، وأعلن عن سياسة العزلة، أي عدم التدخل في الشؤون الداخلية الأوروبية، أي (لن تتدخل ولن تبدي أي اهتمام بشؤون أوروبا) .

مجال حيوي : Espace Vital

وهي نظرية سياسية وجيوبولتيكية جرى أحياءها من جديد في ألمانيا النازية عام 1933 تحت اسم (لينز راوم)، والتي تعني بأنه يجب أن يتيسر ـ للدول الكثيفة السكان والمتقدمة تكنولوجياً، واقتصادياً، واجتماعياً، أن تحتل رقعة إضافية من الأرض وتستثمر ثرواتها ومواردها الاولية في سبيل بقاء تلك الدولة والمحافظة على كيانها ومراعاة نموها وتطورها . وإذا كانت ألمانيا قد طبقت هذه النظرية خلال وقبل الحرب العالمية الثانية بضم بولونيا، الجيك وسلوفاكيا، والنمسا عام 1933، فإن الحركة

الصهيونية استمدت هذه النظرية من الفكر النازي وطبقتها على أرض فلسطين في اغتصاب الأرض واضطهاد الشعب الفلسطيني وطرده من أرض وطنه .

وهناك من يرى بأن هذه النظرية قد ظهرت قبل النازية، لكنها من أصل ألماني طورتها مدرسة الجغرافيين الألمان تحت إطار ((المجال الحيوي))، وخصوصاً من قبل فردريك راتزل (1844-1904) الذي يرى أن الثورة السياسية لأمة ما تتعلق بعنصرين جغرافيين : الموقع من جهة، والمجال الذي تتمتع به من جهة أخرى . لكن راتزال يضيف إليها عنصراً ثالثاً غير جغرافي يسميه ((حاسة المدى)) . وهذه الحاسة هي حاسة طبيعية، كالنظر والسمع واللمس . وتكون هذه الحاسة متطورة بشكل خاص لدى بعض الشعوب، وضامرة لدى شعوب أخرى . وسعى هذا البناء الفكري إلى دراسة الإنسان والدولة والعالم كوحدات عضوية حيث نظر إلى الدولة ككائن عضوي يحتل مساحة ينمو فيها ويتقلص ثم يموت، وهو لم ينظر إلى الدولة كواقع مادي تماماً وإنما هي تكتل عضوي يتشكل بفعل القوى الروحية والمعنوية . وبعد الحرب العالمية الأولى قام معهد الجيوبولتيك في ميونيخ الذي كان يديره الجنرال هوسهوفر، الذي أصبح فيما بعد مستشاراً لهتلر، بتطوير هذه النظرية، وذلك لفعاليتها من الناحية السياسية، حيث ترى هذه النظرية بأن لكل شعب الحق بالاستيلاء على المدى الضروري له وذلك ليتمكن من الانطلاق بشكل كامل بما في ذلك ((ضمان الأمن الغذائي والموارد الطبيعية الضرورية لبقائه)) . وحيث أن الحدود تمثل مناطق صراع بين الدول، فقد أطلق علماء الجغرافيا السياسية على هذه الحدود اصطلاح ((الحدود المتحركة)) .

المجتمع : La Societé

هيئة اجتماعية معقدة يكون تنظيمها الداخلي عبارة عن مجموعة روابط وعلاقات اقتصادية واجتماعية وعائلية وفكرية متنوعة، تلك التي تقوم في نهاية الحساب على العمل البشري . والمجتمع يتكون من الأفراد الذين يحققون الإنتاج المادي والروحي ومن العلاقات الإنتاجية والاقتصادية التي تتشكل على أساس هذا الإنتاج والتي تتضمن العلاقات الطبقية والقومية والعائلية، ومن العلاقات السياسية، وأخيراً

من المجال الروحي من حياة الناس أي العلم والفلسفة والفن والأخلاق والممارسات الطقسية وهلم جراً .

ليس هناك مجتمع بشكل مجرد كما أنه ليس هناك إنسان بشكل مجرد، وإنما أشكال معينة ملموسة لتنظيم الناس اجتماعياً، مثلاً : مجتمع اشتراكي، مجتمع رأسماي، ومجتمع إقطاعي، وهكذا . وبغض النظر عن كل الاختلافات بين المجتمعات المعينة فلدى كل مجتمع خصائص متميزة عن كل ما ليس بمجتمع .

وبالإضافة إلى ذلك، فإن البروفسور ((هو بهوس)) يعرف المجتمع بأنه مجموعة من الأفراد تقطن على بقعة جغرافية محددة من الناحية السياسية ومعترف بها ولها مجموعة من العادات والتقاليد والمقاييس والقيم والأحكام الاجتماعية والأهداف المشتركة المتبادلة التي أساسها الدين واللغة والتاريخ والعنصر . وهناك من عرف المجتمع بأنه جميع العلاقات بين الأفراد وهم في حالة تفاعل مع منظمات وجمعيات لها أحكام وأسس معينة . وباختصار، فإن المجتمع هو : أفراد، مساحة معينة من الأرض، نظم تحدد علاقاتهم الاجتماعية، وشعور جماعي بوحدتهم الاجتماعية .

أما بالنسبة لأدوارد كارديللي في كتابه النقد الاجتماعي، فإنه يعتبر المجتمع ليس مجموع إجمالي للإيرادات الذاتية لأعضاءه المختلفين، وإنما هو علاقة مادية، علاقة بين قوة اجتماعية، يعتمد فيها الناس إلى أبعد حد ممكن على مستوى التطور الذي بلغته القوى الإنتاجية)) . ويضيف بقوله : فالمجتمع هو الحياة نفسها، أنه الصراع والنشاط الخلاق والعمل الواعي والعلاقات المادية بين الناس000)) .

المجتمع المدني : La Societé Civil

يعد مفهوم المجتمع المدني من المفاهيم التي حظيت بالاهتمام الواسع منذ بداية القرن التاسع عشر، حيث الأفكار الاشتراكية والليبرالية التي نظرت إليه من الزاوية المحددة لها . فقد رأى هيغل أن مفهوم المجتمع المدني يختص بمجال العلاقات الاقتصادية وتنظيمها الخارجي، وفقاً لتصور الدولة الليبرالية، وركز على الطبيعة الصراعية للمجتمع المدني وحاجته إلى الدولة لمنحه الهدف والتوحد . وعند ماركس وأنجلس اختص المفهوم بمجال العلاقات الاقتصادية (القاعدة) باعتبارها العامل

الحاسم لا الدولة التي تشكل جزءاً من البناء الفوقي . ولذا اعتبرا أن حدود المجتمع المدني هي حدود العلاقات الاقتصادية، وأن المجتمع المدني هو مسرح التاريخ كله، وأن تحليله يتم عبر الاقتصاد السياسي . وقد اعتبر ماركس المجتمع المدني بأنه ((يحتضن كل العلاقات المادية للأفراد ضمن مرحلة محددة من تطور قوى الإنتاج . فهو يحتضن كل الحياة التجارية والاقتصادية، ولذا فهو يتجاوز الدولة والأمة، لكن من جهة ثانية عليه، مرة أخرى، التعبير عن نفسه في علاقاته الجانبية كقومية، وعليه داخلياً أن ينظم نسفه كدولة)) .

وقد استخدم روسو وكانت مصطلح المجتمع المدني ليعني المجتمع السياسي، والدولة تحديداً كما استخدم للمقارنة بالمجتمع البدائي (غير السياسي)، كما استخدمه البعض للإشارة إلى المساحة التي تفصل بين العائلة والدولة، أو ليعني المجال الذي تغطيه العلاقات الاجتماعية والحياة العامة في مقابل فعاليات الدولة . كما استخدم للتمييز بين المجتمع المدني والحكومة المدنية من جهة، وبين المجتمع الطبيعي والحضارة . أو للمقارنة بين الحضارة الغربية والمجتمعات الأخرى . وكان غرامشي أول من أدخل في الفكر الماركسي تعديلاً مهماً على مفهوم ((المجتمع المدني)) إذ وضع المجتمع المدني في إطار البناء الفوقي . وربط بين المجتمع المدني ووظيفة ((الهيمنة التي تمارسها الطبقة أو المجموعة المهيمنة في المجتمع، من جهة، ووظيفة السيطرة المباشرة)) أو الحكم من خلال الحكومة الشرعية من جهة أخرى وعلى أثر التحولات التي شهدتها أوروبا في نهاية عقد الثمانينات جرى إحياء المفهوم في الدراسات الاجتماعية ليعني بصورة عامة مجموع السياسات الطوعية في المجتمع التي تعارض أو تحد من تدخل السلطة المركزية السياسية في مجالات عملها ونشاطها .

وقد عد المجتمع المدني اليوم، وفي كل الأطروحات السياسية والاجتماعية والثقافية، باعتباره شرطاً ضرورياً لقيام نظام سياسي ديمقراطي مستقر . وقد راجت منذ مطلع التسعينات النظريات التي تطرح أن الديمقراطية تزدهر في الدول التي تتمتع بمجتمع مدني فاعل . أي لا يمكن أن تعرف الديمقراطية بدون مجتمع مدني ولا مجتمع مدني بدون ديمقراطية . كما أن هناك البعد الأيديولوجي الذي بات يصبغ مصطلح

المجتمع المدني، إذ أصبح يعطي مفهوماً وظيفياً : أي أن المجتمع المدني يُعرّف بمجموع المؤسسات والمنظمات والروابط التي تقوم بدور يحد من سلطة الدولة، أو يشكل عازلاً بين السلطة والفرد في المجتمع، أو أنه يستخدم مرادفاً لمصطلح ((المجتمع)) كما هو متداول في لغة العلوم الاجتماعية .

وقد جاء تعريف المجتمع المدني على نحو إجرائي، كما اتفق على ذلك في الندوة الفكرية التي نظمها مركز دراسات الوحدة العربية عام 1992 بعنوان المجتمع المدني في الوطن العربي ودوره في تحقيق الديمقراطية، بأنه جملة المؤسسات السياسية والاقتصادية والاجتماعية والثقافية التي تعمل في استقلال نسبي عن سلطة الدولة لتحقيق أغراض متعددة منها : أغراض سياسية كالمشاركة في صنع القرار على المستوى الوطني (الأحزاب السياسية، النقابات، الجمعيات 000 الخ) . وليس المقصود بالمجتمع المدني إيجاد معارضة سياسية في مواجهة الدولة . إذ أن فاعلية المجتمع المدني بكل تكويناته تنطوي على أهداف أوسع وأعمق من مجرد المعارضة : أنها المشاركة بمعناها الواسع – سياسيا واقتصادياً واجتماعياً وثقافيا – أي بالتحديد فإن وظيفة المجتمع المدني هي وظيفة تسييرية شاملة في المجتمع ككل، وليس بالضرورة أن يكون هناك عداء أو تناقض بين الدولة والمجتمع المدني، ومن ثم فإن العلاقة بين الطرفين لابد أن تحكمها قاعدة أساسية مؤداها الحفاظ على استقلالية المجتمع المدني.

مجلس الأمن : Le Conciel de Sécurité

يعد مجلس الأمن من بين أهم الأجهزة الثلاثة من أجهزة الأمم المتحدة التي تتولى مسؤولية تنفيذ مبادئ الميثاق المتعلقة بالسلم والأمن الدوليين . ويتحمل مجلس الأمن وفقاً للميثاق ((التبعات الرئيسية في أمر حفظ السلم والأمن الدوليين)) . وهو يتمتع فيما يتعلق بالأمم المتحدة بسلطات معينة ذات سيادة . وعلى ذلك تنص المادة 24 من الميثاق إذ تقرر أنه ((رغبة في أن يكون العمل الذي تقوم به الأمم المتحدة سريعاً فعالاً، يعهد أعضاء تلك الهيئة إلى مجلس الأمن بالتبعات الرئيسية في أمر حفظ السلم والأمن الدوليين، ويوافقون على أن هذا المجلس يعمل نائباً عنهم في قيامه بواجباته التي تفرضها عليه هذه التبعات)) . وقد نصت المادة (25) تعهد الدول الأعضاء بقبول ما يتخذه المجلس من قرارات وبتنفيذ هذه القرارات وفقاً للميثاق .

وقد كان مجلس الأمن حتى نهاية عام 1965 يتألف من أحد عشر عضواً من أعضاء الأمم المتحدة، على أن تكون الدول الخمس الكبرى : الصين، فرنسا، والاتحاد السوفيتي، بريطانيا والولايات المتحدة من الاعضاء الدائمين . وينتخب الستة الأعضاء الآخرين من بين مجموع الدول الأعضاء في الأمم المتحدة يكونوا أعضاء غير دائميين بالمجلس . ويتم الانتخاب بمصادقة الجمعية العامة بأغلبية الثلثين، ويراعى فيه التوزيع الجغرافي العادل، ويكون انتخاب الأعضاء غير الدائميين لمدة سنتين، على أن يختار في أول انتخاب ثلاثة منهم لمدة سنة واحدة . ولا يجوز انتخاب العضو الذي انتهت مدته على الفور، ولا يكون لكل عضو في مجلس الأمن غير مندوب واحد (مادة 23) من الميثاق .

ونتيجة لتزايد عدد الدول المنتمية إلى الأمم المتحدة فقد تم تعديل ميثاق الهيئة من أجل زيادة عدد أعضاء مجلس الأمن إلى خمسة عشر عضواً، وذلك في جلسة للجمعية العامة للأمم المتحدة في 17/كانون الأول/1963، كما قررت تبعاً لذلك وفقاً للمادة 108 من الميثاق اعتماد تعديل المادتين 23 و 27 من الميثاق اللتان تنظمان تشكيل المجلس وطريقة التصويت فيه، بحيث يصبح عدد الأعضاء المنتخبين غير الدائميين عشرة أعضاء إلى جانب الخمسة الأعضاء الدائميين . وقد تم الاتفاق في دورة الجمعية العامة بموجب قرارها المرقم 1991 في دورتها الثامنة عشر على أن يراعى أن يجري انتخاب الأعضاء العشرة غير الدائميين في مجلس الأمن على الوجه الآتي : ((5 أعضاء من دول آسيا وأفريقيا، 1 من دول أوربا الشرقية 2 من دول أوربا الغربية والدول الأخرى، 3 من دول أمريكا اللاتينية)) . وقد توالت تصديقات الدول على هذه القرارات بعد ذلك واستكملت بتصديق الصين عليها في شهر أيلول /1965، وتم انتخاب الأعضاء الجدد في شهر نوفمبر / تشرين الثاني /1965، وبدأ تشكيل مجلس الأمن بوضعه الجديد اعتباراً من أول كانون الثاني/1966 . ومنذ ذلك الوقت حتى الآن لم يطرأ أي تغيير على تركيبة المجلس رغم العديد من الدعوات التي تطالب بزيادة عدد أعضاء مجلس الأمن الدائميين، وإلغاء حق النقض الفيتو الذي تحتكره الدول الخمس الكبرى، إلاّ أن الجهود ما زالت قائمة في هذا الاتجاه .

محكمة العدل الدولية : Cour Internotional de Justice

تعد محكمة العدل الدولية الجهاز الحيوي الخامس في المنظمة الدولية، حيث قرر موقعو الميثاق إنشاء محكمة جديدة بني نظامها على الأسس التي قام عليها نظام المحكمة الدائمة للعدل الدولي التي أنشأت في ظل عصبة الأمم، مع بعض التعديلات الطفيفة، والذي تم فيه استبعاد الدول الأعداء في الحرب العالمية الثانية، وبدون دعوة الدول الموقعة على نظام المحكمة للانعقاد . إذ أن اللجنة التي عهد إليها بوضع نظام المحكمة الجديدة أمكنها تدارك هذه النتيجة بالنص في النظام الأساسي الجديد : على أن كل إحالة على المحكمة القديمة وكل قبول لاختصاصها ينصرف، بالنسبة للدول أطراف هذا النظام فيما بينها، إلى المحكمة الجديدة . أما بالنسبة للدول التي لم تشترك في ميثاق الأمم المتحدة فلم يكن هناك سبيل لأن يشار إلى حالتها فيه، وإنما سبيل ذلك مفاوضات لاحقة تجري مع هذه الدول ويقع عبء تحريكها على الجمعية العامة للأمم المتحدة . ويقع النظام الأساسي لمحكمة العدل الدولية في سبعين مادة، وتتكون من 15 قاضياً ينتخبون بغض النظر عن جنسيتهم من الأشخاص ذوي الصفات الخلفية وفي الفقه القانوني والحائزين في بلادهم للمؤهلات المطلوبة للتعيين في أرفع المناصب القضائية أو من المشرعين المشهود لهم بالكفاية في القانون الدولي، على أن لا يكون من بينهم أكثر من عضو واحد من رعايا دولة بعينها . ويكون انتخاب القضاة بمعرفة الجمعية العامة ومجلس الأمن من قائمة تشمل مرشحي الدول الأعضاء في الأمم المتحدة . وينتخب أعضاء المحكمة لمدة تسع سنوات ويجوز إعادة انتخابهم، على أن ولاية خمسة من القضاة الذين وقع عليهم الاختيار في أول انتخاب يجب أن تنتهي بعد مضي- ثلاث سنوات وولاية خمسة آخرين بعد ست سنوات، ويكون تحديد ذلك بطريقة القرعة عقب أول انتخاب . وينتخب القضاة من بينهم رئيس ونائب رئيس لمدة ثلاث سنوات . ولا يفصل عضو المحكمة إلاّ بالإجماع . ويتمتع أعضاء المحكمة في مباشرة وظائفهم بالمزايا والإعفاءات الدبلوماسية . ومقر المحكمة في مدينة لاهاي في هولندا.

المراسم (البروتوكولات) : le protocole

تعد كلمة المراسم ترجمة للكلمة الإنكليزية والفرنسية (Protocole)المصطلح الذي حظي باتفاق دولي، ويقصد به مجموعة القواعد والأعراف المرعية في العلاقات الدولية والدبلوماسية لتنظيم المناسبات الرسمية كالاستقبالات الاجتماعية والحفلات والمآدب . وإدارة المراسم في وزارة الخارجية هي التي تعتبر المرجع الرئيس لمراسم الدولة، وأنها تمثل وجهة الدولة في استقبال الرؤساء الأجانب والسفراء وكبار الزائرين، حيث تقع عليها مسؤوليات جسيمة وتجابه أحياناً مواقف حرجة ودقيقة للغاية .

ومن بين اختصاصات المراسم :

- تنظيم زيارات رؤساء الدولة، الاتصال بالسفارات الأجنبية، إعداد قائمة الأعياد الوطنية للدول الأجنبية، إعداد قائمة السلك الدبلوماسي، إعداد قائمة بأسبقيات السفراء المعتمدين وكبار شخصيات الدولة، إصدار الجوازات الدبلوماسية، مرافقة السفراء، السهر على حصانة وامتيازات الممثلين الدبلوماسيين المعتمدين ... الخ .

المركزية الأتوقراطية : Centralistion Auto Cratique

تقوم المركزية الأتوقراطية على أساس هيمنة التنظيمات العليا في الحزب هيمنة فعلية على جميع التنظيمات الحزبية الأقل منها درجة، بحيث أن جميع القرارات تصدر من الهيئات القيادية للتنظيمات الحزبية العليا، ولا يكون للتنظيمات الحزبية الأدنى إلاّ رأياً استشارياً . بالإضافة إلى ذلك تقوم التنظيمات العليا في الحزب بمراقبة تنفيذ قراراتها بواسطة ممثليها الذين يتمتعون بسلطات واسعة تمكنهم من السيطرة سيطرة فعلية على التنظيمات الأدنى .

المركز الاجتماعي (أو الدور) : Le Centre Sociale

يعد رادكليف براون (1881-1955) العالم الانثروبولوجي - الاجتماعي البريطاني أول من استعمل مصطلح المركز الاجتماعي عندما أراد تحديد النقطة التي يحتلها الفرد في التركيب الاجتماعي . ففي بنية العلاقات القرابية هناك مراكز كثيرة

مثل المركز الأب، الأم، الأبن 000 وهذه المراكز جميعها هي أحكام ومقاييس أخلاقية واجتماعية تحدد السلوك الاجتماعي اليومي للفرد . وقد ميز رادكليف براون ما بين المركز الاجتماعي والدور الاجتماعي بقوله أن هناك فرقاً بين التركيب الاجتماعي والمنظمة الاجتماعية . فالمنظمة الاجتماعية مثل المدرسة تتكون من مراكز مختلفة مثل مركز مدير المدرسة ومعاونيه، لكن سلوك هؤلاء هو نظام من الفعاليات والنشاطات يمكن تسميته بالأدوار التي تشكل نظاماً متكاملاً ينسق علاقاتها الواحدة بين البناء النظامي (التركيب) والمنظمة . فالبناء النظامي يتكون من أدوار مختلفة تعمل بصورة متكاملة ومتناسقة : أدوار الأزواج، الأطباء، الضباط، الأساتذة ...

وإذا كان الفرد قطب النظام الاجتماعي، فإن المكانة التي يحتلها تعين مركزه ودوره . فمركز الفرد هو مجموع سلوكيات يمكنه أن يتوقعها بصورة مشروعة من جانب الآخرين، أما دوره فهو مجموع سلوكيات يتوقعها الآخرون بصورة مشروعة من جانبه . فالدور هو نظام قواعد اجتماعية تتوجه نحو الفرد وحده ولذاته بصفته عضواً في جماعة أو ممثلاً طائفة من الأفراد متميزين سيكولوجياً .

وإذا كان المركز status مرتبط بالدور، فإنه يعرف : ((أن المركز الاجتماعي لفرد أو طائفة من الأشخاص في نظام اجتماعي معين هو وضع هذه الطائفة على نحو الذي تبدو فيه إلى الأشخاص الذين لهم علاقة، وحينما يؤكد على الوظائف التي يجب القيام بها والأدوار المنجزة والهيبة التي تعزى وفقاً لسلم القيم والقواعد النافذة في نطاق ما ينتظر من تبادل السلوكيات المقررة في هذا الوضع ذاته)) .

ويؤكد الأستاذ صادق الأسود، بأن المركز الاجتماعي إذاً هو المكان الذي يحتله الشخص في بنية اجتماعية على النحو الذي يقدره ويقيمه المجتمع . وأن كل نظام اجتماعي يتكون من مجموعة من المراكز المنظمة . فالمركز بقدر ما هو مضمون فإنه يقرر سلوك الفرد، وسلوك الآخرين إزاءه، ويعطي للفرد تعريفاً اجتماعياً عن ذاته .

المركزية الديمقراطية : Centralistion democratique

تقضي المركزية الديمقراطية بأن تتركز سلطة اتخاذ القرارات بيد أعلى سلطة تنظيمية في الحزب، إلاّ أن هذه القرارات لا تصدر إلا بعد الوقوف على آراء الأعضاء

في التنظيمات الأقل درجة . ولتحقيق ذلك يقوم كل تنظيم من تنظيمات الحزب بالانتخاب ممثل عنه في التنظيم الحزبي الأعلى منه والتابع له . وبموجب المركزية الديمقراطية تتخذ القرارات في مختلف التنظيمات الحزبية من قبل الأغلبية وعلى الأقلية إطاعتها وكأنها صادرة عنها وبموافقتها . ولهذا فهي ديمقراطية لأنها تفسح المجال لأعضاء الحزب في إبداء آرائهم بحرية في جميع الأمور التي تواجه الحزب، وهي مركزية لأن القرارات بموجبها تكون بيد التنظيمات الحزبية العليا وعلى التنظيمات الحزبية أن تخضع للتنظيمات الحزبية الأعلى درجة.

المسؤول السياسي التنفيذي : Le Responsanle Politique

يتخذ المسؤول السياسي، أو المسؤولون السياسيون، أسماء وألقاب شتى، وتتباين واجباتهم، وسلطاتهم بقدر كبير، وحتى مهام وصلاحيات أنظمة الحكم السلوكية الملكية القليلة الباقية تختلف بقدر كبير . ويطلق على بعض المسؤولين السياسيين التنفيذيين لقب الرئيس لكن سلطاتهم ومهماتهم قد تختلف اختلافاً عظيماً . وقد يطلق على البعض لقب رئيس الوزراء، أو الوزير الأول، أو رئيس مجلس الوزراء، وقد تكون سلطة التنفيذ السياسي جماعية ويطلق عليها ألقاب مثل المجلس الوزاري أو المكتب السياسي أو اللجنة التنفيذية . ولا تبين الألقاب المهام التي ينفذها هؤلاء المسؤولون، لكن يمكن التمييز بين المسؤولين التنفيذيين : فعالون، من خلال السلطات الحقيقية في سن القوانين (رئيس الولايات المتحدة)، وفخريون، أي الذين لم تكن لديها سلطات فعالة مثل ملك السويد، ملكة بريطانيا . وهناك أنظمة جمهورية برلمانية تفصل فيها السلطة التنفيذية الفخرية عن السلطة التنفيذية الفعلية كما في ألمانيا، وإيطاليا ، الهند، حيث ليس لدى رؤساء الجمهورية إلاّ إلقاء الخطب في المناسبات الوطنية، وتسمية رؤساء الوزراء في الانتخابات . وهذا الفصل يميل إلى أن السلطة الفخرية تميل لأن تكون فوق السياسة، وهي رمز الوحدة الاستمرارية . وإذا كانت السلطة التنفيذية الأمريكية تجمع ما بين السلطة الفعلية والفخرية، فإن الصين الشعبية ذات النظام الشيوعي مالت إلى الفصل بين السلطة الفخرية والفعلية . فرئيس الجمهورية المنتخب من قبل مجلس الشعب هو شخصية فخرية في استقبال

كبار الزوار، ويفتح جلسات مجلس الشعب ويترأسها، في حين ان هناك بعض الملوك الذين يحتفظون بسلطات فخرية، ورؤساء الجمهورية في المانيا وباكستان، والهند، رؤساء فخريون .

المسألة اليهودية : La question Juife

((المال هو آله إسرائيل المطماع، ويعتقد اليهود أنه لا ينبغي معه لأي آله أن يعيش . إن المال يخفض جميع آلهة البشر ويجعلهم سلعاً . المتاجرة بالمال هذا هو الإله الحقيقي لليهود)) . بهذه الكلمات يبدأ كارل ماركس تعريفه للمسألة اليهودية في الكتاب الذي أصدره ويحمل العنوان نفسه في عام 1844 . ويقول ماركس أن نقد المسألة اليهودية هو الجواب عن المسألة اليهودية . ويضيف مستنداً إلى تحليلات برونر بوير، بأن حل هذه المعضلة هو بتحرر اليهودية من الدين، هذا هو الشرط الذي يوضع على حد سواء أمام اليهودي الذي يطالب بتحرره السياسي، وأمام الدولة، التي عليها أن تحرر وتتحرر هي نفسها، والمسألة اليهودية تنحل عندما يكون اليهودي ((قد كف فعلاً عن كونه يهودياً وحتى لا يمنعه قانونه من ممارسة واجباته نحو الدولة ونحو مواطنيه)) . واذا يقدم ماركس هذه الأفكار التي جاء بها بوير، فإنه يرى فيها أفكاراً أو انتقادات أحادية الجانب، وخصوصاً وأن بوير ينظر إلى الدولة المسيحية فقط، ولا ينظر إلى الدولة في ذاتها، وأن بوير لا يفحص العلاقة بين التحرر السياسي والتحرر البشري . ويشير إلى ((أن التحرر السياسي لليهودي، المسيحي، وبتعبير موجز، للإنسان الديني، إنما هو تحرير الدولة من اليهودية، ومن المسيحية، ومن الدين بصورة عامة)) . ولكن يؤكد ماركس، ((أن تحرر الدولة من الدين هو ليس تحرر الإنسان الواقعي من الدين)) . ويقول لليهود : ((أنكم لن تستطيعوا الانعتاق سياسياً، دون أن تتحرروا من اليهودية تحرراً جذرياً)) . ولا يتحقق التحرر الإنساني إلاّ حين يقرن الإنسان قواه الخاصة بوصفها قوى اجتماعية، وحين ينظمها في شكل قوة سياسية . وعليه فإنه يجب على اليهودي أن يتحرر من المتاجرة بالمال، وبالتالي من اليهودية الواقعية والعملية، إنما يحرر نفسه أيضاً .

مستشار : Conseiller

تطلق هذه الكلمة على الشخص الذي يتولى تقديم الرأي والمشورة في الشؤون السياسية أو القانونية أو الاقتصادية أو الفنية أو سواها، كالمستشار القانوني، التجاري، الثقافي، ومستشار الأمن القومي لدى رؤساء الدول والمستشار الخاص لدى الملوك . وهناك مستشار سفارة، الذي يعتبر الشخص الثاني في المثلية . ويتولى المستشار الدبلوماسي عادة إدارة شؤون السفارة العام، ويطلع المستشار على جميع نشاطات السفارة والتقارير السياسية، العادية والسرية .

مشروع مارشال : Plan Marshall

استناداً إلى المبدأ الذي أعلنه الرئيس الأمريكي هاري ترومان في عام 1947 والقاضي بالتصدي للأيديولوجية الشيوعية في أوروبا، ومساعدة الدول الأوروبية في بناء ما دمرته الحرب العالمية الثانية، فقد تم الإعلان عن برنامج المساعدة الاقتصادية والمالية الذي قدر بحوالي 13 مليار دولار بناء على الاقتراح الذي قدمه الجنرال مارشال في جامعة هارفارد في 5 حزيران/1947، والذي صدر بموجب القانون الرقم 2 في نيسان/1948، باسم برنامج إعادة بناء أوروبا E.R.P ، وقد حددت مدته بأربع سنوات . وقد رفض الاتحاد السوفيتي قبول المساعدة الأمريكية الذي اعتبره منفذاً للتدخل في الكتلة الاشتراكية .

المشروعية : Légitimité

تمثل المشروعية في إطار سيادة القانون، هي التصرفات القانونية التي تجري طبقاً للتحديد القانوني . وإذا كانت الشرعية هي الصفة التي يجب أن تملكها حكومة ما، بحيث أن هذه الصفة تتفق والرأي السائد في الفئة الاجتماعية حول أصل السلطة وطريقة ممارستها، فإن المشروعية هي أن إجراء أي من التصرفات الداخلة في أحد جوانب العلاقات المحكومة بالتنظيم القانوني لا يعد صحيحاً ومنتجاً لآثاره، إلاّ إذا جرى طبق ما تقرره القواعد القانونية، تلك التصرفات من حيث كيفية أدائها أو من حيث الآثار المقصودة منها . وإجراء التصرف المقصود في الإطار الذي رسمه القانون يضفي (المشروعية) عليه ويؤدي بالتالي إلى ترتيب النتائج التي قصدت من إجرائه،

في حين أن إجراء ذلك التصرف في غير الإطار الذي حدده القانون يسمى بعدم المشروعية ويؤدي بالتالي إلى إيقاع الجزاء المحدد لعدم المشروعية الذي تقرره القواعد القانونية . وأن فكرة المشروعية ملازمة بشكل أو بآخر لكل نظام قانوني، بل أن كل نظام قانوني لا يمكن تصوره بدون وجود فكرة المشروعية فيه، فهي نقطة الارتكاز التي لا يمكن بدونها تصور وجود وقيام أي نظام قانوني أياً كان أساسه الأيديولوجي.

المصلحة القومية : National interest

لقد اختلفت أدبيات علم السياسة في تحديد هذا المفهوم، وذلك لكونه مفهوم واسع، ومختلف من دولة إلى أخرى، وحتى أنه يتغير من ظرف دولي إلى آخر . ولكنه يمكن تحديده بأنه يحتوي على تلك المظاهر التي تسعى لها الدول لتحقيق آمالها والتي تحمل الصفة الدائمة والثابتة لظروف تلك الدولة . وتجد بعض الدول نفسها أمام ضرورة تحديد مصالحها الجوهرية في ظل الهيمنة الكاملة على الأقاليم المجاورة، أو البعيدة عن إقليمها . وعليه فإن كل دول العالم صغيرها، أم كبيرها، تجد من الضروري التعبير عن مصالحها الجوهرية لتأمين الحدود الاستراتيجية الآمنة، حتى وإن جرى تأمين هذه المصالح بسياسات غير أخلاقية، وبعيدة عن القيم الجوهرية للأعراف الدولية .

يقول هوتري : طالما كان العلاقات الدولية قائمة على القوة، تكون هذه القوة الهدف الرئيس للطموح القومي . وهنا تقوم دائرة مفرغة . فعندما يقول قائد سياسي أن الحرب ضرورية لمصالح بلده الحيوية، فالذي يعنيه عادة هو أن الحرب ضرورية للحصول على أو لتجنب فقدان بعض عوامل القوة القومية . فالمصلحة تكون حيوية فقط عندما تكون مهمة وأساسية للنصر في الحرب . والغاية الحيوية الوحيدة الكافية لتبرير الحرب هي الشيء المتوقع من هذه الحرب ذاتها)) . وهكذا فقد خاضت بريطانيا، وعلى مدى قرون ثلاثة عدة حروب لضمان مصالحها الحيوية، وخاضت الولايات المتحدة حروب تدميرية ضد فيتنام، والعراق، وأفغانستان، أيضاً من أجل حماية مصالحها الحيوية .

المعاملة بالمثل (في العلاقات الدبلوماسية) : Réciprocité

لقد نصت اتفاقية فينا للعلاقات الدبلوماسية لعام 1961 على مبدأ المساواة في التمتع بالحصانات والامتيازات الدبلوماسية، وعلى الدولة المعتمد لديها أن لا تفرق في المعاملة بين الدول . إلاّ أن المادة 47 من الاتفاقية وفي فقرتها الثانية قد نصت بأن أي تصرف تقوم به الدولة المعتمد لديها لا يعتبر تمييز في المعاملة وذلك من خلال :

آ - بأن الدولة المعتمد لديها تطبق أحد نصوص الاتفاقية بشكل ضيق بسبب تطبيقه على بعثتها في الدولة المعتمدة .

ب- إذا استفادت الدولتان بشكل متبادل، من خلال العرف، أو عن طريق الاتفاق بمعاملة أفضل بما تقتضيه نصوص هذه الاتفاقية)) .

فهذه الفقرة الأخيرة أباحت التوصل إلى اتفاق يقوم على أساس المعاملة بالمثل، وعلى غرار مبدأ الدولة الأوْلى بالرعاية، ويجب أن يكون مصادق على هذه الاتفاقيات مبدأياً . ويجب أن يكون الرد في المعاملة بالمثل أيضاً أن لا يتناقض مع مبادئ القانون الدولي .

المعاهدات : Les Traités

تعد المعاهدات باعتبارها اتفاقات تعقدها الدول فيما بينها بغرض تنظيم علاقة قانونية دولية وتحديد القواعد التي تخضع لها هذه العلاقة . وقد رأى الكثير من الكتاب أن ينصرف لفظ معاهدات بصفة خاصة إلى الاتفاقات الدولية الهامة ذات الطابع السياسي . كمعاهدات الصلح ومعاهدات التحالف، أما ما تبرمه الدول في غير الشؤون السياسية فيطلق عليه اسم اتفاق أو اتفاق تبعاً لأهمية ما اتفق عليه ونطاقه وعدد الدول المشتركة فيه . ويبدو أن التخصيص في التسمية ليس له نتيجة عملية، والأمر سواء كان اتفاقية أو معاهدة فالهدف واحد . وهناك أيضاً من الاتفاقيات الدولية ما تحمل اسم تصريح أو بروتوكول مثل تصريح باريس لعام 1856، وبروتوكول جنيف لعام 1924 الخاص بتسوية الخلافات الدولية بالوسائل السلمية . ومنها ما يطلق عليه اسم ميثاق أو عهد مثل عهد عصبة الأمم أو ميثاق الأمم المتحدة . وإن اختلفت هذه الصياغات، فإنها من الناحية القانونية لا تختلف في جوهرها

والآثار المترتبة عليها . وهناك ما يسمى باتفاقات الجنتلمن، وهي اتفاقات تتم بين القائمين بالشؤون الخارجية لدولتين أو أكثر يثبتون فيها المنهج الذي يرون أن تنهجه دولهم بالنسبة لأمر دولي معين، لكن دون أي ارتباط قانوني بينهم . وللمعاهدات أنواع مختلفة : ثنائية، خاصة، معاهدات جماعية أو عامة، وقد تكون محدودة المدة، مؤقتة، ودائمية، وتبعاً لطبيعتها سواء كانت معاهدات شارعة ومعاهدات عقدية، وتبعاً لموضوعها : معاهدات سياسية، ومعاهدات اجتماعية واقتصادية . كما أن للمعاهدات مراحل لإبرامها، وشروط صحة انعقادها، ومن ثم تحريرها، وتصديقها، وتسجيلها، وآثارها وتنفيذها، وانتهاءها .

معاهدة أوتريخت : Traite d'outrchrite

معاهدة صلح عقدت بين فرنسا وإسبانيا من جهة والدول المشتركة في الحلف المعادي لفرنسا (بريطانيا، هولندا، البرتغال، بروسيا، وال هابسبورغ النمساويين) من جهة أخرى وكانت خاتمة حرب جديدة من أجل التركة الإسبانية (بدأت الحرب عام 1701) .

صادقت المعاهدة على انتقال جملة المستعمرات الفرنسية والإسبانية في الهند الغربية وأفريقيا الشمالية وكذلك جبل طارق إلى انجلترا . وقد تم التوقيع على المعاهدة في عام 1713.

المعايير المزدوجة (سياسة) : Les Doubles Maniere

إذا كان العدل يعتبر كقيمة شمولية ويجب تطبيقه على هذا الأساس وفي كل الظروف والحالات، فإنه لم يكن كذلك الحال في السياسة الدولية، حيث هيمنة القطب الواحد الذي فسر الشرعية الدولية بما ينسجم ومصالحه الحيوية وخياراته الاستراتيجية، الأمر الذي ترتب عليه ظهور ما يطلق بسياسة المعايير المزدوجة، أو المكيالين في تطبيق الشرعية الدولية ضد طرف دون الطرف الآخر . وقد كشفت هذه السياسة عن صراع القيم بين السلوك القائم على الازدواجية في التعامل مع الشرعية وقيم العدل والمساواة الشمولية والكونية . وقد تجلت هذه السياسة بصورتها الواضحة خلال الحرب ضد العراق في عام 1991 . إذ أن الولايات المتحدة والدول المتحالفة

معها بعد أن قامت بتوظيف الأمم المتحدة على مستويين، سواء ما تضمنه ميثاقها من مبادئ أدمج بعضها في خطابها السياسي، أو بتوظيف مجلس الأمن في استصدار القرارات التي تمكنها من تكريس هيمنتها الدولية ومنحها ((الشرعية)) في ضرب العراق بجميع الوسائل ومنها القوة العسكرية، فأنها سبق وأن أبدت تجاهلاً واضحاً ولا مبالاة في تطبقها لمبدأ ((الشرعية الدولية)) حيال إسرائيل، أو دول أخرى بالتحالف لم تستجب للشرعية الدولية .

المكروسسيولوجي - الماكروسسيولوجي :

Micro- Sociologie / Macro - Sociologie

لقد سيطرت على نظريات ومفاهيم علم الاجتماع المعاصر، مواضيع مختلفة، مثل المكروسسيولوجي ((Micro – sociology)) الذي يدرس حالة الصراع الموجودة بين الأدوار والعلاقات الاجتماعية التي تربط أبناء المنظمات . إذ أن نظرية العالم تالكوت بارسونز تركز على موضوع المكروسسيولوجي في دراستها العلاقات الاجتماعية النظامية التي تحددها القوانين المدونة أو غير المدونة أو المتعارف عليها . وفي هذه العلاقات يتوقع كل شخص يدخل فيها سلوكية وأخلاقية الشخص الآخر الذي يكون العلاقة الاجتماعية ويساعده في تحقيق أهدافه وطموحاته . ولكن كل علاقة اجتماعية معرضة لاحتمالين عدم فهم الشخص توقع سلوك الشخص الآخر الذي يدخل في علاقة معه والاحتمال اثاني هو الفهم . لكن هذا التوقع لا يساعده في تحقيق طموحاته ولابد أن هذه الحالة تسبب الصراع بين الأطراف المعنية على مستوى المكروسسيولوجي . ويكون الصراع على أساس المنافسة، والتكامل الاجتماعي للمؤسسات الاجتماعية، حيث أن الصراع هو ظاهرة حتمية .

وهناك الماكروسسيولوجي Maicro – sociology الذي يدرس حالة الصراع الموجود في الأنظمة الحضارية والاجتماعية .

الملحق : Attaché

وهي الصفة الوظيفية التي تطلق على الموظف الدبلوماسي الذي ينتمي إلى أدنى درجة في تسلسل المراتب الدبلوماسية، ويقوم بالاختصاصات الدبلوماسية أو

القنصلية أو المراسمية أو الإدارية التي يكلفه بها رئيس البعثة . إذ أن هناك وفي كل ممثلية دبلوماسية (سفارة) العديد من الملحقين، وحسب الوظائف التي يقومون بها، ودرجة تطور العلاقات ما بين الدولتين . فهناك الملحق التجاري، العسكري، الثقافي، البحري، الصحفي .. الخ .

المناشفة : Manchavique

تيار سياسي وأيديولوجي روسي، برز في المؤتمر الثاني لحزب العمال الاشتراكي، الديمقراطي الروسي المنعقد في آب 1903، ومضاد لجناح البلاشفة (ينظر البلاشفة)، حيث وجدوا أنفسهم أقلية في المؤتمر عند انتخابات الهيئات المركزية للحزب . أي أن المناشفة تعني الأقلية في الوقت الذي فاز فيه جناح الأكثر بزعامة لينين (البلاشفة) بالأغلبية . ومن هنا كان أسما البلاشفا (من الكلمة الروسية بولشنستفو وتعني الأغلبية) والمناشفة (من كلمة منشنستفو وتعني الأقلية) . وقد بقي هذا التيار قائماً في الحزب حتى عام 1911 عندما انحل لينظم إلى البلاشفة .

منظمة البلدان المصدرة للنفط (أوبيك) : .O.P.E.C

تتألف كلمة أوبيك من أربعة حروف لاتينية (O P E C) تمثل الحروف الأولى للكلمات الأربع التي تطلق على منظمة البلدان المصدرة للنفط: (Orgnization of the petroleum exporting countries) ومقرها الحالي في العاصمة النمساوية فينا . وقد ولدت هذه المنظمة من الاجتماع التأسيسي الذي عقد في بغداد في شهر أيلول 1960 من قبل عدد من الدول المنتجة للبترول رداً مباشراً على تلاعب شركات النفط الاحتكارية بأسعار النفط الخام دون استشارة الدول المنتجة والمالكة الشرعية له، ومن أجل تبني سياسة نفطية مستقلة تهدف إلى حماية ثرواتها القومية . وقد جاء عقد هذا المؤتمر بدعوة من الحكومة العراقية الذي جمع ممثلي كلاً من العراق والكويت والمملكة العربية السعودية، فنزويلا، إيران وقرروا تأسيس المنظمة، حيث أن دولها تمتلك 67% من الاحتياطي العالمي . وإذا كانت المنظمة قد بدأت بخمسة أعضاء، فإنها اتسعت عضويتها لتضم قطر، ليبيا، إندونيسيا، الإمارات العربية، الجزائر، نايجيريا، الأكوادور، وكذلك الغابون .

المنظمة الدولية : L'organisation international

يقصد بها الهيئة الدولية المنتظمة، والمشكلة من الدول، التي تستطيع أن تفصح بصورة مستديمة عن إرادة تتميز من الوجهة القانونية عن إرادة أعضاءها، وهي وليدة اتفاق منشئ لاختصاصاتها باعتبارها وسيلة من وسائل التعاون الاختيار بين الدول في مجال أو مجالات معينة، اتفقت إرادات الدول الأعضاء على تحديدها . والمنظمة الدولية تمثل بحد ذاتها تجسيد للتنظيم الدولي . ولذلك، فإن كل منظمة دولية تتمتع بالشخصية القانونية الدولية التي يقصد بها أهلية اكتساب الحقوق وتحمل الالتزامات والنهوض بالتصرفات القانونية وفق أحكام القانون الدولي . وقد تم الاعتراف بهذه الشخصية القانونية بعد الحرب العالمية الثانية . وقد ظهر جدال كبير حول هذه ((الشخصية القانونية)) بين فقهاء القانون الدولي، وخصوصاً فيما يتعلق بمسألة السيادة التي لا يملكها غير الدولة . وقد حسم هذا الجدال تقريباً من الرأي الذي أصدرته محكمة العدل الدولية عام 1949 عندما أكدت إلى أن المنظمة الدولية هي شخصية موضوعية وحجة على الدول الأعضاء وغير الأعضاء على حد سواء . كما أكدت المحكمة أن تمتع الأمم المتحدة بالشخصية الدولية أمر لا غنى عنه وذلك لتحقيق أهداف الميثاق ومبادئه، وأن واجبات المنظمة وحقوقها لا يمكن أن تفسر إلاّ بمقتضى تمتعها بقسط كبير من الشخصية الدولية)) .

منظمة المؤتمر الإسلامي : Organisation de conference Islamique

منظمة إسلامية تضم بين صفوفها أكثر من 56 دولة إسلامية انبثقت في جدة حزيران/1971، تهدف إلى تعزيز التضامن الإسلامي ودعم التعاون في المجالات الاقتصادية والثقافية والعلمية . وقد جاء تأسيسها بعد أن أقر المؤتمر الثالث لوزراء خارجية الدول الإسلامية ميثاق المنظمة، حيث سبق وعقد المؤتمر الأول في الرباط /1969، والمؤتمر الثاني في كراتشي عام 1970 . وقد عقدت المنظمة حتى عام 2001 تسعة مؤتمرات كان آخرها مؤتمر الدوحة .

منظمة الوحدة الأفريقية : Organisation d'unité Africaine

حتى انتهاء الحرب العالمية الثانية لم يكن في أفريقيا غير أربع دول مستقلة، ولم

تمثل في مؤتمر سان فرانسيسكو عام 1945 سوى ثلاث دول من بين الخمسين دولة التي اشتركت في التوقيع على الميثاق . وظل هذا العدد قائماً حتى منتصف عقد الخمسينات، حيث قبلت ليبيا عام 1955 عضواً في المنظمة الدولية ولم يطل عقد الستينات، ومطلع سنواته الأولى حتى بلغ عدد الدول المستقلة خمس وثلاثين دولة أفريقية جديدة، فتح لها باب الانتماء لمنظمة الأمم المتحدة، فبعد أن كانت قلة أصبحت الدول الأفريقية أكبر مجموعة في المنظمة الدولية، التي بدأت في تنسيق نشاطها الدبلوماسي والتصويتي، إلى أن اختمرت فكرة الاتحاد بين الدول الأفريقية بعد أن كانت مجرد شعور في عقد الخمسينات، إضافة إلى خطوات اتحادية ثنائية بين عدد من الدول، ولاسيما بين غينيا وغانا عام 1958، ثم اتحاد مالي بين أربع دول كانت تتمتع بالحكم الذاتي في نطاق المجموعة الفرنسية في أكتوبر 1958، مؤلفة من داهومي والسنغال والسودان الفرنسي (مالي) وفولتا العليا . ولم يصمد هذا الاتحاد وذلك لإعلان استقلال الدول المكونة له، الأمر الذي أدى إلى ولادة مجلس الوفاق بناء على الدعوة من رئيس ساحل العاج إضافة إلى فولتا العليا وداهومي والنيجر الذي تم عقد بروتوكول في نيسان 1959 ووضع النظام الأساسي لهذا الاتحاد الذي أطلق عليه مجلس الوفاق .

ولعل أول خطوة نحو اتحاد أفريقي على مستوى القارة كان في كانون الثاني 1961 عندما وضعت أسس منظمة الدار البيضاء، ثم برز الاتحاد الأفريقي الملجاشي ومجموعة مونروفيا . وقد وضع لمنظمة الدار البيضاء ميثاق وقعه ست رؤساء دول نص على تحقيق الوحدة الأفريقية . ونتيجة للجهود الدبلوماسية التي بذلت تم التوفيق بين آراء ومشاريع منظمة الدار البيضاء والملجاشي، التي أفضت إلى انعقاد مؤتمر أديس أبابا الذي ضم ثلاثون من رؤساء الدول الأفريقية المستقلة حول مائدة واحدة، وانعقد المؤتمر لمدة ثلاثة أيام في 23-25/مايو(أيار)/1963 . وقد تمخض المؤتمر التوقيع على ميثاق أنشأت بموجبه منظمة الوحدة الأفريقية وأجهزتها المختلفة والمختصة . وقد ازداد عدد الدول الأفريقية الأعضاء في المنظمة الى اكثر من خمسين .

دولة حتى عـام 2001 وتعقـد مؤتمراتها السـنوية، حيـث أن مـؤتمر لوسـاكا في حزيران/2001 أعلن ولادة الاتحاد الأفريقـي، بعـد قمـة سرت في الأول مـن آذار مـن نفس العـام، ووضع حـداً لمسـيرة منظمـة الوحـدة الأفريقيـة، بعـد مصـادقة الـدول الأفريقية على وثيقة سرت لعام 1999 .

المنهـج : Méthode

يعد المنهج مسألة أساسية في جميع العلـوم المعروفة، حيـث أنه الطريق الـذي يسلكه الباحث أو المفكر إلى الوصول للهدف الذي يرسمه . وتقـول مـادلين غرافيتـز عن المنهج ((بأنه مجموعة العلميات الذهنية التي يحاول من خلالها علم من العلـوم بلوغ الحقائق المتوخاة، مع إمكانية تبيانها والتأكد من صحتها . فالمنهج هو الأسلوب، وأسلوب منطقي ملازم لكل عملية تحليل ترتدي الطابع العلمي . وطالما أن المنهج هو مجموع عمليات ذهنية، فإنها لابد وان تكون منطقية بغض النظر عـن المنطق المستخدم : منطق صوري، جدلي مثالي، جدلي مادي، وعلى هـذا الأسـاس فإن المنطق هو حجر الزاوية في تحديد مفهوم المنهج وخصوصاً في العلـوم الاجتماعيـة . ولكن في كل الأحوال فإن المنهج يتسم بالنسبية، وخصوصاً إذا ما تم الإقرار بـأن المـنهج هـو في وعي الإنسان ومن نتاج فكره، وأن له بعده الأيديولوجي . ومـا بـين نسـبية المـنهج في العلوم الاجتماعية واستقلاليته، فإن الجميع يتفق على أن هـدف البحـث الاجتماعـي المنهجي هو التوصل إلى تحليل منطقي لظاهرة ما في الواقع الاجتماعي – الاقتصادي . ولكن إذا اختلف المفكرون في التحليل نصل إلى تحديد مسـألة المناهج التي ينطلـق منها الباحثون، والتي لا يـرون الأشـياء نفسـها داخـل الظاهرة الواحـدة، ولاسـيما في المنهج الجدلي، والميكانيكي، وبالتالي، فإن المنهج أداة عمل وليس محصلة عمل ما، أنـه أسلوب معين يهدف إلى كشف أحـد وجـوه المعرفة الاجتماعيـة . وقد عرف العـرب المنهج البيئي (أو العنصر الإقليمي) في تصنيف الأمـم في نباهتها وخمولها، والمـنهج التاريخي الذي أوجده ابـن خلـدون، ولاسـيما في تفسـير ظاهرة السـلطة علـى ضـوء التقلبات التاريخية التي تعرفها الجماعة الحاكمة . وفي الغرب برزت مفاهيم عديـدة: المنهج الإنساني، المنهج الاقتصادي (كارل ماركس)، والمنهج الوضعي لأوغست

كونت، والمنهج العقلاني الذي تميـز بـه دوركهـايم، والمـنهج التعـددي، المـنهج السـلوكي، المنهج الوظيفي، المنهج الثقافي، المنهج البنيوي، المنهج البنيوي – الجدلي.

المنهج التاريخي : Méthode Historique

يعد هذا المنهج من مناهج البحـث في العلـوم الاجتماعيـة، وخصوصاً في علـم السياسة بعد أن تحددت ملامحه وحقوله العلمية وميادين اختصاصه . ويقوم هـذا المنهج على جمع المعلومات التاريخية والوثائق والسجلات كمصادر أساسية لبياناته، ولكنه يختلف عن التاريخ الذي يهتم بالمتابعة الزمنية للوقائع فقط حيث يستخدم المنهج التاريخي هذه الوقائع في الاستدلال بتفسير الظواهر السياسية . أي أن التـاريخ يستخدم كتجارب يمكن الاستعانة بها في مجـال الدراسـات السياسية . وأن للمـنهج التاريخي أساسيات محددة تتمثل في :

- إدخال عامل الزمن في جميع مقومات التحليل السياسي للأحداث .

- يرفض التجربة ويحكم الحواجز بين الأفكار والـنظم والحيـاة السياسـية ويركـز على دراسة الوقائع .

- يعتمد المنهج على المقارنة المنهجية، ويسعى للتقريب بـين الظـواهر السياسـية، حيث وحدة عناصر التطور، ويهدف إلى كشف علاقة السـببية بـين إحداث الظواهر وعرضها عرضاً يساعد في إدراك وكشف مقوماتها ودمجها في إطارهـا الحضاري الشـامل . ومـن رواد هـذا المـنهج المفكر العـربي ابـن خلـدون، ومونتسكيو، وكارل ماركس .

المنهج السلوكي : Méthode Behaviorisme

إن المفاهيم المتطورة التي أرسـاها علم الـنفس وعلم الاجتماع أضحت مـن المفاهيم التي اعتمد عليها المنهج السلوكي كمنهج للبحث في علم السياسة وذلـك مـن خلال دراستنا الشخصيات والاتجاهات والميول والدوافع لأطراف العلاقات السياسـية . وتبنت المدرسة السلوكية الطريقة التجريبية لبناء علم سياسة موضوعي ومحايـد عـبر الفصل بين الوقائع والقيم، أي البحث عن الوقائع السياسية ثم مراقبتها وتحليلها كما

هي في الواقع بمعزل عن تأثير الأحكام القيمية .

إن إطار البحث يتناول : الأحداث، البنى، المؤسسات والايديولوجيات، للاعتقاد بأن التفاعل الاجتماعي يبلور المواقف السياسية، لذا يفترض تركيز الاهتمام على سلوك الفاعلين السياسيين داخل المؤسسات والابتعاد عن دراسة الأشكال القانونية للمؤسسات . فالسلوك طبقاً لهذا المنهج وحدة التحليل السياسي وذلك انطلاقاً من الإيمان بأن علم السياسة علم حركة يهتم بالحركة والتفاعل ومحاولة التكيف مع المحيط والبيئة العامة ولا ينظر للظواهر في صورتها الجامدة .

وترجع بدايات ظهور هذا المنهج إلى دراسات أفلاطون وأرسطو واهتمامهما بالتنشئة السياسية والتعليم والتفاعل الاجتماعي، وكذلك في كتابات ابن خلدون ومحاولته ربط السلوك السياسي للفرد بالبيئة الاجتماعية، وفي كتابات هوبز وتركيزه على أهمية الدافع الأمني وغريزة المحافظة على النفس في نشوء الدولة وسلوك السلطة بداخلها، وقد ازدهر المنهج السلوكي في السياسة بعد الحرب العالمية الثانية، وخصوصاً في الولايات المتحدة، وتأثير مدرسة شيكاغو في السياسة وغيرها من العوامل الأخرى . إذا انصب على دراسة سلوك الإنسان سياسياً والمعاني التي يعطيها سلوكه، وتمثل نظرة جديدة إلى علم السياسة متميزة عن الاتجاهات الأخرى، وخصوصاً وأن السلوكيين يدعون بأنهم يسعون إلى تكوين علم السياسة، موضوعي ومحايد وذلك بفصل الوقائع عن القيم، ويختلف عن علم السياسة التقليدي، وهو ما قبل تاريخ علم السياسة حسب تعبير ديفرجيه .

المنهج المقارن : Méthode Comparée

لقد كانت أغلب الدراسات والبحوث في مجال العلوم السياسية قد اعتمدت في تحليلاتها على المنهج المقارن وذلك لإثبات النظريات والوصول إلى القواعد العامة التي يمكن أن تكون صالحة لكل زمان ومكان وذلك من خلال قدرة المنهج المقارن على استيعاب المؤثرات الخاصة ببلد معين والتي يمكن أن تؤثر على نتيجة دراسة الباحث . وتعد الملاحظة والاستنتاج العنصر الجوهري في الطريقة المقارنة والتي تستخدم في مراحل البحث المختلفة وخلال وضع الفرضية أو عند التأكد من دقة

المصادر والقواعد وصولاً لوضع التعميمات أو النظريات المشخصة من البحث . فالمقارنة تتم بناء على قيمة قياسية بين الظواهر، كمية أو كيفية، عبر استخدام الفرضيات وبناء النماذج ووضع التفسيرات . وتبدأ الدراسة المقارنة بمرحلة وصفية تحليلية للظواهر السياسية المراد دراستها لاكتشاف أوجه الشبه والخلاف بينهما، سواء كانت هذه المقارنات مقارنة مكانية من خلال دراسة مجتمعين أو دولتين مختلفتين أم مقارنة زمانية بمقارنة ظاهرة سياسية في مجتمع واحد ي فترتين زمنيتين أم مقارنة موضوعية تركز على دراسة ظاهرة معينة في عدة حالات مختلفة .

المنهج النظمي : Méthode Systematique

يعتبر المنهج النظمي من المناهج التي طرحت ما بعد المذهب السلوكي، وربما كان انتقاداً لكل المناهج السابقة في تحليل الظواهر السياسية، وخصوصاً وأن علماء السياسة لم يتقبلوا المذهب السلوكي، وأن هذا المنهج الجديد يمثل حركة لإصلاح علم السياسة الذي لم يعد مقتصراً فقط على دراسة سلوك الناخبين، وإنما أيضاً مطالب بأن يصدر أحكامه على الحكومة وعلى سياستها وعلى القضايا الهامة . إذ أن مفهوم النظام ينطلق في أن بؤرة علم السياسة ليست الفرد في وحدته، ولا الجماعات وإنما هو النظام .

وأبرز ممثلي هذا الاتجاه ديفيد إيستون الكندي الأصل من خلال كتابه (النظام السياسي) الذي صدر عام 1953. وأكد بأنه من الضروري البحث عن نظام متلاحم وشامل وينطوي على المؤشرات الرئيسية لتفسير الظواهر السياسية . ولابد أن يجمع في بحوث السياسة ما بين (النظرية الفلسفية التقليدية) في السياسة وبين (النظرية التجريبية) . ويجب بذل الجهود من أجل التنهيج والصياغة لبناء أنماط الحياة السياسية . وبرأي أيستون أن ظاهرة السياسة تكون نظاماً، هو جزء من النظام الاجتماعي الشامل . ولأجل أغراض التحليل والبحث يفصل النظام السياسي عن النظام الاجتماعي الشامل . وأن النظام السياسي لدى أيستون ينطوي على كل النشاطات التي لها علاقة بصياغة وتنفيذ السياسة الاجتماعية، أي عملية صنع السياسة . ولا يتخلى أيستون عن القيم في السياسة، بل يرى أن معيار السلوك السياسي هو تحديد

السلطة للقيم في المجتمع . وأن النظام السياسي في مفهوم ديفيد أيستون هو مجموعة العلاقات والتفاعلات السياسية في نظام اجتماعي معين، وهو جزء من كل هو المجتمع . وإن النظام السياسي ليس منغلقاً على نفسه، وإنما هو نظام منفتح على الخارج بتبادل العلاقات مع النظم الاجتماعية الأخرى من ناحية، وهو مندمج في كل اجتماعي لا يشكل إلاّ جزءاً منه . ويوجد عامل جوهري مشترك بين النظام السياسي وبين النظم الاجتماعية الأخرى، هو عامل القدرة على التحرك إزاء الظروف التي يعمل في ظلها . وهذا المنهج يسمح بدراسة الأفكار المتعلقة بالأهداف، بالحاجات، بالوعي الذاتي، بالعناصر الثقافية والسياسية أي تحليل جميع مكونات المجتمع عبر دراسة العوامل المؤثرة في منظومة العلاقات المتبادلة . ويفترض الإشارة إلى أن لكل نظام مدخلات inputs تشتمل على المتغيرات التي تنتقل إليه من بيئته لكي تتحول إلى طاقة محركة للنظام ومن ثم إلى مخرجات outputs تتوافق مع أهداف النظام . لذا يفترض دراسة أسباب الخلل في التوازن بين المدخلات والمخرجات، ومن ثم القيام بعملية تغذية راجعة لإعادة التوازن ولتطوير مخرجات النظام .

المنهج الوصفي : Méthode Déscriptive

يعد هذا المنهج من مناهج البحث العلمي في علم السياسة وذلك من خلال وصف الظواهر السياسية دراسة الحقائق كما هي للوصول إلى فهم العلاقة بين الظاهرة المدروسة والظواهر الأخرى، وتظهر استخدامات هذا المنهج في دراسات الرأي العام، وتحليل الوثائق، والدراسات المجتمعة والاتجاهات العامة . وهذا المنهج سمح في وضع استنتاجات تعمق الوعي بطبيعة الواقع وعوامل تطوره، حيث أن التطور التكنولوجي في ظهور الحاسبات الإلكترونية سمح باتساع استخدام هذا المنهج عند تصنيف البيانات والأرقام وحتى في تحديد العلاقات بين الظواهر . ويتبع هذا المنهج عدد خطوات البحث التي تتلخص في تحديد المشكلة، فرض الفروض واختبار دقتها، ومن ثم استخلاص النتائج، وذلك من خلال عدد من الإجراءات : أهمية تحديد المشكلة، تحديد المشكلة وصياغتها، وضع الفروض، والافتراضات والبديهيات، اختيار عينة البحث، اختيار أدوات البحث (استبيان، مقابلة،

ملاحظة، اختبار)، جميع المعلومات، تنظيم وتصنيف النتائج، وأخيراً تحليل النتائج وعرضها .

المنهج الوظيفي : Méthode Fonctionnal

أخذ تعبير ((الوظيفة)) من علم الأحياء، حيث العمليات الحيوية التي تساهم في المحافظة على الجسم الحي، وأدخل كمنهج من مناهج البحث العلمي في علم السياسة، كما سبق وأن برز هذا المذهب الوظيفي في العلوم الاجتماعية منذ سنوات العشرين من القرن العشرين . والوظيفة تعني تحليل عدة حالات وبناء الملاحظات ثم تفسير الظواهر بصورة محددة . وكما يقول دركهايم : ((عندما تحاول تفسير ظاهرة اجتماعية يجب البحث بشكل خاص عن : العلة الفاعلة التي كونتها الوظيفة التي تؤديها)) . والوظيفية كما يعرفها باستيد ((تفسر أسباب بقاء الأشياء ولا تفسر-لماذا تتغير)) . السببية تمكن من تفسير الوقائع داخل المجتمعات المضطربة والغير متوازنة . أما الوظيفية فتستبدل العلة الفاعلة بسببية من نمط سايكولوجي ووظيفي يرتبط بالحاجات المحسوسة للأفراد .

وقد عرض علم الاجتماع المبادئ الأساسية للمذهب الوظيفي : يؤخذ المجتمع كوحدة وتحلل وظيفية كل عنصر، أن جميع العناصر لها وظائف في النظام الاجتماعي، كل عنصر ضروري بالنسبة للعناصر الأخرى . وقد انتقل المذهب الوظيفي إلى ميدان علم السياسة بتأثير تالكوت بارسونز، أولاً في دراساته الاجتماعية، ثم السياسية عندما بحث في توازن النظام السياسي الأمريكي، وسلوك الناخبين الأمريكيين عام 1959 . ولقد طور مالينوفسكي الطريقة الوظيفية عند بناءه : النظرية العلمية الثقافية التي تفسر الوقائع ومستويات تطورها من خلال : وظائفها والدور الذي تلعبه في النظام الثقافي وعبر ترابطها في منتظم واحد . وأن المذهب الوظيفي يركز اهتمامه على النظام السياسي وذلك من خلال : العوامل المؤثرة على النظام السياسي، كيفية أدائه لوظائفه، ثم كيف يتماسك ويحافظ على بقاءه.

المذهب السياسي : Le Concept Politique

في كتابه ((تاريخ الفكر السياسي)) يعرف ((جان توشار)) المذهب السياسي

بوصفه ((منتظم متكامل للفكر يقوم على أساس التحليل النظري للواقع السياسي بمجمله))، وبهذا المعنى يمكن الكلام عن ((مذهب أرسطو)) و ((مذهب مونتسكيو)) . بيد أن هذا التعريف يبدو ناقصاً وعاجزاً عن إقامة التمييز بين النظرية السياسية، والمذهب السياسي . فالمذهب يمثل نسقاً متكاملاً من الأفكار حول ظاهرة أو ظواهر تتم دراستها والحكم عليها بمعايير يغلب عليها الطابع الذاتي الشخصي حيث يستهدف واضع النسق تفسير الظاهرة بما ينسجم وأحكامه القيمية ومعاييره الشخصية . فإذا كانت النظرية تميل إلى التعرف على الواقعة، فإن المذهب يميل إلى الحكم على الواقعة معتمداً في هذا الحكم معياراً أخلاقياً سامياً في الغالب وإذا كانت النظرية تنطلق من حقيقة، فإن المذهب ينطلق من مثل أعلى .

هذه الاختلافات تكسب النظرية طابعاً حيادياً، بقدر ما تكسب المذهب طابعاً متحيزاً . فضلاً عن اتصال المذهب بشخصية واضعه (مذهب هيجل مثلاً)، أو ارتباطه باسم مدرسة (المذهب الرواقي والمذهب الأبيقوري والمذهب الفيزوقراطي مثلا) .

وأحياناً تتحول النظرية السياسية وكذلك الفلسفة السياسية إلى مذهب سياسي لدى بعض الذين يؤمنون بصحة هذه النظرية أو تلك الفلسفة، لذلك كله يقترن اصطلاح المذهب السياسي بالأنساق النظرية المعبرة عن آراء واضعيها ومواقفهم وأحكامهم، والمصاغة بصورة تجعل منها مسلمات يقينية وبديهيات محسومة مسبقاً .

والخلاصة أن المذهب السياسي هو الآخر، كما هي النظرية السياسية يشكلان أجزاء من الفكر السياسي . ولا يعرف الفكر السياسي بهذا المعنى، بدلالة جزئه أو أجزائه، أي بدلالة المذهب السياسي . فالفكر السياسي أوسع من المذهب السياسي، ومن الممكن أن يحتضن الفكر السياسي مجموعة مذاهب سياسية كما هو حال احتضانه مجموعة فلسفات سياسية ونظريات سياسية .

موت الأيديولوجية (أو نهاية التاريخ) : La Mort d'Idiologie

إن انتهاء الصراع الأيديولوجي بين الكتلة الاشتراكية والكتلة الرأسمالية وذلك باختفاء الأولى من ساحة الصراع الدولي كمعسكر منافس عسكرياً، وسياسياً

واقتصادياً للعالم الرأسمالي الليبرالي، قد أفضى إلى صدور العديد من الدراسات، وخصوصاً في الغرب، أشارت في طروحاتها وتحليلاتها إلى ((موت الأيديولوجيـة)) التي لم يعد لها وجود وكعامل محرك في العلاقات الدولية، وكأداة مـن أدوات التغير في السياسة الدولية . هذه السياسة التي وصلت إلى نهايتها، نهاية التاريخ حسب تعبير فرانسيس فوكوياما والذي تمثل في ((انتصار)) الغرب الرأسمالي الليبرالي عـلى الشرق الاشتراكي المستند إلى الأيديولوجية الماركسية . ولكن الشيء الملاحظ على مقولة نهاية التـاريخ لفوكويامـا أنـه يؤكد بـأن الديمقراطيـة الليبراليـة بمؤسسـاتها الاقتصادية والسياسية بدأت تزحف على بقية أجزاء العالم، بعـد تراجع جميـع الأيديولوجيات الأخرى . وهذه العملية في حد ذاتها حسب رأي لفوكوياما هـي نهاية التاريخ التي تقود إلى النقطة الأخيرة في التطور الأيديولوجي وهو بلوغ الديمقراطية الليبراية . وقد انطلق لفوكوياما من منهج الفيلسوف الألماني هيغـل الـذي آمـن بـأن التاريخ يصل الذروة في اللحظة المطلقة، أي في اللحظة التي ينتصر فيها ((العقل النهائي)) التي تعبر عنه الدولة . ومن هنا، فإن لفوكوياما اعتبر اللحظة المطلقة في الديمقراطيـة الليبراليـة التي واجهت الفاشية والشيوعية في نفس الوقت وقد استطاعت في النهاية أن تضمـن النصر عليها، وإذا كانت الحرب العالمية الثانية تمثل انتصاراً عـلى الفاشية فـإن انتهاء الحرب الباردة قد أعلنت بصورة قاطعة، انتصار الديمقراطية الليبرالية على الشيوعية . اذ تشكل نقطة انطلاق لفوكوياما ما يمكن ان يسمى بقدر مـن المفارقة ((التفسير المادي للتاريخ في صـورته الرأسـمالية)) . فهـو يـرى ضمـن اطار طروحاته ان يجري تفسير التطور في التاريخ جزئياً بناء على اساس اقتصادي، أي ان العامل الاقتصادي هو احد المحركات الرئيسية في التطور التاريخي . ولكن هذا التطور يـؤدي الى الرأسـمالية بدلاً من الاشتراكية كنتيجة نهائية . وبهذا المعنى يوجد للتاريخ نهاية، ونهاية التـاريخ هي الليبرالية الديمقراطية في السياسة والرأسمالية في الاقتصاد، ويشكلان معـاً وجهـان لنظام واحد . والتاريخ له نهاية ليس كسلسة من الاحداث، حيث ان وقوع الاحداث بالطبع سيستمر في التاريخ، وانما التـاريخ كـ (صيرورة) واحدة مستمرة تنتقل مـن مرحلة ادنى الى مرحلة اعلى، الى ان تصل غايتها ونهايتها .

ونهاية التاريخ، كما يؤكد ايضاً جورج جوقمان في كتابه ((حول الخيار الديمقراطي 1994)) هي النظام الليبرالي الديمقراطي الرأسمالي .

ولكن الحقيقة القائمة في كل ذلك هو أن تعبير وتحليل فوكوياما إنما يمثل في حد ذاته تعبيراً أيديولوجيا، بل هو انعكاس لواقع أيديولوجي والمقصود بذلك سيادة أيديولوجية جديدة في السياسة الدولية وهيمنتها على سلطة القرار الدولي، حيث أن أفكار فوكوياما تعد بمثابة إطار نظري لتوجهات السياسة الخارجية الأمريكية نحو فرض الديمقراطية الليبرالية بالشكل الذي ينسجم مع الخيارات السياسية لاستراتيجيتها الكونية، وسيادة الأفكار الرأسمالية .

وفي الواقع، أن انتهاء الصراع ما بين الشرق والغرب لم يؤدِ إلى اختفاء دور الأيديولوجية أو موتها، كما تروج بعض الدراسات . فالصراع الدولي انتقل من القمة إلى القاعدة . أي انتقل الصراع الدولي إلى المناطق الفرعية التي تشهد صراعات عنيفة وأزمات متصاعدة، وهي تعد أحد نتائج الحرب الباردة، حيث أن مسببات الصراع عند القاعدة هي كثيرة جداً : اقتصادية، سياسية وتاريخية، وإن مرحلة ما بعد الحرب الباردة قد عكست بروز مشاكل وأزمات في كثير من المناطق الفرعية الملتهبة التي لم يتم تسويتها عن طريق الأمم المتحدة . إن المتغير في النظام الدولي وسيادة الأحادية القطبية لا يعني اختفاء دور الأيديولوجية أو موتها . فالعالم يشهد اليوم سيادة أيديولوجية القطب المهيمن، ولكن أيضاً هناك أيديولوجيات منافسة ومتناقضة مع أيديولوجية الغرب الرأسمالي الإمبريالي والتي تتجسد في العديد من القوى المناهضة للغرب وخصوصاً في عالم الجنوب . حيث برز الدور الذي يحتله المتغير الأيديولوجي في الصراع ما بين الشمال والجنوب . ومن هنا، فإن الأيديولوجية ستبقى ذات تأثير في طبيعة العلاقات الدولية بسبب كثرة المشاكل والصراع المستقبلية، والرفض الواسع للعولمة . (ينظر ايضاً نهاية الأيدلوجيا) .

الموقف : Attitude

إن كلمة موقف Attitude بالأصل متأتية من كلمة Attitudine الإيطالية المنحدرة بدورها عن كلمة Aptitudo اللاتينية، وهو يمثل ميل أو نزعة أو استعداد

طبيعي مسبق لإنجاز مهام معينة، يتعلمها الفرد من بيئته الاجتماعية ويستعملها في تقييم الأشياء بطريقة متميزة ومتماسكة وبعيدة كل البعد عن التناقض والتنافس . وكان هربرت سبنسر أول من استعمل هذا المصطلح عندما تكلم عن موقف العقل الذي يساعد الإنسان على التوصل إلى قراراته وأحكامه حول القضايا المتنازع عليها، حيث الموقف العلمي، والموقف النقدي .. الخ . أما غوردوف البورت فيعرف الموقف بكونه : استعداد عقلي وعصبي صقلته التجربة وله تأثير موجه أو فعال على ردود فعل الفرد إزاء كل المواضيع أو الوضعيات التي يرتبط بها .

وهناك من يفرق بين الموقف والميول tendances التي هي انعطاف نحو القيام بعمل شيء معين، وتتسم في أغلب الأحيان بالعفوية، في حين أن الموقف يتميز عن الميول بكونه سلوكاً حركياً نحو عمل شيء معين ويتصف بالدينامية والتنظيم . ويمكن تقسيم المواقف إلى فردية ومواقف جماعية، بناء على من يتخذها ويمكن تصنيفها بناء على الموضوع، كأن تكون مواقف طبيعية وتتعلق بعناصر بشرية، كالمناخ مثلاً، ومواقف اجتماعية تتعلق بأوضاع أو مشاكل اجتماعية، ثقافية، ومواقف سياسية إزاء أوضاع سياسية معينة . وهذه المواقف السياسية تتحكم بها عوامل أما أن تنبعث عن الوسط الاجتماعي أو أن تأتي عن الخصائص الذاتية، البيولوجية، النفسية للأفراد والجماعات .

المواطنة : La Citoyanité

يعد مفهوم أو مبدأ المواطنة من المبادئ التي استقرت في الفكر السياسي المعاصر، وهو مفهوم تاريخي شامل ومعقد له أبعاد عديدة ومتنوعة، منها ما هو مادي - قانوني، ومنها ما هو ثقافي - سلوكي ومنها أيضاً ما هو وسيلة أو غاية يمكن بلوغها تدريجياً . وعلى الرغم من صعوبة تعريف مبدأ المواطنة على حد تعبير خليفة الكواري، باعتباره مصطلحاً سياسياً حياً ومتحركاً في سيرورة تاريخية مستمرة، إلاّ أن هناك عدد من التعريفات بصدد المواطنة منطلقة من الوعي السياسي والحضاري، وتأثرت عبر العصور بالتطور السياسي والاجتماعي وبعقائد المجتمعات وبقيم الحضارات والمتغيرات الكبرى . وقد اقترن مفهوم المواطنة عبر التاريخ بإقرار المساواة

للبعض أو للكثرة من المواطنين . ويكون التعبير عن إقرار مبدأ المواطنة بقبول حق المشاركة الحرة السياسية والاقتصادية وفي الحياة الاجتماعية، وكذلك اتخاذ القرارات الجماعية، وتولي المناصب، إضافة إلى المساواة أمام القانون . وقد كان للمواطنة مفهومها الخاص في دولة المدينة اليونانية، وما عبر عنه الفلاسفة والمفكرين السياسيين الإغريق، حيث اقتصرت فكرة المواطنة على فئات اجتماعية دون غيرها، إلاّ أنها كانت تتضمن إقرار حق المشاركة السياسية الفعالة لمن يتمتع بها، وصولاً إلى تداول السلطة وتولي المناصب العامة . إذ ذهب أرسطو إلى أن الصلاحية لتولي وظائف المحلفين هي المعيار المميز لصفة المواطن . في الفلسفة والواقع الإغريقي أن صفة المواطن، أي التبعية لدولة المدينة كانت تعني القدرة على المساهمة في الحياة السياسية لدولة المدينة دون غيرها من طبقة الأرقاء وطبقة الأجانب . تعتبر صفة المواطنة ميزة تكتسب بالولادة . فالفكر السياسي الإغريقي يعتبر حالة المواطنة وظيفة في حد ذاتها، فعلى الشخص إذن ممارسة أعمال هذه الوظيفة وذلك بالمشاركة بالأمور العامة لدولة المدينة . وقد سبق أن أبدى سقراط اهتماماً بفكرة المواطنة وفقاً للروح الإغريقية، والتي تتجسد في إطاعة السلطة وقوانينها، وأن الإخلال بذلك يعتبر، حسب رأيه ((خيانة لروح المواطنة)) .

وقد كانت شرائع أور - نمو وحمورابي ولبث عشتار أولى القوانين البشرية التي اعترفت بحق المواطنة في نظام اجتماعي متدرج من أجل تحقيق قدر من الاستقرار والسلم الاجتماعي من خلال إقامة النظام وتحقيق قدر من المساواة أمام القانون بين من يعتبرهم النظام السياسي متساويين . وعلى هذا الأساس فإن تاريخ مبدأ المواطنة هو تايخ سعي الإنسان من أجل الإنصاف والعدل والمساواة .

وقد كان للفكر السياسي اهتمام باكتشاف مبدأ المواطنة في كل العصور التي مرت بها النظم السياسية، وتأسيس الدولة القومية، حيث حققت قدراً متزايداً من الاندماج الوطني والمشاركة السياسية الفعالة وحكم القانون . وقد شكل مبدأ المواطنة حجر الزاوية للمذهب الديمقراطي الأوروبي الذي امتد بجذوره إلى الفكر السياسي الإغريقي والفكر القانوني الروماني.

ويؤكد الأستاذ خليفة الكواري بأن هناك تحولات كبرى متداخلة مرت بها التغيرات السياسية التي أرست مبادئ المواطنة : أولها الدولة القومية والمشاركة السياسية وتداول السلطة سلمياً، وثالثها إرساء حكم القانون وإقامة دولة المؤسسات . وتشير دائرة المعارف البريطانية إلى ((المواطنة بأنها علاقة بين فرد ودولة كما يحددها قانون تلك الدولة، وبما تتضمنه تلك العلاقة من واجبات وحقوق في تلك الدولة)) . وتؤكد دائرة المعارف البريطانية بأن المواطنة ((على وجه العموم تسبغ على المواطن حقوقاً سياسية، مثل حق الانتخاب وتولي المناصب العامة)) . وموسوعة الكتاب الدولي تعرف المواطنة Citizenship بأنها عضوية كاملة في دولة أو في بعض وحدات الحكم، وللمواطن بعض الحقوق، مثل حق التصويت وحق تولي المناصب العامة، وعليهم واجبات .

وإذا كان برهان غليون في كتابه نقد السياسة، الدين والدولة، يرى أن ((فكرة المواطنة كتحالف وتضامن بين ناس أحرار، بكل ما تعنيه هذه الكلمة من معنى ...))، فإن وليم سليمان قلادة يؤكد على ضرورة وجود أساسين من أسس المواطنة هما : المشاركة في الحكم من جانب، والمساواة بين جميع المواطنين من جانب آخر . كما يذهب بنفسه إلى محاولة تأصيل هذا المبدأ من خلال قوله أن ((استخلاص حقوق الإنسان الدستورية له طبيعة دينية وتعددية ظهرت في صحيفة المدينة التي وضعها الرسول (ﷺ) وجعلت من الجماعة المختلفة في الدين أمة واحدة)) . ولقد استقر مفهوم المواطنة في الفكر السياسي الديمقراطي المعاصر وما تم الاتفاق عليه من عناصر ومقومات مشتركة، وتوفر الحد الأدنى من الشروط مثل الحقوق القانونية والدستورية وضمانات المشاركة السياسية الفعالة، الحد الأدنى من الحقوق، الاقتصادية والاجتماعية والثقافية التي تمكن المواطن من التعبير عن رأيه ومصالحه بحرية .

المياه الإقليمية : Eaux Territoriales

هي المياه التي تجاور الساحل العائد لدولة ما وتعود ملكيتها لها وكأنها جزء من أراضيها تستخدمها لأغراض متعددة، منها الحماية والأمن والدفاع عن الدولة وممارسة الإشراف الجمركي وتنظيم عمليات الصيد واستثمار الموارد الطبيعية . ورغم

الجهود الدولية لتحديد امتداد المياه الإقليمية أو ما يطلق عليه البحر الإقليمي، ومنذ مؤتمر لاهاي عام 1930، إلاّ أن الخلافات ما زالت تبرز بين فترة وأخرى بين هذه الدولة أو تلك حول تحديد المياه الإقليمية، وخصوصاً إذا كانت غزيرة بالثروات البحرية والموارد الطبيعية مثل البترول، إذ تبرز المشكلة في تحديد طبيعة حق كل دولة على بحرها الإقليمي وفي تعيين حدود هذا البحر ومداه . وقد بقيت قرارات مؤتمر جنيف لعام 1958، والجلسات الأخرى لمؤتمر البحار محل جدل واسع، ولاسيما بين بريطانيا وآيسلندا . وعلى ضوء ذلك فقد ظهرت أفكار أخرى لفقهاء القانون الدولي في تعريف البحر الإقليمي، حيث عرفه الفقيه الفرنسي جلبرت جيدل بأنه ((شريط المياه المحصور بين المياه الداخلية من جهة والبحر العالي من جهة أخرى)) . أما الفقيه الإنكليزي أوبنهايم فقد عرفه بأنه ((المياه المحصورة في منطقة معينة يسمى بالحزام البحري أو الحدودي والذي يحيط بالدولة، وهكذا يضم جزءاً من المياه اتي تشمل بعض الخلجان والمضايق .

الميكيافيلية : Machiavelisme

وهي السياسة التي ارتبطت بالمفكر السياسي الإيطالي الأصل نيقولا ميكيافلي (1527-1469)، هذه السياسة القائمة على أساس ((أن الغاية تبرر الوسيلة))، مما جعل البعض يفسر هذه العبارة على أساس أن ميكيافلي ابتدع سياسة المراوغة والخداع، وسوء النية، والدهاء والأنانية في سبيل تحقيق الهدف الذي يسعى إليه الفرد . إلاّ أن ما يقصده ميكيافلي هو أميره الذي يجب أن يبني الدولة القوية العسكرية ولكن غير الكهنوتية . حيث أنه يخاطب الأمير في كتابه الذي حمل الاسم نفسه : سيدي، أن المحافظة على الدولة ليست بكلام)) . ودعا ميكيافلي إلى توطيد الحكم المطلق على أساس من القوة والمنعة، وهذا يفرض على الأمير أن يختار معاونيه ومستشاريه من ذوي الكفاءات الممتازة والخبرة الواسعة، وعليه أن يوزع عليهم النعم ورتب الشرف، وينبغي أن تقوم علاقته مع الشعب على أساس الهيبة والرهبة، وأن يستخدم الشدة والقوة بحكمةٍ تحول دون نشوء الكراهية . أما في علاقاته الخارجية فعلى الأمير (أو رئيس الدولة)، أن يستعين بالقوة العسكرية والتهديد بها لضمان

الاستقرار والامن . لـذلك لـيس للأمـير أن يحفـل بمشـروعية القـوانين والمبـادئ الخلقية ما دام يتوخى الصالح العام . وقد عاد ميكيافلي في كتابه (المطارحـات) وأيـد النظام الجمهوري الذي يقوم على سيادة الشعب .

لقد أشار موريس ديفرجيه عند مقارنته ميكيافلي بأرسطو إلى القـول : ((لقـد أوجـد أرسـطو الـركن الأول في عـلم السياسـة وهـو اعتمـاد مـنهج الملاحظـة وأوجـد ميكيافلي العنصر الثاني، وهو المنهج الموضوعي المتجرد مـن الاهتمامـات الخلقيـة.)) . وإذا كان هيغل شهد له بالعبقرية، واعتبره رانكه مؤسس المنهج التـاريخي الحـديث، فإن كافور وزعماء الريزورجيمنتو اعتبروا ميكيافلي رسول الوحدة الإيطالية .

نازية (أو النازي) : Nazisme

تعد كلمة نازية اختصاراً للحزب الوطني الاشتراكي الألماني الـذي أسسـه أدولـف هتلر من وحي الأفكار التي سطرها في الكتاب الذي صـدر تحت عنـوان ((كفـاحي)) الـذي كتبـه في السجن (1923-1924)، ونشره في عـام 1925-1927 ومـا تعنـي ايضاً ((الاشتراكية القومية اختصاراً للعبارة الالمانية National Sozialistigche Deutsche ((Arbeiterpartel) . وتتلخص نظرية هتلر في شـعار : ألمانيا فـوق الجميـع . وطبـق هتلر فكرة العنصر الآري المتفوق على تنظيم الدولة القوية، عـلى أسـاس أنها الفعل الرسمي، وأن على الفرد أن ينطوي في داخل الدولة ويحقق نفسه في هذا المثل الأعلى . والنازية ليست فلسفة ولا نظرية سياسية ولكنها حركة سياسية واجتماعية وفكرية، حيث أن هتلر بدأ حياته مستلهماً فاشية موسوليني ثم غالَ في التطرف، ودعا إلى ضم كل الأجزاء الأوروبية التي تتكلم الألمانية، ودعا أيضاً إلى فكرة المجال الحيـوي . وبعـد أن انضم إلى حزب العمال الألماني في يوليو 1919، حولـه إلى الحـزب العـمالي الألمـاني الاشتراكي الوطني في عام 1920، مشكلاً فرق القمصان البنية، وفرق الصاعقة لحماية اجتماعاته، وتخريب اجتماعات الأحزاب التي يناصبها العـداء . وقد اسـتغل الأزمـة الاقتصادية في عام 1930 ونتائجها المأساوية على الشعب الألماني، الأمر الذي مكنه من توظيف ذلك لحملته الانتخابية في حصوله عـلى 107 مـن مقاعـد الرايخسـتاغ، وبـدأ يكتسح البرلمان حتى حصد أغلبية مقاعده التي مكنته الوصول إلى المستشارية في عام 1933، حيث أن أول قرار اتخذته إلغاء الأحزاب السياسية، فأصبح الحـزب الـوطني الاشتراكي الحزب الوحيد ووصل عدد أعضاءه إلى أكثر من ثمانية ملايين عضو في عـام 1939، عندما أعلن الحرب العالمية الثانية التي أتت على نظامه ورايخه الثالث في عام 1945 . وأن شعار النازية، أو الحزب الوطني الاشتراكي الألماني هـو الصليب المعكـوف الذي كان يوضع على أعلام الرايخ الثالث في عهد هتلر . وقد اكد الاستاذ عبد الوهاب

المسيري في موسوعته (410/2) بان الرؤية النازية للعالم استدمت ملامحها من الحضارة الغربية والتي تتلخص في :

1. العلمانية الشاملة او احديتها المادية الصارمة، حيث ان منظري النازية هاجموا المسيحية بأعتبارها عقيدة يهودية تدافع عن المطلقات، مؤكدين على ان الاطروحات الاساسية للنازية هي الروح والعرق هما شيء واحد .
2. انكارها للطبيعة البشرية وثباتها، فكل شيء في منظورهم خاضع للتغيير، حيث انها كانت تطمح الى تغيير النفس البشرية ذاتها، الامر الذي دفعهم الى الاهتمام بتحسين النسل، واعادة تنظيم العالم من خلال سياسات بيولوجية وضعية .
3. آمن النازيون بفكرة الدولة باعتبارها مطلقاً علمانياً ومتجاوزاً للخير والشر، حيث رأوا بأن العدالة تتحدد بمقدار تحقيق نفع الدولة، وهي الاطار الذي يعبر الشعب من خلالها عن ارداته .
4. تبنت النازية النظرية العرقية الراوينية، واكدت على التفوق العرقي للشعب الالماني .
5. واكدت على فكرة الشعب العضوي، أي الوحدة العضوية بين اعضاءه من جهة، وبين حضارتهم والارض .
6. ثم هناك العبارات التي تغذي ذلك هي عبارة الدم والتربة .
7. ان الامة الالمانية امة حركية وتبحث عن مجالها الحيوي .
8. الأمر الذي ترجم الى مفهوم العرق السيد .
9. المانيا فوق الجميع .

النخبة: Elite

مجموعة من الأفراد أو فئة يعترف بعظمتها في التأثير والسيطرة على شؤون المجتمع. وأول من كتب عن النخبة المفكر الإيطالي باريتو، وكابتانو موسكا، حيث أكدا بأن النخبة هي الطبقة الحاكمة التي تشكل الأقلية من أبناء الشعب، والتي تتميز عن غيرها من الطبقات بالقوة والسلطة، والنفوذ . وحتى في الأنظمة الديمقراطية فإن

المؤسسات هي دائماً بيد الأقلية الحاكمة أو النخبة العليا الحاكمة . ويؤكد بعض الذين كتبوا عن هذا الموضوع، بأن للنخبة بعض الصفات الإيجابية التي تساعدها على استلام صولجان الحكم، ومن بينها أن أفرادها متحدون أي أن كل واحد منهم يعرف الآخر فيتفاعل ويتعاون معه وهذا ما يساعد الطبقة على تحقيق أهدافها الأساسية . وأن ذلك وحسب ما توصل إليه رايت ملز في كتابه قوة النخبة يعود إلى تشابه بيئاتهم الاجتماعية ومواقفهم وقيمهم، خبراتهم في اشغال مراكز القوة والحكم .

وقد ظهر هذا المفهوم في القرن التاسع عشر- كمفهوم سياسي، تم شاع استخدامه في النظريات الاجتماعية . وأن باريتو يقسم أفراد المجتمع إلى مرتبتين اجتماعيتين هما المرتبة السفلى ويطلق عليها تعبير اللانخبة، والمرتبة العليا ويدعوها ((النخبة)) . وتنقسم هذه الأخيرة بدورها إلى النخبة الحاكمة وتضم الأفراد الذين يقومون بدور ما في تسيير شؤون الدولة، والنخبة غير الحاكمة . وبإيجاز يعتبر جزءاً من النخبة أولئك الذين يحققون بمواهبهم الطبيعية نجاحاً في عملهم أسمى من معدل نجاح الآخرين .

ويؤكد باريتو بأن تعبير النخبة يشير إلى التفوق، البراعة، والمقدرة من كل نوع . ويرفض باشيو مفهوم الماركسية عن صراع الطبقات، ويعرض بدلاً عن ذلك نظرية دوران النخب، هذه النظرية التي تفسر التاريخ بكونه ((حلول متواصل لنخبة مكان نخبة أخرى)) . ويرى باريتو أن تغيير النخب ليس مضراً، بل هو مفيد للهيئة الاجتماعية، لأن دورة النخب المتواصلة تساهم في المحافظة على توازن النظام الاجتماعي، لأنها تضمن حركة تصاعد العناصر الأفضل في المجتمع . كما أنها تساهم في الوقت نفسه في التغيير الاجتماعي، لأن دورة النخب تؤدي إلى دورة الأفكار .

نزع السلاح : Désarmement

إذا كان هول الكارثة المدمرة التي أصابت مدينتي هيروشيما ونكازاكي في آب/1945 جراء إلقاء الولايات المتحدة لقنابلها النووية على هاتين المدينتين قد أثار هلع وفزع البشرية من السلاح الفتاك، وجسامة الحدث، فإنه بالمقابل قد أحدث تغيراً جوهرياً في الوعي السياسي من أن الأمن لا يمكن أن يأتي من خلال امتلاك ترسانة

أسلحة التدمير الشامل، وإنما هناك سبيلاً آخر للسلام والأمن هو نزع السلاح . وهذا الطريق قد انشغلت في مساره الكثير من الدول الأوربية خلال القرن التاسع عشر، ولاسيما بعد أن ترسخ هذا الرأي ليس فقط عند السياسيين والمفكرين والرأي العام، وإنما عند قادة الدول الكبرى، عندما سادهما الاعتقاد الكبير بأن التسلح وسباق التسلح طريق لا يمكن إلاّ وأن يفضي- إلى الحرب، وهذا ما كانت نتائجه الحروب العديدة التي شهدها القرن التاسع عشر قبل أن يسلم مسيرة تطوره التكنولوجي إلى القرن العشرين الذي شهد أكبر حربين عالميتين في تاريخ البشرية سببهما التسلح وسباق التسلح، وأن مفتاح السلام هو نزع السلاح الذي يقصد به ليس أكثر من تخفيض أو إلغاء وإزالة الأسلحة ذات التدمير الشامل، أو الحد من أنواع معينة من الأسلحة . وهنا كثيراً ما كان يطرح في إطار العلاقات الدولية ما يقصد بنزع السلاح العام والشامل، للأسلحة ذات الدمار الشامل، والاحتفاظ بالقدرات العسكرية التي من شأنها حماية النظام الداخلي . وأن مثل هكذا أمر أو وجهة نظر أضحت محل جدال واسع، واختلاف كبير بين العديد من الدول ومؤسساتها العسكرية بجنرالاتها وشركاتها الصناعية العملاقة، ناهيك عن بروز الأيديولوجيات المتصارعة فيما بينها حد الادعاء بإلغاء أي وجود للخصم : سياسياً، أيديولوجياً وعسكريا .

ورغم هذا الإلغاء الوجودي الذي يطرحه هذا المعسكر ضد المعسكر الخصم، ورغم الاختلاف في المفاهيم والمصطلحات التي تطرح في الأدبيات السياسية والعسكرية حول نزع السلاح، أو السيطرة على التسلح حسب وجهات نظر كل طرف، فقد تم التوصل إلى عقد العديد من الاتفاقيات والمعاهدات الخاصة بمنع انتشار أسلحة التدمير الشامل، والسيطرة على نشر القوات والأسلحة، والحد من إنتاج أنواع معينة من الأسلحة، وتخفيض ترسانات الأسلحة الاستراتيجية المخزونة وغيرها.

وعلى ضوء ذلك فإن مفهوم نزع السلاح يبدو واسع المعاني إذ يشير إلى ((الحد والسيطرة وتخفيض الأدوات البشرية والمادية الحربية وكذلك إزالتها كلياً))، أو أنه ((التخفيض الفعلي أو إزالة بعض أو جميع أنماط الأسلحة)) . وإذا كان مؤتمر لاهاي الذي عقد في عام 1897 الذي أفرز أنماطاً عديدة من مفاهيم نزع السلاح أو

السيطرة عليه، فإنه شكل اللبنة الأولى لذلك الصرح الكبير من الاتفاقيات والمعاهدات التي تراكمت خلال عقود من الزمن، وعبر مسيرة طويلة من المباحثات المضنية لنزع السلاح، وشجعت على بروز حركة نزع السلاح اتي امتدت إلى أروقة المنظمات الدولية، وخلقت وعياً عالمياً للضغط على المعسكرين من أجل التوصل إلى سياسة واقعية ومتوازنة في هذا المجال . تأخذ باعتبارها مستقبل الإنسانية جمعاء . وهكذا، فعبر أروقة الأمم المتحدة وفي جمعيتها العامة، والمفاوضات الثنائية بين الاتحاد السوفيتي السابق والولايات المتحدة قد تم التوصل إلى العديد من الاتفاقيات، ومن بينها اتفاقية الحد من الأسلحة الاستراتيجية تحت اسم سالت واحد في عام 1972، وسالت الثانية في عام 1979، وكذلك تحريم الأسلحة البايولوجية في عام 1972 .

ولكن الولايات المتحدة قد عادت بعد أكثر من ثلاثة عقود على إلغاء اتفاقية سالت الأولى التي نصت على الحد من منظومات المقذوفات البالستيكية (1972) والقيام بسباق تسلح جديد في إطار عودة مشروع الدرع الصاروخي الذي أثار جدلاً واسعاً في الأوساط الغربية عموماً، وبقية الدول مثل الصين والاتحاد الروسي، الذي عدته مرحلة جديدة من إعادة سباق التسلح، ومقوضاً لكل الاتفاقيات السابقة .

النسق السياسي : Systeme Politique

يقصد بالنسق الاجتماعي بأنه مجموعة النظم الاجتماعية التي تتعلق بالسياسة العامة للجماعة، أي الوسائل التي تحقق بها الجماعة السيطرة والقوة وتستعملها . وتقسم الأنساق السياسية بين الشعوب البدائية قسمين : أحدهما ما يكون في مجتمع ما دولة، والآخر ما يكون في مجتمع لا دولة له . ويعتبر رادكليف براون الذي وضع تعريف وظيفي للنسق السياسي، وذلك من خلال تساؤله : ما الذي تفعله النظم السياسية في الواقع وفي المجتمع، وكيف نستطيع التعرف عليها حين لا نجد السمات الواضحة التمييز التي تتسم بها الدولة ؟ وكان جوابه : أن النسق السياسي هو ((ذلك الجزء من التنظيم العام (للمجتمع) الذي يهتم بإدامة أو إقامة سيادة النظام في المجتمع، داخل إطار إقليمي، عن طريق الممارسة المنظمة لسلطة رادعة، من خلال

استعمال، أو استعمال القوة المادية، فالنسق السياسي هو إذاً، ما يدعم نظام الحقوق والواجبات التي توجد في كل مجتمع . وأن كل الانثروبولوجيين المعاصرين يفترضون بأن لكل مجتمع نسقاً سياسياً، وأنهم يصنفون الأنساق السياسية بطرق مختلفة . فبعضهم يقول، أن كل نسق سياسي هو نسق حكومي، وبعض آخر منهم يعتقد أن الأنساق السياسية ليست كذلك، ومن الضروري التمييز بين الحكومة التي هي مجموعة إجراءات، وبين الحكومة التي هي مجموعة من وظائف معترف بها .

النشيد الوطني : Hymne National

مقطوعة موسيقية تتبناها كل دولة وتعزفها فرقها الرسمية في شتى المناسبات الرسمية كالأعياد والحفلات والزيارات الرسمية . ولدى زيارة رئيس دولة أجنبية لدولة أخرى يعزف النشيدان الوطنيان للبلدين ويبتدأ دائماً بنشيد الدولة الضيف . ولا يعزف النشيد الوطني إلاّ لرئيس الدولة . أما عزفه لرؤساء الحكومات والوزراء فهو من قبيل المجاملة والمبالغة في التكريم والخروج عن الأصول والتقاليد، ما لم يمثلوا شخص رئيس الدولة في حفلة مقامة في الأصل تحت رعايته . وإذا عزف النشيد الوطني في حفلة رسمية يرعاها رئيس الدولة فيجب على جميع الحاضرين الوقوف وتوجيه وجوههم شطر الرئيس .

النظام الاستبدادي : Autocratie

لقد درج على تعريف النظام السياسي الاستبدادي، أو الحكومة الاستبدادية، بأنه النظام المبني على السلطة المطلقة يمارسها شخص واحد دون أن يكون مقيداً بأي دستور أو مسؤولاً أمام أي مجلس نيابي أو شعبي . أي أن إرادة الزعيم، أو الحاكم، أو الرئيس تمثل الإرادة الوحيدة، والقانون الوحيد ويختلف هذا النظام عن الحكومة المطلقة التي تتجمع في يد شخص واحد أو هيئة واحدة، مع خضوع هذا الشخص أو تلك الهيئة للقانون .

النظام الإقليمي : Systeme Régionale

لقد ارتبط بروز مفهوم النظام الإقليمي بمفهوم الإقليمية كأحد الموضوعات

الأساسية في مجال التنظيم الدولي مقابل العالمية، حيث الهدف الأساس هو حفظ السلم والأمن ين الدول. ومن هنا تعددت الدراسات والمفاهيم ما بين العالمية والإقليمية، وأي منها الطريق الأفضل لتحقيق السلم والأمن الدوليين. وهناك من اعتقد بأن جذور مفهوم النظام الإقليمي ارتبط بنظريات التكامل، التي عدت التكامل الإقليمي إحدى مسائله الأساسية حيث يعد التكامل شكلاً من أشكال التعاون والتنسيق بين دول مختلفة دون المساس بسيادة أي منها، في الوقت الذي هناك من يعتبر التكامل عملية لتطوير العلاقات بين دول وصولاً إلى أشكال جديدة مشتركة بين المؤسسات والتفاعلات التي تؤثر على سيادة الدولة. وقد برزت في إطار دراسات العلاقات الدولية ثلاثة اتجاهات حول معيار تعريف النظام الإقليمي :

1. التقارب الجغرافي .

2. وجود عناصر التماثل بين الدول التي تدخل في نطاق إقليم .

3. مدى وجود تفاعلات سياسية واقتصادية وثقافية واجتماعية بين الدول وبعضها البعض .

وقد أكد الأستاذان جميل مطر وعلي الدين هلال في كتابهما ((النظام الإقليمي العربي))، بأن هناك اتفاق على أن أهم عناصر النظام الإقليمي هي :

- منطقة جغرافية معينة، ويشمل ثلاث دول على الأقل، ولا وجود لأي من الدولتين العظميين، وأن وحدات النظام الإقليمي تدخل في شبكة معقدة من التفاعلات السياسية والاقتصادية والاجتماعية الخاصة بالنظام .

- وأن أي نظام إقليمي لا يمكن تناوله إلاّ من خلال : الخصائص البنيوية للنظام، نمط الإمكانات أو مستوى القوة في النظام، ونمط السياسات والتحالفات، ومن ثم بيئة النظام .

نظام التمثيل النسبي Répresentation Proportionnelle :

يعد نظام التمثيل النسبي من الأنظمة المعمول بها تقريباً في كل الدول التي تأخذ بالانتخابات التشريعية، والذي يتمثل في إعطاء كل حزب، أو كل تجمع أو

قائمة عدداً معيناً من المقاعد النيابية يتناسب مع قوته العددية، أو مع عدد الأصوات التي حصل عليها . والمبدأ الأساس الذي يتركز عليه هذا النظام هو ضرورة جعل المجالس التشريعية مرآة تعكس صورة المجتمع . ويرتبط نظام التمثيل النسبي بالانتخاب بالقائمة، وفي حالة الانتخاب بالأغلبية لا يصلح الأخذ بهذا النظام إذ يتم تطبيق التمثيل النسبي عن طريق توزيع عدد المقاعد في الدائرة الواحدة بنسبة عدد الأصوات التي حصلت عليها كل قائمة من القوائم المتنافسة . ويأخذ نظام التمثيل النسبي في التطبيق العملي عدة صور :

1. التمثيل النسبي مع القوائم المغلقة والتي يلتزم فيها الناخب بالتصويت على إحدى القوائم المرشحة دون أن يكون له حق إدخال أية تعديلات عليها .

2. التمثيل النسبي مع التفضيل، حيث يستطيع الناخب تغيير ترتيب أسماء القائمة التي وقع عليها اختياره وفقاً لرأيه وليس طبقاً لما طرحه الحزب من أسماء على قائمته .

3. التمثيل النسبي مع المزج بين القوائم، حيث تكون للناخب حرية كبيرة وذلك بعدم التزامه بقائمة بعينها، وإنما يقوم ليس فقط بالتعديل في ترتيب الأسماء وإنما يقوم بترتيب قائمة خاصة به يختار أسماءها من بين القوائم الأخرى . ونادراً ما يحصل مثل هذا النوع من الانتخابات .

ولقد تم الأخذ بنظام التمثيل النسبي من النصف الثاني من القرن التاسع عشر- عندما نص الدستور الدنماركي عام 1855، وفي بلجيكا عام 1899، وبعد الحرب العالمية الأولى انتشر هذا النظام في عديد من الدول الأوربية، حتى اصبح من الانظمة الشائعة في الدول الديمقراطية، وليس مقتصراً فقد على الدول الاوربية .

النظام الجمهوري البرلماني : Le Systeme Républiqque- Parlementaire

يعد هذا النظام من الأنظمة الجمهورية، إلاّ أن سلطات رئيس الجمهورية المنتخب تختلف عن رئيس الجمهورية في النظام الرئاسي . فرئيس الجمهورية لا يعتبر هنا رئيساً مباشراً للحكومة، وأن السلطة التشريعية تعود إلى البرلمان، وإدارة الدولة

العليا لرئيس الجمهورية حسب الدستور والحكومة لرئيس الوزراء . وفي ظل الجمهورية البرلمانية يقوم رئيس الجمهورية الذي ينتخب من قبل البرلمان (وليس من قبل الشعب) بتعيين أعضاء الحكومة، إلاّ أنه ليس مطلق في ذلك، إذ يتعين على الوزراء الحصول على ثقة البرلمان . وتعيين رئيس الوزراء والوزراء يتم من قبل ممثلي الحزب الذي يفوز بالأغلبية البرلمانية . ويصادق البرلمان على برنامج الحكومة بعد مناقشة . وفي حالة التصويت بعدم الثقة بالحكومة أما أن تستقيل أو تطلب من الرئيس حل البرلمان وإجراء انتخابات جديدة . ومن الدول التي تأخذ بهذا النظام : الهند، إيطاليا، ولبنان .

النظام الجمهوري المختلط : Systeme Républicaine Méxite

وهو من الأنظمة السياسية الحديثة التي برزت في دول حديثة الاستقلال مستلهمة أفكاره وأسسه الجوهرية من الدستور الفرنسي الذي أصدره الجنرال ديغول لعام 1958 الذي عزز فيه من دور رئيس الجمهورية الذي ينتخب مباشرة من الشعب بالاقتراع العام المباشر السري، ويقوم بتعيين رئيس الوزراء، ويأخذ بمبدأ مسؤولية الحكومة أمام البرلمان . وقد جرت العادة أن يكون رئيس الجمهورية المنتخب ورئيس الوزراء المعين من حزب واحد حصل على الأغلبية البرلمانية إلا أن تطور الحياة السياسية، وعدم إمكانية فوز حزب الرئيس على الأغلبية البرلمانية، فقد برز إلى الساحة السياسية ما يعرف بالتعايش بين الحزبين، أي حزب الرئيس المنتخب وحزب رئيس الوزراء الذي يتمتع بالأغلبية البرلمانية . وأكثر ما طبق مثل هذا في فرنسا، ابتداءً من عام 1986، بين الحزب الاشتراكي الفرنسي- وحزب الدفاع عن الديمقراطية الديغولي، وكذلك في انتخابات الرئاسة لعام 1995 ما بين نفس الحزبين .

نظام الحزب الواحد : Systeme du Parti- unique

يقوم هذا النظام على أساس وجود حزب سياسي واحد يحتكر بمفرده النشاط السياسي وممارسة السلطة، ويتمتع بجميع الامتيازات كما في الوقت الذي يعتبر أي نشاط سياسي لأي حزب آخر أمراً غير مسموح به، وقد تم الأخذ بهذا النظام ولأول

مرة في الاتحاد السوفيتي بعد ثورة أكتوبر 1917، وقد أخذت به أيضاً إيطاليا خلال الحكم الفاشي، وألمانيا خلال الحكم النازي، كما أخذت به أغلبية دول العالم الثالث بعد مرحلة الاستقلال، مبررة ذلك بأن الحزب الواحد يعمل على خلق نخبة أو طليعة قيادية وزعماء سياسيين وإداريين أكفاء ومؤهلين لإدارة شؤون الدولة، ويقيم رابطة قوية بين الحكام والشعب، بدلاً من تبعثرها في ولاءات متعددة . وقد انحسر تطبيق هذا النظام من أغلبية النظم السياسية في العالم، ما عدا قلة تعد على أصابع اليد .

نظام الحزبين : Systeme de Deux Partis

يقوم هذا النظام على أساس وجود حزبين كبيرين في الدولة يتنافسان فيما بينهما من أجل الوصول إلى السلطة . وإذا كان نظام الحزبين يفترض وجود حزبين كبيرين ينافس أحدهما الآخر فإن هذا النظام لا يمنع من قيام أحزاب أخرى في الدولة . وهذه الأحزاب تكون في العادة ضعيفة التأثير على اتجاهات الرأي العام، وبالتالي قليلة الأهمية بالنسبة للحزبين الكبيرين . ووجود هذه الأحزاب إلى جانب الحزبين الكبيرين أمر طبيعي ما دام نظام الحزبين يقوم كنظام تعدد الأحزاب على أساس ضمان حرية التعبير عن الرأي وحرية المعارضة لجميع الاتجاهات السياسية في الدولة .. ومن أشهر الدول التي تأخذ بنظام الحزبين، الولايات المتحدة الأمريكية التي تأخذ بنظام الحزبين، وتوجد إلى جانبهما (الديمقراطي والجمهوري) عدة أحزاب سياسية صغيرة ذات صفة محلية أو إقليمية، وتحقق بعض الانتصارات الانتخابية في الحصول على بعض مقاعد الولايات . وتعتبر أيضاً بريطانيا من الدول التي تأخذ بنظام الحزبين : حزب العمال وحزب المحافظين، إلى جانب وجود أحزاب سياسية صغيرة والتي استطاعت أن تحصل على عدد من المقاعد في مجلس العموم .

النظام الرئاسي : Le Systeme Presidentiele

على الرغم من أن أغلبية دول العالم ذات نظام حكم جمهوري، إلاّ أن هذا النظام اتخذ أشكالاً متعددة، منها النظام الجمهوري البرلماني (ينظر ذلك) والنظام المختلط، والنظام الجمهوري الرئاسي . وإذا كان هذا النظام يقوم على أساس الفصل التام بين السلطات العامة في الدولة، فإنه من ناحية أخرى يقوم على أساس جمع

رئيس الجمهورية لرئاسة الدولة ورئاسة الحكومة، بحيث انه يمارس جميع مظاهر السلطة التنفيذية بكل حرية حتى في اختيار وزراءه أو مساعديه . وأن أهم ما يميز النظام الرئاسي هو عدم مسؤولية الحكومة أمام البرلمان، وعلى الوزراء انتهاج السياسة التي يقررها الرئيس . والوزراء يمارسون أعمالهم طالما يحظون بثقة الرئيس . وفي ظل هذا النظام يتم انتخاب رئيس الجمهورية عادة أما من قبل الشعب مباشرة أو بصورة غير مباشرة .

ويمكن للرئيس أن يساهم في التشريع وله حق الاعتراض (الفيتو) ضد القوانين التي يقرها البرلمان . وكقاعدة عامة في الأنظمة الرئاسية يكون الرئيس ممثلاً عن حزب فاز بالأغلبية في الانتخابات الرئاسية . وبشكل عام فإنه في ظل النظام الجمهوري الرئاسي يتولى السلطة ذلك الحزب الذي يفوز في انتخابات الرئاسة وليس في الانتخابات البرلمانية . ومن الممكن أن يكون رئيس الجمهورية ووزراءه من حزب آخر . وفي ظل النظام الرئاسي لا يملك الرئيس حق حل (outo cratie) البرلمان كما أن الأخير لا يملك حق إقالة الرئيس .

النظام السياسي (السلطوي) : Le Systeme Politique (Autocratiel)

تتميز الدكتاتوية كنظام استبدادي بأنها تتألف من نوعين رئيسيين : النظام السياسي السلطوي والنظام السياسي التوتاليتاري . والسلطوية السياسية هي أكثر النظم السياسية شيوعاً في التاريخ البشري القديم منه والحديث . وقد يكون الحاكم المطلق في النظام السلطوي فرداً واحداً، وقد يكون للحكم للقلة . وقد يكون الحاكم المطلق الفرد ملكاً، رئيساً للجمهورية أو سلطاناً، أو أميراً، وقد يكون علمانياً أو متديناً، وأيا كانت الطرق التي وصل من خلالها إلى كرسي الحكم (انقلاب، وراثة ...) فإنه الآمر الناهي، ولا سلطان فوق سلطته ولا ولاء غير الولاء له وطاعته وتبجيله . وقد سبق أن دافع ميكيافلي وهوبس عن هذا النظام بقوة، وعداه أساس الدولة وصوتها، في حين أن ظهور الديمقراطية الليبراية كفكراً وممارسة سياسية أذنت بتقويض أركان النظام السلطوي وأفقدته ما أكسبه من ((الشرعية)) القانونية التي كان يستند إليها . وفي الواقع، فإنه ليس هناك من فرق أو اختلاف جوهري ما بين

النظام السياسي السلطوي والنظام السياسي الشمولي (التوليتارية) . ولكن أحياناً فإن النظام السلطوي لا يتحكم في كل مجالات الحياة الاجتماعية، وإنما فقط ما يتعلق بالسلطة السياسية ذاتها . وبدون شك، فإن الأنظمة السياسية الشمولية تستند على ((المطلق)) أو ((الحقيقة الكبرى)) في الأيديولوجيا الكونية أو الشاملة، كما اعتقد أفلاطون بأن الملك الفيلسوف هو وحده الذي يدرك بالحدس العقلي المباشر، فكرة أو صورة العدالة والخير، وهو المسؤول عن إقامة النظام الاجتماعي - الاقتصادي - السياسي قائم على العدالة والفضيلة . وقد استندت الأنظمة السياسية السلطوية في العصور الوسطى على نظرية الحق الإلهي)) كأساس لشرعية النظام، وهي الشرعية التي حاول جون لوك تفنيدها، ثم تم تقويض هذه الشرعية من خلال طرح شعار العلمانية التي انصبت في فصل الدين عن الدولة .

النظام السياسي : Le Systeme Politique

نادراً ما نجد تعريفاً كاملاً للنظام السياسي كونه يشكل فرعاً من العلوم السياسية، وذلك لاختلاف وجهات نظر الباحثين في هذا المجال، حيث المفاهيم والاهداف التي يسعون الى تأكيدها في ما يطرحونه من تصورات وافكار لدراسة النظام السياسي . وقد اكد ديفيد اوستين في تعريفه للنظام السياسي بأنه تلك الظواهر التي تكون في مجموعها نظاماً هو في الحقيقة جزء من مجموع النظام الاجتماعي، ولكنه تفرع عنه بقصد البحث والتحليل . ولما كانت الحقائق المجردة تخبرنا بأنه ليس كل شيء في واقع الحياة متعلقاً بالنشاط السياسي - ولكن جزء فقط من هذا النشاط في حياة الجامعة يمكن اعتباره نشاطاً سياسياً . ومن ثم اعتبار النشاط السياسي - وهو تلك العناصر المتعلقة بالحكم وتنظيماته وبالجامعات السياسية والسلوك السياسي ؛ وكذلك يعني العناصر الاجتماعية والمتعلقة بهذا النشاط يمكن اعتبارها جزءاً منه كذلك المتعلقة بالنظام الطبقي وبالتكتلات والجامعات المحلية، وكل الذي ينتج من تداخل كل من أولئك في العمليات السياسية يمكن اعتباره كذلك من النام السياسي . ويشير الدكتور ابراهيم درويش في كتابه النظام السياسي 1968 الى عدد من التعاريف الاخرى بصدد النظام السياسي، ولا سيما ما ذهب اليه روبرت داهل في

تعريفه للنظام السياسي بأنه التركيب المستمر للعلاقات الانسانية الذي يشمل الى حد كبير القوة والحكم والسلطة . وبخصوص هارولد لاسويل، فأنه يفسر النظام السياسي بأنه النفوذ واصحاب النفوذ مؤسساً على ذلك مفهوم القوة مفسراً بالجزء المتوقع . اما جورج كاتلن، فأنه يفهم النظام السياسي على انه مجموعة الاعمال التي ينتج عنها السيطرة والبناء الذي يتولد من سيطرة العلاقات .

واذا كان ماكس فيبر يذهب في تفسيره الى ان النظام السياسي هو ذلك النظام الذي يضمن تنفيذ الاوامر في المنطقة المعينة الحدود وبصورة مستمرة بواسطة السلطة الفعلية عن طريق هيئة ادارية دائمة، فأن الاستاذ موريس ديفرجيه يرى في النام السياسي انه مجموع الحلول اللازمة لمواجهة المشاكل التي يثيرها قيام الهيئات الحاكمة وتنظيمها في هيئة اجتماعية معينة . اما استاذنا الراحل شمران حمادي فيرى من جانبه حول تحديد طبيعة النظام السياسي بأنه ((مجموع الحلول اللازمة لمواجهة المشاكل السياسية التي تثيرها قيام الهيئات الحاكمة وتنظيمها في هيئة اجتماعية)) . ويختم الدكتور ابراهيم درويش هذه الجولة من التعريفات، بتقديم تعريفه عن النظام السياسي بأنه ((مجموعة الانماط المتداخلة، والمتشابكة والمتعلقة بعمليات صنع القرارات . والتي تترجم اهداف وخلافات، ومنازعات المجتمع الناتجة من خلال الجسم العقائدي الذي اضفى الشرعية على القوة السياسية فحولها الى سلطات مقبولة من الجامعات السياسية تمثلت في المؤسسات السياسية .

اما الاستاذ ثروت بدوي فأنه يعرف النظام السياسي في كتابه ((النظم السياسية ج1 1964))، بأنه مجموعة القواعد والاجهزة المتناسقة المترابطة فيما بينها تبين نظام الحكم ووسائل ممارسة السلطة واهدافها وطبيعتها ومركز الفرد منها وضماناته قبلها كما عرف عناصر القوة المختلفة التي تسيطر على الجماعة وكيفية تفاعلها مع بعضها . هذه العناصر وان لم تكن طبيعية واحدة بل من طبائع مختلفة : قانونية واقتصادية واجتماعية، فأنها ترتبط ببعضها البعض ارتباطاً وثيقاً يكون منها مجموعة متناسقة متفقة . ويؤكد بدوي بأنه اذا كانت النصوص الدستورية لا تحقق مثل هذا الارتباط فأن العرف كفيل بتحقيقه . ذلك ان الدستور لا يمكن ان يكتب له البقاء ما لم يولدّ

بعد فترة من التطبيق نظاماً سياسياً متناسقاً، يقوم على عناصر مختلفة فيما بينها وحسب ما يشير اليه ماريل بريلو (Marcel Prelot) في كتابه ((دروس في القانون الدستوري 1949)) . أي انه يلزم وجود ارتباط وثيق وتفاعل متبادل بين الاجهزة المختلفة التي يتكون منها النظام السياسي الواحد .

النظام السياسي اللاحزبي : Le Systeme Politique Sans Partis

وهو النظام السياسي الذي يرفض أساساً فكرة العمل الحزبي، مستنداً في ذلك إلى أن الأحزاب السياسية لم تهدف إلاّ إلى شق وحدة الأمة، وأنه ليس هناك ما يبرر تكوين الأحزاب السياسية في إطار شعب لا توجد فيه أي تمايزات فكرية أو اجتماعية واقتصادية . وعادة ما يتم تسويق العديد من الأدلة الدينية لرفض فكرة الحزبية، أو إثارة السوابق التاريخية لإثبات أن الأحزاب السياسية والجمعيات المهنية والنقابات قد اقترن وجودها بشق صفوف الأمة وبعثرة ولاءها الوطني . وتلجأ بعض النظم السياسية اللاحزبية إلى تشجيع التجمعات العشائرية والقبلية، والمجالس الدينية، وهيئات الشورى، وجمعيات الأمر بالمعروف والنهي عن المنكر .

النظام العالمي الجديد :

Le Nouvel Systeme Internattional - New world order

يعد النظام العالمي (أو الدولي) الجديد شكلاً من أشكال تنظيم العلاقات الدولية يقوم على فكرة سيطرة قطب على حلبة السياسة الدولية، وهي فكرة ليست بجديدة في إطار العلاقات الدولية، إذ يمكن إرجاعها إلى عهود قديمة . ففي العهد الروماني مثلاً كان (السلم الروماني Paix - Romana) يشكل صيغة أو ترتيب لنظام عالمي فرضته روما على العالم القديم . وخلال الحقب الزمنية الطويلة التي امتدت بين السلم الروماني وبين ما يقال اليوم السلم الأمريكي، ظهر إلى الوجود عدد متعاقب من الأنظمة العالمية التي حاول مهندسوها فرضها بالتتابع على حلبة السياسة الدولية، إذ أن معاهدة وتسلفاليا في عام 1648 قد أرست التشكيلة الأولى لنظام دولي، أو إن صح التعبير للسلم الأوربي، من خلال ولادة الدول القومية التي هي

أساس هذا النظام الدولي الذي هو عبارة عن تفاعل وتداخل للوحدات السياسية القومية والدولية والتي تتأثر وتؤثر في بعضها البعض . وخلال كل هذه القرون، والعقود التي مر بها، فإن النظام الدولي مر بعلمية تحول من صورة إلى أخرى أو من شكل إلى آخر تبعاً لطبيعة علاقات القوة والنفوذ. إذ يؤكد هنري كيسنجر في أن هناك ثلاثة متغيرات أساسية تؤثر في عملية تحول النظام الدولي،يجملها في : زيادة عدد المشاركين في النظام الدولي وتغيير صفاتهم، وزيادة إمكانياتهم التقنية للتأثير المتبادل ومن ثم اتساع حقل الأهداف الخاصة بهم .

وإن صيغة النظام الدولي الجديد التي طرحت في أعقاب تفكك الكتلة الاشتراكية وحل الاتحاد السوفيتي في 31/كانون الأول/1991، لم يكن إلاّ نظام هيمنة القطب الواحد بقيادة الولايات المتحدة الأمريكية والذي يسعى إلى خلق وضع دولي جديد ذي مضامين عسكرية واقتصادية وسياسية وأيديولوجية، يكون فيه للولايات المتحدة مرجعية القرار الدولي والإقليمي، لا بل حتى الوطني للأطراف، وتستطيع فرض هذا القرار على الهيئات الدولية والأنظمة السياسية بما ينسجم وخياراتها الاستراتيجية .

نظام تعدد الأحزاب :

Le System de la Pluralité de Partis Politique

يقوم هذا النظام على أساس وجود أكثر من حزبين سياسيين في الدولة غير متفاوتة تفاوتاً كبيراً في قوتها وتأثيرها على اتجاهات الرأي العام والحياة السياسية . ويعتبر هذا النظام أكثر الأنظمة الحزبية انتشاراً، حيث أن معظم دول العالم تأخذ به . وإذا كان لنظام تعدد الأحزاب أشكال وتطبيقات لا تعد ولا تحصى، ويختلف من دولة إلى أخرى من حيث عدد الأحزاب العاملة في الوسط السياسي، فإن تعدد الأحزاب السياسية بحد ذاتها أما يكون نتيجة لإنقسام بعض الأحزاب السياسية القائمة، أو نتيجة لتشكيل أحزاب سياسية جديدة . وعلى كل حال فإن أسباب ظهور نظام تعدد الأحزاب هي الاختلافات العنصرية . والدينية والسياسية والاقتصادية والاجتماعية بين أبناء الدولة الواحدة، كما أن لظاهرة تعدد الأحزاب بطريقة

الانتخاب المتبعة في الدولة، وخصوصاً فيما إذا تم الأخذ بطريقة الانتخاب بالتمثيل النسبي . وقد أصبحت التعددية الحزبية من السمات البارزة في النظم السياسية المعاصرة، نتيجة لاتساع ظاهرة الأخذ بالمنهج الديمقراطي في كيفية ممارسة السلطة، وتداولها بشكل رسمي على أساس معيار الانتخاب المباشر أو غير المباشر، طبقاً للنظام السياسي القائم، سواء كان ملكياً دستورياً، أو جمهورية رئاسياً، أو جمعية وطنية، أو برلمانياً (ملكياً أو جمهورياً) .

نظام الوراثة : Le Systeme Héritiere

تعد الوراثة من أقدم الطرق التي شهدتها الأنظمة السياسية لتوفي السلطة، حيث كانت تطبيقاتها الأولى في دويلات وادي الرافدين، وفي مصر ـ القديمة، وفي حضارة الهند والصين قبل أن تنتقل إلى المناطق الأخرى من العالم . وعلى الرغم من أن الدولة الإسلامية الأولى التي أسسها الرسول الكريم في المدينة سارت على أساس طريق الانتخاب والاختبار، إلاّ أنه تم التخلي عن هذا الأسلوب في الدولة الأموية، وتبعتها الدولة العباسية، وكذلك العثمانية . والوراثة التي ما زالت تأخذ به بعض الأنظمة السياسية في العصر الحديث، فإنها قد تكون عن طريق الأب إلى ابنه أو عن طريق الأم إلى ابنتها أو من الأخ إلى أخيه . وقد عززت من أسلوب الوراثة في تولي السلطة النظريات الدينية بمختلف مظاهرها سواء كان عن طريق الحق الإلهي المباشر أو غير المباشر . وفي الوقت الحاضر انحصرت الوراثة في أنظمة معدودة بعد أن حل الانتخاب كوسيلة شائعة لتولي السلطة .

نظرية الدومينو : Théorie des Domionos

لقد شاع استعمال مصطلح نظرية الدومينو في الأدبيات السياسية والعسكرية، ويقصد بها إذا ما تم حادث معين في بلد ما، فإنه سيؤدي حتماً إلى نتائج مماثلة أو شبيهة بها في البلاد المجاورة . وقد رأى بعض رجال السياسة تطبيق هذه النظرية على فيتنام الجنوبية، واعتبروا أن سقوطها بأيدي الشماليين يؤدي إلى سقوط الدول المجاورة، وهذا أمر تم تأكيده فعلاً فيما بعد، حين انسحبت الولايات المتحدة من جنوب شرق آسيا، بعد سقوط سايغون، وتوالى انهيار الأنظمة السياسية في

. كمبوديا، لاوس .

النظرية السياسية : La Théorie politique- Political Theory

لقد طرحت بصدد النظرية السياسية العديد من التعريفات التي أفضى بها المختصون في العلوم السياسية . إذ عرفها ستيفن وسبي Stephen Wasby ((أنظومة من التعميمات المبنية على أساس نتائج تجريبية أو يمكن اختبارها تجريبياً . وعليه، وحسب ما يؤكده الأستاذان عبد الرضا الطعان وصادق الأسود في كتابهما مدخل الى علم السياسة، فإن النظرية السياسية تبنى على أساس مراقبة الوقائع السياسية واكتشاف الترابط فيما بينها ثم انتظام سياقها . وتقوم النظرية بوصف وتفسير ما يقع من أحداث فعلاً، وليس ما يجب أن يقع، وذلك بواسطة التعميمات . وقد تكيف مجموعة من العبارات مأخوذة بشكل فرضيات تماماً كنظرية وذلك قبل الوصول إلى التعميمات التجريبية . وتبقى فرضيات ربما لأنه لا يمكن اختبارها بسبب عدم تيسر المعلومات الضرورية . ولكن حينما كانت قابلة للاختبار من ناحية المبدأ فيمكن اعتبارها نظرية . وعلى ضوء ذلك، فإنهما توصلا إلى تعريف النظرية على نحو أكثر تكاملاً : ((أن النظرية تشتمل أساساً على مجموعة من التعابير (تعبير في الأقل، تسمى قوانين أو (اقتراحات) يرتبط بعضها بالبعض الآخر وتعبر عن الروابط القائمة بين متغيرات في ظل أوضاع النظام .

والقوانين والاقتراحات المذكورة مبنية كلياً على أساس وقائع وجدت بعد اختبار الفرضيات . ويقصد بالقوانين هنا علاقات ثابتة معروضة بصيغة ((إذا .. إذا...))؟ والاقتراحات تعرض عادة على نحو احتمالي وهي أقل عمومية من القوانين . أما الفرضيات فهي عبارات تأملية على الروابط بين المواضيع . اقتراحات بشكل نوعي . واختبار الفرضيات يؤدي إلى الحصول على الحقائق، غير أن الحقائق لا تختلف عن الفرضيات إلاّ بالدرجة .

وإذا كان اصطلاح نظرية هو من المصطلحات الغامضة التي لا يستطيع العالم الاجتماعي استعماله استعمالاً صحيحاً في كتاباته وبحوثه، حيث تشير إلى النظام التجريدي الذي يجمع بين الأفكار ويوحد بينها ويضعها في قالب يعكس معنى

المفاهيم التي يطرحها العالم في سياق أبحاثه الأكاديمية، فإنه من الصعب القول بوجود نظرية واضحة المعالم في السياسة، حيث يفضل بعض الباحثين عليها تعبير ((إطار مرجعي)) الذي يعني بأن هناك شيئاً لم يصبح بعد نظرية . لأنه لم يستكمل بعد مستلزمات النظرية .

اذ ان ستيفن وسبي يعرف في كتابه ((علم السياسة، نظام وأبعاده))، النظرية السياسية بكونها ((أنظومة من التعميمات المبنية على أساس نتائج تجريبية أو يمكن اختبارها تجريبياً . ومن هنا فإن النظرية السياسية تبنى على أساس مراقبة الوقائع السياسية واكتشاف الترابط فيما بينها ثم انتظام سياقها . وتقوم النظرية بوصف وتفسير ما يقع من أهداف فعلاً، وليس ما يجب أن يقع، وذلك بواسطة التعميمات . وعليه، فإن النظرية تشتمل أساساً على مجموعة من التعابير يرتبط بعضها بالبعض الآخر وتعبر عن الروابط القائمة بين متغيرات في ظل أوضاع النظام .

نظرية السيفين (ازدواج السلطتين) :La Théorie de deux Pouvoirs

ليس هناك مسألة شغلت الفكر السياسي المسيحي مثلما شغلته مسألة ازدواج السلطتين، وهما سلطة الكنيسة الروحية وسلطة الدولة الزمنية ممثلة في الحاكم أو الامبراطور . وعليه فإن على الفرد , طبقاً للدين المسيحي ((أعطوا ... ما لقيصر لقيصر وما لله لله)) . والمشكلة التي برزت ليس في ازدواج الولاء، ولكن في حالة تعارض الولاء فلأي من السلطتين اليد العليا ؟ في البداية فقد سلم رجال الكنيسة الأوائل بضرورة احترام كل من السلطتين لاختصاصها ومجالها . وهو ما أقره البابا جيلاسيوس الأول في أواخر القرن الخامس الميلادي ما يتعلق بمبدأ فصل السلطتين فيما أطلق عليه ((مذهب السيفين)) أو نظرية السيفين، التي استقرت رسمية فسجلها كتابة البابا نفسه . وأصبحت هذه النظرية تقليداً مقبولاً في مستهل العصور الوسطى . فشؤون الروح والخلاص الأبدي هي اختصاصات الكنيسة، ومجال تبشيرها وتعاليمها . أما مجريات الأمور الدنيوية اليومية والمحافظة على السلام والنظام والعدالة، فهي اختصاص الحكومة المدنية . فالسيفان، الروحي والمادي، كلاهما ينتمي إلى الكنيسة، غير أن السيف المادي (الحكومة) يجب أن يسحب من أجلها، بينما السيف الروحي

تسحبه الكنيسة لنفسها، وهذا ما عبر عنه القديس برنارد وجون سالسبوري . أي أن أحد السيفين سيكون بيد القس في حين أن السيف الآخر يتم سحبه بناء على أمر منه رغم أنه تحت أمرة الامبراطور . وفقاً لرأي جيلاسيوس فإن الأباطرة المسيحيين في حاجة إلى رجال الدين من أجل الحياة الأدبية، وفي نفس الوقت فإن رجال الدين في حاجة أيضاً لسلطة الأباطرة لتحقيق النظام وما يتعلق بالأمور الدينية . ولكن ما جاء به دانتي (1265م -1321م) من أفكار وآراء سياسية عدت من مبشري عصر-النهضة الأوائل، وهي الأفكار التي سطرها في كتابه (الملكية)، حيث واجهت في حال نشرها سخط الكنيسة التي أمرت بإحراق كتبه، التي تضمنت أفكاراً في الدفاع عن استقلال الإمبراطور ضد سيطرة البابا . ورأى أن سياسة البابا مصدر نزاع لا نهاية له . كما ظهرت الدولة وأفكار أخرى أطلقها مارسيليو بادو (1275-1343م) دعت إلى هدم نظام السيطرة البابوية والنظرية التي يقوم عليها القانون الكنسي .

نظرية العصبية : Nationalisme

تعد نظرية العصبية من النظريات التي ابتكرها ابن خلدون والتي اتخذ منها، كما يقول المفكر العربي محمد عابد الجابري، المفتاح الوحيد الذي حل به جميع المشاكل التي يطرحها سير أحداث التاريخ الإسلامي إلى عهده، وإن قيمة آراء ابن خلدون تكمن في الإشكالات العديدة التي تطرحها نظريته في العصبية والدولة والعلاقة القائمة بينهما، هذه العلاقة التي تحدد، في نظره، شكل العمران وتجسم حركة التاريخ . وتطرح فلسفة أبن خلدون التاريخية العديد من الاشكالات الرئيسية في تفسير نظرية الدولة واقامتها، وسقوطها بفساد العصبية لتقوم عصبية جديدة بتأسيس دولة جديدة ؟، ولماذا تضعف العصبية وتنكر سورتها بمجرد بلوغها غايتها من الملك والشروع في جني ثمراته ؟ لماذا تفسر العصبية بالترف والنعيم وهي القائمة أصلاً على النسب أو ما في معناه ؟ ثم لماذا كانت الحضارة ((غاية للعمران ونهاية لعمره، ومؤذنة بفساده)) ؟

والعصبية عند ابن خلدون هي ((نعرة كل أحد على نسبه وعصبيته وما جعل الله في قلوب عبادة من الشفقة والنعرة على ذوي أرحامهم وأقربائهم موجودة في

الطبائع البشرية وبها يكون التعاضد والتناصر)) . أي أن العصبية من صلة الرحم وهي صلة طبيعية بين البشر ويتولد عنها الولاء والالتحام والحلف والوصلة . وقال في لسان العرب : ((عصبة الرجل بنوه، وقرابته لأبيه .. قال الأزهري : عصبة الرجل : أولياؤه الذكور في ورثته، مسحوا عصبة لأنهم عصبوا نسبه أي استكفوا:الأب طرف والأبن طرف، والعم جانب والأخ جانب : والجمع العصبات، والعرب تسمى قرابات الرجل أطرافه. ولما أحاطت به هذه القرابات وعصبت بنسبة سموا عصبة)) .

وينطلق ابن خلدون في دراسته للعصبية، وبيان الأساس الذي تقوم عليه، والدور الذي تلعبه في الحياة الاجتماعية عموماً وحركـة التاريخ خصوصاً من فكرته في ((الوازع)) الذي جعله ضرورة من ضرورات الاجتماع والتعاون، والتي تفرضها طبيعة الإنسان، الأمر الذي يتطلب وجود نوع من السلطة تحفظ للمجتمع الذي قام على التعاون والاجتماع تماسكه وتعمل على تقوية التعاون بين أفراده وكبح عدوان بعضهم . فالوازع هو بالنسبة لابن خلدون هو السلطة المادية التي تنسجم في الدولة وأجهزتها ؟ أم أنه يعني به فقط السلطة المعنوية التي يمارسها بعض الأفراد على بعض في أحوال خاصة ؟ وفي الواقع، فإن الوازع عنده تندرج من السلطة المعنوية لشيوخ البدو، إلى السلطة المادية التي تقوم على ((الغلبة والسلطان واليد القاهرة)) وبكلمة واحدة ((الملك)) . إذ أوضح بأن ((غاية العصبية هي الملك)) . وفي تحليله للملك أظهر ابن خلدون الفرق بينه وبين الرياسة والذي يتمثل أساساً في تمييز الملك بالقهر والتغلب . ففي قوله : ((أن العصبية بها تكون الحماية والمدافعة والمطالبة وكل أمر يجتمع عليه، وقدمنا أن الآدميين بالطبيعة الإنسانية يحتاجون في كل اجتماع إلى وازع وحاكم يزعُ بعضهم عن بعض، فلابد أن يكون متغلباً عليهم بتلك العصبية، وإلاّ لم يتم قدرته على ذلك . وهذا التغلب هو الملك، وهو أمر زائد على الرياسة ؛ لأن الرياسة إنما هي سؤدد وصباحها متبوع، وليس له عليهم قهر في أحكامه، وأما الملك فهو التغلب والحكم بالقهر . وصاحب العصبية إذا بلغ بلغ إلى رتبة كلب ما فوقها، فإذا بلغ رتبة السؤدد والاتباع ووجد السبيل إلى التغلب والقهر لا يتركه لأنه مطلوب للنفس . ولا يتم اقتدارها عليه إلاّ بالعصبية التي يكون بها

متبوعاً . فالتغلب الملكي غاية العصبية)) . والدولة في رأيه إذا استقرت قد تستغني عن العصبية إذ يصبح هناك تسليم للسلطة حيث تستحكم صبغة الرياسة . ويرى ابن خلدون في إطار تحليله ضرورة توافر القوة المعنوية المرتكزة إلى الأخلاق والدين، وبالتالي فإنه يربط بين السياسة والأخلاق ربطاً قوياً، ومؤكداً على أهمية الدين وعلى ضرورة ارتكاز الملك عليه، مؤكداً على أن الدين يقوي العصبية، وأن الدعوة الدينية تقوي من أساس الدولة : ((أن الدعوة الدينية تزيد الدولة في أصلها قوة على قوة العصبية)). كما ربط ابن خلدون بين العصبية وحدود الدولة موضحاً أن الدولة يجب أن يكون امتدادها الجغرافي محدوداً على قدر أهل العصبية المكونين لها . ويؤكد على أن كل دولة لها حصة من الممالك والأوطان الا تزيد عيها . كما أنه ربط بين العصبية وعمر الدولة مستنداً إلى المنهج العضوي . فالدولة عنده ككائن حي يولد ويحيى ثـم يموت أي أنها تخضع لعوامل النمو والهلاك وبالتالي فإن لها أعماراً طبيعية كالأشخاص . أي أن الدولة وفق نظرته العضوية التطورية للدولة تمر بخمسة أطوار : طور الظفر بالبغية والاستيلاء على الملك، وطور الاستبداد، وطور الفراغ والدعة، وطور القنوع والمسالمة، ثم الطور الأخير طور الإسراف والتبذير، حيث يكون صاحب الدولة مستفسداً لكبار الأولياء من قومه، ويتخاذلوا عن نصرته، مضيعاً من جنده بما أنفق من أعطياتهم في شهواته . وفي هذا الطور ((تحصل في الدولة طبيعة الهرم وتستولي عليها المرض المزمن الذي لا تكاد تخلص منـه ولا يكون لها معه دواء إلى أن تنقرض)).

نظرية اللعبة (في السياسة الدولية) : Le Jeu- Came

أذا كانت هناك من الدراسات التي أشـارت إلى أن هـذه النظريـة ظهـرت لأول مرة عام 1944 عندما قام العالم الرياضي جون فون نيومان والعالم الاقتصادي أوسـكار مورجينشيرن بنشر كتابهما نظرية اللعبات والسلوك الاقتصادي، فإن المؤرخ الهولنـدي جوهان هويزنجا (1872-1945) قد أكد بأنه من الصعب فهم الثقافـة الإنسـانية إلاّ إذا تعاملنا مع الإنسان على أساس أنـه لاعـب، وأن الأفـراد ينخرطـون في اللعب مـن طفولتهم وطيلة حياتهم وفي كل الجوانب ابتداء من العلاقات العاطفية

حتى العلاقات الحربية)) .

ومن هنا فإن الباحثين أخذوا يتعاملون مع الظواهر السياسية كما لو أنها لعبة رياضية أو مباراة في الإبداع، على الرغم من أن الجنرالات والاستراتيجيين تحدثوا في السابق عن ما يسمى بمباريات الحرب، والتي تعني القدرة على معرفة التحرك القادم للخصم، كما يشير كثير من السياسيين إلى وضع حزبه أو دولته على أنها جزء من ((اللعبة السياسية الكبرى)) . وقد أخذت الدراسات تنظر للسلوك الإنساني على أنه نوع من المباراة أو اللعب، وهو أمر يتفق مع المساومات التي تجري بين العمال والإدارة، أو التنافس في الأسعار بين عدد من المؤسسات الصناعية أو استراتيجية حرب العصابات، أو مفاوضات الحد من الأسلحة 000 الخ .

ونظرية اللعبة هي طريقة التفكير في الصراع واتخاذ القرار وكأسلوب لاكتشاف أفضل استراتيجية وأبرز المعضلات لاتخاذ القرار اللازم بحقها . وهي شكل من أشكال التحليل الرياضي للظواهر الاجتماعية . ولم يتم اتخاذ هذه النظرية منهجاً في مجال السياسة الدولية، إلاّ في الآونة الأخيرة . ويعود انتشارها إلى تطبيقها في مجال الاقتصاد السياسي الدولي، وإلى الدور الذي تلعبه في تحليل السلوك العسكري السياسي الاستراتيجي . والقضية الأساسية في التحليل الاستراتيجي ليس المسائل ذات الصبغة العسكرية والاقتصادية المعينة، بل الفكرة الأساسية حول كيفية فهمنا للسياسة بين الدول .

إذ يعتبر مفهوم الدولة القومية باعتبارها دولة مستقلة وتسعى نحو هدف معين هو الأساس والنواة في تحليل اللعبة الاستراتيجية . ومن المزايا التي تتصف هذه النظرية هي دمج الجوانب العسكرية والاقتصادية والسياسية للسياسة الدولية وتطوير نماذج وأنماط قادرة على التعامل مع قضايا مختلفة لتسهيل فهم تلك القضايا التي تهم السياسة الدولية ضمن الإطار النظري للعبة .

وعند استخدام نظرية اللعبة في إطار العلاقات الدولية، فإن هناك العديد من الأسئلة التي تقتضي الإجابة عنها : من هم المشتركين في اللعبة ؟ ما هي قوانين اللعبة؟ الخيارات المتاحة ؟ وما هي فائدة مردودية اللعبة ؟ وتعتبر نظرية اللعبة منهجاً

نظرياً للسياسة الدولية ولاسيما في مجال سلوكية الدول في السعي لتحقيق الهدف في نظام دولي مستقل . وتركز على صانع القرار العقلاني الذي يوازي ما بين القيم والمنافع والاحتمالات . وبناء عليه، فإن الغرض من نظرية اللعبة هو :

- صياغة مبادئ رياضية كاملة تقرر ما هو السلوك العقلاني في موقف اجتماعي معين وعزل الصفات العامة لمثل هذا السلوك . فهي طرقة تحليل واختيار للقرار على الخيارات ضمن البدائل المتاحة عندما يكون من الصعب السيطرة على كافة العوامل التي تتحكم بالمحصلة بسبب تصرفات وإجراءات الأطراف الأخرى .

- وتستخدم نظرية اللعبة الاستراتيجية كنموذج أساس بسبب التشابه بين نموذج السلوك العقلاني في لعبة الاستراتيجية وبين مظاهر الموقف الاجتماعي التي تتطلب سلوكاً عقلانياً لتحقيق الأهداف بأقل التكاليف في ظل ظروف خاصة أو تصعيد الأهداف بكلفة محدودة . وأنها طريقة تحليلية كنموذج لوصف وتوقع سلوك المشاركين في اللعبة، وتجعل صاحب القرار مركزاً على السمات البارزة والحاسمة على موقف الصراع . وتتضمن نظرية الصراع أنواع عديدة من اللعبات : اللعبة او المباراة الصفرية واللعبة الصفرية لشخصين، والألعاب غير الصفرية . وبهذا الصدد فقد قدم فون نيومان في عام 1926 نظرية المباريات كأداة لتحليل حقل مواقف الصراع وذلك اذا كان كل اطراف الصراع قادرين على السلوك الرشيد واتخاذ القرارات المنطقية نكون بصدد مباراة استراتيجية، اما اذا كان احد اطراف الصراع يتسم بعشوائية فالمباراة تصبح مباراة ضد الطبيعة . والمباراة الاستراتيجية يمكن ان تكون مباراة صفرية او غير صفرية . والمباراة الصفرية تثير اهتماماً حيث تطبق في مجالات الصراع الدولي، وذلك من خلال تعارض مصالح كل طرف من مصالح الطرف الآخر، الامر الذي يفضي على هذا الصراع الطبيعة التناصرية، أي ان مجموع ارباح الطرفين تكون مساوية للصفر بمعنى ان ربح احد الاطراف يمثل خسارة للطرف الثاني .

-

نظرية النظام (العلاقات الدولية) : La Théorie de Systeme

لقد برزت في إطار تحليل العلاقات الدولية العديد من النظريات التي لها أتباعها ومفكريها الذين قدموا تصوراتهم وطروحاتهم لدراسة هذه الظاهرة في السياسة الدولية، ومن بين هذه النظريات، نظرية النظام حيث أن مورتن كايلن يعد من أبرز منظريها في كتابه أشكال النظام الدولي البديلة، وذلك من خلال معالجته لنظام توازن القوى، ونظام التمحور حول القطبين . ويؤكد في أطروحته في الدفاع عن نظرية النظام بأنه سوف لن يحدث تطور نحو ((علمية)) السياسة ما لم تخضع مواد السياسة إلى دراسة في إطار أنظمة الفعل . وأن نظام الفعل ((هو مجموعة من التغييرات ذات علاقة فيما بينها متميزة عن بيئتنا، ولها سلوك منتظم موصوف يكشف العلائق الداخلية للمتغيرات والعلائق الخارجية لأية تشكيلة من المتغيرات مع تشكيلة من المتغيرات الخارجية)) . وقد حدد كابلن ستة أنماط من النظام الدولي : نظام توازن القوى، نظام القطبين المرن، ونظام القطبين الصلب، والنظام الأممي، نظام التكامل الهرمي، ثم نظام حق الفيتو .

أما تشارلز ماكليلاند فقد اعتبر نظرية النظم كوسيلة لتطوير وفهم العلاقات بين الدول القومية . إذ يقول أن الخطوة الأولى أو مفتاح هذا المنهج هي استراتيجية إدراك ومعرفة ظواهر مختلفة من خلال العلاقات القائم بين عناصر الظواهر ثم إطلاق صفة النظام عليها انطلاقاً من تحديد أي عنصر من المشكلة هو الأكثر صلة بها ثم بعد ذلك معرفة الإجراءات الواجب استخدامها لتجنب الكثير من التعقيدات بهدف التعرف على العلاقات بين المدخلات والمخرجات والتحرك المنتظم بين مستويات التحليل المختلفة بالتعرف على الصلة بين النظم الرئيسية والنظم الفرعية وللتنبه لحدود الظاهرة ومدى العمل لكل من النظم الفرعية والرئيسية . وللأخذ في الحسبان دور المتغير الثابت، المقياس للدراسة وحدوث ((اضطرابات)) في بيئة النظم .. كل هذه عناصر رئيسة أخرى لنظم النظم العامة)) .

وبخصوص جورج موديسكا فيعرف النظام الدولي بأنه نظام اجتماعي تقيمه متطلبات وظيفية أو بنيوية، والنظم الدولية تتكون من أهداف وعلاقات بين هذه

الأهداف والقوى المرتبطة بها، كما أن هذه النظم الدولية تحتوي على نماذج من الأفعال والتفاعلات بين الجماعات وبين الأفراد الذين يعملون من أجل هذه الجماعات .

وفي الواقع، فإن الدارسين المعاصرين في العلوم السياسية أخذوا مفهوم النظم من العلوم التطبيقية (البيولوجية) والعلوم الاجتماعية التي كان لنظرية النظم فيها تأثير كبير . إذ أن تالكوت بارسونز من أشد المتحمسين لنظرية النظم في مجال الدراسات السوسيولوجية . وقد أثرت دراسته على هذا الجانب في الدراسات السياسية، وذلك من خلال ((نظام الفعل)) الذي تناوله من ثلاثة متغيرات : فاعل وظرف وموجهات للفاعل . وبالرغم من أن بارسونز لم يعط اهتماماً كافياً للعلاقات الدولية إلاّ أنه رأى في النظام الدولي نماذج وتفاعلات مشابهة لتلك التي تجري في نطاق نظام الفعل في المستوى المحلي، والمشكلة الرئيسية للنظام الدولي والنظام المحلي هي الحفاظ على توازن النظام ليتمكن النظام من مواجهة التوترات التي تحدث داخله. ورأى بارسونز أن وجود نظام فرعي قائم على القطبية الثنائية يزيد من صعوبة الحفاظ على التوازن وهو دعا إلى قيم مشتركة تفيض عبر الحدود كعامل هام للنظام الدولي .

وبالنسبة لديفيد إيستون فإن النظام السياسي هو المفهوم الأكثر اهتماماً . إذ يرى إيستون أن نظرية النظم ترتكز على اعتبار الوجود السياسي إطاراً تجري في نطاقه سلسلة من التفاعلات التي يميزها : تفاعلات سياسية وغير سياسية . أما هربرت سبيرو يرى أن النظام السياسي يمكن أن يوجد حيثما تعاون الشعب أو تصارع على حل مشاكله المشتركة، والمشكلة تدخل النظام السياسي عندما يدركها المجتمع ويختلف عليها ولكنها تخرج من النظام السياسي عندما يتوصل إلى حل لها .

وحسب إيستون فإن التفاعلات تكون سياسية التي تعني ((التوزيع السلطوي للقيم داخل المجتمع))، فإنه على المستوى الدولي فإنه ((من الممكن أن نجد سلسلة من العلاقات التي يتم من خلالها توزيع القيم سلطوياً)) وخصوصاً بين الدول العظمى وأشكال المنظمات الدولية التي نجحت في حل خلافات معينة واعتبرت قراراتها مقبولة على أساس أن لهذه الهيئات طبيعة سلطوية . والملاحظ على دراسة العلاقات الدولية التي تبحث في النظم الدولية أنها تتناول بعدين من أبعاد النظام

الدولي .. الأول هو النظام نفسه والثاني هو تحليل النظام .

نظرية دورة الحكم (عجلة الدساتير): La Théori de Rétournement

يعــد المفكــر اليونـاني الأصـل بوليـب (أوبوليبـوس 204 ق.م-122ق.م) مــن المفكرين القلائـل الـذين شـكلوا جسـراً بـين الفلسـفة اليونانيـة والسياسـة الرومانيـة وخصوصاً عندما قام في أول محاولـة بتحليـل الدسـتور الرومـاني بعـد أن وقـع في أسـر القوات الرومانية التي اجتاحت اليونان . ومن خلال إعجابه بالنظام السياسي الروماني دفعـه إلى تقسيمه لأنظمة الحكـم ومتخذاً نفس الطريق الذي سلكه أرسطو، لا بـل أنه تأثر به . ومن خلال هذا التقسيم طـرح نظريتـه في دورة أشـكال الحكومـات . أو كما أطلق عليه عجلة الدساتير أو الدورة الدمويـة للدسـاتير . إذ قسـم الحكومـات إلى ستة أنـواع ثلاثـة منهـا نقيـة، صالحـة، غـير مختلطـة هـي الملكيـة، الأرسـتقراطية والديمقراطية، وتقابلهـا ثلاثـة مختلفـة، غـير نقيـة هـي : الاستبدادية والاوليغارشـية، والأوكلوقراطية . ومعيار التفرقة بين النوعين هي ماذا كان الحكم الصالح الحاكين أو المحكومين .

فقد افترض أن الشكل الأصيل للحكم هو الملكية مـع ارتبـاط الملـك بالمثاليـات الأساسية مثل العدالة والواجب . ولكـن هـذا النـوع يتدهـور إلى الحكم الاستبدادي وإذا ما بدأ الملك في الإطاحة بالعدالة والقيم المعنويـة القائمـة . والنـوع الاسـتبدادي يؤدي إلى ائتلاف مكون من النبلاء والحكماء وقد أطلق على هذا النوع الـذي يمثلونه ((الارستقراطية)) . أما إذا بدأت القلـة في فقـدان الحكمـة والفضيلة فإنها تتجـه إلى الحكم بعيداً عن العدالة وينشـأ نـوع جديد يعـرف بالأولغارشـية، أما الديمقراطيـة فتحدث عندما يبدأ الشعب والأفراد في الثورة ضد إساءة الحكم . والديمقراطية نفسها تتحول إلى حكم غوغائي صرف، أو ما أطلق عليه ((الأوكلوقراطية)) وهذا النوع يؤدي إلى ظهور حاكم مستبد يستخدم العنف والقوة في قهر الآخرين، ومن ثم تبدأ الـدورة من جديد . وعلى ضوء هذه الدورة تنبأ بوليب بانهيار الامبراطورية الرومانية . إذ رأى بأن لكل نوع من الحكم يحوي بذور فنائه وجرثومـة فسـادة، وعليـه فـإن الدسـتور يجب أن يجمع بين عناصر كل نوع من أنواع الحكم . ومن هنا فإنه رأى بأن

النظام الأحسن هو الذي يكون مكوناً من عناصر مختلفة، الحكم الأكمل هو الذي يوفق بين أشكال الحكم النقية بالتناوب المطلوب . أي أن أفضل أنواع الحكم هو النظام المختلط، ولذلك فإن نظام الجمهورية الذي نادى به يقوم على الجمع بين الملكية والارستقراطية والديمقراطية .

نظرية فراغ القوة : La Théorie d'absence de Force

لقد برزت هذه النظرية بشكل واضح في إطار الاستراتيجيات الدولية في فترة الحرب الباردة، وبالتحديد في عقدي الستينات والسبعينات، وأصبحت كأحد المسلمات في أذهان واضعي الاستراتيجية الأمريكية في منطقة الشرق الأوسط، ولاسيما بعد انسحاب بريطانيا النهائي من شرق السويس . فعقدة فراغ القوة التي عششت في العقلية الأمريكية أوجد تطوراً للواقع الإقليمي لهذه المنطقة من منطلق فراغات القوة بمضاعفاتها الأجنبية السيئة وبتأثيراتها السلبية المحتملة على معدلات التوازن الدولي . أن ما يقصده صانعو هذه الاستراتيجية الأمريكية بفراغ القوى ليس الفراغ العقائدي أو السياسي أو الفراغ الناتج من ظروف عدم الاستقرار الاجتماعي أو ضياع الشعور بالهوية القومية، وإنما الفراغ العسكري والأمني . وهذا الفراغ لا يمكن أن يعالج بالشكل الذي يحافظ فيه على المصالح الحيوية الغربية إلاّ بالقوة العسكرية الغربية، وبالقوة الأمريكية أساساً، وذلك من خلال إقامة القواعد العسكرية، والتحالفات . وقد تطورت هذه الاستراتيجية إلى تواجد عسكري مباشر، ومخزونات الأسلحة الجاهزة، واتفاقيات أجنبية، وإجبار الدول الإقليمية أو الخارجية عن الإقليم بدفع أو تحمل جزء من نفقات هذه الاستراتيجية، كما حصل بعد 1991 في الخليج العربي، وما حصل في آسيا الوسطى والحرب ضد أفغانستان 2001 . وإذا كان ظهور نظرية فراغ القوة كأحد مرتكزات الاستراتيجية الأمريكية خلال الحرب الباردة لتطويق واحتواء الامتداد السوفيتي، فإنها تطورت بعد الحرب الباردة لاحتواء وتطويق ليس فقط القوى الإقليمية المهددة لمصالح وسياسة الولايات المتحدة، وإنما مواجهة أية قوة منافسة للقوة الأمريكية على المستوى العالمي، وباعتبارها القطب الوحيد الذي يتحكم بسلطة القرار الدولي .

نظم التعددية المقيدة : La Théorie de Pluraite Résrictife

إذا كانت نظم الحزب القائد تعتمد على وجود جبهة وطنية تتـألف مـن عـدة أحزاب يقودها حزب طليعي، ولا يسمح لها بالاختلاف معه في التوجـه الآيديولوجي، فإن نظم التعددية المقيدة تسـمح بوجـود تعـدد في التنظيمات الحزبية مـع إعطـاء أولوية لدور الحزب الحاكم . وعادة ما تحاط ممارسـات الأحزاب السياسية الأخـرى بكثير من القيود القانونية والإجرائية التي تثني فعاليتها، وقدرتها على العمـل الحـزبي المباشر بين وسط الجماهير إذ غالباً ما يتم عزل هذه الأحزاب عـن البيئـة التـي تنشـأ عنها، وخصوصاً في حالة تشكيلها حيث الشرط في أن لا يكون لهـا أي سـند دينـي أو طائفي أو طبقي أو جغرافي .

نهاية الأيديولوجيا : La Fin d'Ideologie

لقد برزت في عقد الخمسينات ومطلع الستينات بعض الأفكار والتصورات التي سلطت الضوء على ما عرف بأزمة الأيديولوجيات وخصوصاً الليبرالية والماركسية حـول إشكالية حل التناقض القائم ما بين الفرد والمجتمع، والتصور القائم حول الديمقراطيـة . وعلى ضوء ذلك فقد قام أدوارد شيلر باستخدام مصطلح ((نهاية الأيديولوجيا)) عام 1955، وتبعه بعد ذلك دانيل بل في كتابه ((نهايـة الأيديولوجيا)) عـام 1960 . يقول بل أننا نشاهد، في العشر سنوات الأخيرة، نهاية أيديولوجيات عقلية تزعم أنها حاصلة على الحقيقة المطلقة بالنسبة إلى رؤاها الكونية، وتأسيساً على ذلك لم يعد ثمة فـارق بين الرأسمالية والشـيوعية . فإذا قيل عن الرأسمالية أنها نسق الإنسـان فيـه مسـتغل للإنسان فالشيوعية هي معكوس هذه العبارة والنتيجة انتفاء التناقض بين الرأسمالية والشيوعية)) . ويرى المفكر العربي مـراد وهبة بـأن ((نهاية الأيـديولوجيا)) لا يعنـي نفي الأيديولوجيا على الإطلاق وإنما يعني نفي أيديولوجيات على التخصـيص . وهـذه التي هي على التخصيص مردودة إلى أنها قد ((تمطلقت))، أي تحولت إلى ((مطلق)) فلم تعد دافعاً إلى التطور، بـل معرقلاً للتطور الأمـر الـذي يستلزم البحـث عـن أيديولوجيا جديدة تؤلف بين الليبرالية

والماركسية . وهذا ((التأليف)) مشروع في إطار قانون وحدة وصراع الأضداد، وهو من قوانين المنطق الجدلي .

النهضة : La Renaissance

تستخدم النهضة في اللغة العربية Renaissance للتعبير عن ذلك الاتجاه الفكري الأوروبي وعن عصره . وقد احتلت النهضة مكانة جد بارزة في تاريخ أوروبا، بل في كل التاريخ الحضاري الإنساني لما قدمت من جديد في مجالات الإبداع الفكري والفني ولما أحدثت من تغير في نظرة الإنسان للحياة وفي تقييماته لمظاهرها بحيث أنها غدت تشكل نقلة كبيرة ذات مضمون شامل في مسيرة التطور البشري . وتغطي النهضة في أوروبا فترة زمنية تمتد على مدى القرنين السادس عشر والسابع عشر، وهو يمثل مرحلة متميزة في تاريخها العام بقدر ما طبعته النهضة بطابعها الخاص . وقد اتخذت النهضة في هذا العصر معنى الميلاد الجديد . وكان لهذا الميلاد الجديد نطاقه الذي يتحدد بموجبه، سواء كان في الفن والأدب الرفيع، حيث تباهي المفكر ايراسمس في مقدمة كتابه الحكم بأنه صاحب الفضل في احتضانه للآداب التي راحت تولد من جديد بعد أن كانت مطمورة في كالح دياجير البربرية المديدة . وميكيافلي يطمئن الشباب في ختام رسالته في الحرب ويطلب منهم عدم الخضوع لليأس ذلك لأن ((إيطاليا منشغلة بكليتها بإعادة الحياة من جديد إلى الأشياء الميتة)) . غير أن النهضة اكتسبت معنى أوسع بعد حركة الأنوار على يد فولتير، وذلك من قبل العالم السويسري جاكوب بركهارت الذي ذهب إلى التأكيد بأن النهضة لا تتمثل بنهوض الآداب والفنون التي ابتدعها الإنسان فقط وإنما تشمل نهوض الإنسان نفسه . وفي الواقع، فقد تعددت العوامل التي أدت إلى تكامل عناصر ميلاد النهضة التحولات التي جرت في قاعدة المجتمعات الأوروبية الغربية لتشمل جملة عوامل خارجية تفاعلت مع تلك، بل أعطت بعضها قوة دفع كبيرة وأسهمت في ميلاد بعضها الآخر . وقد حتمت التغييرات الكبيرة التي شهدتها المجتمعات الأوروبية ظهور أفكار جديدة تعبر عن مصالح وأهداف وتقييمات الفئات والقوى الاجتماعية النامية التي خاضت،

مضطرة، مهمات صراع مستديم مع القديم فقرت بحاجة ملحة إلى تعابير ومنطلقات قوية تمثل واقعها وتستهدف تثبيت وتطوير مصالحها وقيمها . ولم تكن النهضة في إطارها العام سوى واحدة من الظواهر التاريخية – الاجتماعية المبكرة التي رافقت فترة الانتقال من العصر الوسيط إلى العصر الحديث . فالنهضة كانت وليدة مجموعة عوامل داخلية أساسية وخارجية مساعدة تفاعلت في رحم المجتمع الإقطاعي الأوروبي . وللنهضة خصائصها ونتائجها ليس على أوروبا وحدها وإنما على الحضارة الإنسانية .

- هـ -

الهدنة : Armistice

وهي الاتفاق الخاص الذي تتوصل إليه الأطراف المتحاربة، قد تكون دولاً، أو جماعات متقاتلة في حرب أهلية، طائفية، عرقية، الهدف منها وقف القتال بصورة مؤقتة أو دائمة، بدون إنهاء الحرب، ابتداء من ساعة محددة وتاريخ معين، وذلك من أجل ترتيب يتفق عليه كإجراء مفاوضات، أو إخلاء الجرحى والقتلى . وللهدنة شروطها، قد تكون قد جاءت نتيجة مفاوضات سرية ما بين الأطراف المتحاربة، أو من خلال وسيط، حيث تحدد الحدود الفاصلة ين الطرفين، حيث تتولى مراقبة الهدنة هيئة مراقبة دولية، مشكلة من قبل منظمة الأمم المتحدة، أو من المنظمات الإقليمية، قد تكون جامعة الدول العربية، أو منظمة الوحدة الأفريقية . وأحياناً فإن الهدنة المؤقتة قد تتحول إلى هدنة دائمة على أثر المفاوضات التي تؤدي إلى إنهاء حالة الحرب، أو إبقاء الوضع على ما هو عليه، مثلما هو قائم ما بين الكوريتين منذ عام 1950 حتى الوقت الحاضر . وتعتبر الهدنة اتفاقية سياسة وعسكرية يوقعها مندوبون مفوضون لهذه المهمة .

الهوية : L'identité

يستند الأستاذ عفيف البوني في تحديده لمفهوم ((الهوية)) في دراسته عن الهوية القومية العربية إلى القاموس الفرنسي ـ Larousse، وكذلك إلى الانسكلوبيديا الشاملة Encyclopedia universalis، على أساس أن مصطلح الهوية يقابل كلمة identite في الفرنسية، و identity في اللغة الإنكليزية، حيث مرجعها الأصلي لاتيني ويعني الشيء نفسه، أو الشيء الذي هو ما هو عليه، إي أن الشيء له الطبيعة نفسها التي للشيء الآخر، كما يعني هذا المصطلح في اللغة الفرنسية : مجموع المواصفات التي تجعل من شخص ما هو عينه شخصاً معروفاً أو متعيناً .

والهوية في اللغة العربية مصدر صناعي مركب من ((هو)) ضمير للفرد الغائب

المعرّف بأداة التعريف ((الـ)) ومن اللاحقة المتمثلة في ((ياء)) المشددة وعلامة التأنيث أي ((التاء)) . وقد عرف الجرجاني الهوية بأنها الأمر المتعقل من حيث امتيازه عن الأغيار والهوية عند ابن رشد تقال بالترادف على المعنى الـذي يطلق عليـه اسـم الموجود . وعند الفارابي ((هوية الشيء : عينته وتشخصه وخصوصيته ووجوده المتفرد لـه الـذي لا يقع فيه إشراك)) . وفي الغرب كـان غرودياك أول مـن استخدم كلمـة ((Soi)) و ((id)) كمصطلح في التحليـل النفسيـ ليـدل بـه علـى أمـر غير شخصي- في الطبيعة الإنسانية .

كما أن الهويـة كـما جـاءت في المعجم الفلسفي لمـراد وهبـة ((عبـارة عـن التشخص وقد تطلق على الوجود الخارجي وقد تطلـق علـى الماهيـة مـع التشخيص، وهي الحقيقة الجزئية، وقد تطلق على الذات الإلهية فهوية الحق هي عينه)) . ويرى نديم البيطار في دراسته عن ((حدود الهوية القومية)) بـأن ((هويـة الأم هـي هويـة تاريخية والتاريخ هـو الـذي يشـكلها، وهـو يعنـي إلاّ وجود لهوية خارج المجتمع والتاريخ، فالأمة وحدها تملك الهوية سواء كانت جماعة أو فرد .

والهوية مثل أرض الوطن بالنسبة للشعب أو الأمة، هـي ملـك مشـاع للجميع ولكن لا يملك أحد الحق في التفريط بجزء منها ولا يصح التنازل عنها .

ويميز علي الدين هلال المستويات الثلاثة للهوية حيث يقول : ينبغي التمييـز يـن ثلاثة مستويات مختلفة عند تحليل موضوع الهوية، فهناك الهويـة علـى المسـتوى الفـردي، أي شـعور الشـخص بـالانتماء إلى جماعة أو إطار إنسـاني أكـبر يشـاركه في منظومة من القيم والمشاعر والاتجاهات . والهوية بهذا المعنى حقيقة فردية نفسـية ترتبط بالثقافة السائدة وبعملية التنشئة الاجتماعية . وهناك، ثانيـاً التعبـير السـياسي الجمعي عن هذه الهوية في شـكل تنظيمـات وأحـزاب وهيئـات شـعبية ذات طـابع تطوعي واختياري . وهناك ثالثاً، حال تبلور وتجسد هذه الهوية في مؤسسـات وأبنيـة وأشكالية قانونية على يد الحكومات والأنظمة .

أما الأستاذ محمد عابد الجابري فيرى في الهوية (هوية العربي) بأنها رد فعل ضد الآخر ونزوع حالم لتأكيد ((الأنا)) العربي بصورة أقوى وأرحب . فهوية العربي

ليس وجوداً جامداً ولا هو ماهية ثابتة جاهزة، أنه هوية تتشكل وتصير . إذ يؤكد الأستاذ عبد العزيز الدوري بأن الهوية العربية تكونت متقرنة بتكوين الأمة العربية في التاريخ، وهو تكوين استند إلى عوامل عدة في مقدمتها اللغة والتقانة في إطار الجغرافية التاريخية .

الهوية الجماعية : Identité Collective

على أثر التغيرات الجذرية التي حدثت في الشرق الأوروبي، وبالتحديد في الاتحاد السوفيتي السابق وتفكك جمهورياته في آسيا الوسطى والقوقاز، قد سلط الضوء على مفاهيم، ومصطلحات سياسية واجتماعية كانت قائمة، إلاّ أنها كانت غائبة عن الدراسات السياسية والاجتماعية، ومن بينها مصطلح الهوية الجماعية . إذ يمكن القول بأن هوية مجموعة بشرية، أو شعب كامل ما، تمثل ذلك الانتماء الجماعي الموحد لأفراد وفئات أي منهما . فإعلان هذا الفرد أو تلك الفئة أنه جزائري أو أنها فرنسية، يعني بأن هذا الشخص ينتمي مع بقية الجزائريين في صفات وأشياء تكون الهوية الجزائرية، وكذلك تكون الهوية الفرنسية أو الإنكليزية . وإن الدراسات الحديثة في العلوم الاجتماعية رأت أن العرق، الثقافة، الدين الأرض والدولة هي العوامل الرئيسة التي تحدد هوية الشعوب . فمن حيث لون البشرة تقسم الأجناس البشرية إلى خمسة أجناس كبرى : الأبيض، الأصفر، الأسمر، الأحمر والجنس الأسود .

وعلى المستوى الجماعي فلون البشرة يمثل أحد ملامح الهوية الجماعية لشعب من الشعوب أو لمجموعة من المجموعات البشرية، كما في لون البشرة الأسود في المجتمع الأمريكي بشكل خاص .

وفيما يتعلق بالثقافة كعامل لتحديد هوية الفرد والجماعة، فإن اللغة تبرز كأهم عنصر من العناصر المكونة لظاهرة الثقافة وتلعب دوراً في توحيد الانتماء الجماعي، مثلما تلعبه في الهوية القومية للأمة العربية، والهوية الجماعية لمقاطعة كيوبيك في كندا . إضافة إلى ذلك فإن للمكان الجغرافي (الأرض) كعنصر ـ في إذكاء الشعور بالانتماء إلى هوية جماعية واحدة . كما أن للدين دوراً حاسماً في تعزيز الهوية الجماعية وتقوية

ملامحها المشتركة . وكل هذه العوامل أو العناصر الأساسية في تشكيل الهوية الجماعية لا يمكنها أن تتبلور إلاّ في إطار الدولة، الأمة على حد التعبير الفرنسي، تلعب دوراً مباشراً ومؤثراً في ملامح الهوية الجماعية لشعوبهم، وأحياناً تعمل على طمس وتهميش بعض الهويات الجماعية (الدينية، العرقية ..) الأمر الذي يؤدي في النهاية إلى تفجر البركان واندلاع الحرب الاهلية، كما حصل في البلقان، والقوقاز وغيرها .

الهيئة الدبلوماسية (السلك الدبلوماسي) : Corps Diplomatique

هي مجموعة رؤساء البعثات الدبلوماسية والموظفين الدبلوماسيين الأجانب المعتمدين في عاصمة معينة والواردة أسماؤهم في قائمة السلك الدبلوماسي التي تصدرها وزارة الخارجية في الدولة المعتمدين لديها . وتؤلف الهيئة الدبلوماسية أسرة متضامنة ومجتمعاً خاصاً يكون أحياناً مغلقاً، ومفتوحاً في إطار البعثات الدبلوماسية الممثلة، وربما ينقسم إلى مجموعات عربية، شرقية، غربية، أفريقية، آسيوية . وتصدر الدولة المعتمد لديها قائمة أو كتيب صغير تصدره وزارة الخارجية أسماء السفارات بالترتيب الهجائي مع عناوينها وأرقام هواتفها، وتصدر هذه القائمة بلغة دولية وباللغة الوطنية، وتعتمد هذه القائمة من قبل السلطات المختصة لمنح أعضاء السلك الواردة أسماءهم فيها الحصانات والامتيازات والإعفاءات المقررة دولياً للممثلين الدبلوماسيين.

الهيـة الدوليـة : Le Prestige International

يعتبر مفهوم الهيبة كمفهوم السلطة، على صلة وثيقة بمفهوم القوة لكنه متميز عنه . بالقوة كما يعرفها ماكس فيبر Max Weber، هي احتمال أن يكون أحد الأطراف ضمن علاقة اجتماعية في موقع يمكنه من تنفيذ إرادته الخاصة على الرغم من المقاومة لذلك، بصرف النظر عن الأساس الذي يقوم عليه هذا الاحتمال .

فالسلطة (أو الهيبة) هي ((احتمال إطاعة مجموعة من الأشخاص لأمر ذي محتوى معين محدد، حسب رأي داهريندورف . وهكذا تعمل كل من القوة والهيبة على ضمان إطاعة الدول الأقل قوة لأوامر الدولة أو الدول المهيمنة .

وللهيبة، كما للسلطة، أساس أخلاقي وعملي . فالدول الأقل قوة تتبع، إلى

حد ما، قيادة الدول الأقوى . ومرد ذلك جزائياً، إلى قبولها بشرعية وفائدة النظام الدولي القائم . وكثراً ما تقوم الدول التابعة بتحالفات مع القوى المهيمنة وتحدد مصالحها وقيمها بمصالح وقيم القوى المهيمنة . وعلى العموم، تقوم هيبة الدولة في نظام دولي بشكل أساس على القوة الاقتصادية والعسكرية .

والهيبة، وفقاً للنظرية الاستراتيجية المعاصرة، تنطوي على الثقة بقوة دولة واستعدادها لردع أو إخضاع دولة أخرى بقصد تحقيق أهدافها .

يقول أي. هـكار، بأن الهيبة مهمة إلى حد كبير، لأنه ((إذا تم الاعتراف بقوتك، فبإمكانك، عموماً، تحقيق أهدافك بدون استعمالها (القوة))) . ولكن حسب ما يراه كيسنجر بأنه ما وراء المفاوضات اعتراف ضمني متبادل بأن الطريق المسدود على مائدة المساومة يمكن أن تقود إلى قرار في ميدان الحرب . لأن الهيبة في المطاف الأخير تعني الشهرة الناجمة عن القوة في الحرب . أنها الاستعمال الموفق للقوة، وعلى ضوءها يتحدد من هي الدول التي تتحكم في النظام الدولي من الناحية الفعلية .

- و -

الواقعية السياسية : Rationalité Politique

تعد نظرية الواقعية السياسية لهانز مورغنثاو من النظريات المشهورة، والتي حددت هدفها في البحث عن نظرية عامة للسياسة الدولية، في الوقت الذي سعت كل نظرية بطريقتها الخاصة، وبنجاح متفاوت، الى تحول حقائق الخبرة إلى مجرد حالات محددة من الافتراضات العامة، على حد قول مورغنثاو وتستقي النظرية الواقعية مادتها الخام من التاريخ لتصل إلى تعميمات حول السلوك الدولي وهي تتميز عن النظرية المثالية، أي الاستناد الواسع للتاريخ . وللواقعية جذورها في الفلسفة السياسية القديمة في الغرب وفي كتابات المفكرين غير الغربيين . وفي تحليله للعلاقات بين الدول في النظام الإيطالي، توصل ميكيافلي إلى نظرية سياسية من ملاحظته للممارسة السياسية في عصره، وأكد على حاجة الحاكم لتبني مقاييس أخلاقية تختلف عن تلك التي يتبناها الفرد العادي، وذلك لضمان أمن الدولة وبقاءها، كما أن اهتمامه بالقوة واعتقاده بأن السياسة هي تصارع على المصالح ثم تشؤمه تجاه الطبيعة البشرية . كل هذه الأمور جعلته يحتل مكانة بين الواقعيين . وتوماس هوبز على غرار ميكيافلي رأى أن ((القوة عامل حاسم في السلوك الإنساني ... والعهود أو المواثيق التي لا تظللها السيوف ليست إلاّ كلمات لا طاقة لها على حماية الإنسان)) . ويعطي أهمية لدراسة أثر القوة في العلاقات السياسة. أما هيغل فيقول ((حيث أن الدول تتعامل مع بعضها ككيانات مستقلة ولأن الإرادة المستقلة لكل منها هي التي تعطي الشرعية للاتفاقيات فيما بينها ... ولأن إرادة كل منها هي الرغبة في تحقيق مصالحها ... لهذا يعني أن تحقيق المصلحة هي الهدف الأعلى الذي يحكم العلاقات بين الدول)) . وقد ساهم الكثير من الباحثين في تطور النظرية الواقعية، وخصوصاً في القرن العشرين، ومن بينهم نيكولاس سبيكمان (1893-1943) أن الصراع وليس التعاون هو السمة الأبرز في العلاقات الدولية . وأن من أهداف السياسة الخارجية لأية دولة هو الحفاظ على قوتها أو زيادة هذه القوة، ولأن القوة في

معناها الأخير تعني القدرة على خوض غمار الحرب، وإن الدول تؤكد دائماً على أهمية بناء مؤسساتها العسكرية .

وإذا كانت المفاهيم الجيوبولتيكية وتوازن القوى مفاهيم أساسية في البناء النظري لواقعية سبيكمان، فإن فردريك شومان يبني نظريته على فقدان عنصر الثقة في العلاقات بين الدول طالما أن كل دولة ليس لديها سلطة ضبط سلوك الآخرين ولا تعرف كيف ستتعرف الدول الأخرى . ومن هنا فيجب على الدولة أن تكون لها قوتها الخاصة التي تستطيع منافسة الدول الأخرى ومواجهة تهديدها والحفاظ على استقلالها .

وفي الواقع، يعتبر مورغنثاو من أبرز منظري الواقعية السياسية في العلاقات الدولية، وذلك من خلال المبادئ التي تستند عليها نظريته وهي :

1. أن العلاقات السياسية محكومة بقواعد موضوعية، ومستقرة، التي يجب على القائد السياسي، ومن خلال المعلومات التاريخية، أن يضع البدائل لمواجهة المشكلة القائمة، وما هو البديل الأرجح للاختيار في ذلك .

2. أن كل ذلك يجري طبقاً للمصلحة التي هي القوة . ومن وجهة نظره فإن السياسات الدولية هي عملية يتم فيها تسوية المصالح القومية .

3. إن معنى القوة هي المصلحة، معنى غير ثابت، وفي عالم تسعى كل دولة لامتلاك القوة، فإن هدف السياسة الخارجية يجب أن يكون في اعتبارها بقاءها هو الحد الأدنى من أهدافها، وكل دولة مضطرة لحماية كيانها المادي والسياسي والثقافي ضد اعتداءات الآخرين، فإن المصلحة القومية هي خاتم المطاف في عالم السياسة، والمصلحة هي جوهر السياسة .

4. رفض مورغنتاو تطبيق المبادئ الأخلاقية على سلوك الدول، وهي الأخلاقيات التي تختلف عن تلك التي لدى الفرد .

5. يؤكد مورغنتاو على أن الواقعية السياسية لا تطابق بين تطلعات الأخلاقية أو المعنوية لدولة معينة وبين القوانين الأخلاقية التي تحكم الكون .

6. تأكيده على استقلالية الظاهرة السياسية، بمعنى أن السلوك السياسي يجب أن يحكم عليه من خلال معايير سياسية .

ومن وجهة نظر مورغنتاو، فإن السياسة الدولية والمحلية إلاّ إحدى ثلاث : سياسية تسعى للحفاظ على القوة، وسياسة تسعى لزيادة القوة، وسياسة تتظاهر بالقوة، عرض عضلات . وقد برز من المنظرين في إطار هذه النظرية الواقعية ومن بينهم وزير الخارجية الأمريكي هنري كيسنجر .

الوجودية : Existentialisme

تعد الوجودية من المذاهب الفلسفية التي شاعت في القرن العشرين، والتي تركز كلها على الفرد وعلاقته بالكون . وتذهب إلى أن الوجود سابق للجوهر . ويشدد الفلاسفة الوجوديين على حرية الفرد ومسؤوليته الكاملة عن أعمال لا معنى له . وقد جاءت هذه الفلسفة أو الأفكار الوجودية نتيجة للمآسي التي تعرضت لها أوروبا في الحربين العالميتين . ويعد جان – بول سارتر (1905-1980) من رواد المذهب الوجودي مع خليلته سيمون دي بوفوار . يصف في كتاباته الإنسان بأنه كائن مسؤول، ولكن وحيد يعيش في كون لا معنى له . من مؤلفاته الفلسفية ((الوجود والعدم عام 1943))، ومن مسرحياته الذباب 1943، والفاجرة المحترمة 1947 . تناول في كتابه ((نقد العقل الديالكتيكي (1960) الماركسية والوجودية . وقد رفض استلام جائزة نوبل للآداب عام 1964 .

الوحدة الوطنية : L'unité Nationale

يقصد بمفهوم الوحدة الوطنية هو العملية التي تهدف إلى تحقيق الاندماج وتلاحم عناصر الأمة، وذلك بمزج الجماعات المختلفة والمتميزة بعضها عن البعض الآخر بخصائص ذاتية في نطاق سياسي واحد تسيره سلطة مركزية واحدة وبقوانين سارية المفعول على كل إقليم الدولة، وتنطبق على كل أفراد المجتمع بدون تمييز أو محاباة . ويتركز مفهوم الوحدة الوطنية على بناء وعي سياسي وطني متطور من خلال ثقافة سياسية تأخذ باعتبارها كل الخصائص الوطنية والقومية والطائفية، ويعتبر مفهوم الوحدة الوطنية من المفاهيم السياسية التي احتلت مساحة واسعة في الأدبيات

السياسية التي تناولت موضوع النظم السياسية في العالم الثالث، ولاسيما في فترة ما بعد الاستقلال، حيث برز موضوع الوحدة الوطنية من المواضيع التي شغلت قدراً كبيراً من اهتمامات القادة السياسيين، حيث أن عوامل التجزئة الجغرافية والطائفية والعشائرية واللغوية، دفعت هذه النظم الجديدة وأحزابها السياسية إلى العمل على تحقيق الاندماج القومي، الأمر الذي أثار معارضة بعض الجماعات المضادة للاندماج أو الوحدة الوطنية، التي طالبت بالانفصال وتأسيس كيانات سياسية واجتماعية مستقلة عن الدولة الجديدة التي استقلت . ومما يلاحظ على دول العالم فإنه من النادر جداً أن تجد دولة متجانسة قومياً أو دينياً، إذ أن التعددية القومية ما بين أغلبية وأقليات داخل الدولة الواحدة ينجم عنه ثقافات، وقيم وتقاليد خاصة بكل قومية، الأمر الذي يترتب عليه ولاءات فرعية تغطي على الولاء الوطني فيما إذا لم يستطع النظام السياسي احتواء هذه الولاءات وتأطيرها في الإطار الوطني الأوسع، الوحدة التي يشعر من خلالها أبناء الوطن الواحد بهويتهم الوطنية الشاملة، وبأن الأرض التي يقيمون عليها هي وطنهم الحقيقي، بالرغم من التمايز الطائفي، العرقي، واللغوي . فالوحدة الوطنية قائمة على الإحساس بالهوية الوطنية، وتجاوز أطر الجماعات اللاتينية من خلال تشييد مؤسسات أوسع وأشمل من الإطار القومي الضيق ليغطي الوحدة السياسية للدولة . وإذا كانت الدول الأوروبية قد استطاعت أن تبني نظماً سياسية مستقرة ومؤسسات تمثيلية، ودستورية راسخة، وارتكزت على معيار الانتخاب والاقتراع العام المباشر والسري لتداول السلطة سلمياً، فإن ذلك قد جاء نتيجة لرسوخ أسس بنيان وحدتها الوطنية من خلال حل أزمات الشرعية، والاندماج، والمشاركة السياسية، والانطلاق نحو تنمية اجتماعية وسياسية واقتصادية وثقافية شاملة تجسد المصالح السياسية المشتركة وتعمق التلاحم الوطني لكل إقليم الدولة وشعبها . وهذا تجسده أيضاً سلطة سياسية منفتحة معبرة عن حقيقة القوى الفاعلة في الواقع الاجتماعي وترجمتها في النظام السياسي وتمثلها . فالنظام الذي لا يستطيع أن يستوعب الجزء لا يستطيع أن يستوعب الكل . وهذا هو جوهر الوحدة الوطنية .

الوساطة : La Médiation

أحياناً ما تصل المفاوضات إلى طريق مسدود، فلم يبقَ والحالة هذه إلاّ اللجوء إلى وساطة طرف آخر من شأنه أن يعمل على تقارب وجهات النظر والعودة بالأطراف المتنازعة إلى طاولة المفاوضات، والتمهيد لتسوية مقبولة . وللدولة الوسيطة أهمية كبيرة في المفاوضات التي تدور بين المتنازعين، وقد تساهم في وضع الأساس الذي يقدم عليه حل الإشكالية القائمة بين الأطراف المتنازعة . وقد وضعت اتفاقية لاهاي الخاصة بتسوية المنازعات الدولية بالطرق السلمية القواعد المتعلقة بالخدمات الودية والوساطة . فسجلت أولاً اتفاق الدول المتعاقدة على أن تلجأ بقدر ما تسمح به الظروف إلى وساطة دولة أو دول صديقة قبل أن اشتبك في الحرب من أجل نزاع بينها (مادة2) . ثم أعلنت بعد ذلك عرض الوساطة بقدر ما تسمح الظروف (مادة 3)، التوفيق بين المطالب المتضاربة (مادة 4) وتتم الوساطة من تلقاء نفسها أو بناء على طلب إحدى الدول (مادة 6) وتنتهي مهمة الوساطة بمجرد رفض أحد الأطراف لوساطتها (مادة 5) وغيرها ذلك من القواعد. وهناك ما يطلق عليه بالوساطة المزدوجة وهي صورة خاصة من الوساطة تلجأ إليها بالنسبة للمنازعات الخطيرة التي تهدد السلم، ومؤداها أن تختار كل من الدولتين المتنازعتين دولة أجنبية تعهد إليها بأن تتولى عنها المفاوضة بشأن النزاع القائم . وتعمل الدولتان المختارتان أولاً على عدم قطع العلاقات السلمية بين طرفي النزاع، ثم تقومان بالمفاوضة في أمر تسويته . وتتميز الوساطة عن المساعي الحميدة بأنها تتمتع بطابع رسمي علني، وتنطوي على التدخل المباشر في النزاع، في الوقت الذي تقتضي المساعي الحميدة جهوداً سرية، وتذليل العقبات للوصول إلى قناعة الطرفين بالإجماع. وكثيراً ما تقدم الأمم المتحدة وساطتها لحل المنازعات، إضافة إلى تقوم به الدول الكبرى، والإقليمية في هذا الإطار .

الوصاية : Le Systeme de Tutelle

لقد نصت المادة 75 من ميثاق الأمم المتحدة على أن ((تنشئ الأمم المتحدة تحت إشرافها نظاماً دوياً للوصاية، وذلك لإدارة الأقاليم التي قد تخضع لهذا النظام بمقتضى اتفاقات فردية لاحقة وللإشراف عليها، ويطلق على هذه الأقاليم اسم

الأقاليم المشمولة بالوصاية . وقد تقرر نظام الوصاية ليحل محل نظام الانتداب الدولي الذي أوجدته معاهدات الصلح سنة 1919 ونص عليه في المادة 22 من عهد عصبة الأمم ليطبق وقتئذٍ على الولايات التركية والمستعمرات الألمانية . وقد أشارت المادة 76 من ميثاق الأمم المتحدة بالنص على أن الأهداف الأساسية لنظام الوصاية طبقاً لمقاصد الأمم المتحدة هي : توطيد السلم والأمن الدولي، احترام حقوق الإنسان والحريات الأساسية، كفالة المساواة في المعاملة، في الوقت الذي بينت المادة 77 الأقاليم التي يمكن إخضاعها لنظام الوصاية : الأقاليم الواقعة وقتئذٍ تحت الانتداب، الأقاليم التي اقتطعت من دول الأعداء نتيجة الحرب العالمية الثانية، الأقاليم التي تضعها في الوصاية بمحض اختيارها دول مسؤولة عن إدارتها، وقد انتهت الوصاية التي فرضت على العديد من الدول التي نالت استقلالها فيما بعد، ولاسيما التي كانت خاضعة للوصاية البريطانية أو الفرنسية في أفريقيا خاصة .

الوضع الراهن (سياسة) : La Politique de Situation actuelle

يشير هانز مورغنثاو في كتابه ((السياسة بين الأمم)) إلى أن هناك ثلاث سياسات دولية نموذجية تتصل وتتماثل مع هذه الأشكال الثلاثة النموذجية من السياسة . فهناك دول تسعى في سياساتها إلى إحداث تبدل في علاقات القوة القائمة، وهي الاستعمارية، ودول تنشد سياستها الخارجية عرض ما تملكه من قوة وسلطان، فتسير على سياسة إظهار المهابة، ودول تميل في سياستها الخارجية إلى الاحتفاظ بالسلطان دون رغبة في إعادة توزيعه لمصلحتها، تسير على سياسة الحفاظ على الوضع الراهن . وقد انبثق تعبير ((الوضع الراهن)) من التعبير الدبلوماسي اللاتيني المعروف، ((الوضع القائم قبل الحرب)) والذي يشير إلى بعض البنود المعتادة في معاهدات الصلح، التي تقضي- بانسحاب قوات العدو من الأراضي التي احتلتها، وإعادتها إلى السيادة السابقة التي كانت ماثلة فيها قبل الحرب . وتهدف سياسة الوضع الراهن إلى الحفاظ على الوضع القائم للسلطان (القوة) في لحظة معينة من لحظات التاريخ . وهكذا يكون الشكل النموذج لسياسة الوضع الراهن، ظهورها بمظهر الدفاع عن معاهدات الصلح التي مثلت نهاية الحرب العالمية السابقة . إذ نصت

المادة العاشرة من ميثاق عصبة الأمم على إلزام أعضاءها ((باحترام وحماية السلامة الإقليمية والاستقلال السياسي الراهن لجميع أعضاءها من أي عدوان خارجي)) . وقد اعتبرت هذه المادة أن من أهداف عصبة الأمم الحفاظ على الأوضاع الإقليمية القائمة . وهذا ما كانت تهدف إليه كل الاتفاقيات والمعاهدات التي أبرمت بين القوى الأوروبية في فترة ما بين الحربين، وخصوصاً معاهدات التحالف . كما سبق وأن كان مبدأ مونرو الذي أعلن في عام 1823 المظهر البارز لسياسة الوضع الراهن، وكان حجر الزاوية في علاقة الولايات المتحدة الخارجية خلال القرن التاسع عشر . كما برز في أوروبا مظهراً آخر من مظاهر سياسة الوضع الراهن في سياسة التعايش السلمي، والوفاق الدولي، الذي ترجم في مؤتمر منظمة الأمن والتعاون الأوروبي الذي عقد في هلسنكي عام 1975 قد كرس لترسيخ سياسة الوضع الراهن .

الوظيفة الاجتماعية : La Fonction Sociale

للوظيفة معانٍ ثلاثة، حيث المعنى العام الذي يعبر عن حرفة أو مركز، أو منصب والمعنى الرياضي الذي تدل به على ((العلاقة القائمة ما بين عنصرين أو أكثر، بحيث أن كل تغيير يحدث لعنصر منها يؤدي إلى تغيير في العناصر الأخرى، وهناك المعنى البيولوجي الذي يشير إلى ((المساهمة التي يقدمها عنصر إلى المنظمة أو العمل الجماعي المشترك اللذين يكون جزءاً لا يتجزأ منهما . فالمجتمع، كالكائن الحي، كل متكون من عناصر مرتبطة فيما بينها بواسطة الوظائف التي تقوم بها لإشباع الحاجات الأساسية فيه . وعلى أساس هذه الفكرة قام المذهب الوظيفي في العلوم الاجتماعية، حيث تعرف : كل نشاط متكرر في الحياة الاجتماعية مأخوذاً من زاوية مساهمته في وجود البنى الاجتماعية واستمرارها)) . فالوظيفة الاجتماعية للدين هي المحافظة على تماسك ووحدة الجماعة هذه الوحدة التي تساعد الجماعة على تحقيق أهدافها الأساسية . والوظيفة أما أن تكون ظاهرة والتي نتيجة موضوعية للنظام الذي توجد فيه وتكون مقصودة ومعترف بها، والوظيفة الكامنة وهي غير مقصودة ولا معترف بها، وهناك وظائف هدامة، ووظائف غير هدامة التي تتماشى مع النظام وتحقق أهدافه وطموحاته .

وفي هـذا الإطـار، فقـد بـرز المـذهب الـوظيفي (المدرسـة الوظيفيـة) في علـم الاجتماع الذي تمتد جذوره إلى القرن الثامن عشر حيث فولتير وروسو وهوبز الـذين اعتنقوا مبدأ العلاقة الوظيفية بين متغيرين أو عاملين أحدهما مستقل والثاني معتمـد (الإنسان والاعتقاد بالله). وفي القرن التاسع عشر برز اصطلاح وظيفة على يد أوغست كونت وهربرت سبنسر الذين شبها المجتمعات الإنسانية أو المجتمع الإنساني بالكائن الحيواني من حيث أنها تتضمن أولاً سبب الظاهرة وثانياً وظيفتها . وقد انعكست الاتجاهـات الوظيفيـة الأولى في علـم الاجـتماع الحـديث مـن خـلال التطورات السسيولوجية التي ظهرت ما بين الحربين العالميتين، حيث التغيرات الفكرية الجذرية في ميدان علم الانثروبولوجيا الحضارية والاجتماعية، وخصوصاً في كتابات مالتوفسـكي، ومن ثم الاجتماعي البريطاني رادكليف بـراون الـذي قـام بتشـبيه الحيـاة الاجتماعيـة بالحياة العضوية . وقـد بـرز في هـذه اهـتمام متزايـد بـالفكرة المجـردة للأنظمـة الاجتماعية التي نظرت إليها نظرة شمولية عامة إذ اعتبرتها أنظمـة متصلة ومكملـة الواحدة للأخرى وذلك من خـلال دراسـات تالكـت بارسـونز في كتابه تركيب الفعل الاجتماعي، حيث سـاهم في تحويل الوظيفـة الاجتماعيـة إلى فكرة نظاميـة وعقليـة متطورة باستطاعتها تسير المجتمع وظواهره . كما برزت الاتجاهات الوظيفية الأخرى ومن بينها فكرة الضرورات الوظيفية التـي تشـير إلى أربـع مشـاكل تكمـن في النظـام الاجتماعي : القابلية على التكيـف، تحقيـق الأهـداف، تحقيـق الوحـدة، القـدرة علـى المحافظة وعلى الاستقرار والانسجام .

الوعي الطبقي : Le Conscient des Classes- Class - Consiousness

إذا كان الوعي هو ما يتكون لدى الإنسان من أفكار ووجهات نظر، ومفاهيم عن الحياة من حوله في مختلف مستوياتها، فإن هـذا الـوعي قـد يكـون وعيـاً زائفـاً وذلك عندما تكون أفكار الإنسان ووجهات نظره ومفاهيمه غير متطابقـة مـع الواقع المادي الحي من حوله، أو عندما تكون جامعة عن متابعة حركة وتطور هـذا الواقع تاريخياً . وقد يكون الوعي جزئي قاصراً علـى ناحيـة ومسـتوى واحـد في الحياة . أمـا بصدد الوعي الطبقي فيرى فيه كارل ماركس بأنه يعني الشعور المتزايد الـذي ينتـاب أعضاء

الطبقـة البروليتاريـة ويجعلهـا تحـس بمركزهـا الاجتماعـي المتنـاقض للمركـز الاجتماعي الذي تحتله الطبقة البرجوازية، ومثل هـذا الشعـور يولـد عنـدها صـفة التماسك والوحدة التي تساعدها على محاربة الاستغلال والظلـم الـذي تتعـرض إليـه من جراء وجود النظام الرأسمالي .

الوفاق : Entente

كتلة تحالفية من بريطانيا وفرنسا وروسيا القيصريـة تشـكلت في 1907 مقابـل الحلف الثلاثي الذي ضم ألمانيا وإيطاليا والنمسا – المجر . إبان الحرب العالميـة الأولى (1914-1918) انضمت الولايات المتحدة الأمريكية واليابان وعدد من الـدول الأخـرى إلى الحلف السـياسي الحـربي لبريطانيـا وفرنسا وروسـيا . وبعد ثـورة أكتـوبر لجـأت بريطانيا وفرنسا والولايـات المتحـدة الأمريكيـة واليابـان لتنظيم تـدخل مسـلح ضـد السلطة السوفيتية .

وفـد : Délegation

يتألف الوفـد مـن مجموعـة مـن المنـدوبين يترأسـهم رئيس مسـؤول، يكلفـون بتمثيل حكومتهم في مـؤتمر أو اجتماع دولي، دوري أو طـارئ، ويـزود الوفـد بكتـاب تفويض يبين فيه أسماء الوفد والمناصب التي يشغلونها ويحدد صـفات كـل مـنهم في الوفد ويخول الرئيس بالتصويت على القرارات أو التوقيع على الاتفاقيات التي يقرهـا المؤتمر بما يتفق مع تعليمات حكومته .

اليسار واليمين : La Gouche et la Droite

لقد اختلفت الآراء والنظريات في تحديد الاتجاهات السياسية وفي كيفية تصنيفها، الأمر الذي استقر على التمييز بين نوعين : التصنيفات الثنائية، والتصنيفات الرباعية .

وإذا كانت التصنيفات الرباعية قد استندت إلى أفكار وتصورات المفكر الأمريكي لورنس لويل عندما عدد الاتجاهات : محافظون، رجعيون، أحرار، وتقدميون، وأفكار الإنكليزي هانس ايزنك في تقسيماته : محافظون، فاشستيون، اشتراكيون، شيوعيون، فإن التصنيف الثنائي استند إلى تقسيم الاتجاهات السياسية إلى يمينية واتجاهات يسارية، ويعد هذا التصنيف أقدم كل التصنيفات التي جاءت بها الدراسات السياسية . وإن تسمية كل من هذين الاتجاهين تعود إلى أكثر من قرنين حيث كان يطلق وفي فرنسا على الثوريين المعتدلين باليمينيين بينما كان يطلق على الثوريين المتطرفين باليساريين وذلك لأن الثوريين المعتدلين كانوا يحتلون في أول مجلس وطني فرنسي بعد ثورة 1789، المقاعد التي تقع على يمين رئيس المجلس بينما كان الثوريون المتطرفون يحتلون المقاعد الواقعة على يساره .

ولكن أن الأساس الذي كان يقوم عليه التمييز ين اليمين واليسار ليس واحداً في جميع الدول وفي جميع الأزمان . فبعد الثورة الفرنسية تكون يسار ليبرالي يؤمن بمبادئ الثورة، يدعو إلى الحفاظ على مبادئها بعد أن ظهر تيار يريد الارتداد عن هذه المبادئ، ولكن اليسار نفسه بدأ يتجه إلى اليمين في عام 1830، حين ظهرت حركة راديكالية ديمقراطية علمانية . وما دام تعبير اليسار واليمين تعبيراً مطاطاً، لأنه يتغير بتغير المرحلة التاريخية، وتغير أهداف اليسار أو اليمين تبعاً لكل مرحلة، فمن الممكن القول بأن اليسار هو المعارضة الهادفة لتغيير الوضع القائم، بينما يحافظ اليمين على هذا الوضع أو يريد الارتداد به إلى الوراء . وقد طبق تعبير اليمين واليسار على الأجنحة السياسية في داخل الحزب نفسه، وهناك العديد من الأمثلة التي تحفل بها التنظيمات الحزبية المشهورة في الأحزاب السياسية الأوروبية خاصة .

Printed in the United States
By Bookmasters